U0133944

南宋及南宋都城临安研究系列丛书

专题研究

杭州市社会科学院 编

何忠礼 著

宋高宗新论

南宋高宗像

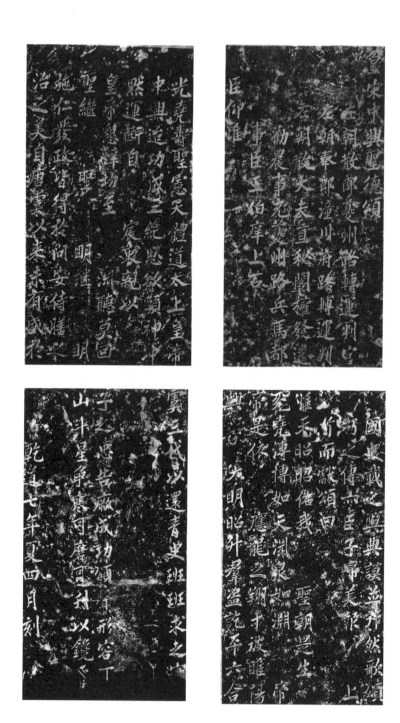

"皇宋中兴圣德颂"碑（局部）。原刻在长江奉节夔门南岸石壁上。摩崖石刻高4.1米，宽7.2米，正书49行，计943字。南宋赵不愚撰。主要内容一为赞美高宗"圣德"，二为称颂南宋"中兴"。因三峡建设，摩崖已于2005年凿迁至重庆中国三峡博物馆，在"壮丽三峡"展厅展出。

宋哲宗孟皇后像

宋高宗生母韦太后像

宋高宗吴皇后像

宗泽像

李纲像

张浚像

虞允文像

"宋中兴四将图"：岳飞像、韩世忠像、张俊像、刘光世像

杭州岳王庙内岳飞及其子岳云墓

宋高宗书法之一：
《戒石铭》

宋高宗书法之二：
给岳飞的手札

宋高宗《御书石经·左传》
（民国早期册装拓本，选
页，浙江图书馆藏）

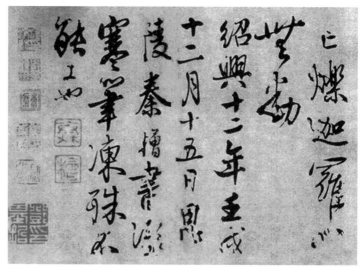

秦桧像

秦桧书法

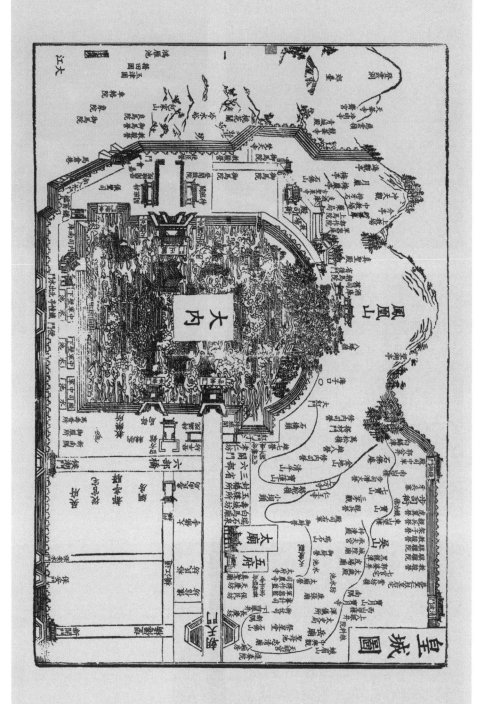

南宋皇城图。引自姜青青《〈咸淳临安志〉宋版"京城四图"复原研究》，上海古籍出版社2015年出版

德寿宫复原图（局部），浙江省
古建筑设计研究院绘制

民国时期宋六陵理宗陵享殿及殿后
封土墩、陵碑

民国时期宋六陵孝宗陵封土墩及陵碑

序　言

徐　规

　　靖康之变，北宋灭亡。建炎元年（1127）五月初一日，宋徽宗第九子、钦宗之弟赵构在应天府（河南商丘）即帝位，重建宋政权。不久，宋高宗在金兵的追击下一路南逃，最终在杭州站稳了脚跟，并将此地称为行在所，成为实际上的南宋都城。

　　南宋自立国起，到最终为元朝灭亡（1279），国祚长达一百五十三年之久。对于南宋社会，历来评价甚低，以为它国力至弱，君臣腐败，偏安一隅，一无作为。但是近代以来，一些具有远见卓识的史学家却有不同看法，如著名史学大师陈寅恪先生在二十世纪四十年代初指出：

　　　　华夏民族之文化，历数千载之演进，造极于赵宋之世。①

　　著名宋史专家邓广铭先生更认为：

　　　　宋代是我国封建社会发展的最高阶段，两宋期内的物质文明和精神文明所达到的高度，在中国整个封建社会历史时期之内，可以说是空

---

　　① 陈寅恪：《金明馆丛稿二编》，生活·读书·新知三联书店 2001 年出版。

前绝后的。①

很显然,对宋代的这种高度评价,无论是陈寅恪还是邓广铭先生,都没有将南宋社会排斥在外。我以为,一些人所以对南宋贬抑至深,在很大程度上是出于对患有"恐金病"的宋高宗和权相秦桧一伙倒行逆施的义愤,同时从南宋对金人和蒙元步步妥协,国土日朘月削,直至灭亡的历史中,似乎也看到了它的懦弱和不振。当然,缺乏对南宋史的深入研究,恐怕也是其中的一个原因。

众所周知,南宋历史悠久,国土虽只及北宋的五分之三,但人口少说也有五千万左右,经济之繁荣,文化之辉煌,人才之众多,政权之稳定,是历史上任何一个偏安政权所不能比拟的。因此,对南宋社会的认识,不仅要看到它的统治集团,更要看到它的广大人民群众;不仅要看到它的军事力量,更要看到它的经济、文化和科学技术等各个方面,看到它的人心之所向。特别是由于南宋的建立,才使汉唐以来的中华文明在这里得到较好的传承和发展,不至于产生大的倒退。对于这一点,人们更加不应该忽视。

北宋灭亡以后,由于在淮河、秦岭以南存在着南宋政权,才出现了北方人口的大量南移,再一次给中国南方带来了充足的劳动力、先进的技术和丰富的生产经验,从而推动了南宋农业、手工业、商业和海外贸易的显著的进步。

与此同时,南宋又是中国古代文化最为光辉灿烂的时期。它具体表现为:

一是理学的形成和儒学各派的互争雄长。

南宋时候,程朱理学最终形成,出现了以朱熹为代表的主流派道学,以胡安国、胡宏、张栻为代表的湖湘学,以谯定、李焘、李石为代表的蜀学,以陆九渊为代表的心学。此外,浙东事功学派也在尖锐复杂的民族矛盾和阶级矛盾的形势下崛起,他们中有以陈傅良、叶适为代表的永嘉学派,以陈亮、唐

---

① 邓广铭:《关于宋史研究的几个问题》,载《社会科学战线》1986 年第 2 期。

仲友为代表的永康学派,以吕祖谦为代表的金华学派。理宗朝以前,各学派之间互争雄长,呈现出一派欣欣向荣的景象。

二是学校教育的大发展,推动了文化的普及。

南宋学校教育分中央官学、地方官学、书院和私塾村校,它们在南宋都获得了较大发展。如南宋嘉泰二年(1202),仅参加中央太学补试的士人就达三万七千余人,约为北宋熙宁初的二百五十倍。① 州县学在北宋虽多次获得倡导,但只有到南宋才真正得以普及。两宋共有书院三百九十七所,其中南宋占三百十所,②比北宋的三倍还多,著名的白鹿洞、象山、丽泽等书院,都是各派学者讲学的重要场所。为了适应科举的需要,私塾村校更是遍及城乡。学校教育的大发展,有力地推动了南宋文化的普及,不仅应举的读书人较北宋为多,就是一般识字的人,其比例之大也达到了有史以来的高峰。

三是史学的空前繁荣。

通观整个南宋,除了权相秦桧执政时期,总的说来,文禁不密,士大夫熟识政治和本朝故事,对国家和民族有很强的责任感,不少人希望借助于史学研究,总结历史上的经验和教训,以供统治集团作为参考。另一方面,南宋重视文治,读书应举的人比以前任何时候都多,对史书的需要量极大,许多人通过著书立说来宣扬自己的政治主张,许多人将刻书卖书作为谋生的手段。这样就推动了南宋史学的空前繁荣,流传下来的史学著作,尤其是本朝史,大大超过了北宋一代,南宋史家辈出,他们治史态度之严肃,考辨之详赡,一直为后人所称道。四川、两浙东路、江南西路和福建路都是重要的史学中心。四川以李焘、李心传、王称等人为代表。浙东以陈傅良、王应麟、黄震、胡三省等人为代表。江南西路以徐梦莘、洪皓、洪迈、吴曾等人为代表,福建路以郑樵、陈均、熊克、袁枢等人为代表。他们既为后世留下了宝贵的史料,也创立了新的史学体例,史书中反映的爱国思想也对后世史家产生了

---

① 徐松辑:《宋会要辑稿》崇儒一之三九,中华书局 1987 年影印本。
② 参见曹松叶《宋元明清书院概况》,载《中山大学语言历史研究所周刊》第十集,第 111－115 期,1929 年 12 月至 1930 年出版。

重大影响。

四是公私藏书十分丰富。

南宋官方十分重视书籍的搜访整理,重建具有国家图书馆性质的秘书省,规模之宏大,藏书之丰富,远远超过以前各个朝代。私家藏书更是随着雕板印刷业的进步和重文精神的倡导而获得了空前发展。两宋时期,藏书数千卷且事迹可考的藏书家达到五百余人,生活于南宋的藏书家有近三百人,①又以浙江为最盛,其中最大的藏书家有郑樵、陆宰、叶梦得、晁公武、陈振孙、尤袤、周密等人,他们藏书的数量多达数万卷至十数万卷,有的甚至可与秘府、三馆等相匹敌。

五是文学、艺术的繁荣。

南宋是中国古代文学、艺术繁荣昌盛的时代。词是两宋最具代表性的文学形式,据唐圭璋先生所辑《全宋词》统计,在所收作家籍贯和时代可考的八百七十三人中,北宋二百二十七人,占百分之二十六;南宋六百四十六人,占百分之七十四,李清照、辛弃疾、陆游、姜夔、刘克庄等都是南宋杰出词家。宋诗的地位虽不及唐代,但南宋诗就其数量和作者来说,却大大超过了北宋。由北方南移的诗人曾几、陈与义;有"中兴四大诗人"之称的陆游、杨万里、范成大、尤袤;有同为永嘉(浙江温州)人的徐照、徐玑、翁卷、赵师秀;有作为江湖派代表的戴复古、刘克庄;有南宋灭亡后作"遗民诗"的代表文天祥、谢翱、方凤、林景熙、汪元量、谢枋得等人。此外,南宋的绘画、书法、雕塑、音乐舞蹈以及戏曲等,都在中国文化史上占有一定的地位。

在日常生活中,南宋的民俗风情,宗教思想,乃至衣、食、住、行等方面,对今天的中国也有着深刻影响。

南宋亦是我国古代科学技术发展史上最为辉煌的时期,正如英国学者李约瑟所说:"对于科技史家来说,唐代不如宋代那样有意义,这两个朝代的气氛是不同的。唐代是人文主义的,而宋代较着重科学技术方面……每当

---

① 参见《中国藏书通史》第五编第三章《宋代士大夫的私家藏书》,宁波出版社 2001 年出版。

人们在中国的文献中查找一种具体的科技史料时,往往会发现它的焦点在宋代,不管在应用科学方面或纯粹科学方面都是如此。"①此话当然一点不假,不过如果将南宋与北宋相比较,李约瑟上面所说的话,恐怕用在南宋会更加恰当一些。

首先,中国四大发明中的三大发明,即指南针、火药和印刷术而言,在南宋都获得了比北宋更大的进步和更广泛的应用。别的暂且不说,仅就将指南针应用于航海上,并制成为罗盘针使用这一点来看,它就为中国由陆上国家向海洋国家的转变创造了技术上的条件,意义十分巨大。再如,对人类文明有重大贡献的活字印刷术虽然发明于北宋,但这项技术的成熟与正式运用却是在南宋。其次,在农业、数学、医药、纺织、制瓷、造船、冶金、造纸、酿酒、地学、水利、天文历法、军器制造等方面的技术水平都比过去有很大进步。可以这样说:在西方自然科学东传之前,南宋的科学技术在很大程度上代表了中国封建社会科学技术的最高水平。

南宋军事力量虽然弱小,但军民的斗争意志却异常强大。公元1234年,金朝为宋蒙联军灭亡以后,宋蒙战争随即展开。蒙古铁骑是当时世界上最为强大的军队,它通过短短的二十余年时间,就灭亡了西夏和金,在此前后又发动三次大规模的西征,横扫了中亚、西亚和俄罗斯等大片土地,前锋一直打到中欧的多瑙河流域。但面对如此劲敌,南宋竟顽强地抵抗了四十五年之久,这不能不说是世界战争史上的一个奇迹。从中涌现出了大量可歌可泣的英雄人物,反映了南宋军民不畏强暴的大无畏战斗精神,他们与前期的岳飞精神一样,成为中华民族宝贵的精神财富。

古人有言:"以古为镜,可以知兴替。"近人有言:"古为今用,推陈出新。"前者是说,认真研究历史,可为后人提供历史上的经验和教训,以少犯错误;后者是说,应该吸取历史上一切有益的东西,通过去粗取精,改造、发展,以造福人民,总之,认真研究历史,有利于加强精神文明的建设,也有利于将我国建设成为一个和谐的、幸福的社会。我觉得南宋可供我们借鉴反

---

① 《中国科学技术史·导论》中译本,科学出版社、上海古籍出版社1990年出版。

思和保护利用的东西实为不少。

以前，南宋史研究与北宋史研究相比，显得比较薄弱，但随着杭州市社会科学院主持的 50 卷《南宋史研究丛书》编撰出版工作的基本完成，这一情况发生了一些令人欣喜的改变。但历史研究没有穷尽，关于南宋和南宋都城临安的研究，尚有许多问题值得进一步探讨，也还有一些空白需要填补。近日，欣闻杭州市社会科学院南宋史研究中心拟进一步深化和扩大南宋史研究，同时出版"博士文库"，加强对南宋史研究后备人才的培养，对杭州凤凰山皇城遗址综保工程，也正从学术上予以充分配合和参与，此外还正在点校和整理部分南宋史的重要典籍。组织编撰《南宋及南宋都城临安研究系列丛书》，对于开展以上一系列的研究，我认为很有意义。我相信，在汲取编撰《南宋史研究丛书》成功经验的基础上，新的系列丛书一定会进一步推动我国南宋史研究的深入开展，对杭州乃至全国的精神文明建设都有莫大的贡献，故乐为之序。

2010 年 11 月于杭州市道古桥寓所

目　　录

前　言

在中国历史上,宋高宗赵构(1107—1187)可以说是一位比较特殊的帝王,举其大要者有三。

第一,他的寿命很长,早年经历复杂而坎坷。

高宗享年八十一岁,在中国秦汉以降的四百余名帝王中,寿命之长仅次于梁武帝萧衍(464—549)和清乾隆帝弘历(1711—1799),位居第三。但是,"梁武帝寿数虽高,遭侯景之乱,狼狈而死"①。乾隆帝虽自夸有"十全武功",但他继位于康熙、雍正之后的"盛世",称得上是一位"太平皇帝"。当他六十年的统治结束之时,留给嘉庆帝颙琰(1760—1799)的遗产,却是一个正在走向衰落的清朝。由此看来,萧衍、弘历两人虽然长寿,但是居承平之日者多,而挽乱世之颓者少,前者甚至还不得善终。

高宗则不然。他始冠三年,就遭遇大规模战乱,先后二次奉命出使金营,可以说险象环生。接着,金兵陷汴京(河南开封),父母兄弟和姐妹全被俘虏北去。后来,他虽然作为漏网之鱼而得以幸存,并侥幸地登上了帝位,却外受金兵追杀,内有游寇横行、民变和兵变蜂起,不仅刚刚建立起来的南宋政权举步维艰,不绝如丝,就连自己的性命也几乎不保。

绍兴和议以后,社会逐步走向安定,但要恢复遭到被战争破坏的经济,整顿官僚机构,重振涣散了的人心,任务仍相当艰巨。可是到他"内禅"之

---

① [宋]袁文:《瓮牖闲评》卷八,影印文渊阁《四库全书》本,第852册,第477页。

时,宋朝的半壁江山已经基本得到巩固,受战争严重破坏的经济、文化,获得恢复和发展,南宋国家开始步入繁荣时期。当然,这些成就绝非高宗一人所为,但他作为一个最高统治者,当然有其一定贡献。

有关高宗一生的历史,在宋朝的正史、会要、奏议、言行录、笔记、文集、地方志书和各类杂史中,都有大量记载。特别是专门记载高宗一朝史事的《建炎以来系年要录》,卷帙达二百卷,字数有二百五十余万,内容之丰富和全面,为汉唐以来记载各个帝王事迹的史书所仅见。但是,翻开今人所撰历史,言高宗杀害岳飞、重用秦桧,签订和议的内容颇为详尽,但对其历史贡献却甚少有载,有的几乎只字不提。在历史研究中,这样的现象并不正常。

第二,他是中国古代帝王中真正实行"禅位"的第一人。绍兴三十二年(1162)六月,年龄不过五十六岁、身体尚相当健康的高宗,主动将帝位传给了经过多年精心培养的宗室之子赵昚(孝宗)。虽说高宗"内禅"有多种原因,但帝位对于一个统治者而言,宛如自己的性命,岂肯轻易传授? 在历史上,为夺取帝位,子弑其父者有之,兄弟相残者更多,而主动让位的帝王,在高宗以前可以说绝无一人。即使史书有载"禅位"之事,也或出于无奈,或遭到逼迫,绝非自愿之举。从近的来看,徽宗所以"内禅"太子赵桓(钦宗),完全是因金朝大军压境之际的逃遁之举,待金兵一退,徽宗便想复辟,后来钦宗及时采取措施,才使徽宗的复辟没有得以成功①。从远的来看,虽有尧舜禹"禅让"的传说,但这很可能是先秦诸儒所建构的一种大同理想,即使《史记》所载,矛盾也很多,何况当时还有相反的记载②,故同样不可轻信。

可是,长期以来,学界对于高宗这样一个破天荒的举动,竟很少有人置喙,其中原因何在? 让人有些不可思议。

第三,他是历代开国帝王中评价最低的一个人。高宗作为南宋王朝的

---

① 参见何忠礼《宋代政治史》第九章第二节的相关论述。浙江大学出版社 2007 年出版,第271—272 页。

② 〔汉〕司马迁:《史记》卷一《五帝本纪》正义引《竹书纪年》谓:"舜囚尧,复偃塞丹朱,使不与父相见。"中华书局 1959 年点校本,第 31 页。《韩非子》卷一七《说疑》载:"舜逼尧,禹逼舜,汤放桀,武王伐纣,此四王者,人臣弑其君者也。"影印文渊阁《四库全书》本,第 729 册,第 763 页。

缔造者,虽然畏金如虎,终生不能恢复中原,称不上是一个励精图治的中兴之主,其所作所为与其他封建统治者并无本质的区别。可是,后来有些学者却对他作出"无生人气"、"屈辱无能"、"荒淫无道"、"罪孽太重"、"死有余辜"等评价,就言之过当。如果对南宋开国帝王的总体评价是这样,那么在后继诸帝中,还有哪一个人在能力和成就上能够超过高宗? 从而使南宋国家得以享受长达一个半世纪的国祚,其在经济和文化上的成就能够鹤立于当时世界各国之上? 既然没有第二个帝王,那何以对高宗作出如此低下的评价?

如果像夏桀、商纣、秦始皇、隋炀帝那样末代或近乎末代帝王,在国破家亡之后,出现"天下之恶皆归焉"①的现象,并不奇怪,因为新建立的王朝,总要竭力贬低和丑化前朝帝王,或言其残暴,或言其腐朽,以表明推翻这个朝代的"正义性"和"合理性"。因为已是新桃换旧符,文献资料多被篡改或销毁,后人也很难为他们辩护,还以真相。可是对高宗这样一个立国时间长达一百五十三年之久的开国之君,有关他和南宋一朝的历史记载尚大量流传于世的今天,人们对其评价偏颇若此,当另有原因。

高宗遭到后人严重否定,主要集中在以下四个方面:一是签订了屈辱的"绍兴和议",甘心成为金朝臣子;二是杀害民族英雄岳飞,自毁长城;三是任用秦桧独相,让他长期实行专制统治;四是不允许钦宗南归,没有手足之情。笔者认为,高宗的上述问题,或者说罪行,虽然大部凿实,但是具体情况尚大有可议之处:一是南宋建立之初,高宗所面对的是怎样一个内外形势? 二是他这样做的原因何在,后果怎样? 三是这些罪行与高宗创建南宋国家和一生所作出的贡献相比,孰大孰小? 可是,在以往的研究中,人们对上述问题,甚少有深入的讨论,对高宗一生中值得肯定之处,则大多有意无意地予以忽视。

为此,笔者决心克服在学术界可能会遇到的某些困难,遵循既不哗众取

---

① 《论语·子张篇》:"子贡曰:'纣之不善不如是之甚也,是以君子恶居下流,天下之恶皆归焉。'"

宠,也反对人云亦云的原则,摆脱七八百年来义理史观的束缚,克服泛政治化倾向对史学研究的影响,力求站在客观的立场上,对宋高宗及与他有密切关系的人和事,通过不同角度的分析研究,进行较为深入的论述,力求作出实事求是的评价。因此,书中所持看法和结论,往往与传统的观点有所不同,甚至与笔者以前的一些论述也多有违异。既然历史是一门求真、求实的科学,在研究中当以历史的真实性为第一,故不揣识昧,自谓新论。至于所论是否符合事实,所作结论是否可以服人,见仁见智,尚祈大家批评指正。

第一章　宋朝的"祖宗之法"及
徽宗朝的腐朽统治

南宋（1127—1279）与北宋（960—1127），无论从帝王世系、统治核心、基本国策、社会矛盾，甚至主要大臣和军事将领的出身等方面，都可谓一脉相承。所不同的是南宋国土面积比北宋减少了大约五分之二左右，都城由北方的汴京（河南开封）迁到了南方的临安（浙江杭州）而已。从中可以看出，前者乃是大同，后者只是小异。所以，无论是南宋的政治、军事、制度、经济、思想和文化，与北宋都有着千丝万缕的联系，以高宗为代表的南渡群体，必然还带着北宋后期的风尘和各种错综复杂的关系。

宋朝是一个十分讲究"祖宗之法"的朝代，既然南宋的绝大部分方针政策，都可以追溯到北宋，那么在研究宋高宗在位的历史时，有必要首先扼要地回顾从赵宋建国以来陆续形成的所谓"祖宗之法"，对其主要内容和利弊，作些分析，这对我们正确认识后来高宗所推行的统治政策，会有一定帮助。

北宋灭亡前夕，正是其经济最繁荣、国土面积最广大、人口最多的时候，京城开封也成为世界上最为繁华的城市，画家张择端的《清明上河图》所描绘的情景，就反映了其中一角。但是，这一切都是表象，它掩盖了北宋末年宋徽宗、蔡京集团腐朽统治的本质和军事力量的彻底衰落。随着女真的崛起和辽朝的灭亡，一场巨大的灾难终于降临到北宋的头上。这就是赵构出生到登基前夕的历史背景。

第一节 北宋的"祖宗之法"和变法运动

一、"祖宗之法"的形成

后周显德七年(960)正月,禁军统帅殿前都点检、归德军节度使赵匡胤(927—976)通过陈桥兵变,黄袍加身,夺取了后周政权,建立国号为"宋"的政权,史称北宋。赵匡胤死后,其弟赵光义(939—997)继位。兄弟两人成为宋朝的太祖和太宗。太祖、太宗在位期间的一个共同特点是重视文治,并能以汉唐以来特别是五代的历史作为镜子,从中吸取教训,以防止武人擅权,造成政权频繁更替的情况再现,因此,在后来形成的众多"祖宗之法"中,将"兴文教,抑武事"①(后人多称其为"重文抑武")定为最基本的国策,确实有其一定的历史背景。

"重文抑武"的内容,大致可以分为"重文"和"抑武"两个方面。

重文者,一是重用文人士大夫,在中央,"宰相须用读书人"②,在地方,以文臣知州事。二是对士大夫不杀少辱,给予他们较多参政、议政和批评朝政的权力,从而为后来的"君主与士大夫共治天下"打下基础。三是改革科举制度,取士不讲门第,不论财富,实行殿试,推行封弥、誊录之法,以官僚制度代替门阀制度。四是扩大取士名额,朝廷上下,从宰执大臣到州县长吏,基本上皆由进士出身的文臣担任。五是实行"异论相搅"的政策,防止一派独大、一人独掌朝政的现象出现。六是针对唐末五代以来社会道德沦丧,文臣武将忠义之气消失殆尽的现象,大力提倡儒学,培养以"忠君"、"孝行"为主体的儒家思想和道德观。

抑武者,一是陆续解除大将兵权。二是以文臣驭武将,对外用兵,多以文臣为经略、安抚、招讨使,指挥战争。三是对武臣严加防范,不允许他们参

---

① 〔宋〕李焘:《续资治通鉴长编》(以下简称《长编》)卷一八,太平兴国二年正月庚午条,中华书局2002年点校本,第394页。

② 《长编》卷七,乾德四年五月乙亥条,第171页。

与政治,不允许他们与文臣交往。四是推行"将从中御"的政策,军队出兵打仗,内廷"从中降诏,授以方略,或赐以阵图"①。五是加重枢密院权力,让发兵权与握兵权相分离,就是所谓"祖宗制兵之法,天下之兵本于枢密,(枢密)有发兵之权而无握兵之重;京师之兵总于三帅,(三帅)有握兵之重而无发兵之权。上下相维,不得专制"②。六是通过实行"更戍法",使兵将分离,"将不得专其兵",以防范他们结下不解之缘。③

太宗还总结了有可能威胁其政权稳定的其他历史教训。在他看来,无论是秦朝、两汉、魏、晋、隋、唐,虽然经常出现边患,但朝代的更替,主要是内乱而非外忧所致。即使出现外忧,如果没有内乱,外敌也很难得逞。因此,他特别重视对"内患"的防范。淳化二年(991)八月,太宗告诫近臣道:

> 国家若无外忧,必有内患。外忧不过边事,皆可预防。惟奸邪无状,若为内患,深可惧也。帝王用心,常须谨此。④

太宗在这里所说的"内患"有两个方面:一方面是人民群众的反抗斗争,也就是各种民变;另一方面是统治集团内部的各种篡权活动,包括武臣叛乱、权臣、宗室、后宫、外戚、宦官对政权的觊觎和各种阴谋活动。在两者中,当然主要是指后者,亦即发生在统治集团内部之患,因为他们兄弟两人都是通过不正当手段夺取帝位,所以对"奸邪无状"特别敏感和警觉。

另外,为防止自身因腐朽性的发展而危及统治,太祖兄弟也认识到需要对统治集团内部的相互关系和生活有所约束。为此,在施政中作出了种种榜样和圣谕,这些榜样和圣谕被记载在《两朝国史》《德音》《圣政》《三朝宝训》等官修史书中,人称"祖宗之法"。概括起来大致有"事亲之法"、"事长

---

① 《长编》卷三〇,端拱二年正月癸巳条,第666、675页。
② [宋]赵汝愚编:《宋朝诸臣奏议》卷六四,载范祖禹《上哲宗论曹诵不可权马军司有二不可疏》,上海古籍出版社1999年点校整理本,第709页。
③ [元]脱脱等:《宋史》卷一八八《兵二》,中华书局1977年点校本,第4627页。
④ 《长编》卷三二,淳化二年八月丁亥条,第719页。

之法"、"治内之法"、"待外戚之法"、"尚俭之法"、"勤身之法"、"尚礼之法"、"宽仁之法",以及"不尚玩好,不用玉器,饮食不贵异味,御厨止用羊肉"①,严销金、铺翠之禁②等。

庆历四年(1043)三月,宋仁宗又将上述"祖宗之法"归纳为以下三十五事赐近臣,要求共同切实执行:

> 一曰遵祖宗训。二曰奉真考业。三曰祖宗艰难,不敢有坠。四曰真宗爱民,孝思感噎。五曰守信义。六曰不巧诈。七曰好硕学。八曰精六艺。九曰谨言语。十曰待耆老。十一曰静进退。十二曰求忠正。十三曰惧贵极。十四曰保勇将。十五曰尚儒籍。十六曰议释老。十七曰重良臣。十八曰广视听。十九曰功无迹。二十曰戒喜怒。二十一曰明巧媚。二十二曰分希旨。二十三曰从民欲。二十四曰戒满盈。二十五曰伤暴露兵。二十六曰哀鳏寡民。二十七曰访屠钓臣。二十八曰讲远图术。二十九曰辨朋比。三十曰斥谄佞。三十一曰察小忠。三十二曰监迎合。三十三曰罪己为民。三十四曰损躬抚军。三十五曰一善可求,小瑕不废。③

太祖、太宗、真宗的《三朝宝训》,特别是仁宗的"三十五事",几乎囊括了宋朝统治者的全部统治经验和教训,其细密、严谨的程度,在历史上可称罕见。对此后南宋诸帝,特别是屡次声言要"举行仁宗法度"的高宗,有着相当大的影响。

既然宋朝士大夫在政治上有一定的发言权,人格上获得了一定的保证,他们就容易在"忠君爱国"的框子下,凭借这些"祖宗之法"以防止内乱的发生,也可对封建帝王违反"祖宗之法"的行径进行监督甚至展开斗争,从而极

---

① 《长编》卷四八〇,元祐八年正月丁亥条,第11416页。
② 《长编》卷五三,咸平五年十一月壬寅条,第1162页;卷一三,开宝五年七月甲申条,第286页。
③ 《长编》卷一四七,庆历四年三月己卯条,第3565—3566页。

大地巩固了宋朝的内治。因此,在没有外敌入侵的情况下,无论哪一个皇帝上台,只要他不是十分昏庸,几乎都可以做到"垂拱而治"。这样严密的统治措施所造成的稳定政治结构,在中国古代各个朝代可称仅见。明代史学家陈邦瞻(1557—1623)对此有高度评价,他说:

> 大抵宋三百年间,其家法严,故吕、武之变,不生于肘腋,其国体顺,故莽、卓之祸不作于朝廷;吏以仁为治而苍鹰乳虎之暴无所施于郡国,人以法相守而椎埋结驷之侠无所容于闾巷。其制世定俗,盖有汉、唐之所不能臻者。[1]

后来高宗在治国理政中,确实也得益于"祖宗之法"不少。

当然,宋朝的"祖宗之法"绝非万能良药,它既不可能包治百病,也需要因时而异变换内容,至于统治者是否愿意"服药",更是一个问题。

例如,在外交上,也就是在与契丹、党项、女真和后来蒙(元)等周边少数民族政权的关系上,宋朝就缺少一个持久而有效的"祖宗之法"。北宋建立之初,尽管军事力量尚称强大,但太祖对周边用兵却十分谨慎,总是在反复权衡利弊得失后才开始行动,即使对燕云十六州,首先考虑的不是采取军事手段而是希望用赎买的方法加以收复[2]。太宗好大喜功,先后发动了两次对辽朝的战争,由于贪功冒进、指挥失当、补给不及等原因,皆以失败告终。真宗面对辽军的不断深入,已存畏惧之心,军事上开始由进攻转入防御,力图用岁币求得边境安宁,进入南宋,更是如此。

虽然,北宋在真宗朝和仁宗朝,相继与辽、西夏签订了"澶渊之盟"(1004)和"庆历和议"(1044),南宋与金签订了"绍兴和议"(1141)、"隆兴和议"(1164)等条约,断断续续地有过一段相对和平的时期,但是因为双方

---

① ［明］陈邦瞻:《宋史纪事本末》附录一,中华书局1977年点校本,第1191页。

② 《长编》卷一九,太平兴国三年十月末条载:太祖秘密地对近臣说:"石晋苟利于己,割幽蓟以赂契丹,使一方之人独限外境,朕甚悯之。欲俟斯库所蓄满三五十万,即遣使与契丹约,苟能归我土地民庶,则当尽此金帛充其赎直。如曰不可,朕将散滞财,募勇士,俾图攻取耳。"第436页。

都没有建立起真正的互信,多将和议视为一种权宜之计,故而这种和平比较脆弱,一旦形势发生变化,容易再次引发战争。

再则,宋朝历代相承的"祖宗之法",在其实行之初,大都不无积极意义,但是,"法久则弊生"。有些"祖宗之法"(主要是家法),可以行之于长久,有些则只能行之于一时,如果长期不作变化,必将适得其反。后者以"重文抑武"政策为最典型,它无论对北宋或是南宋的政治和军事,都产生了严重的副作用。

二、"重文抑武"政策的弊端和"熙宁变法"

北宋的一系列"祖宗之法",对赵宋政权既有积极作用,也有消极影响,这以推行"重文抑武"的国策最为明显。它一方面彻底结束了唐中后期以来武人擅权和由此引发的频繁战乱,使宋朝没有成为继后周以后又一个短命的朝代,让人民群众过上相对安定的生活,对经济的发展和文化的繁荣,都起到了很大作用,对此应予充分肯定。

可是,由于对抑制武人势力的矫枉过正,特别是不能随着形势的变化而及时作出调整,所以"重文抑武"的流弊十分严重。仁宗庆历二年(1032),御史中丞贾昌朝已经看到其中的弊病,他上疏说:

> 太祖初有天下,鉴唐末五代方镇武臣、士兵牙校之盛,尽收其权,当时以为万世之利。及太宗所命将帅,率多攀附旧臣亲姻贵胄,赏重于罚,威不逮恩,而犹仗神灵,禀成算,出师御寇,所向有功。自此以来,兵不复振……昨西羌之叛,骤择将领,鸠集士众,士不素练,固难指纵;将未得人,岂免屡易? 以屡易之将驭不练之士,故战必致败,此削方镇兵权过甚之弊也。且亲旧、恩幸已任军职者,便当为将,兵谋战法素不知晓,一旦付千万士卒之命,使庸人致之死地。此用亲旧、恩幸之弊也。①

---

① 《长编》卷一三八,庆历二年十月戊辰条,第3316页。按"士兵牙校",原作"土兵牙校",现据《宋文鉴》卷四五《论边事》改。

但是,贾昌朝的话,并没有引起最高统治者和一般文人士大夫的重视,他们继续死抱住"重文抑武"这一祖宗之法不放。如神宗元丰八年(1085)十一月,侍御史刘挚上言:"祖宗之法,不以武人为大帅,专制一道,必以文臣为经略,以总制之。武人为总管,领兵马,号将官,受制出入,战守惟所指麾。"①当时的北宋,刚被西夏打得头破血流,可是朝中官员仍然作如此认识,最终使它成了北宋灭亡的一个重要原因。真可谓成也萧何,败也萧何。

"重文抑武"的危害性,有着多方面的表现:如"将从中御",就是一项脱离实际、有碍正确指挥战争的政策。正如端拱二年(989)正月,户部郎中张洎在奏议中所指出的:"将从中御,兵无选锋,必败。"②事实也正是如此。战场形势瞬息万变,远在数千里以外的帝王,对军队行军打仗,如何能够"中御"? 如果说,太祖曾经亲历战事,对指导战争尚有一定发言权。太宗已经"工文业,多艺能"③,没有了战争经验。此后的帝王,生于后宫之中,长于妇人之手,根本就不知道战争为何物,怎么能出阵图、方略指导战争? 至于以文臣驭武将,则无异于以狗捕鼠,可谓成事不足,败事有余。实行"更戍法",表面上以"均劳逸"为借口,实际上是为了不让将领拥有自己的军队。可是将兵分离乃兵家大忌,在战场上,如果兵不知将,将不知兵,怎能指挥军队去进行战斗?

执行"重文抑武"政策的结果,极大地削弱了军队的战斗力。

在武臣方面:由于他们的政治地位低下,不仅在朝廷里毫无发言权,而且动辄受到文臣猜忌和压制,特别是一些有才干的将领,常常生活在恐惧之中。如仁宗朝抗击西夏、镇压侬智高叛乱的名将狄青(1008—1057),因系行伍出身,虽然官至枢密使,仍不敢除去面涅(面上刺的字),见到与他地位相当的文臣,也是战战兢兢,宛若属吏。后因屡遭猜忌,被迫出知地方,不久即抑郁而死。南宋有名的将领,若稍有不慎,结局也大多类此。武臣的这种境遇,严重地挫伤了他们在战争中的积极性,也使士大夫普遍地

---

① 《长编》卷三六一,元丰八年十一月丙午条,第8639—8640页。
② 《长编》卷三〇,端拱二年正月癸巳条,第666页。
③ 《宋史》卷四《太宗一》,第53页。

滋生出一种以文臣为荣,以武臣为耻的恶劣风气,即使考取武进士,也希望将它换成文资。

在士兵方面:宋朝实行募兵制,为防止士兵逃跑,大多要在他们的脸上或手上刺字。入伍后,不仅待遇恶劣,而且经常遭到长官的打骂和克扣军粮,所以普通百姓都不愿意当兵,由此造成招兵困难,"赢疾老怯,又常过半",不得不将游手好闲的市井之徒,甚至"拣诸路牢城及强盗、恶贼、配军,年未四十壮健者隶禁军"①。这些人入伍,造成军纪败坏,战斗力严重削弱,正如仁宗朝官员吕景初言:"自数十年来,用数倍之兵,所向必败。以此知兵在精,不在众也。"②宋人对武人的歧视已经形成为一种社会风气,造成了社会上尚武精神的严重缺失,流毒所至,一直影响到近代。

到仁宗赵祯(1010—1064)、英宗赵曙(1032—1067)两朝,从表面上看,国家还较稳定,但是内部却隐藏着很大危机。主要表现在两个方面:一是军事力量弱小,在民族战争中屡次遭到失败,甚至对付一个不到三百万人口的小国西夏,也常常损兵折将,被打得疲于奔命,这表明"积弱"的局面已经形成。二是国家财政发生很大困难,已达到入不敷出的地步,据《宋史·食货下一》记载:到英宗治平二年(1065),内外收入一万一千六百一十三万余贯石匹两,支出一万二千零三十四万余贯石匹两,非常支出一千一百五十二万余贯石匹两,年赤字达到一千五百七十三万余贯石匹两。天章阁待制、知谏院司马光就此奏称:"窃以国家用度素窘,复遭大丧,累世所藏,几乎扫地。传闻外州、军官库无钱之处,或借贷民钱,以供赏给,一朝取办,逼以捶楚……"③说明"积贫"的局面也已经形成。

北宋中期,国家之"积贫"、"积弱"出现的原因虽然很多,但受到"重文抑武"政策的影响为最大。因为"抑武",所以军队缺乏战斗力,北宋政府为此不得不增加军队人数,企图以数量弥补质量。太祖朝末年,全国共有军队

---

① 《长编》卷一二七,康定元年四月壬子条,第3009页;《宋史》卷三〇二《吕景初传》,第10020页。

② 《长编》卷一七六,至和元年四月庚申条,第4259页。

③ 《长编》卷一九八,嘉祐八年四月癸未条,第4797—4798页。

三十七万八千人,其中禁军十九万三千人。到仁宗庆历年间(1041—1048),全国总兵力达到一百二十五万九千人,禁军则达到八十二万六千人①,比太祖朝增加了三点三倍,从而造成庞大的军费负担。故时人以为,国家"用度之广,无如养兵"。②

为了挽救社会危机,仁宗庆历三年出现了由参知政事范仲淹(989—1052)领导的以澄清吏治、改良政治为中心的改革,但实行不到一年,即宣告失败。这次"新政",除了兴起一场州县学的办学高潮以外,几乎没有留下什么改革成果。

嘉祐八年(1063)三月和治平四年(1067)正月,仁宗与英宗相隔不到四年先后去世,北宋在短期内经历了二次"国丧",使国家财政更是雪上加霜。

神宗赵顼(1048—1085)即位之初,目睹这种状况,疾呼:"方今府库空竭,民力凋敝,正当扶危拯溺之际。"③在这种形势下,著名政治家王安石(1021—1086)在神宗的积极支持下,于熙宁年间(1068—1077)对政治、经济、军事、农田水利、赋役和科举进行了大规模的改革,史称"熙宁变法"。他们希望通过这些变法(改革),达到富国强兵的目的。

"熙宁变法"并没有像"庆历新政"那样只是昙花一现,至少在神宗一朝还是取得了不少成果,特别在解决财政危机方面,收到了很大成效。据官员毕仲游说,当时各种税收如果全部归三司,"可以支二十年之用"④。虽有如此巨大财富,神宗却不敢妄用,他遵守太祖遗意,设二十座御前封桩库,"用此以为开拓西北境土之资"⑤。熙宁九年(1076)十月,王安石第二次辞去相位以后,变法开始停顿。元丰年间(1078—1085),神宗主要实行对官制的改革,但原来的变法成果基本上尚得到保留。

---

① 《宋史》卷一八七《兵一》,第4576页。
② 《宋史》卷三〇二《吕景初传》,第10020页。
③ 《长编》卷二〇九,治平四年正月癸酉条,第5076页。
④ [宋]毕仲游:《西台集》卷七《上门下侍郎司马温公书》,影印文渊阁《四库全书》本,第1122册,第78页。
⑤ [宋]王明清:《挥麈后录》卷一《神宗置封桩库以为开拓境土之资》,上海书店出版社2001年整理本,第43页。

当然,这场巨大的社会变革,也遭到重重阻力:一是官僚、地主等既得利益集团的疯狂破坏;二是坚持"祖宗之法"不能变的部分士大夫的激烈反对。从而造成统治集团内部诸多矛盾和分歧,在朝廷内部形成了以王安石为代表的变法派(新党)和以司马光(1019—1086)为代表的保守派(旧党)之间的斗争。在学术上,则出现了主要以王安石的新学和以程颢、程颐为代表的洛学等其他各种学派之间的斗争。不过,由于神宗对朝中大臣的把控较强,加之王安石和司马光两人皆为君子,甚少私利,目的都是为了维护整个封建国家的根本利益,所以在神宗朝时期,两派斗争尚未发展到白热化的程度。

元丰八年(1085)三月,神宗去世,十岁的赵煦(1077—1100)继位,是为哲宗,神宗母亲宣仁太后高氏(1032—1093)临朝听政,司马光擢除宰相,保守派得势。次年,改元元祐(1086—1093),新法陆续被罢废。一年后,司马光去世,文彦博(1006—1097)、吕公著(1018—1089)、吕大防(1027—1097)、刘挚(1030—1098)等旧党分子在高太后的支持下,开始在政治上对新党进行排斥和打击,洛学也压倒了新学。这种政治和思想上的变化,史称"元祐更化"。元祐八年,高太后去世,哲宗亲政,明年改元绍圣(1094—1097),启用新党,以章惇(1035—1105)、曾布(1036—1107)、蔡卞(1048—1117)、蔡京(1047—1126)等人为代表的新党分子,以"绍述"为名,从形式上恢复了新法,并借此对旧党进行残酷打击和迫害,司马光、文彦博、吕公著、吕大防等数十人都被打成"元祐党人",他们或被流放,或被贬官,或遭追夺,连已经去世的高太后也受到牵连。皇后孟氏,不为哲宗所喜,加上她是高太后所立,所以在新党的支持下,哲宗借故将她废黜为华阳教主、玉清妙静仙师,出居瑶华宫。

在哲宗一朝的十五年时间里,变法派和反变法派先后以太后和皇帝为后台,展开了更加激烈的斗争,他们轮流坐庄,相互加害,给朝政带来了混乱。

元符三年(1100)正月,二十四岁的哲宗病死,无子。神宗皇后向氏为使继承者感恩于己,不按常规选择继承人,坚持立神宗第十一子、哲宗之弟端王赵佶(1082—1135)为帝。左相章惇表示反对,以为端王"轻佻不可以君天下"①,要求另立其他皇帝,但不被向太后所接受,于是赵佶继位,是为徽宗。从此,北宋历史进入到了它最腐朽的时期。

第二节　北宋末年的腐朽统治和宋、金联合灭辽

一、徽宗即位和蔡京上台执政

徽宗即位之初,为酬谢向太后支持自己登上皇位之恩,仍请她垂帘听政。在向太后的旨意下,下诏命被废黜的孟氏还内,复"元祐皇后"称号。同时起用旧党分子、曾深受高太后赏识的韩琦之子韩忠彦(1038—1109)为右相,旋即升任左相,曾布被擢除右相。司马光、文彦博、吕公著、吕大防等三十三人被追复了官职。一些新党分子则相继遭到贬黜,章惇因反对立赵佶为帝而被罢去相位,并一贬再贬,次年病死于流放途中。蔡卞先以资政殿学士知江宁府,再贬往太平州(安徽当涂)居住。蔡京受曾布攻击,被夺职提举洞霄宫,出居杭州。元符三年十一月,鉴于元祐、绍圣均有所失,遂下诏改明年(1101)为建中靖国元年,表示要消释朋党之意。

向太后可能受到高太后过分卷入政治的前车之鉴,或是身体原因,所以听政半年后就宣布还政,次年正月即病逝。随着向太后的去世,旧党失去了靠山,北宋的政治形势再度发生剧变。

徽宗娴熟于绘画书法,又精通于鉴赏古董玩物,艺术水平之高,或可称得上"千古一帝"。但正如章惇所言,他生性"轻佻",是一个沉湎酒色、热衷于玩耍和挥霍无度之人。徽宗在新党分子、起居郎邓洵武"绍述先志","非相此人(指蔡京)不可"②的鼓动下,加上得知蔡京在书法、鉴赏文物的水平也很高,可谓同气相求,于是便将他从地方召回,出任翰林学士承旨。往昔

---

① 《宋史》卷二二《徽宗四·赞语》,第417—418页。
② 《宋史》卷三二九《邓绾附子洵武传》,第10600页。

神宗为富国强兵,欲行变法,任王安石为翰林学士,将他从江宁府(江苏南京)召回。从表面上看,王、蔡两人的进身,何其相似乃尔,实际上却大相径庭:神宗是一个有为之君,徽宗却是一个荒淫无道、借变法以行搜括的帝王;王安石是著名政治家和改革家,蔡京则是一个投机分子和打着变法旗号的假变法分子。两者的品质和表现完全不同。可是到高宗朝,南宋的许多士大夫,出于党争目的,有意无意地将两人的情况混为一谈,肆意攻击王安石,这就不可能不对高宗朝的政治和思想产生重大影响,那是后话。

翌年,徽宗改元崇宁(1102—1106),表明要以绍述熙宁新法为志,一场对旧党的清算和以私意相报复的闹剧就此揭开序幕。蔡京上台后,先与曾布联手,力攻韩忠彦。崇宁元年五月,韩忠彦以"变神考之法度,逐神考之人材"①的罪名,被罢去相位。接着,曾布也以"宰相私其亲"、"赃贿"、"弃湟州"②等罪名,被弹劾去位,最后将他流放到岭南居住。司马光、文彦博等元祐诸臣再次遭到追贬。"元祐皇后"孟氏也第二次被废黜,"复居瑶华宫"。③

七月,蔡京升任右相,徽宗在蔡京的唆使和具体策划下,将在元祐和元符末曾任宰相的文彦博、吕公著、司马光、吕大防、刘挚、韩忠彦等人,以及苏轼、秦观、张士良、王献可等文武官员共一百二十人皆打成为"党人","御书刻石端礼门",史称"元祐党人碑"④。崇宁二年正月,蔡京进位左相,蔡卞任枢密院事,兄弟两人共掌文武两柄。为虚应故事,蔡京在尚书省置讲议司,讨论熙、丰已行法度及神宗欲行而未行者,自任提举,继续推行新法。但是,经过这种讲议,新法屡经变更,绝大多数已失去原来推行的本意,成了对百姓加强掠夺的幌子。

为进一步迫害"元祐党人",蔡京再次怂恿徽宗下诏:"应元祐及元符之末党人亲子弟,不论有官无官,并令在外居住,不得擅到阙下。令开封府界

① [宋]陈均:《九朝编年备要》卷二六,崇宁元年五月条,影印文渊阁《四库全书》本,第328册,第706页。

② 《宋史》卷四七一《奸臣一·曾布传》,第13716—13717页。

③ 《宋史》卷二四三《后妃下·孟皇后传》,第8634页。

④ 《宋史》卷一九《徽宗一》,第365页。

各据地分觉察。如当职官知而不纠，或不用心探缉，遂致容隐，别因事败露者，并重行黜责。其应缘趋附党人，罢任在外，指射差遣及得罪停替臣僚，并依党人子弟施行。"八月，又应官员奏请，下诏各地路州郡，将党人名单"于监司长吏厅立石刊记，以示万世"。①

此外，又规定：凡元符末应诏上书的进士，被列入邪等者，在科举考试中一律罢黜。崇宁三年（1104）六月，又将"元祐党人"、"元符末党人"和元符上疏入"邪等"之人，合并成一榜，合计三百零九人。先由徽宗书写刻石于文德殿东壁，称"元祐奸党碑"②，再由蔡京书写，颁示全国州县刻石立碑。这次打击面之广，"罪名"之离奇，真可谓旷古未闻，不论新党旧党，在睚眦必报的蔡京眼中，只要意见与他相左，统统都是"奸党"。正如南宋人王明清所谓："意异者，人无贤否，官无大小，悉列其中，屏而弃之，殆三百余人。有前日力辟元祐之政者，亦叨厕名，愚智混淆，莫可分别。"③在朝廷里造成人人自危的局面。

在大肆打击政敌的同时，蔡京还千方百计地消除旧党对学术思想的影响。崇宁二年四月，徽宗下诏，禁毁范祖禹的《唐鉴》和司马光、苏洵、苏轼、苏辙、秦观、黄庭坚等人的文集和著作。十一月，又下令"以元祐学术政事聚徒传授者，委监司察举，必罚无赦"④。有人甚至还提出要禁毁司马光的《资治通鉴》，只因书中有神宗所撰的序文，才免遭一劫。在科举考试中，若是元祐而非"绍述"者，也一律加以黜落。

但是这样大规模的政治迫害毕竟不可能持久。一是随着蔡京集团内部矛盾的逐渐尖锐化，开始出现对他不利的政治局面。张商英升任执政不久，因与蔡京"议论不合"，被落职知亳州，尔后又被打入"元祐党人籍"。接着蔡卞因与蔡京争权，于崇宁四年（1105）正月被罢去知枢密院事，出知河南

---

① 参见［宋］杨仲良《续资治通鉴长编纪事本末》卷一二一《禁元祐党》上（元符附），北京图书馆出版社 2003 年据《宛委别藏》本影印本，第 8 册，第 3749—3786 页。

② ［宋］马纯：《陶朱新录》，大象出版社 2012 年《全宋笔记》本，第 5 编，第 10 册，第 174 页。

③ 《挥麈后录》卷一《编类元祐党人，立碑刊石》，第 51 页。

④ 《宋史》卷一九《徽宗一》，第 368 页。

府。同年六月,右相赵挺之对蔡京的擅权误国深表不满,拜相仅三个月,就"屡陈其奸恶,且请去位避之"①,也被罢为观文殿大学士,成为祠官。这些人在陛辞时,都向徽宗揭发了蔡京的罪恶。二是崇宁五年正月,"彗出西方,其长竟天"。"星变"本是一种自然现象,但在古代却被认为是封建帝王治民有阙失,上天对他的一种警示。为答天咎以消灾,徽宗"避殿损膳",并下诏求直言。刚升任中书侍郎的刘逵趁机奏请毁掉"元祐奸党碑",恢复"党人"官职,今后停止弹纠。徽宗怕蔡京不允,当晚就遣内侍毁去了竖立在朝堂里的石刻。不到十天,又出现"太白昼见"的异常天象,徽宗更加恐慌,立即下诏:"赦天下,除党人一切之禁……崇宁以来左降者,各以存殁稍复其官,尽还诸徙者。"②二月,蔡京被罢去相位,赵挺之重新出任右相。至此,对"元祐党人"的迫害才有所放松。

二、宋徽宗、蔡京集团的腐朽统治

蔡京虽被罢去相位,徽宗对他仍恋恋不舍,让他以中太乙宫使留居京城。不到一年,大观元年(1107)正月,他再次出任左相。此后,蔡京又二次罢相,二次再相。宣和七年(1125)十二月,钦宗即位,蔡京才以太师、鲁国公致仕。其四次为相时间加起来长达十九年之久,几乎与徽宗一朝相始终。

蔡京第一次上台的前期,主要是借"绍述"之名,全力打击以旧党为主的异己之人。当他完全控制朝政后,便"倡为丰、亨、豫、大之说",以迎合徽宗奢侈纵欲的需要。不料此法尚未来得及推行,即应"天变"被罢相。

蔡京第二三次为相时,为邀宠固位,不止一次地鼓动徽宗道:"今泉币所积赢五千万,和足以广乐,富足以备礼。"③意为现在财富充足,时局太平,正是尽情享受的时候。徽宗闻之大喜,首先在开封城内大兴土木,营造新的宫殿,其中以政和四年(1114)重新建成的延福宫规模最为宏大,共有穆清等七

---

① 《宋史》卷三五一《赵挺之传》,第11094页。
② 《宋史》卷二〇《徽宗二》,第375—376页。
③ 《宋史》卷四七二《奸臣二·蔡京传》,第13726页。

殿,蕙馥等十五阁居其东,繁英等十四阁居其北,全都金碧辉煌。又叠石为山而上起殿,殿内再建阁,阁旁又设亭。还疏泉为湖,湖之中作堤,"上为茅亭以待憩。寒松、怪石、嘉花、异木,斗奇而争妍。龟鹤亭,庄鹿砦,莲濠、孔雀之栅,椒漆、杏花之园,西抵丽泽"。延福宫建造得如此富丽堂皇,时人以为"不类尘境"。①

与此同时,徽宗又"铸九鼎、建明堂、修方泽、立道观、作《大晟乐》、制定命宝……凿大伾三山,创天成、圣功二桥。大兴工役,无虑四十万"②。繁重的劳役,使得河南、河北百姓不堪重负。

开封地势平坦,没有山,徽宗为供自己恣意玩乐,命内侍梁师成等主持,仿杭州凤凰山形状和气势,在京城东北部兴建一座人工山,作为御花园,名曰艮岳,又称万岁山。山周围十余里,到处是名花异草和珍禽异兽。此山全部由从江南运去的奇石堆砌而成,主峰高九十步,上面又建造了数不清的亭台楼阁,甚至还有名为"曲江"的大池。构思之巧妙,布局之新奇,可谓巧夺天工。艮岳从政和七年(1117)开始兴建,一直到北宋灭亡,十年间一直修筑不停。为将花石运往开封,每若干艘船为一纲,号"花石纲",其运费令人咋舌。"一石之费,民间至用三十万缗。奸吏旁缘,牟取无艺"③。在将大石、重物运输途中,经常拆毁桥梁、城墙、堰闸、水门,以便让庞大的船队通过,更给社会生产造成了破坏和混乱。由于纲船太多,运河上已容纳不下,便取道海路。"每遇风涛,则人船皆没,枉死无算"④。"花石纲"之役所需的巨大人力和财力,给两浙、江东南百姓带来了沉重的负担。

徽宗对道教也十分狂热,他与真宗一样,以神道设教,自称有太上老君托梦,要他振兴道教。于是下诏京师和地方州郡,广泛修建道观,并设置道官,共分二十六阶,秩比中大夫(正五品)至将士郎(从九品)。又在太学和

---

① 《九朝编年备要》卷二八,政和四年八月条,影印文渊阁《四库全书》本,第 328 册,第 760 页。
② 《宋史》卷四七二《奸臣二·蔡京传》,第 13724、13726 页。
③ 《宋史》卷一七九《食货下一》,第 4361 页。
④ 〔宋〕方勺:《泊宅编》附《青溪寇轨·容斋逸史》,中华书局 1983 年点校本,第 111 页。

地方州县学设立道学,立《黄帝内经》、《道德经》、《庄子》等博士,招收道学生徒。政和七年(1117),徽宗自称"教主道君皇帝",尽管这一称呼只能用于道教章疏,他自己却非常喜欢这个"雅号"。

由于徽宗经常实施滥赏,北宋末年官员冗滥达到了空前规模。"节度使至八十余员,留后、观察下及遥郡刺史多至数千员,学士、待制中外百五十员",其他冗官之多足以想见。官员兼职兼俸的情况此时也特别严重,三省、枢密院"吏员猥杂,有官至中大夫,一身而兼十余俸,故当时议者有'俸入超越从班,品秩几于执政'之言"①。这又要耗费多少民脂民膏。

被徽宗宠信的佞臣,除蔡京以外,还有王黼、童贯、梁师成、李彦、朱勔五人,人称"六贼",个个贪污中饱,腐朽透顶。

徽宗、蔡京等"六贼"的肆意挥霍,造成国家财政不堪重负,没有几年时间,就将神宗朝所积累下来的大量财富挥霍殆尽。为了向百姓榨取更多的钱财,他们除了将一切可以增加财政收入的新法统统加以恢复以外,同时还巧立名目,设置各种机构,想方设法加强对百姓的剥削和搜刮。

首先,置苏杭应奉局,大肆招刮东南地区的物资和制品。崇宁元年(1102),徽宗命童贯在苏州、杭州两地设立造作局,役工匠数千人,制造象牙、犀牛、玉石、金银、竹藤及雕刻、织绣等工艺品,供应宫廷,一切材料皆在民间科配。四年,又设应奉局于苏州,以朱勔具体掌管其事,主要任务是搜刮各宫殿、园苑所需物品,特别是奇花异石,以船运往开封。

其次,置"西城所",疯狂掠夺北方百姓土地。宣和初,宦官杨戬首创"西城所",这名义上是掌管公田的机构,将京东西、淮西北一带根括到的所谓隐田、天荒地入官,更税为租。实际上,所括土地多为民间美田,其办法是要百姓拿出自己的田契,自甲追到乙,由乙追到丙,展转究寻,直至拿不出证据,就宣布为无主荒地,拘没入官,强迫原业主承佃,输纳租米。另外,还将原来为公共使用的陂塘、湖泊,收为公有。杨戬死后,李彦主管其事,在汝州(今属河南)置局,掠夺土地更加凶狠,凡是被他看中的土地,"使他人投牒

---

① 《宋史》卷一七九《食货下一》,第4361页。

告陈,皆指为天荒,虽执印券皆不省。鲁山阖县尽括为公田,焚民故券,使田主输租佃本业,诉者辄加威刑,致死者千万"①。自"西城所"设立以来,前后共括得良田三万四千三百余顷②,使众多民户倾家荡产。

第三,打着新法旗号,千方百计加重对农民的剥削。京西地区原先没有支移,崇宁时(1102—1106)一斗粮食就要增加支移脚费五十六文,相当于神宗元丰年间(1078—1085)的正税之数。接着,又利用折变,"反复纽折",农民的负担就"数倍于昔,民至鬻牛易产犹不能继"③。方田均税法原是熙宁时期为平均赋税所推行的一项新法,此时已完全变质,成了加强对农民剥削的一项弊政。

此外,蔡京还推行一系列的所谓理财新法,如实施盐钞法,对茶叶买卖实行全面禁榷,铸当五大钱、折十钱和夹锡钱等,这些所谓的"新法",无非都是变着法子巧取豪夺百姓的卑劣手段而已。

宣和六年(1124)十二月,蔡京第四次为相。此时的蔡京已是七十八岁老人,"目昏眊不能事事,悉决于季子绦。凡京所判,皆绦为之,且代京入奏"。于是蔡绦便趁机弄权,"恣为奸利"。徽宗命童贯告诉蔡京,要他"上章谢事"(主动上表请求辞职),蔡京却"殊无去意"④。翌年四月,徽宗还是让蔡京以太师、鲁国公致仕。

当然,蔡京在历史上并非一无可取,他对兴办学校教学,推行三舍法,整理古代典籍,还是作出了一定贡献。但他的这些贡献与所犯下的罪恶相比,实不及其百分之一,所以言他是致使北宋陷入万劫不复之地的一个罪人,并不过分。

民不可欺,国不可侮。宋徽宗、蔡京集团的腐朽统治,给国家造成了巨大伤害,它使国库空虚,社会矛盾尖锐,国防力量进一步被削弱。正如太常少卿李纲在宣和末年所说:

① 《宋史》卷四六八《宦者三·杨戬附李彦传》,第 13664 页。
② 《宋史》卷一七四《食货上二》,第 4212 页。
③ 《宋史》卷一七四《食货上二》,第 4211 页。
④ 《宋史》卷四七二《奸臣二·蔡京传》,第 13727 页。

比年以来,用度无节,侵耗日多。财匮而府库虚,谷散而仓廪竭。物力既耗,人心惊疑,如居风涛,汹汹靡定。今日所以给军费,不知陛下于何所取而足乎? 取之内帑,而内帑有尽;取之封桩,而封桩已无;取之阖辟敛散之术,而榷货之法已殚;取之横赋暴敛之政,而吾民之力已困。①

至此,北宋政权终于走到了尽头,只要一遇外敌入侵,败亡即在眼前。

三、宋、金"海上之盟"和辽朝的灭亡

在黑龙江、松花江流域和长白山地区这块广袤而肥沃的土地上,从先秦时候起,就散布着大大小小的女真诸部。五代时,女真为契丹(辽)所统治。契丹贵族为了削弱女真人的反抗力量,把居住在松花江以南的女真人编入契丹户籍,称为熟女真。居住在松花江以北到黑龙江流域的其他女真人,称之为生女真。

生女真人数最多,有大小部落几十个,他们各自为政,互不统属,其中以完颜部最为强大。唐、五代时,完颜部尚过着"迁徙不常"②的渔猎和游牧生活。到十世纪末十一世纪初酋长绥可统治时期,才定居于按出虎水(今黑龙江哈尔滨东南松花江支流阿什河)的旁边,开始过着半渔猎、半农牧的生活。随着生产力的发展,完颜部的甲兵日益强盛,成为生女真诸部的核心。乌古乃任酋长时,被辽朝授予节度使(也称"都太师")的称号,他阳与辽朝周旋,趁机积蓄力量,背地里大力发展自己的势力,其孙即金朝的创建者完颜阿骨打(1068—1123)。

辽朝对生女真的剥削和压迫非常残酷,特别是辽朝最后一个皇帝耶律延禧(天祚帝)在位时,对生女真的勒索和压迫更加凶狠,从而引起女真人的极大愤怒,不断展开反抗斗争。宋徽宗政和三年(1113,辽天庆三年),阿骨

---

① [宋]李纲:《梁溪集》卷四一《上道君太上皇帝封事》,影印文渊阁《四库全书》本,第1125册,第849页。

② [元]脱脱等:《金史》卷一《世纪》,中华书局1975年点校本,第3页。

打继任了生女真部落联盟的酋长(都勃极烈),他顺应女真人民反抗奴役的要求,在翌年九月,正式开始了反辽战争。政和五年元旦,阿骨打建国称帝,国号"大金",年号"收国",定都会宁府(在黑龙江阿城县南面白塔子),阿骨打就是金太祖。辽天祚帝亲率数十万军队前往镇压,但是由于前线将领接连发生叛乱,只得退兵。当年十二月,金军又将辽军打得大败。女真势力的崛起,对辽形成了严重的威胁,此后辽军屡战屡败,被迫遣使向金请和。

北宋和金朝中间虽隔着一个辽朝,但女真起兵反辽的消息,还是不断传到北宋,并引起徽宗的注意。政和元年三月,他命端殿学士郑允中和节度使童贯使辽,"因使觇国"①,也就是了解辽朝的虚实。九月,"郑允中、童贯使辽,以李良嗣来。良嗣献取燕之策,诏赐姓赵"②。赵良嗣原为辽朝光禄卿,他来到汴京后,数次上书徽宗,认为契丹受女真打击,已经衰落,现在正是收复燕云十六州的好时机。徽宗一心想以收复燕云故地来夸耀自己的功绩,对赵良嗣的建议欣然"嘉纳",并赐官秘书丞。

要收复燕云,北宋自感力量不足,便想联合东北的女真,以夹击辽朝。于是先后派遣高药师、马政、赵良嗣、马扩等人,自登州(山东蓬莱)渡过渤海,到东北女真居地打听消息,商量联合夹击辽朝事宜。

北宋是否应该执行联金灭辽的政策,朝中大臣的意见很不一致。蔡京、童贯、右相王黼、蔡京子少保蔡攸等人积极支持,左相郑居中、枢密院事邓洵武等人则表示反对。政和八年(1118)四月,郑居中在朝堂上公开责备蔡京道:

> 朝廷欲遣使入女真军前议事,夹攻大辽,出自李良嗣,欲快己意。公为首台,国之元老,不守两国盟约,辄造事端,诚非庙算……观真宗、仁宗意,不欲动兵,恐害生灵,坚守誓约,至今一百十四年,四方无虞。今若导主上弃约复燕,恐天怒夷怨,切再熟虑,无遗后悔。事系宗庙,岂

---

① 《宋史》卷四六六《宦官三·童贯传》,第13658页。
② 《宋史》卷二〇《徽宗二》,第386页。

可轻议。又况用兵之道,胜负不常,苟或必胜,则府库乏于犒赏,编户困于供役,蠹国害民,莫过此也。脱或不胜,则患害不测。

可是,蔡京回答说:"上意已决,岂可沮乎?"①对郑居中等人的意见根本不予考虑。

稍后,出使辽朝归来、"善丹青、精人伦"的画学正陈尧臣对徽宗说:"虏主(天祚帝)望之不似人君,臣谨写其容以进,若以相法言之,亡在旦夕,幸速进兵。"徽宗听后大喜,"燕云之役遂决"②。根据看辽朝皇帝的面相,以决定是否对辽发动战争,可谓荒唐至极。

经过宋、金双方使人多次往返谈判,宣和二年冬天,两国勉强达成共同出兵夹击灭辽的协议,主要内容为:

(一)宋、金两国同时出兵伐辽,金取辽之中京大定府(内蒙古宁城县西南大明城),宋取辽之南京析津府(宋称燕京,宣和四年十月改称燕山府)。宋、金两国取辽地,双方以松岭(辽宁西,辽河西岸)、古北(在北京密云东北)、榆关(河北山海关)为界,不得逾越。

(二)辽朝灭亡后,燕京一带汉地归宋,将原宋输辽岁币五十万匹两与金。③

因为这个盟约是宋、金双方通过渡海签订的,史称"海上之盟"。

此后,金军以凌厉的攻势,攻城略地,于金太祖天辅六年(1122,宣和四年)正月,攻破辽中京大定府,天祚帝逃出燕京,前往西京(山西大同)。四月,金兵破西京,天祚帝再逃夹山(内蒙古乌拉特旗)。

可是,"海上之盟"签订二年后,北宋对燕京的进攻却迟迟没有开展。先是南方发生了方腊起义,朝廷命童贯率领原来准备攻燕京的军队南下进行

---

① [宋]徐梦莘:《三朝北盟会编》(以下简称《会编》)卷一,政和八年四月二十七日条,上海古籍出版社1987年据清许涵度刻本影印本,第3—4页。
② 《挥麈后录》卷四《陈尧臣进退终始事迹》,第97—98页。
③ 参见《会编》卷四,宣和二年九月二十日条。第28—29页;《宋史纪事本末》卷五三《复燕云》,第542页。

镇压。方腊起义失败后，宣和三年闰五月，童贯才领军北返。其次是由于北宋军政腐败，在军事上的准备仍然一团糟，这从童贯在宣和四年五月十三日的奏报中可窥知一斑，其谓：

> 臣奉诏来北，星夜倍道，于四月二十三日到高阳关，整促行军之备。即见河朔将兵骄惰，不练阵敌，军须之用，百无一有。如军粮虽曰见在，粗不堪食，须旋春簸，仅得其半，又多在远处，将输费力。军器甚阙，虽于太原、大名、开德支到封桩各件，不足或不适用。至于得地版筑之具，并城戍守御之物，悉皆无备。盖河朔二百年，未尝讲兵，一旦仓卒，责备颇难。①

尽管防守燕京的辽军已经非常弱小，但是北宋军队在宣和四年五月和十月为收复燕京而发动的两次战役，都相继以失败告终，并造成了严重后果：一是无论兵力、物资，损失都极其惨重，"自熙丰以来，所蓄军实尽失"②。二是金人原先尚以为北宋"四面被边，若无兵力，安能立国？强大如此，未可轻之"③。现在看到它竟然如此不堪一击，"自是知王师不可用，有轻中国心"。④

北宋无力收复燕京，只得再请金出兵帮助取燕。宣和四年（1122）十二月，金太祖亲率军队攻打燕京，不数日，辽燕京守将投降。金人以宋军不能如约夹攻辽朝，不肯交还燕京，经过反复交涉，双方才于宣和五年四月达成新的协议：金朝将燕京交还北宋，但北宋每年另输金朝钱一百万贯，作为燕京的代税钱，也就是赎城费。金兵撤退时，又根括了城内家有财产一百五十贯以上的三万余人户起发往辽东，到头来北宋只得到一座空城。

关于燕云十六州，宋、金双方也进行了交涉。在东面的州郡，北宋除已

---

① 《会编》卷六，宣和四年五月十三日条，第40页。
② 《会编》卷一一，宣和四年十月二十九日条，第77页。
③ 《会编》卷四，宣和二年十一月二十九日条，第29页。
④ 《会编》卷七〇，引《宣和录》，第530页。

得涿、易两州外,金以燕京及檀、顺、蓟、景四州还宋。但是,对具有重要战略意义、足以扼住北宋咽喉的营(辽宁朝阳)、平(河北卢龙)等州则拒绝归还。在西面及山后的州郡,北宋"请加币以求山西诸镇"①,金朝文武百官都反对归还,唯有金太祖表示为与北宋"永远交好","特与西京地土并民户"②归宋,只给与一些犒军银即可。天辅七年(1123,宣和五年),金太祖在西逐天祚帝时病死途中,其弟晟(吴乞买)继位,是为金太宗。后来,当北宋依据金太祖早先的承诺,前往索取西京大同府及武、应、朔、蔚、奉圣、归化、儒、妫八州之地时,却遭到金方拒绝,不久宋、金战争爆发,归还西京大同府等地的交涉也就无疾而终。

宣和五年五月初二日,童贯、蔡攸"班师"回汴京。燕云的"收复",极大地满足了徽宗的虚荣心,以为"所赖庙堂之策,集此不世之勋。当有酬庸,以昭异数"③,于是王黼、童贯、蔡攸等皆加官进爵有差,汴京军民受到蒙蔽,也沉浸在一片欢乐中。虽然国家已危在旦夕,但汴京在表面上却显得十分繁华,张择端的《清明上河图》,就反映了这个时期的汴京。

宣和七年(1125)二月,辽天祚帝在应州(山西应县)被宗翰俘获,降封为海滨王,辽朝立国二百十年,至此灭亡。于是金人积极准备进行一场新的战争——南下灭宋。

以上可知,北宋一朝,特别是在其后期的一系列内政和外交,对后来的南宋,尤其是高宗一朝的历史,有着直接的和巨大的影响。

---

① 《金史》卷七四《宗翰传》,第1696页。
② 《会编》卷一四,引《燕云奉使录》,第98—99页。
③ 《会编》卷一七,宣和五年五月八日条,第118页。

第二章　宋高宗的早年身世和"靖康之变"

辽朝灭亡不到半年,金兵开始分东、西两路大举攻宋。西路金军虽被阻挡在太原城下,东路金军却在攻占燕京后,很快渡过黄河,进抵汴京。徽宗惊慌失措,仓促"内禅"钦宗,然后南逃。翌年改元靖康(1126—1127)。金人在得到北宋愿意割让太原、中山(河北定州)、河间(今属河北)三镇,并输金以巨额银、绢等条款后,于二月初九日撤兵。

东路金军一退,北宋统治集团内部在对金是和是战以及要不要归还河北三镇的问题上,一直争论不休。当年八月,东、西两路金军再次发动南侵,数十万宋军望风解体,金兵很快包围了汴京。靖康元年闰十一月二十五日,汴京陷落,徽、钦二帝被俘,金人将他们废为庶人。次年三月,金人扶植作为人质的张邦昌(1081—1127)为帝,建立"大楚"傀儡政权以后,分两批北返,北宋至此灭亡。

康王赵构(1107—1287),系徽宗第九子,母亲韦氏,出身于一个贫民之家。母子俩后来虽贵为贤妃与亲王,实际上在宫中并无地位。就在金军第一次南侵时,赵构从一个深居后宫、不知道战争为何物的年轻皇子,奉命赴金营为人质,开始登上形势险恶的政治舞台。

第一节　早年身世

赵构生于宋徽宗大观元年(1107)五月十八日,字德基。生母韦氏

(1090—1159)①,此人虽不像仁宗朝的刘太后(真宗章献明肃皇后,968—1033),当着仁宗青少年时,垂帘听政达十一年之久,权势煊赫,"威震天下"②。也不像哲宗朝的高太后(英宗宣仁圣烈皇后,1085—1093),在神、哲两朝,一度听政,时间加起来也有十年左右,还成为旧党的后台,乃至被理学史臣誉为"女中尧舜"③。与之相比,韦氏一生,即使她从金方返回南宋、登上皇太后宝座后的十七年间,也显得那么默默无闻,不动声色。可是,拨开历史的重重迷雾,可以发现,韦氏的一生,并不简单,她对高宗抑或高宗一朝的历史有着重大影响,是一个不可忽视的人物。

据《宋会要辑稿》后妃一《显仁韦皇后》条记载,韦氏之父名安礼,其生平则无可查考。不过据南宋官方文献记载,安礼生前"晦迹闾里"④,是一个下层平民无疑。关于韦氏的籍贯,有两种说法:《宋史》本传言其为开封人,传说则言其为会稽(浙江绍兴)人。这两种不同说法,与她早年的流浪生活不无关系。按韦氏年幼即丧父母,由姐姐将她和一个名叫渊的弟弟带大,一家三口,相依为命,到处流浪谋生。韦氏入宫前的情况,宋代史书讳而不言,但孝宗朝宰相周必大(1126—1204)对此却有如下一段记载:

> 显仁(按韦氏谥号)本会稽人,绍圣间苏丞相颂致仕居丹阳,有老婢韦出家为尼,尝给事苏相,其妹即显仁也。初携登颂榻,通久遗溺不已。颂曰:"此甚贵,非此能住,宜携以入京。"既至都城,尼住一道观。会哲宗择室女二十人分赐诸王,显仁在选,入端王宫。暨即位,才一御幸而生太上。颂之孙文璀语迈云。⑤

---

① 关于高宗生母韦氏的年龄,著者有详细考证,可参见拙文《环绕宋高宗生母韦氏年龄的若干问题》,载《文史》第 39 辑,中华书局 1994 年出版。

② 《长编》卷一〇七,天圣七年正月癸卯条,第 2491 页。

③ 《宋史》卷二四二《后妃上·高皇后传》,第 8627 页。

④ [宋]程俱:《北山集》卷二五《韦安礼追封简王敕》,影印文渊阁《四库全书》本,第 1130 册,第 253 页。

⑤ [宋]周必大撰,王瑞来校证:《周必大集校证》卷一七二《思陵录》上,上海古籍出版社 2020 年校证本,第 2633 页。

有关韦氏的这段身世,据周必大说,来自高宗朝官员洪迈(1123—1202)所言,而洪迈则得之于苏颂之孙文瓘。但是,据笔者深入研究,发现洪迈对韦氏的了解,很可能还有另一个渠道,即其父洪皓(1088—1155)。按洪皓自建炎三年(1129)奉命出使金朝,在金被扣留时间长达十五年,与韦氏在"靖康之变"中被掳北去的时间几相吻合。绍兴十一年,他"求得太后书",派人向高宗密报韦氏在金方的消息。次年春,又首报韦氏即将南归的消息。绍兴十二年八月,韦氏返回南宋,第二年洪皓也回到临安。韦氏在接见洪皓时说:"吾故识尚书(指洪皓)。"①足见洪皓对韦氏情况了解之深。又据洪迈于淳熙十四年(1187)在延和殿奏事时,对孝宗说,"其父皓在虏买一妾,东平人,偕其母来。母曾在明节皇后(按:徽宗妃刘氏,死后谥明节皇后)阁中"②,此人很可能向洪皓提供了有关韦氏卑贱时的信息。

由上可知,韦氏原为会稽人,后来移居汴京,入宫为宫女,故被本传记作开封人。可见周必大的这段记载,并非空穴来风,可信程度很高。

再言苏颂(1020—1101),乃哲宗朝名相,此人一生奉公守法,行事谨慎,故在北宋后期激烈的党争中,能够独善其身,没有受到伤害。他在绍圣四年(1097)九月致仕后,定居润州丹阳(今属江苏),徽宗建中靖国元年(1101)五月二十日病逝③。按韦氏生于元祐五年(1090)④,由此推算,她入端王府的时间在绍圣四年到建中靖国元年之间,即在她八岁到十二岁之间。这个年龄,既符合宋代宫女入宫条件"皆须年十二三以下,医工诊视,防禁甚严"⑤的规定,又符合幼年韦氏"通夕遗溺"的生理状况。可是,如果按照《建炎以来系年要录》和《宋史》本传的记载,她的年龄还需增长十岁,这当是高

---

① 《宋史》卷三七三《洪皓传》,第11560—11561页。《建炎以来系年要录》(以下简称《系年要录》)卷一四四,绍兴十二年三月辛酉条,上海古籍出版社2018年点校本,第2447页。

② [宋]赵与时:《宾退录》卷五,上海古籍出版社1983年点校本,第68页。按明节皇后为徽宗贵妃刘氏,宣和三年(1121)去世后,册赠为明节皇后。详见《宋史》卷二四三《后妃下·刘贵妃》,第8644—8645页。

③ 参见[宋]邹浩:《道乡录》卷三九《苏公行状》,影印文渊阁《四库全书》本,第1121册,第521页;《宋史》卷三四〇《苏颂传》,第10867页。

④ [宋]确庵、耐庵编,崔文印笺证:《靖康稗史笺证》,中华书局1988年笺证本,第105页。

⑤ 《长编》卷二〇一,治平元年四月癸未条,第4863页。

宗一伙自作聪明的伪造,原因何在,留待后面再作论述。

起初,韦氏被派往端王府做侍御,赵佶登基后,她与一位心地善良的乔姓宫女一起去服侍郑皇后。韦氏年龄虽小,却颇有心机,觉得只要能接近徽宗,就有改变自己命运的可能。不久,她看到徽宗非常喜欢乔氏,便设法与之结为姐妹,"约先贵者毋相忘"。崇宁五年(1106),乔氏被封为贵妃,她果然不食前言,将韦氏荐引到徽宗身边做宫女①,并请徽宗给了她一个"平昌郡君"的位号,不久韦氏就怀有身孕。

大观元年(1107)二月,怀孕中的韦氏被封为正五品的才人,这使她脱离了宫女身份,跨入到嫔妃行列,在汴京大内生下了赵构,她对人言:梦金甲神人,自称钱武肃王(即吴越国国王钱镠),寤而生下高宗。韦氏幼年贫困,历史知识肤浅,但作为一个会稽人,从幼年起,对吴越国王钱镠的事迹当有所了解,并且对他十分崇拜,暗示自己所生之子为钱镠转世,当其贵无比,用心不言而喻。八月,徽宗给婴儿赐名构,授定武军节度使、检校太尉(从二品),封蜀国公。二年正月,又封赵构为正二品的广平郡王。

在封建社会里,"子以母贵,母以子贵",韦氏生下赵构的次月,就晋升为正三品的婕妤。大观二年二月,又进位正二品的婉容。

早在元符三年(1100)四月,徽宗为端王时,夫人王氏已为他生下第一个儿子,赐名桓(钦宗)。徽宗即位后,王氏被立为皇后,不久王皇后病死,郑贵妃成了皇后。政和二年(1112),赵桓被徽宗立为皇太子。徽宗一共生有三十一子,赵构排行第九,在赵构前面出生的,除了已经死去的二人外,有皇太子赵桓、郓王楷、肃王枢、景王杞、济王栩、益王棫六人②。郓王楷有文名,曾考取政和八年(1118)进士第一人,加之其母有宠,所以深受徽宗喜爱,"出入禁省,不复限朝暮,于外第作飞桥复道以通往来"③,其待遇之优厚,与其他皇子相比,不可同日而语。

---

① 《宋史》卷二四三《后妃下·乔贵妃传》,第 8623 页。
② 《宋史》卷二四六《宗室三》,第 8725 页;又参见《靖康稗史笺证》之三《开封府状笺证·白札事目》,第 93 页。
③ 《宋史》卷二四六《宗室三》,第 8725 页。

　　赵构在兄弟中排行靠后，其母韦氏出身低微，不受徽宗宠爱，所以他今后基本上不存在继承皇位的可能性。在宋代，作为一名亲王，生活待遇虽然优越，但是按照祖宗家法，为防止宗室之乱，严禁他们干预朝政、交通大臣，也不允许出任宰执、侍从等具有实权的官职①，故最终只能老死王府。赵构今后的结局，当然也不外乎如此。

　　赵构此人，性格上像母亲，机智多变，善于玩弄权术；在艺术天赋上像父亲，多才多艺。史书记载他："资性朗悟，博学强记，读书日诵千余言。"②这话虽不免带有溢美的成分，但基本上还比较符合事实。他从年幼的时候起，便在母亲的调教下，潜心于个人的艺术修养，琴、棋、书、画，皆有造诣。如为了学琴，他还请了二位僧人入宫指导。宋室南渡，二僧随高宗到临安，高宗见到他们时，"甚悲且喜"③，此后关系颇为密切。赵构的书法艺术，更是闻名后世，对此本书在后面将有专门论述。习文之外，他又善于练习骑射，"挽弓至一石五斗"④。按宋代一斗约相当于今天的十二斤，一石五斗就有一百八十斤左右，在今天的年轻人中，也很少有人能达到这个水平。再从南宋初年进入武学的条件来看，如果能"步射以一石三斗"，"矢五发中的"，就可补武学上舍生⑤，以赵构的挽弓水平论，也已经超过了这一标准。他所学到的这些武艺，在日后兵荒马乱的岁月中，为他脱离险境，起到了一定作用。宣和三年（1121）十二月，赵构进封从一品的康王。这是他经过长达十二年之后的再次升迁，这或许就是徽宗对他在文武两个方面都有所长进的奖励。

　　自汉、唐以来，按照惯例，皇子在十二岁至二十岁期间要举行成年礼，也就是冠礼。翌年五月，十六岁的赵构在举行冠礼后，离开母亲，"出就外第"⑥。此后，赵构又度过了三年平静的生活，到宣和七年（1125）十月，一场

---

　　①　神宗朝宰相王珪说："国朝之制，（宗室）不属以吏事，无以施铢发之补。"载［宋］王珪《华阳集》卷五二《南阳侯墓志铭》，影印文渊阁《四库全书》本，第1093册，第385页。

　　②　《宋史》卷二四《高宗一》，第439页。

　　③　［宋］叶绍翁：《四朝闻见录》乙集《高宗好丝桐》，中华书局1989年点校本，第81页。

　　④　《宋史》卷二四《高宗一》，第439页。

　　⑤　《宋史》卷一五七《选举三》，第3683页。

　　⑥　《宋史》卷二四《高宗一》，第439页。

巨大的灾难开始降临到北宋王朝头上,同时也将这位年轻的王子抛向风口浪尖。

第二节　金兵南侵,赵构衔命出使金营

天会三年(1125,北宋宣和七年)十月七日,金太宗趁着兵强马肥的初冬季节,下诏以弟完颜杲为统帅,分东西两路南下侵宋:西路军由完颜宗翰(一名粘罕,国相完颜撒改长子)为左副元帅,元帅右监军完颜希尹(一名兀室,完颜部贵族)、元帅右都监耶律余睹等同行,率军自西京(山西大同)进攻太原;东路军以完颜宗望(一名斡离不,金太祖次子)为南京路都统,完颜昌(一名挞懒,金穆宗之子、太祖堂兄弟)、完颜宗弼(一名兀术,金太祖第四子)等同行,率军自平州(河北卢龙)进攻燕山府(今北京)。两军得手后,再联兵南下进攻汴京。

西路金军于十二月占领代州(山西代县),宋中山守将投降,金军乘势包围太原。由于太原军民在知太原府张孝纯(?—1144)和副都总管王禀的率领下,顽强坚守,西路金军无法攻克,被阻挡在太原城下。

宗望率领的东路金军于十一月越过长城,陷澶、蓟两州。十二月,占领燕山府所属州县。接着,又相继占领真定和信德府(河北邢台)。金兵南下的消息传来,北宋朝野大震,惊恐失措的徽宗,为躲避兵锋,以皇太子赵桓为开封牧,要他以监国的名义代替自己主持抗金。宣和七年十二月二十三日,当得悉金兵已准备渡河,他假装患病,下诏将帝位传给赵桓,自称教主道君太上皇帝,退居龙德宫,徽宗一朝至此宣告结束。靖康元年正月初三日,徽宗见金兵已逼近开封,便带领亲信蔡攸、童贯、高俅等人,顾自往南方逃命。次日,钦宗也想逃离汴京,被兵部侍郎李纲(1083—1140)劝阻而止,李纲升任尚书右丞。

为抵御金兵深入,钦宗命天下"勤王",并罢去徽宗时所设立的内外搜括机构"官司、局、所"一百零五处,惩办蔡京父子、王黼、童贯等"六贼",以挽回民

心。同时,任命尚书右丞李纲为东京留守、亲征行营使,同知枢密院事李梲为副留守。又除力主向金人妥协的少宰兼中书侍郎李邦彦(？—1129)为太宰兼门下侍郎(左相)、中书侍郎张邦昌(1091—1127)为少宰兼中书侍郎(右相)。

天会四年(1126,北宋靖康元年)正月初三日,东路金军渡过黄河,陷滑州(河南安阳滑县),初七日进围汴京。钦宗急忙派李梲、给事中李邺等赴金营求和。宗望率领的金兵,不过六万人,在孤军深入和北宋"勤王"军队陆续到来的形势下,怕后路被切断,遂同意议和。靖康元年正月十日,金人在向北宋进行了一番虚声恫吓以后,遂漫天要价,提出的议和条款为:"(输)金五百万两、银五千万两、绢采各一百万匹、牛马各一万头;尊金主为伯父;归燕、云之人;割太原、中山、河间三镇归金;以亲王、宰相为质,乃退师"①。对于这一极为苛刻的城下之盟,除李纲等少数抗战派官员坚决反对外,钦宗以及李邦彦、张邦昌等朝中主和大臣都表示同意。

为决定人质人选,钦宗召集诸王议事,他问:"谁肯为朕行?"估计在诸王中没有一人肯应允前往,众人沉默良久以后,钦宗便直接点名赵构,即所谓"召帝谕指"。在无可奈何的情况下,赵构只得"慷慨请行"。②

十四日,作为副使的宰相张邦昌,流着眼泪同赴金营,赵构见此情景,道:"此男子事,相公不可如此。"据说"邦昌惭而止"③。赵构和张邦昌一行到达金营后,即被宗望扣为人质,此时的赵构,没有经历过这样的场面,内心十分恐惧,但表面上还是装作毫不在乎的样子。一日,他与金将同习射,往日的射箭本领,不料在这个时候发挥了作用,竟"三矢一连中",金人看了,开始"(怀)疑其为将家子弟","若是皇子,生长深宫,怎能骑射之精熟如许"④?次日,北宋将誓书、地图呈上金方,商量割让三镇事宜。二天后,金兵解围,但仍驻扎在城外不走。宋方每日往金营输送金银,前后共计金五十

---

① 《靖康稗史笺证》之二《䆍中人语笺证》,第53页。[宋]李纲:《靖康传信录》卷上,大象出版社2008年《全宋笔记》本,第3编,第5册,第16页。

② 《宋史》卷二四《高宗一》,第439页。

③ 《会编》卷三〇,靖康元年正月十四日条,第220页。

④ [宋]托名陈东:《靖炎两朝见闻录》下卷,大象出版社2008年《全宋笔记》本,第3编,第5册,第196页。

余万两,银一千二百余万两,"又出御府珠玉、玩好、宝带、鞍勒以遗之,品数甚众,其价不可胜计",而金人仍需求不已,"日肆屠掠"。①

胆怯而优柔寡断的钦宗,为促使金人退兵,不惜饮鸩止渴,全盘接受金人提出如此苛刻的条款。可是,只要稍有常识的人都知道,如此巨额的金银等财物,即使倾北宋国库所有,也根本办不到。割让太原、中山、河间三个重镇,则无异于将整个河东、河北拱手交给金人,对北宋来说,也绝对难以承受。故待金兵一解围,钦宗便心生悔意,准备毁约。李梲、李邺等人也以"奉使失词,妄许金人金币"②而被罢官。至于已在金营作人质的皇弟赵构和宰相张邦昌的安危,却并不在钦宗的考虑之中。

靖康元年二月初二日夜,宋将姚平仲在钦宗和李纲的支持下,率步骑万人,不顾双方已签订的停战协议,偷袭金兵营寨,结果被金人察觉,失败后遁去。宗望为此大怒,再次命金军进围汴京。钦宗又吓慌了手脚,赶紧推卸责任,他命人告诉金人,"谓用兵特将帅所为,不出上旨,请再和"③。作为人质的张邦昌,面对金人责备,更是吓得"恐惧涕泣",不知所措,赵构却"不为动"。这一现象,更使宗望怀疑康王有假,于是提出以肃王赵枢换康王,并以驸马都尉曹晟同行。初五日,赵构被放回,总算逃过一劫。同日,赵枢和曹晟至金营,重申同意割让三镇,同时"罢李纲以谢金人"④,废亲征行营司,并进封张邦昌为太宰,以取悦金人。

李纲被罢官,激起以太学生陈东为首开封市民的极大愤怒,他们诣阙上书,言李纲无罪,军民集者数十万,呼声动地,乃至杀伤内侍二十余人,迫使钦宗收回诏命,"亟诏纲入,复领行营"。⑤

天气渐热,宗望满载掳掠到的大量金银财物以及肃王和邦昌等人质,率

---

① 《宋史》卷三五八《李纲上》,第 11244 页;《靖康传信录》卷上,大象出版社 2008 年《全宋笔记》本,第 3 编,第 5 册,第 18 页。
② [宋]佚名:《靖康要录》卷一,影印文渊阁《四库全书》,第 329 册,第 421 页。
③ 《靖康传信录》卷中,大象出版社 2008 年《全宋笔记》本,第 3 编,第 5 册,第 21 页。按,姚平仲夜袭金营事,《宋史》卷二三《钦宗纪》系于靖康元年二月初一日,此处从《靖康传信录》。
④ 《宋史》卷二三《钦宗纪》,第 424 页。
⑤ 《宋史》卷四五五《忠义十·陈东传》,第 13361 页。

军退师,等待北宋进一步履行议和条款。

金兵退走后,钦宗急忙将徽宗迎回汴京,处死其亲信童贯、蔡攸等人,斥逐内侍十余人,以断绝他的复辟之望。此时,北宋统治集团以为天下已经太平,"上下恬事,置边事于不问",他们还为是否割让三镇而继续争论不休。

当年八月初七日,金太宗以北宋没有履行议和条款为借口,命宗望和宗翰分率东西两路金军再次南侵。东路金兵自燕京出发,长驱直入,迅速渡过黄河。西路金兵在围攻太原达九个月之久以后,于九月初三日才将其攻破,于是也乘胜南下。面对来势汹汹的金军,钦宗又大为恐惧,妥协派便将金兵南侵、太原失陷的责任推到李纲身上。二十三日,以李纲"专主战议,丧师费财"①,落职提举杭州洞霄宫,继而责授保静军节度副使、建昌军安置,目的还是为了讨好金人。

十一月十三日,钦宗突然封康王赵构的生母韦氏为龙德宫贤妃。在北宋后宫的嫔妃中,贤妃的地位虽较贵妃、淑妃、德妃稍低,但她们皆属正一品。在徽宗已经退位的情况下,仍然授她为贤妃,实属罕见。其中原因何在?原来三天后,钦宗再次派遣赵构出使河北金营求和,以此作为对他间接的一种厚赏。此时的赵构,虽然万般不愿重蹈这个不测之地,但只得从命,其内心深处对钦宗的不满可以想见。

赵构北上,途经滑、浚(在河南浚县东)两州,于二十日到达黄河边上的磁州(河北磁县),知州宗泽(1060—1128)对他说,金人要灭亡宋朝的决心已定,肃王已一去不返,你再往金营何益?不如留在磁州主持抗金。但赵构害怕金人,所以他既不前往金营,也不愿留在磁州,而是在知相州汪伯彦(1069—1141)的邀请下,退回相州。汪伯彦亲自率领军队在黄河边迎接,使赵构大为感动,当即表示:"他日见上,当首以京兆荐公。"②从此以后,尚缺乏政治经验的赵构,视汪伯彦为心腹,对他言听计从。

赵构由磁州至相州,虽然过程并不复杂,可是后来在民间却流传着这样

---

① 《宋史》卷三五八《李纲传》上,第11247、11250页。
② 《宋史》卷四七三《奸臣三·汪伯彦传》,第13745页。

一段故事：

> 康王遂从宗泽之请，不果使北，将为潜归之计。且闻斡离不自遣康王归国后，心甚悔之。既闻康王再使，遣数骑倍道催行。康王单骑躲避，行路困乏，因憩于崔府君庙，不觉困倦，依阶砌假寐。少时忽有人喝云："速起上马，追兵将至矣。"康王曰："无马，奈何？"其人曰："已备马矣，幸大王疾速加鞭。"康王豁然环顾，果有匹马立于傍，将身一跳上马，一昼夜行七百里。但见马僵立不进，下视之，则崔府君泥马也。①

这个所谓"泥马渡康王"的故事，还有其他版本，此处不赘引。故事情节矛盾百出，已无戳穿的必要。故事的始作俑者究竟为何人，今天虽不得其详，但从其母韦氏一直来十分信奉崔府君（道教中的一个神仙），并惯以神道说教来看，恐怕与赵构母子脱不了干系。人们之所以这样认为，可以从赵构自己所编造出来的另一些故事中得到证实。就在相州时，一日，他假惺惺地问身边的幕僚道："夜来梦皇帝（钦宗）脱所御袍赐吾，吾解旧衣而服所赐，此何祥也？"②这个"梦兆"，既道出了赵构已有取代钦宗为帝的野心，也是要求大家更加忠诚于他，做个"随龙"之人。不几日，赵构又对身边的人说："我梦四日并出，此中原争立之象，不知中原之民尚肯推戴康王否？"③更是赤裸裸地道出了自己的真实想法，并借"梦景"对身边之人作是否肯忠诚于他的试探。

十一月二十五日，金东路军到达汴京城下。闰十一月初二日，西路金军也进抵汴京，虽然汴京通津、宣化等门已遭金兵攻击，但钦宗仍没有主动进行抵抗，而是继续请和，甚至"遣使以酒食遗金人寨中"，说此乃"祖宗故事"④。昔

---

① 《靖炎两朝见闻录》下卷，第197页。
② ［宋］佚名撰，孔学辑校：《皇宋中兴两朝圣政辑校》卷一《高宗皇帝一》，靖康元年闰十一月条，中华书局2019年辑校本，第1页。
③ 《皇宋中兴两朝圣政辑校》卷一《高宗皇帝一》，建炎元年四月乙酉条，第4页。
④ 《靖炎两朝见闻录》上卷，第153页。

日放置于城外的数百门大炮,由于枢密院、军器监、京城所互相推诿,"终不能尽搬入城。既金人至城下,尽为攻城之用"①。被包围在城内的钦宗,宛如热锅上的蚂蚁,他一面下诏授李纲为资政殿大学士,领开封府事,要他率勤王之师前往救援。一面派人带蜡诏到相州,拜赵构为河北兵马大元帅,知中山府陈亨伯为元帅,汪伯彦、宗泽为副元帅,"速领兵入卫"。②

　　另据《宋史·钦宗纪》记载,闰十一月十八日,"命康王为天下兵马大元帅,速领兵入卫"。然而这项除授,不仅未见于《宋史·高宗纪》和《建炎以来系年要录》等书,国家图书馆所藏宋抄本《太宗下第七世仙源类谱》,也只言康王赵构除授河北兵马大元帅,而没有除授天下兵马大元帅一说。考查有关史籍,我们找到了其中的答案。靖康二年初,知淮宁府赵子崧致信在相州的赵构谓:

　　　　窃惟国家之制,亲王素无握兵在外者,主上特付大王以大元帅之权,此殆天意。今王室危难,若非大王深念宗社大计,仰副二圣付属之意,稍有犹豫,则事去矣。兼恐四方奸雄乘变而起,卒难平定。欲望大王遵用故事,以天下兵马大元帅承制,号召四方,旬日之间,可传檄而定。③

赵子崧的建议,十分符合赵构的心意,于是矫诏改称自己为天下兵马大元帅,以为他在全国范围内招兵买马、扩大军事力量提供合法性。

第三节　"靖康之变",赵构幸成漏网之鱼

　　靖康元年(1126)闰十一月二十五日,汴京被金兵攻破,徽、钦二帝及朝

---

①　《会编》卷五八,靖康元年十月十七日条引《中兴遗史》所载,第430页。
②　《宋史》卷二四《高宗一》,第440页。
③　《会编》卷一〇七,建炎元年六月五日条,第783页;《宋史》卷二四七《宗室四·赵子崧传》,第8743页。

中大臣全为金人所控制,成了用来作为搜括城内金银财物的人质。

十二月初一日,赵构开大元帅府于相州,广泛招集兵马,人数很快达到一万余人。此时,钦宗又派阁门祗候侯章带蜡书至相州,要赵构"尽发河北兵"救援。但是,赵构害怕与金兵正面作战,故不是南下而是向东移师至大名府(河北大名)。此时,各路宋军纷纷来会。宗泽率二千士兵首先到达,知信德府梁祖扬以三百人继至,张俊(1086—1154)、苗傅(?—1129)、杨沂中(1102—1166)、田师中等将领皆在其麾下,"兵威稍振"。

老将宗泽提议,将军队直接开往黄河要津澶渊(河南濮阳),以截断敌人退路,"次第解京师之围"①。但是,赵构和汪伯彦拒绝这一建议,他们为避免与金兵遭遇,始则逗留不进,稍后便退入山东境内。为掩护赵构一伙逃跑,大元帅府命宗泽进屯澶渊,造成赵构正在军中的假象,同时又可将宗泽排挤出军事领导的中枢。

靖康二年(1127)正月初三日,赵构等人到达东平(今属山东),高阳关路安抚使黄潜善(1078—1130)、总管杨惟忠也率数千士兵来会。黄潜善与汪伯彦一样,也是一个力主向金人妥协屈服的投降派大臣,他们两人从此成了赵构的谋主。年轻的赵构本来就缺乏历练,也没有远大志向,他在与金人接触中,目睹女真军队的强盛勇敢,仅存的一点意气已丧失殆尽,现在得到汪、黄的"辅佐",逃跑的态度更加坚决。

二月二十三日,赵构一行退到济州(山东巨野),各路宋军和义军继续前来投奔,其中有东道副总管朱胜非(1082—1144)、宣抚司统制官韩世忠(1090—1151)、侍卫马军都虞候刘光世(1089—1142)等文武官员。此时大元帅府的军队人数已号称百万,他们分布在济、濮诸州府,直接受赵构统率的士兵也有八万余人。但是,赵构在汪、黄的教唆下,面对父兄被拘,开封城内外百姓惨遭金兵蹂躏的局面,仍隔岸观火,置若罔闻,想继续南逃,只是因为军队反对,同时也在观望形势,所以暂时驻防山东境内。

此时,金人经过数个月时间的野蛮掳掠以后,准备退回河北。他们之所以

---

① 《宋史》卷二四《高宗一》,第440—441页。

没有继续南下,一是鉴于自己"务广地而兵力不能周",兵力不济所至。二是女真士兵来自天气严寒的东北,不适应南方炎热的气候,也不便在河流纵横的南方水网地带作战。因而,当宗翰与诸军帅商议,欲留大将萧庆驻扎汴京以守卫河南时,遭到萧庆拒绝。又推汉军都统制刘彦宗,"彦宗亦不敢当"。①

但为了防止今后南边宋人的报仇雪恨,金人将张邦昌从北方放回,于三月初七日强制册立他为皇帝,在开封建立起国号为"大楚"的傀儡政权,以作为宋、金之间的缓冲。

金人在匆匆完成一切部署以后,于三月二十七日和四月初一日,分两批撤兵,并掳徽钦二帝、皇后、妃嫔、诸王、公主、宗室和包括秦桧在内反对立张邦昌为帝的部分大臣北归。"凡法驾、卤簿、皇后以下车辂、卤簿、冠服、礼器、法物、大乐、教坊乐器、祭器、八宝、九鼎、圭璧、浑天仪、铜人、刻漏、古器、景灵宫供器、太清楼秘阁三馆书、天下州府图及官吏、内人、内侍、技艺、工匠、娼优,府库蓄积,为之一空"②。至此,北宋王朝宣告灭亡。对于这段惨痛的历史事件,史称"靖康之变"或"靖康之乱"、"靖康之祸"、"靖康之耻"。

后来,徽、钦二帝皆被囚禁于五国城(黑龙江依兰),金人封徽宗为昏德公,钦宗为重昏侯,其余人被充作奴婢。其中皇后、妃嫔、公主等女性,多遭玷污,或被迫做了女真奴隶主贵族、将领的妻妾、侍女。被俘北去的大臣,多数相继殉难。只有秦桧后来回到南宋,参与"演出"绍兴年间(1131—1162)的历史。在众多皇子中,唯一漏网的只有康王赵构。

在全部后妃中,唯有哲宗废后孟氏得以幸存。原来她第二次被废黜后,已失去六宫位号,虽然仍住宫内,却不再入后妃籍中。后来,又因宫中失火离开了皇宫,出居其侄卫尉少卿孟忠厚之家③,遂得以幸免独存。真可谓塞翁失马,焉知非福。

---

① 《系年要录》卷二,靖康二年二月丙寅条,第41页。
② 《宋史》卷二三《钦宗纪》,第436页。
③ 按:《宋史》孟忠厚本传言忠厚为孟氏之兄,而《宋史》卷二四《高宗一》、卷三七五《滕康传》、卷三七八《卫肤敏传》及《靖康要录》卷一二、《会编》卷九二、《中兴小纪》卷一,皆作孟氏之侄,当以后说为是。

第三章　赵构重建赵宋政权

金兵一撤退，"大楚"傀儡政权就立即瓦解。靖康元年五月初一日，赵构在南京应天府（河南商丘）即位，建立南宋政权，史称宋高宗。高宗虽然起用李纲为右相，让他主持抗金事宜，实际上依然重用黄潜善、汪伯彦等向金屈辱和妥协的官员，更拒绝宗泽要他返回开封的要求，继续南逃。李纲由于抗金立场和高宗的南逃主张产生了矛盾，被罢去相位，从而引起了一场严重的政治风波，使建立不久的南宋政权陷入危机。

第一节　"大楚"傀儡政权的垮台和南宋政权的建立

一、"大楚"傀儡政权的垮台

张邦昌之所以被金人看中，让他建立"大楚"政权，是因为金人知道其妥协投降的政治态度和软弱可欺的个人性格，适宜成为自己的忠实傀儡，以建立起宋、金之间的可靠屏障。但进士出身的张邦昌并无替代赵氏为帝的野心，也无此种能力和社会基础。他知道自己一旦登上帝位，即便是演戏，也是僭逆犯上，此乃罪灭九族之事，所以他坚辞金人的安排，不惜以自杀相抗争。据《三朝北盟会编》记载：

初邦昌在燕，自正月间金人令同肃王等至京城下，方百官推戴时，邦昌皆不知也。宗翰、宗望令王汭持推戴文字示邦昌,邦昌读前后文毕,大惊曰:"赵氏无罪,遽蒙废灭,邦昌所不敢闻。必欲立邦昌,请继以死。"二酋令王汭召邦昌,邦昌曰:"元与肃王、曹驸马奉使,每元帅召,即三人俱行,不可独往。"汭强之以行。至二酋前,二酋说推戴意,邦昌坚避,如是者半日。二酋知邦昌不可强,乃诡邦昌曰:"大金皇帝有诏令,立宋之太子,以公为相,善为辅佐,毋使败盟,请公入城。"邦昌入城,纱帽、凉衫,以扇障面,呵喝如宰相仪,径诣尚书省下马,百官拜阶下,邦昌答拜。金人有旨:如三日不伏推戴,先戮大臣,次尽杀军民。百官、父老哭告拜邦昌,令即权宜之计,救取一城老小。王时雍、徐秉哲、吕好问曰:"大金欲册立太宰,三日不立将夷宗庙,杀生灵。"邦昌谓时雍等曰:"诸公怕死,乃掇送与邦昌,虽督责而归焉,可免祸,身为大臣,岂篡逆耶?有死而已。"时雍等强之,邦昌引刀自裁,众夺之,遂议申推戴文字,至金国军前。

同书又载:

> 邦昌初尚顾义,且坚避久之。百官有进言于邦昌:"相公宜从权,他日相公为伊尹,为王莽,皆在相公。"邦昌乃勉从之,曰:"邦昌以九族保此一城人。"又尝欲以刀绳自裁,或曰:"相公城外不死,今欲使涂炭一城耶!"遂已。[1]

张邦昌就是在这样的情况下,"从权"称帝,如果换成别人,恐怕也很难加以拒绝。可是,在封建社会里,他无疑已经铸成大错,免不了会遭到杀身之祸。

靖康二年三月初七日,金人正式册立张邦昌为帝,国号"大楚",拟建都金陵(江苏南京),除西夏外,伪楚与金以黄河为界,"世辅王室,永作藩臣"[2]。十

---

① 《会编》卷八三,靖康二年三月一日条引《朝野金言》、《靖康小雅》,第 625—626 页。
② 《系年要录》卷四,靖康二年四月庚申条引莫俦《赏状》,第 90 页。

五日,张邦昌往青城向宗望、宗翰致谢,并向他们提出"不毁赵氏陵庙,减金帛数,存留楼橹"等要求,皆获金人同意。经张邦昌请求,金人归还了被扣留于金营的孙觌、沈晦、汪藻等十数名大臣,"惟仆射何㮚、枢密孙傅、签书张叔夜、中丞秦桧、侍郎司马朴等,或以言语,或以废立事不遣回,令举家北迁"。① 此外,由于张邦昌的"称帝",使开封城内众多官员和"一城老小"免遭杀戮。对于张邦昌所起到的这些积极作用,历史上竟然没有一句肯定他的话,足见义理史观对人们影响之深。

张邦昌称帝后,知道自己这个傀儡皇帝当不长久,所以处处都表现出权宜之举。首先,在除授大臣时,皆加一"权"字。其次,他不御正殿,不接受群臣朝贺,不改年号,也不用天子礼仪。第三,宫中诸门都上了锁,题以"臣张邦昌谨识"。第四,金人北返前,并没有要求他们派兵保护自己。三月十二日,他还下了一道命令说:

> 予以寡陋,向逼大国之威,俾救斯民于兵火,而诸公横见推逼,不容自裁,忍死以理国事,岂其心哉……夫圣孔子不居,则予岂敢? 自今与三省枢密院官议定处分,及内外官司面陈得旨事称面旨,内降及批出文字称中旨,遣官传谕所司称宣旨……②

种种事实表明,"大楚"政权充其量是一个看守政府,张邦昌只是一个看守政府中的最高长官而已。在金兵退尽以后的第三天,张邦昌就急着要交出政权。时任伪楚政权的大臣权知枢密院事领尚书省王时雍、权同知枢密院事吴开、权签书枢密院事莫俦、权领中书省事徐哲秉等人却与张邦昌不同,他们贪恋高位,想假戏真做,要张邦昌仍然维持"大楚"政权,但为张邦昌所拒绝。为了移交政权,张邦昌请出废后孟氏,尊她为"宋太后",旋改称"元祐皇后"。与此同时,他又命人赴济州寻找赵构。初九日,张邦昌等不及

---

① [宋]佚名:《靖康要录》卷一二,影印文渊阁《四库全书》本,第329册,第673页。
② [宋]佚名:《伪楚录》,转引自《系年要录》卷三,建炎元年三月壬寅条小注,第74页。

赵构回应,请太后垂帘听政,自己退位后依然出任左相。历时三十二天的"大楚"政权至此宣告收场。十三日,张邦昌再遣吏部尚书谢克家将"大宋受命之宝"送往济州,迎接赵构返回汴京。赵构"恸哭跪受,命克家还京师,趣办仪物"。元祐太后虽被迎入皇宫摄政,但要她来收拾金人撤退以后的残局,也无此种能力,所以立即遣孟忠厚持书前往济州奉迎赵构,并将这一决定手书告中外,"俾帝嗣统"。①

二、赵构登基应天府,屈辱求和活动的开始

金兵退出河南地区后,赵构虽然不断受到张邦昌、孟太后和众多官员的劝进,但仍然不敢去汴京称帝。靖康二年四月二十一日,他离开济州后,继续向南退却,于二十四日到达被认为是"艺祖兴王之地"的南京应天府(河南商丘)。两天后,张邦昌也来到应天府向康王"待罪"。五月初一日,时年二十一岁的赵构在应天府即皇帝位,重建赵宋政权,史称南宋。当年改元为建炎元年(1127),寓以火克金和"建隆再造"之意。以黄潜善为中书侍郎,汪伯彦为同知枢密院事,尊元祐皇后为隆祐太后。同日,皇太后在开封撤帘还政,几天后也来到应天府。

五月初五日,高宗为借用李纲作为抗战派大臣的声望,起用他为右相,命他急速赴行在应天府视事,同时也命宗泽前来奏事。另一方面,对李邦彦、李梲、郑望之、李邺等主和误国的靖康大臣,皆予贬官安置。对于张邦昌,高宗虽罢去他的左相,仍封他为太保、奉国军节度使、同安郡王,诏书称他:"知几达变,勋在社稷,如文彦博例,月两赴都堂。""特给节度使俸"②。对以前伪楚政权中的官员,皆一切不问。高宗所以对张邦昌作如此对待,只是认为他尚有一定的利用价值,以防止金人借口报复。

高宗即位后,首先考虑的是如何整编各路军队的问题。当时,为高宗所统率的军队来源不一,其中有杨惟忠、王渊、韩世忠的河北兵,刘光世的陕西

---

① 《宋史》卷二四《高宗一》,第442页。
② 《系年要录》卷五,建炎元年五月辛丑条,第132页;卷六,建炎元年六月己未条,第147页。

兵,张俊、苗傅等的帅府兵,及其他"降盗兵"。他们"皆在行朝,不相统一"。"于是始置御营司,以总齐军中之政令"①。御营司下辖五军,以黄潜善和汪伯彦分兼御营使和御营副使,以王渊为使司都统制,韩世忠、张俊、苗傅等并为统制官。

在对外关系上,摆在他面前有三条路:第一条是不忘"靖康之耻",坚持抗金斗争,保卫中原地区,进而收复河北失地;第二条是继承钦宗朝以来屈膝求和的路线,彻底放弃河北地区,争取与金朝以黄河为界,南北分治;第三条是继续向南方退却,以建立偏安政权。当时河东虽然已经彻底沦陷,但包括中山、河间二镇在内的河北大片土地,尚在宋朝守将手中,沦陷区的百姓也纷纷组织八字军、红巾军、五马山寨义军,在敌后与金人展开斗争,金朝对河北的统治尚不稳固。可是面对敌强我弱的形势,南宋的军事力量尚无收复中原失地乃至河北地区的可能,故不仅高宗及黄潜善、汪伯彦等人没有这个勇气,连李纲也认为时机尚未成熟。至于走第二条道路,在高宗看来是上策,但前提是要让金人同意议和。如果议和不成,就只能走第三条道路。于是,高宗和黄、汪等人,将向金人求和作为自己的既定方针。

作为求和活动的第一步,五月初九日,命宣义郎、假工部侍郎傅雱(?—1158)充大金通和使(后改祈请使),前往云中金元帅府。又令张邦昌作书给宗翰和宗望,愿"用靖康誓书,画河为界"②。所谓"通问"、"祈请二圣"云云,只是表面文章,目的都是为了"谕敌求和"。③

当然,高宗明白,这样的求和活动,不一定能为金人所接受。时有御史中丞颜岐向他献计:"邦昌金人所喜,虽已为三公,宜加同平章事,增重其礼。李纲金人所不喜,虽已命相,宜及其未至罢之,以为中太一宫使兼经筵官,置之散地。"章五上,高宗心里明白,他的这个建议,未必能打动金人之心,因此回答道:"如朕之立,恐亦非金人所喜。"④因此,如何防范金兵再次南侵,也

---

① 《系年要录》卷五,建炎元年五月丁酉条,第127页。
② 《系年要录》卷五,建炎元年五月戊戌条,第128—130页。
③ 《系年要录》卷六,建炎元年六月己未条,第147页。
④ 《系年要录》卷五,建炎元年五月辛丑条,第132页。

必然在他的考虑之中,这就是他一登基,便要立即召回李纲和宗泽的原因。但是,高宗在金人面前,已成惊弓之鸟,他十分害怕重蹈父母兄弟被掳北去的覆辙,所以对于力主屈辱求和,并打算继续南逃的黄潜善和汪伯彦,必然会对他们寄予更大的信任。

三、李纲罢相,士人陈东、欧阳澈遭杀害

建炎元年六月初一日,李纲到达应天府,被除为右相,次日入见高宗,呈上国是、巡幸、赦令、僭逆、伪命、战、守、本政、责成、修德十议。十议中最为重要的是"国是"。所谓国是,就是在当前形势下,南宋国家应该奉行的最重要也是最基本的大政方针。李纲认为:"今欲战则不足,欲和则不可,莫若自治,专以守为策。俟吾政事修、士气振,然后可议大举。"①从这里可以看出,李纲清醒地认识到南宋军事力量的不足,所以只能采取守势,积蓄力量,"然后可议大举"。其次是"巡幸"。李纲认为:"京师初经残破之后,理难固守,然车驾不可不一到,以慰天下之心。然后銮舆顺动,法古巡狩之理,以行四方。"②他提出:"宜驻跸南阳,据天下之中,以号令四方。不宜东幸建康,弃置中原,以失天下之心。"③对众多官员有直接影响的"僭逆"和"伪命"。李纲认为:"张邦昌为国大臣,不能临难死节,而挟金人之势,易姓建号……宜正典刑,垂戒万世……昔肃宗平敌,而污伪命者以六等定罪,今宜仿之,以励士风。"④因为李纲昔日并不在围城中,所以对张邦昌"僭逆"的指责,过于严厉,对"污伪命者"的打击也有扩大化的倾向,并多少掺杂着一些个人恩怨,这也成为他日后在与汪、黄等人的斗争中,陷入孤立无援的一个原因。⑤

---

① 〔宋〕李纲:《梁溪集》卷末附《行状》中,影印文渊阁《四库全书》本,第1126册,第904—905页。

② 〔明〕王淮、杨士奇编:《历代名臣奏议》卷八四,李纲奏议,上海古籍出版社1989年影印明永乐本,第1152页。

③ 《梁溪集》卷六三《议巡幸第二札子》,影印文渊阁《四库全书》本,第1125册,第1000页。

④ 《梁溪集》卷末附《行状》中,影印文渊阁《四库全书》本,第1126册,第905页。

⑤ 《系年要录》卷六,建炎元年六月癸亥条载:"时在围城中者,(李)纲皆欲深罪之,(吕)好问曰:'王业艰难,正纳污含垢之时,遽绳以峻法,惧者众矣。'纲不纳。"第153页。

不久,高宗任命李纲兼任御营使,具体负责对金的防御事宜。李纲便向高宗建议,在河北置招抚司,河东置经制司,以招募、统领河北、河东民兵。分别由监察御史张所和小军官傅亮担任河北西路招抚使和河东经制副使。李纲又力荐宗泽知开封府,让他负责开封地区的防御。

高宗在表面上似乎十分重用李纲,实际上对他并不信任,尤其在抗战与妥协、是否留守中原和怎样看待河北民兵这三个问题上,与李纲有着很大分歧。高宗应该向何处"巡幸"?驻跸哪里?则成了上述三个问题的焦点,否则一切就无从谈起。李纲要高宗先一到汴京,然后"巡幸"各地,最后以南阳(今属河南)为驻跸之地。对此,高宗于七月十三日下诏道:

> 朕权时之宜,法古巡狩,驻跸近甸,号召军马,以防金人秋高气寒再来犯界。朕将亲督六师,以援京城及河北、河东诸路,与之决战。已诏奉迎元祐太后,津遣六宫及卫士家属,置之东南。朕与群臣将士独留中原,以为尔京城及万方百姓请命于皇天……①

从诏书的字面上看,高宗抗金的态度很是坚决,他不仅要独留中原,而且为保卫京师和收复二河地区不惜与金人展开决战。但是只要回顾一下他在汴京被围,徽、钦二帝被俘时的表现,就足以证明这些话纯属自欺欺人之谈,在很大程度上是为了应付李纲的请求。至于"津遣六宫及卫士家属,置之东南"的安排倒是不假,因为这样可以成为他日后向东南逃跑的先行。

高宗要与金人展开决战,虽然只是说说而已,却引起黄潜善、汪伯彦两人的不安,他们考虑的不是南宋国家,而是皇帝个人的身家性命,正如当时人所谓的"以乳妪护赤子之术"待高宗。他们对高宗说:"上皇之子三十人,今所存惟圣体,不可不自重爱"②。高宗听了也觉得害怕,于是很快改变了

---

① 《系年要录》卷七,建炎元年辛丑条,第185页。
② 《宋史》卷四三五《儒林五·胡安国子寅传》,第12917页。

主意。十七日下手诏道："京师未可往,当巡幸东南。"既食前言,也彻底推翻了李纲的提议。李纲再力争,"以为不可幸东南,请驻襄"。高宗被迫下诏:"定议巡行南阳。"命观文殿学士范知虚知邓州(河南南阳属县),在那里"修城池,缮宫室,输钱谷以实之"①。但是,卫尉少卿卫肤敏、中书舍人刘珏先后上疏反对,力主移跸建康(江苏南京,时称江宁府)。刘珏以为:"南阳城恶,亦不可恃。夫骑兵金之长技,而不习水战。金陵天险,前据大江,可以固守。东南久安,财力富盛,足以待敌。"此疏一上,包括黄潜善、汪伯彦在内的众多官员,"率附其议"②。李纲的主张,实际上已成为高宗和汪、黄等人南逃的最大阻力。不过,如果我们今天作一冷静观察,高宗移跸邓州或襄阳,与能否收复中原确实并无太大关系,而对高宗而言,却增加了危险性。

高宗对李纲所提出惩处"僭逆"一项,却很听得进。虽然他明知张邦昌既无僭逆之心,也无僭逆之实,他的称帝乃是金人胁迫、同僚劝进、不得不为之之举,但从维护帝王的一姓尊严出发,心底里对他仍然十分忌恨,当然还有杀一儆百的用心,李纲的奏议,恰恰成了他"秋后算账"的借口,乃言:"使邦昌之事成,置朕何地?"③所以仅仅过了一个多月,当得知宗翰已还屯云中(山西大同),宗望不久前病死,以为金人的威胁已经解除,于是不顾汪、黄劝阻,将张邦昌贬官潭州(湖南长沙)安置。九月,听说金以废张邦昌为辞,准备再次南侵,为防止此人落入金人之手,复辟伪楚政权,匆忙命人将他"赐死"。王时雍、吴开、莫俦、徐哲秉等其他一些"污伪命者",也分别被处死或流放。

是年八月初五日,高宗为安抚李纲,让他放弃定都中原的主张,升他为左相,同时除黄潜善为右相,汪伯彦在两个月前已升任知枢密院事,以汪、黄为首的妥协派实际上依然掌握着军政大权。他们对于李纲,不仅存在着抗战与妥协的分歧,更存在着权力之争。早在建炎元年五月,高宗除李纲为右

---

① 《宋史》卷二四《高宗一》,第 447 页。陈东:《靖炎两朝见闻录》,大象出版社 2008 年点校本,第 208 页。

② 《系年要录》卷七,建炎元年七月癸丑条,第 195 页。

③ 《系年要录》卷七,建炎元年七月癸卯条,第 189 页。

相时,汪、黄就十分不满,"自谓有攀附之劳,虚相位以自拟。上恐其不厌人望,乃外用纲,二人不平,由此与纲忤"①。与汪、黄气味相投的右谏议大夫范宗尹(1100—1136),在李纲到达应天府的当天,就上疏说他"名浮于实,而有震主之威,不可以相"②。李纲为左相后,汪、黄更是气愤不平,不断向高宗进谗言,千方百计阻挠他所推行的一切抗金措施,为李纲所荐用的宗泽、张所和傅亮等人的抗金活动,也处处受到他们的恶意中伤和破坏。八月十七日,汪、黄又策动亲信、刚被他们提拔为殿中侍御史的张浚(1097—1164)对李纲进行弹劾,以为:"纲虽负才气,有时望,然以私意杀侍从,典刑不当,有伤新政,不可居相位。"又论"纲杜绝言路,独擅朝政,士夫侧立不敢仰视,事之大小随意必行,买马之扰,招军之暴,劝纳之虐,优立赏格,公吏为奸,擅易诏令,窃庇姻亲等十数事"。③

李纲既受妥协派的猛烈攻击,高宗又拒绝听取他的解释,深感自己已无法履行抗金职责,遂于八月十八日提出辞呈。翌日,李纲被罢去相位,提举杭州洞霄宫,前后为相仅七十五天。

李纲罢相后,太学生陈东、抚州乡贡进士欧阳澈毅然上疏高宗,指出李纲不可罢,汪、黄不可信,要求高宗"还汴、治兵、亲征,迎请二帝"。高宗大怒,黄潜善又"密启诛澈,并以及东",悍然将两人杀害。

高宗之所以要杀害陈东、欧阳澈两人,究其原因有三:一是陈东在奏疏中有"上不当即位,将来渊圣皇帝来归,不知何以处之"的话,对他称帝的合法性表示怀疑。欧阳澈则"极诋用事者,其间言宫禁燕乐事"④,高宗以为所言并非事实。陈东等人在靖康围城中曾为留任李纲而掀起过大规模的抗议浪潮,高宗和汪、黄等人便趁此机会进行报复。三是当时"南巡"的阻力很大,高宗和汪、黄企图通过杀害陈东和欧阳澈,以威胁反对逃往东南之人。

---

① 《系年要录》卷五,建炎元年五月甲午条,第123页。
② 《系年要录》卷六,建炎元年六月己未条,第146页。
③ 《系年要录》卷八,建炎元年八月乙亥条,第208页。
④ 《系年要录》卷八,建炎元年八月壬午条,212页。

李纲罢相后,张浚对他仍论奏不已,甚至以"国贼"称之,要高宗"早赐窜殛,以厌士论"①。在十一月初二日所上奏疏中,更说:"纲不学无术,始肆强忿。首议迁都于金陵,陛下固尝寝其请矣。而乃狠戾轻狂,施设大缪,故为反复,以惑众心……纲之用心,在于专营小人之誉。靖康之初,纲知小人之情在于怀土,故倡为守城之计。卒之二圣北迁,至今未复者,纲之所致也。"②张浚不仅用倒打一耙的手法,为高宗南逃张目。更将徽、钦两帝被俘北去的责任,完全推到李纲身上,影射李纲要高宗驻跸中原,会造成与徽、钦命运相似的后果,实与上面汪、黄对高宗所言暗合。于是李纲再次被贬谪至鄂州(湖北武昌)居住。

再说另一位抗战派大臣宗泽,他于建炎元年九月十三日,以东京留守的身份,从河北引兵至汴京。在此后的十个月时间里,宗泽采取各种措施,积极加强对开封的防御,严格整顿社会秩序,招募军队,立坚寨二十四座于城外,使它们与北方义军相联结,"两河豪杰皆保聚形势,期以应泽"③,有力地支撑了中原地区的抗金事业。汴京形势好转后,宗泽连续二十余次上书高宗,希望他返回开封,以安定人心,主持收复失地的大计。高宗表面上仍如先前对待李纲那样敷衍应付,言"朕将还阙,躬谒宗庙"④,可是在私底下,与汪、黄一起,"每见泽奏疏,皆笑以为狂"。建炎二年七月二十九日,七十岁的宗泽因疽发背去世,临终前,悲吟"出师未捷身先死,长使英雄泪满襟"的诗句,并连呼三声"过河"⑤而卒,令人动容。

宗泽死后,原北京留守杜充(？—1141)继任东京留守。由于他一反宗泽积极抗金的措施,特别是对义军采取仇视的态度,遂使那里的抗金形势发生逆转,数年后,原先宗泽从金人手中收复的中原土地,又纷纷丧失。

---

① 《系年要录》卷一〇,建炎元年十月甲子条,第241页。
② 《系年要录》卷一〇,建炎元年十一月戊子条,第245页。
③ 《系年要录》卷一八,建炎二年十月癸酉条,第373页。
④ ［宋］佚名:《宋史全文》卷一六下,建炎二年五月甲申条,中华书局2016年点校本,第4册,第1094页。
⑤ 《宋史》卷三六〇《宗泽传》,第11281—11285页。

第四章 从步步南逃到定都临安

金兵大举南下,高宗步步南逃,在这一过程中,又相继出现了扬州大溃败和苗刘兵变,南宋政权正可谓摇摇欲坠、不绝于丝。在这种"帝被贼驱"的严峻形势下,高宗依靠南宋军民的顽强抵抗和朝中大臣的拥戴,总算渡过了一个个难关。秦桧南归,一方面为高宗找到了一个向金人屈辱求和的得力助手,同时,也加剧了南宋政坛争权夺利的斗争。在抗金形势有所缓和的情况下,高宗决定以临安为行在,最终在那里站稳了脚跟。

第一节 高宗南逃

一、扬州大溃败

高宗即位以后,害怕金兵再次南下,虽有驻跸东南特别是建康的打算,但鉴于随行将士多为北方人,势必会遭到他们的反对,如中军统制张俊部下的小军官岳飞,也批评黄、汪等人的逃跑主张,提出:"为今之计,莫若请车驾还京,罢三州(军)巡幸之诏,乘二圣蒙尘未久,虏穴未固之际,亲帅六军,迤逦北渡。则天威所临,将帅一心,士卒作气,中原之地指期可复。"①所以高

---

① 〔宋〕岳珂编,王曾瑜校注:《鄂国金佗稡编续编校注》卷一〇《南京上皇帝书略》,中华书局1989年校注本,第835页。

宗一直不敢公开表明自己的态度。李纲罢相后,"巡幸东南"的阻力大为减小,建炎元年(1127)九月二十日,遂下诏道:"有敢妄议惑众沮巡幸者,许告而罪之,不告者斩。"用词之严厉,是其称帝以来所未有。从而将不久前刚说过的要与金人"决战"中原和"巡行南阳"的话,完全置之脑后。

十月初一日,高宗离开应天府,坐船前往江宁府"巡幸"。可是这时的东南地区也不平静。就在初二这天,叛兵焚镇江,迫使已到达高邮(今属江苏)的隆祐太后停止前进,转往扬州城居住。与此同时,在杭州发生了军校陈通发动的兵变,参加叛乱的人数达数万人之众。秀州(浙江嘉兴)也发生了兵变,叛乱士兵经平江(江苏苏州)至常州(今属江苏)、镇江,沿途大肆掳掠,杀人放火不止。二十三日,到达楚州宝应县(今属江苏)时,又发生御营后军将领孙琦等作乱。在这样的形势下,二十七日,高宗一行只得止步扬州,暂时将其作为驻跸之地。好在九月初七日,高宗已命知扬州吕颐浩"缮修城池"①,说明高宗早已有一个初步设想,将扬州定为他南逃的第一站。于是"先朝嫔御皆至行在","母后戚里之家"也开始定居于此。各地财赋纷纷运抵扬州,府库皆满。高宗下诏,命分运至江宁府等地贮存,这应是他下一站南逃的目标。

高宗在离开应天府前夕,曾经下过一道诏令,其谓:

> 荆、襄、关、陕、江、淮皆备巡幸,并令因陋就简,毋得骚扰。凡所过与所止之处,当使百姓莫不预知。朕饮食取足以养气体,不事丰美;亭传取足以庇风雨,不易卑陋;什器轻便,不求备用;供帐简寡,不求备仪。可赍以行,皆毋取于州县。桥梁舟楫,取足济渡,道路毋治,官吏毋出,一切无所追呼。有司百吏敢骚扰者,重置于法……播告诸道,咸使闻知。②

---

① 《宋史》卷二四《高宗一》,第448—449页。
② 《系年要录》卷九,建炎元年九月丁酉条,第220—221页。

从历史上看,凡是帝王出行,队伍所到之处,总是竭尽挥霍扰民之能事,往往闹得地方鸡犬不宁,成为沿途百姓的一大灾难。高宗一方面受时艰所限,另一方面也了解"巡幸"的种种弊端,所以事先做到防患于未然,值得肯定。后来南宋帝王很少到外地巡行,偶尔出行也多不扰民,应该说他开了一个好头。

扬州在唐代曾经是一个非常繁华的都市,唐末五代战乱,虽被破坏得满目疮痍,但经过北宋一个半世纪的恢复和发展,它又成了经济繁荣,文化发达,酒楼林立,歌舞升平之地。高宗一行到达扬州以后,"禁中修造复兴,御前生活复作,宫中费用复广"①,徽宗时期的积弊又开始死灰复燃。特别是内降指挥盛行,如通过高宗手诏,即授邢后之弟邢焕为徽猷阁待制,授隆祐太后之侄孟忠厚为显谟阁直学士,另授戚里王羲叔为郡王、王羲叟为太府寺丞等。对此,士大夫物议大喧。右谏议大夫卫肤敏上疏高宗,要求他"守法度"、"慎爵赏"、"正纪纲","痛扫崇、观之积弊,悉复祖宗之成宪"。高宗乃下诏:"历考祖宗朝,后父无任文臣、侍从官者,朕欲尊依旧制,以复祖宗平治之时,岂可以近亲违戾彝宪。邢焕可特换光州观察使。"对卫肤敏所奏数事,后来"皆次第行之"②。由此可见,高宗对于臣僚谏言,只要不反对他向南方逃跑,即使比较尖锐,也尚能接受。这种较为宽松的政治氛围,与明、清两朝臣僚因奏言而动辄得罪的情况相比,确实有着显著不同。宋代士大夫在政治上所拥有的这种发言权,或许可以看作是帝王"与士大夫共治天下"的一种表现。

高宗在黄潜善、汪伯彦等人的"辅佐"下,所考虑的不是如何加强军备,收复失地,而是继续派人向金人"祈请"求和。建炎元年十一月,前次派出的通问使傅雱等返国,除了带回金人"索河东北人之在南者,及为夏人请熙丰以来侵地"③的要求以外,其他一无所得。但高宗仍不死心,建炎二年四月,再次派王伦(1081—1044)以朝奉郎、假刑部侍郎充大金通和使(后改通问

---

① 《系年要录》卷一一,建炎元年十二月戊辰条,第252页。
② 《系年要录》卷一一,建炎元年十二月甲子条,第250—251页。
③ 《系年要录》卷九,建炎元年九月末条,第233页。

使)、阁门宣赞舍人朱弁(1085—1144)为副使,向金朝求和。金太宗得知高宗"遣使奉表请和",不仅不予接受,反而下诏"进兵伐之"。①

此时,侍御史张浚向高宗建议:"请先措置六宫定居之地,然后陛下以一身巡幸四方,规恢远图。"②高宗纳其言。建炎二年十月,命鼎州团练使苗傅、御营前军副统制刘正彦分别扈从隆祐太后和六宫一行至杭州。

正当高宗等待金人对议和的回应时,建炎二年秋冬间,金军在左副元帅宗翰的率领下,分三路渡河南侵。西路金军由完颜娄室(一名娄宿、罗索)率领,经京西入侵陕西。东路金军由右副元帅完颜宗辅(一名讹里朵,金太祖三子,后为熙宗)、宗弼率领,经京东入侵山东。中路金军由宗翰亲自率领,进攻河南之地,因受到原宗泽部将的顽强抵抗,屡屡受挫,故不得不与东路宗辅率领的军队联合发动进攻。十一月,东路和中路的金军攻占濮州,直逼开封,东京留守杜充决黄河入清河,企图以此阻挡金兵进攻,结果造成此后河水连年泛滥,黄河改道,大批百姓被淹死。于是金军转而东进,先后占领滑州(河南安阳滑县)、相州(河南安阳)、淄州(山东淄博)、青州(山东益都)、潍州(山东潍坊)和东平(今属山东)等州郡。十二月,知济南府刘豫(1073—1146?)降金。

就在此时,高宗除黄潜善为左相,汪伯彦为右相,他们两人根本不懂军事,面对金军的步步深入,却"裁处无术,探谍不明,未尝得诸贼要领,亦恬不介意"③。在宗翰的欺骗下,竟以为这些入侵不过是游寇李成的骚扰,不必害怕。内侍邵成章上疏论黄、汪之罪,认为两人必定误国。高宗听后大怒,以"成章不守本职,辄言大臣"④,将他除名,南雄州(广东南雄)编管。

建炎三年正月二十七日,金军攻占兵家必争之地徐州(今属江苏),进入淮东地区,进犯泗州(江苏盱眙东北)。高宗急命大臣都堂议事,已升任吏部尚书的吕颐浩以为,敌骑已经逼近,在敌强我弱的形势下,先令官吏与百姓

---

① 《金史》卷三《太宗本纪》,第59页。
② 《系年要录》卷一八,建炎二年十月甲子条,第372页。
③ [宋]佚名:《建炎维扬录》,大象出版社2008年《全宋笔记》本,第4编,第8册,第78页。
④ 《系年要录》卷一二,建炎二年正月辛丑条,第271页。

入山避兵,朝廷则阴作过江准备,将重兵分别驻扎于淮河和长江沿线,先与金兵夹淮一战,若不胜,再与金兵夹江一战。敌人所长只是骑兵,我方用步兵强弩掩击,配合水战,定能阻止敌人南下。黄、汪不听,反而讥笑道:"诸公所言,三尺童子皆能及之。"①两人所采取的唯一措施是催促第四批祈请使李邺、周望等人,急速前往金营求和。

入侵两淮的金军在沐阳(江苏宿迁属县)和宿迁一带击溃御营平寇左将军韩世忠的军队。从楚州(江苏淮安)、天长军(安徽天长)、泰州(今属江苏)到高邮军(江苏高邮),南宋守将或逃或降。接着又在沿淮一线将江淮制置使刘光世的军队打得大败,使居住在扬州的高宗失去了军事屏障。接着宗翰派遣三千骑兵自泗州之上数十里间渡淮,奔袭扬州。同时,又以议事为名,命高宗不要离开扬州,以便趁机将他一举擒获。

三十日晚上,从前线传来金兵且至的消息,高宗闻讯大惊,即于次日一早,欲坐御舟南逃。但黄潜善仍然不信金兵会很快到来,他劝高宗道:"且俟探报得实,渡江未晚也。"②高宗以为然。二月初二日,金军破楚州,陷天长军,数百敌骑迅速逼近扬州。据说此时高宗正在淫乐,闻讯大惊,幸亏当时因为军情紧急,改变了过去"三衙管军未尝内宿"的旧制,命"日轮一员,直宿行宫"③。当天恰是御营司使都统制王渊轮值,高宗来不及与宰相商量,就在王渊和宦官康履等五六人的陪同下,急忙披甲乘马出逃,在瓜洲(在江苏扬州南长江边)为"有胆略,善鞍马弓剑"④的吏部尚书吕颐浩及已升任礼部侍郎的张浚所追及,遂一起乘小舟渡江,抵达镇江府。由于事出突然,其他官员竟一无所知,"诸卫禁军无一人从行者"⑤。据说高宗经过这次突如其来的惊吓,生理上发生了变化,故此后便失去了生育的功能⑥。究竟真相

①　《皇宋中兴两朝圣政辑校》卷四《高宗皇帝四》,建炎三年正月己酉条,第116页。
②　《会编》卷一二一,引《维扬巡幸记》,第882—883页。
③　《系年要录》卷一〇,建炎元年十月癸未条,第244页。
④　《宋史》卷三六二《吕颐浩传》,第11324页。
⑤　《系年要录》卷二〇,建炎三年二月壬子条,第402页。
⑥　[宋]佚名:《朝野遗记·高宗无子思明受》,大象出版社2016年《全宋笔记》本,第7编,第2册,第269页。

如何,今天已无从查考。

此时,黄潜善、汪伯彦尚在中书议事(一说率同僚听和尚讲经),有人问金兵消息,两人"犹以不足畏告之。堂吏呼曰:'驾行矣!'两人乃戎服鞭马南骛"①。都人闻变,争门而出,死者相枕藉,人无不怨愤。"至于官府有司案牍,俱为灰烬,片纸不留。上至乘舆服御,亦皆委去。两府侍从,或身死兵刃,或家属散失,往往皆是"。司农卿黄锷来到江边,军士闻其姓,以为是黄潜善,历数他误国害民之罪,挥刃而前,"锷方辨其非是,而首已断矣"。原先从扬州经运河抢运出来的银、绢等大批物资,在江边堆积如小山,因为来不及运过江,全为金人所得,九庙神主也被丢失殆尽。"是时,官属性命不保者什盖六七,而眷属不救者又复倍之"。②

金兵入扬州,得知高宗正在渡江,追至瓜洲不及,才望江而回。金人返回扬州,大肆焚烧掳掠,"城内烟焰烛天,臣民子女及金帛所储,为金人杀掠殆尽"。

金军远来,经过半年远征,人马俱困,掠夺到的财物多得不可胜计,急于要将它们运回北方。此时长江南北已是春雨绵绵,道路泥泞,步骑皆难以行动。于是从建炎三年二月下旬起,陆续从扬州等地撤出淮河以南地区。金人在撤兵前,以刘豫知东平府,节制河南州郡,同时吸取往年金兵一退张邦昌傀儡政权迅即垮台的教训,由大将宗辅和完颜昌分别占领山东大部分州郡,以作刘豫后盾。

仓皇渡江的高宗,当晚在镇江府府治住宿,没有寝具,只用一张貂皮,"卧覆各半"③,以抵御夜间的寒冷。次日,他觉得"长江天险"未必能挡得住金兵铁骑,在王渊"请幸杭州"的建议下,又从镇江一路狂奔,经常州(今属江苏)南逃,至平江府(江苏苏州)始脱介胄,御黄袍,稍作停留。在南下途中,高宗命中书侍郎朱胜非为御营副使兼平江府秀州控扼使、礼部侍郎张浚为平江府秀州控扼副使,江淮制置使吕颐浩拜同签书枢密院事,还屯镇江,

---

① 《皇宋中兴两朝圣政辑校》卷四《高宗皇帝四》,建炎三年二月壬子条,第117页。
② 参见《会编》卷一二一,引《维扬巡幸记》,第883—884页。
③ 《系年要录》卷二〇,建炎三年二月壬子条,第403页。

御营中军统制张俊守吴江,都巡检使刘光世守京口,自己与黄、汪等经秀州(浙江嘉兴),逃往杭州。在这次大溃败中,高宗虽然保住了性命,却使他的"恐金病"进一步加深。为了求得金人宽恕,高宗与黄潜善、汪伯彦、朱胜非等共同商议后,下诏录用张邦昌亲属,派人持张邦昌与金人约和的书稿赴金营,再次向金人乞和。

二、苗、刘兵变中的高宗

建炎三年二月十三日,高宗君臣到达杭州,高宗决定以凤凰山麓原北宋的杭州州治为行宫,以它附近的显宁寺为尚书省,拟作长期驻跸的打算。但杭州州治本身不大,经过早年方腊起义和后来陈通兵变的破坏,可以居住的屋宇更是寥寥无几,根本住不下六宫之人和众多官员。参知政事叶梦得在春雨绵绵中向在室外徘徊的高宗说:"州治屋宇不多,六宫居必隘窄,且东南春夏之交,多雨蒸润。"高宗回答道:"亦不觉窄,但卑湿尔。然自过江,百官、六军皆失所,朕何敢独求安?至今寝处尚在堂外,当俟将士、官局各得所居,迁从之人消有所归,朕方敢迁入寝。"[1]

次日,高宗下诏罪己,表明自己对扬州大溃败所负的责任。降德音:"赦杂犯死罪以下因,放还士大夫被窜斥者,惟李纲罪在不赦,更不放还。盖用黄潜善计,罪纲以谢金人"[2]。由此可以看出,以黄潜善、汪伯彦为首的妥协派执迷不悟,已经达到无以复加的地步。高宗又下令"出宫人百八十人"[3],这恐怕也与居室缺乏有一定关系。对于这件事,有学者做了过分解读,以为高宗即使在南逃之际,仍然带着如此之多的宫女,足见其生活之荒淫腐朽。不过,只要搞清这批宫女的来历,可以知道这是对高宗的一个"误会"。因为若言是高宗从扬州带来,在那场大溃败中,情况十分危急,他本人坐小舟仓卒南渡,太祖的神主都被丢失,后面想渡江的众多官员和士兵家眷也因坐不上船而遭散失,哪里会有如此多的宫女跟随高宗南渡?因此可以断定,她们

---

① 《挥麈后录·余话》卷一《叶梦得奏对圣语》,第209页。
② 《宋史》卷二五《高宗三》,第460—461页。
③ 《系年要录》卷二〇,建炎三年二月乙丑条,第414页。

当系隆祐太后或六宫曾从汴京带往应天府,后来从应天府带往扬州,去年又从扬州先期来到杭州的宫女无疑,她们实与此次高宗南渡无涉,更不能据此对他作出所谓"色情狂人"①的指斥。

这次金军南侵,对建立不久的南宋政权打击非常巨大,人民群众更是遭到一次空前未有的浩劫。群臣纷纷起来弹劾黄潜善、汪伯彦两人在高宗即位以来的种种罪行,并追究他们在扬州大溃败中的责任。在群臣的强大压力下,高宗被迫将两人罢为观文殿大学士,黄潜善知江宁府,汪伯彦知洪州。按观文殿大学士乃是宰相离任外调授予的高级职名,以示恩宠,并有备皇帝顾问的名义。而江宁府和洪州(江西南昌),分别是江南东、西路的首府,可以说是宰臣外调最好的两个美缺。这样的处理,与其说是惩处,还不如说是正常调动,反映了高宗与汪、黄气味相投的君臣关系,不久,高宗将朱胜非召赴行在,并升任他为右相,以代替黄、汪两人作为自己的帮手和顾问。又升任王渊为签书枢密院事,仍兼御营使都统制,以酬谢他的扈卫之劳。

可是一波未平,一波又起,南宋的外患虽暂时解除,内乱又突然发生。

高宗抵达杭州时,御营使的军队一部分驻守在江州(江西九江)、镇江至江宁的长江两岸,一部分驻守在平江府、秀州等浙北地区,在杭州的军队只有先期扈送隆祐太后来杭州的苗傅所率八千士兵,以及扈从六宫、皇子来杭州的刘正彦所率三千士兵。

苗傅上党(山西长治)人,出身将门,祖父在元丰中(1078—1085)为殿前都指挥使,自己在抵御游寇李成的战斗中立有战功。刘正彦之父法,在徽宗朝为熙河路经略使,后死于"王事",王渊原为其部曲。北宋末年,刘正彦成了王渊部将,他在招降游寇丁进中,也立有功劳。苗、刘两人,从靖康二年起,就跟随赵构,也可以说是高宗的心腹将领之一。可是,自渡江以来,两人离开北方越来越远,麾下的士兵及其家属损失很大,并认为自己功大酬薄,心中颇有不满情绪。

王渊,熙州(甘肃临洮)人,徽宗朝时,应募伐西夏,屡立战功,后升任镇

---

① 　王曾瑜:《荒淫无道宋高宗》,河北人民出版社 1999 年出版,第 58 页。

定府都统制。靖康末年他作为"勤王"之师投奔赵构,深得赵构信任。史言他曾借镇压陈通兵变之机劫夺民财,也有言其"轻财好义,家无宿储"①,可谓反映不一。在扬州驻跸时,王渊负责保护高宗安全,对于这次溃败,当然负有一定责任。只是由于扈从高宗由扬州出奔,因而不仅没有被贬官,反而得到提升,苗、刘对此皆愤愤不平。加之高宗即位以来,与其他帝王一样,以宦官为腹心,大小宦官在国难当头之时,依然作威作福,他们强占民居,颐指气使,"凌侮将帅"②。沿途"竞以射鸭为乐",到杭州日,争相赴钱塘江观潮,"中官供帐,赫然遮道"。苗傅等对此切齿痛恨地说:"此辈使天子至此,犹敢尔耶!"③王渊与大宦官康履过从甚密,苗、刘认为,王渊之所以能升迁至签书枢密院事,与康履的引荐不无关系。于是两人决定密谋起事。

三月初五日,苗傅和刘正彦发动兵变,他们借口王渊勾结宦官谋反,俟王渊退朝时,伏兵将他杀死。然后拥兵至行宫北门,分捕内侍,"凡无须者尽杀之",总计达百余人。负责守卫宫门的中军统制吴湛也起来支持苗、刘,他对高宗说:"苗傅不负国,止为天下除害。"④高宗闻变大惊,在朱胜非等人陪同下,被迫登上城楼接见兵变将领。苗傅当面严厉斥责高宗信任宦官,赏罚不公,黄潜善、汪伯彦误国,犹未远窜,王渊遇敌不战,却因宦官而得到升迁等一系列罪行,并提出诛康履、蓝珪、曾择等大宦官,以谢三军,将帝位传给皇太子,请隆祐太后垂帘听政等要求。高宗企图通过收买苗、刘平息事变,对他们说:"知卿等忠义,已除苗傅承宣使、御营都统制,刘正彦观察使、御营副都统制,军士皆放罪。"但是苗、刘并不领情,他们说,如果我们仅仅为了自己升官,只要送两匹马给内侍,就可得到,何必如此大动干戈?

在兵变将领的强大压力下,高宗与朱胜非等近臣通过密谋,决定先将宦官抛出以缓和矛盾,于是康履被苗傅腰斩。其他一些亲信宦官如蓝珪、高邈、张去为、张旦、曾择、陈永锡等人被流放岭南(曾择后来也遭苗傅追杀)。

---

① 《系年要录》卷二一,建炎三年三月辛巳条,第426页。
② 《会编》卷一二五,引《秀水闲居录》,第915页。
③ 《宋史》卷四六九《宦者四·蓝珪、康履传》,第13668页。
④ 《宋史》卷四七五《叛臣上·苗傅传》,第13804页。

苗、刘又迫逼高宗退位。这时的高宗又表现出了他能屈能伸的本领，显得十分坦然，他对朱胜非等大臣道："朕当退避，但须禀于太后。"乃令人去请隆祐太后上楼，商量退位事。起初，高宗还坐在一把没有藉褥的竹椅上，听说太后要上楼，就立即站到柱子边，百官固请他坐上御座，高宗就是不肯，他说："不当坐此矣。"太后上楼与官员们讨论后，决定针对苗、刘勇而无谋的弱点，设法拖延时间，调兵遣将，以作后图。为争取时间，暂时应诺苗、刘提出要高宗退位的要求。太后下楼后，向苗、刘提出四事以行约束："一曰尊事皇帝如道君皇帝故事，供奉之礼，务极丰厚。二曰禅位之后，诸事并听太后及嗣君处分。三曰降诏毕，将佐军士即时解甲归寨。四曰禁止军士无肆劫掠杀人纵火。"同时承诺："如遵依约束，即降诏逊位。"①苗、刘不知是计，都表示可以接受。高宗的这副表现，着实蒙蔽了苗、刘两人，以为他真的已经就范。

高宗退位后，出居显忠寺，上徽号曰睿圣仁孝皇帝。年仅三岁的皇子赵旉即皇帝位，隆祐太后同听政，改元明受，故此次兵变又称"明受之变"。苗、刘为防止韩世忠、张俊带兵前来救驾，迫使宋廷任命韩世忠为御营司提举一行事务，张俊为秦凤路总管，或收回他们的统兵权，或将他们派遣出外。再在苗、刘的要求下，以刘光世为太尉、淮南制置使，以张浚为礼部尚书，并召吕颐浩赴杭州，以对他们进行控制。接着下诏，将已经责授为镇东节度副使、英州安置的黄潜善，再降授为秘书少监，分司道州居住。

兵变消息传出后，吕颐浩自江宁府率所部万人"勤王"，宣称"事属艰难，岂容皇帝退享安逸？请亟复明辟，以图恢复"②。兵到丹阳(今属江苏)，刘光世、王德带兵来会，到平江府，韩世忠亦从盐城(今属江苏)引兵至。三月二十五日，吕颐浩与张浚商量后，命韩世忠、张俊、刘光世进兵，韩世忠的军队很快抵达秀州。苗、刘得知吕颐浩率诸军已陆续前来，开始感到恐慌。二十九日，朱胜非趁机召苗、刘到都堂议复辟事。赵构为麻痹苗、刘，故意下手诏给韩世忠："知卿已到秀州，远来不易，朕居此极安宁。苗傅、刘正彦本

---

① 《系年要录》卷二一，建炎三年三月癸未条，第433页。
② 《宋史》卷三六二《吕颐浩传》，第11320页。

为宗社,始终可嘉,卿宜知此意,遍谕诸将,务为协和,以安国家。"苗、刘不知是计,反谓"乃知圣天子度量如此"①,以为高宗真的会原谅他们。当日,吕颐浩、张浚与诸军会师秀州。三天后,各路军队先后进抵临平(浙江余杭临平镇)。

由于各路"勤王"之师已逼近杭州,形势变得对苗、刘十分不利。二十八日晚,苗、刘面见赵构,要他"亲笔札以缓外师",高宗道:"人主亲札,所以取信天下,以其有御宝。今朕退处外邸,不与国事,用何符玺以为信?自古废君杜门省愆,岂敢更与外事?"意为自己不在其位,不谋其政,没有皇帝符玺,写了也无用,用了冠冕堂皇的理由加以拒绝。苗、刘碰了一个软钉子,只得告辞。临别时,高宗还不动声色地用语言对两人加以玩弄,他道:"统制有事,但来商量。不拘何时,可来相见,请勿疑。"②说得苗、刘两人哭笑不得。

建炎三年四月初一日,在朱胜非等人软硬兼施的劝说下,苗、刘同意让赵构复辟,宋廷则赐予两人免罪"铁券",暂行安抚,并改立赵旉为皇太子。次日,复建炎年号,除张浚为知枢密院事。苗傅为淮西路制置使,刘正彦为副使。初三日,韩世忠的军队在临平打败了兵变军队,苗傅、刘正彦看到大势已去,率二千士兵于当晚逃离杭州,吕颐浩引"勤王"之师入城。高宗"握世忠手恸哭"③,要他尽除吴湛等叛逆之人,并派军队追击出逃的苗、刘军队。初六日,朱胜非被罢为观文殿大学士、出知洪州。枢密都承旨马扩,则以在兵变中有"观望"行为而停官,永州(湖南零陵)居住。自后论功行赏,以吕颐浩为右相兼御营使;刘光世升任太尉、御营副使;韩世忠升任武胜军节度使,充御营左军都统制;张俊升任镇西军节度使,充御营右军都统制。高宗仍念念不忘与金议和之事。兵变一平息,立即派洪皓为大金通问使,再次向金人乞和。

五月中下旬,刘正彦、苗傅先后在福建的浦城和建阳被俘。历时二个月左右的苗、刘兵变,至此被彻底平息。七月初十日皇太子赵旉病死,高宗从

---

① 《系年要录》卷二一,建炎三年三月丁未条,第473页。
② [宋]佚名:《建炎复辟记》,大象出版社2008年《全宋笔记》本,第3编,第5册,第231页。
③ 《系年要录》卷二二,建炎三年四月庚戌条,第483页。

此断绝了子嗣;七月十四日,下诏升杭州为临安府,透露出高宗对杭州不能言明的打算。

苗、刘发动的兵变,性质十分复杂,并充满着诸多矛盾:他们既非叛乱,亦非兵谏,如果从打击宦官等腐朽势力和要求惩罚妥协派大臣来看,具有一定的合理性和积极意义。但是,兵变领导人怀有个人目的,因而其正当性也就遭人怀疑。苗、刘等人既想夺取权力,又无力控制政局;他们虽然罢废了高宗,但是由于所掌握的兵力有限,加之在宋朝政治体制和忠君思想的支配下,几个武臣想擅自废立,根本不可能实现。这就决定了他们既不可能自己称帝,也不可能另立异姓,只能拥立年幼的赵旉为帝,并"全赖太后作主"。面对这种形势,苗、刘两人必然陷入进退失据的境地。在金兵的严重威胁面前,苗、刘的行动既得不到赵宋统治集团中极大多数人的支持,也不可能获得人民群众的拥护,所以从一开始就已经埋下了失败的种子。加之苗、刘皆为一介武夫,鲁莽无谋,仓猝行事,毫无政治经验,他们完全被老谋深算的朱胜非等人玩于股掌之上。他们更不了解高宗的真面貌和报复心理,失去了应有的警惕性,其失败是必然的。

七月初,苗傅和刘正彦两人被押送至行在建康府处死。在这次兵变中,高宗进退自如,可谓处变不惊,表现得十分沉着老练,说明他的帝王统治术已逐渐成熟。苗、刘兵变的被粉碎,虽使高宗再次逃过一劫,却加深了他对武人、武将的猜忌和害怕:认为必须牢记重文抑武的祖宗之法,以严厉防范武臣势力的崛起。正如清人王夫之所说:"宋氏之以猜防待武臣,其来已夙矣。高宗之见废于苗、刘而益疑,其情易见矣。"①所以,苗、刘兵变对后来南宋政治的走向,有着深远的影响。

三、金宗弼渡江南下,高宗逃海上

建炎三年三月初三日,高宗降旨称:"昨金人逼近,仓猝南渡,渐至钱塘,势非得已。每念中原,未尝终食敢忘。果(累)据探报,金人军马归回,已离

---

①　[清]王夫之:《宋论》卷一〇《高宗十二》,中华书局 1964 年点校本,第 192 页。

扬州。钱塘非可久留之地,便当移跸江宁府,经理中原之事。可令于四月上旬,择日进发。"并要求有司疾速办理前行的一切事宜,对于与军队无关的事,则"悉从简便,不得骚扰"①。从中可以看出,时至此时,高宗对驻跸杭州虽有考虑,但首选还是江宁府。不过,这道诏令发出两天后,即发生苗、刘兵变,所以前往江宁府的准备工作一时中辍。

苗、刘兵变平定后,四月二十日,高宗一行开始离开杭州,前往江宁府,途经常州、镇江府等地,于五月初八日抵达江宁府,驻跸神霄宫。次日,改江宁府为建康府,以此作为行在。

高宗自抵达江宁府的第一天起,念念不忘的是两件事:第一件事是与金人媾和。当天就命朝散郎洪皓为"大金通问使",携国书赴云中向宗翰乞和。书称"愿去尊号,用正朔比于藩臣",表示愿意向金朝投降,请求金人允许南宋政权的存在。另一件事是下诏召回蓝珪等被流放在外的宦官,因为离开了他们,他的生活起居就会发生困难,何况宦官的作用远远不止这些。此时,臣僚再劾黄、汪等人之罪,高宗慑于舆论压力,再贬黄潜善为宁远军节度副使,永州安置;汪伯彦为江州团练副使,英州安置。但对于处死他们两人的奏请,却不同意,他说:"自太祖以来。未尝戮大臣,国祚久长,过于两汉者此也。"②不久,黄潜善卒于梅州(广东梅县)。

七月,在吕颐浩、张浚的荐引下,东京留守杜充(?—1141)以同知枢密院事召还临安,改由副留守郭仲荀主守。不久,郭仲荀"以敌逼京畿,粮储告竭"③为由,也率余兵赴行在。至此,南宋政府与汴京的联系遂告中断,实际上已形同放弃。

建炎三年(1129)七月,金军以右监军宗弼为统帅,与去年一样,兵分左中右三路南下。宋廷得迅,不待先前派出的使节洪皓返回,又遣中奉大夫、右文殿修撰、工部尚书崔纵为奉使大金军前使,武显大夫、忠州刺史郭元明为副使,赴山东完颜昌军营乞和。八月,再遣秘阁修撰、假资政殿学士杜时

---

① 《会编》卷一二五,建炎三年三月三日条,第913页。
② 《系年要录》卷二六,建炎三年八月丁卯条,第540页。
③ 《系年要录》卷二五,建炎三年七月庚子条,第531页。

亮为奉使大金军前使,修武郎、假武功大夫、开州刺史宋汝为为副使,致书宗翰,进行赤裸裸的乞和活动,其书谓:

> 某昨遣洪皓输恳切之诚,惧道涂梗塞,或不时布闻,则又令崔纵进书御者。既遣使者于庭,君臣相聚,泣而言曰:古之有国家而迫于危亡者,不过守与奔而已,今大国之征小邦,譬孟贲之搏僬侥耳。以中原全大之时,犹不能抗,况方军兵挠败,盗贼交侵,财贿日朘,土疆日蹙。若偏师一来,则束手听命而已,守奚为哉? 自汴城而迁南京,自南京而迁扬州,自扬州而迁江宁,建炎二年之间,无虑三徙……天网恢恢,将安之耶? 是某以守则无人,以奔则无地,一身彷徨,局天蹐地,而无所容厝,此所以朝夕颙颙然,惟冀阁下之见哀而赦己也。恭惟元帅阁下,以宗英之重,行吊伐之师,谋略如神,威权不世,其用兵之妙,与黄帝争驱。遂北平契丹,南取中国,极天所覆,混为一区,此岂载籍所有哉……故愿削去旧号……盖知天命有归……是天地之间,皆大金之国而无有二上矣,亦何必劳师远涉,然后为快哉! 昔秦并天下,可谓强矣,而不废卫角之祀;汉高祖成帝业,可谓大矣,而不灭尉佗之国;周武帝兼南北朝,可谓广矣,而许留萧詧以为附庸。故曰:"竭山而畋者,非善畋者也;竭泽而渔者,非善渔者也。"伏望元帅阁下,恢宏远之图,念孤危之国,回师偃甲,赐以余年。倘异时奉事之诚,不足以当保持之意,则移师问罪,何难之有? 某亦将何辞……今社稷存亡,在阁下一言。某之受赐,有若登天之难,而阁下之垂恩,不啻转圜之易。伏惟留神而特加矜察焉。①

这样令人作呕的乞和信,相信高宗写过多封,虽说出于一时权宜,不可当真,如所谓要"削去旧号"云云,就始终没有真正实行过。不过从后人看来,用字之奴颜卑躬,很少一个帝王所为。这种情况的出现,笔者认为,除为

---

① 《系年要录》卷二六,建炎三年八月丁卯条小注,第540页。

"缓师"的需要以外,尚存在着这样两方面的原因:一是由于他屡次受到金兵南侵的恐吓和刺激,已患上了"恐金病",这个病对他而言已经不是简单的形容词,而应该从医学上去寻找原因,也就是患上了害怕金人的心理障碍。在当时,由于受到"靖康之变"的影响,宋人患"恐金病"者确实大有人在,史载:"虏内侵六年,国家之难、生民之祸,至此极矣,前世未有也,士大夫畏避至不敢诵言虏为贼。"①故王夫之一面指斥高宗"窜身而不耻,屈膝而无惭,直不可谓有生人之气",一面却为之辩解道:

> 抑主张屈辱者,非但汪、黄也。张浚、赵鼎力主战者,而首施两端,前却无定,抑不敢昌言和议之非。则自李纲、宗泽而外,能不以避寇求和为必不可者,一二冗散敢言之士而止。以时势度之,于斯时也,诚有旦夕不保之势,迟回蒇畏,固有不足深责者焉……君不自保,臣不能保其君,震慑无聊,中人之恒也。亢言者恶足以振之哉?②

是非不经不知难,对于年龄既轻、从未见过世面、一再遭到金人追杀的高宗来说,患上这种疾病也就不足为怪。二是高宗自己的解释,绍兴四年十一月,他下诏说:"朕以两宫万里,一别九年,觊迎銮辂之还,期遂庭闱之奉,故暴虎凭河之怒,敌虽逞于凶残,而投鼠忌器之嫌,朕宁敢于屈辱?是以卑辞遣使,屈己通和。"③就是说,由于自己的父母兄弟和妻子都在金人手中,"投鼠忌器",故不得不"屈己通和"。这一说法,虽然有掩饰自己向金人屈辱投降的成分,但也不是完全没有道理。与一般并无家族为金人俘获的官员相比,高宗在抗金战争中存在着更多的思想顾虑,也是事实。可是这一点,却很少能得到人们的理解。

---

① ［宋］施宿等:《嘉泰会稽志》卷六《祠庙·府城》,中华书局1990年《宋元方志丛刊》本,第6803页。
② 《宋论》卷一〇《高宗二》,第169—170页。
③ 《皇宋中兴两朝圣政辑校》卷一六《高宗皇帝十六》,绍兴四年十一月壬子条,第495—496页。

不过,金人亡宋之心已定,张邦昌被杀不久,金太宗便下诏道:"俟宋平,当援立藩辅,以镇南服,如张邦昌者。"①因此,除了被金人以"嫚书"痛骂一顿之外,对高宗的乞和请求根本不予理睬。王伦、朱弁、宇文虚中、洪皓、崔纵、使金之人,无一不被金方拘留不遣。

这次金兵南侵,找准了目标,将重兵集中于江淮一线,以渡过长江,生擒高宗为最终目的。东路金军在夺取了山东的登(山东蓬莱)、莱(山东莱州)、密(山东诸城)等州以后,在梁山泊造舟,准备从陆路进兵的基础上,再分兵由海道南下。但海师非女真人所长,最后只得不了了之。

建炎三年闰八月,南宋决计放弃沿淮防守,将防御金军南侵的重点南移至长江一线:命已经除为右相的杜充兼江淮宣抚使,统兵十余万,守卫建康。以御前前军统制王璞为之援;御前左军统制韩世忠为浙西制置使,守卫镇江府;太尉、御营副使刘光世为江东宣抚使,守卫太平(安徽当涂)及池州(安徽贵池),他们都受杜充节制;御营使司都统制辛企宗守吴江县;御营后军统制陈思恭守福山口(江苏常熟北长江口);统制官王琼守常州,以层层拱卫建康府。

尽管南宋作了如此严密的防守,但面对气势汹汹的金军,高宗还是决定从建康逃跑,至于何去何从,廷臣意见仍然纷纭。御前右军都统制张俊、御营都统制辛企宗劝高宗驻跸武昌、长沙。高宗听后,十分不悦,认为这不是在避敌,而是在远遁。他对宰相吕颐浩说:"金人所持者,骑众耳。浙西水乡,骑虽众,不得骋也。且人心一摇,虽至川广,恐所至皆敌国耳。"主张就近往浙西避兵,应该说他的这个想法尚有一定道理。吕颐浩告诉高宗:"金人之谋,以陛下所至为边面,今当且战且避,但奉陛下于万全之地。"②与前面几种意见相比,他的想法比较灵活。于是"且战且避"便成了高宗对付金兵的"万全之策"。闰八月二十六日,高宗坐御舟离开建康,于九月初八日抵达临安,但为便于逃跑,他并未上岸,而是在船上接见群臣,然后便继续沿浙东

---

① 《金史》卷七七《刘豫传》,第 1760 页。
② 《系年要录》卷二七,建炎三年闰八月丁亥条,第 548 页。

运河东上。十二日，高宗至越州（浙江绍兴），上岸暂作安顿，等待前线战报传来，以决定自己的去向。

十月下旬至十一月上旬，中路金军在打败南宋军队的抵抗后，再分东、西两路，先后自蕲（湖北蕲春）、黄（湖北黄冈）及和州（安徽和县）、无为军（安徽无为）一带渡江。西路金军在武昌渡江后，进犯洪州（江西南昌），追击前往江西避难的隆祐太后。东路金军由宗弼亲自率领，渡江后进攻建康。南宋江防统帅杜充在建康时，"专以残杀为政，斩人无虚日"①。在金军抵达长江北岸，准备渡江时，杜充以兵六万人列于长江南岸，他不是主动进攻，而是隔岸观火。待宗弼在和州南面的马家渡渡江时，才不得不派遣都统制陈淬、统制岳飞等出兵迎战，同时命王燮以所部应援，可是王燮却抗拒不赴，率军遁走。二十一日，宋、金两军激战于马家渡，陈淬战死，岳飞孤立无援，退守钟山（南京紫金山），金军遂渡至长江南岸，进围建康。建康府留守、户部尚书李棁和沿江都制置使陈邦光等献城出降，通判杨邦乂不顾敌人的威胁利诱，坚决不肯投降，惨遭杀害。

杜充带领少部残兵渡江北逃，退守真州（江苏仪征）。起初，他还想联合驻扎在泗州、徐州的宋军"邀敌归路"，但诸将痛恨他的残暴，拒绝听从命令。建炎四年（1130）正月，杜充在宗弼"若降，当封以中原，如张邦昌故事"②的引诱下，竟无耻地投降了金人。

十一月二十六日，高宗在越州得到杜充关于金兵已经渡江、陈淬战死的奏报，便接受吕颐浩乘海舟以避敌骑的建议，采取所谓"彼入我出，彼出我入"的"兵家之奇"③策，决定先逃明州。十二月初五日，高宗坐御舟抵达明州。宗弼攻常州，守臣周杞率军抵御，屯驻宜兴（今属江苏）的岳飞军前往救援，四战皆捷。金兵转陷广德（今属安徽），再由广德南下，向安吉（今属浙江）进兵，过独松岭（在浙江安吉东南）。独松岭为入临安府的门户，此处地

---

① 《会编》卷一三四，建炎三年十一月二十三日条，第978页。
② 《宋史》卷四七五《叛臣上·杜充传》，第13810—13811页。
③ 《系年要录》卷二九，建炎三年十一月己巳条，第598页。

势十分险要,宋军竟无人守御,宗弼不禁叹曰:"南朝可谓无人,若以羸兵数百守此,吾岂能遽度哉。"①遂长驱临安府。十五日,临安府失陷。当日,高宗改坐海舟,自明州逃往定海县(浙江宁波镇海区),十九日,又渡海至昌国县(浙江定海)。即使在这样的形势下,他仍幻想与金人议和,命参知政事范宗尹(1100—1136)、御史中丞赵鼎(1085—1147)留明州"以候金使"②。不久,两人接到金朝国书,书中除将赵构痛骂一顿以外,其他别无内容。

高宗从海上逃跑时,带三千亲兵自随,由于缺少船只,不能载张俊的军队同行,要他留在明州抵抗敌人,但张俊拒不执行命令。后来高宗给他手书,"许以捍敌成功,当封王爵",张俊才勉强留下来。待高宗一走,张俊便在明州城内外纵兵虏掠,名曰"清野",致使"环城三十里,皆遭其焚劫"③。十二月二十四日,金兵陷越州,两浙宣抚副使郭仲荀在几天前已从越州逃遁。知越州、两浙东路安抚使李邴抵抗失败,投降金人。二十六日,高宗从昌国县登舟航海逃命,由于连日南风,日行仅数十里。二十九日,宗弼所派遣的轻骑直抵明州,张俊率统制官刘宝、杨沂中、田师中、赵密等将领,联合州兵,与金军激战于高桥,将金兵打退。这次战争,张俊战报言杀死敌人"数千人",但对手只是金军前锋,人数不会很多,所以这个战绩显然被夸大。这种夸大战绩的情况,在尔后南宋与金的战争中,可谓不乏其例。不过,不管怎么说,时人对宋、金明州之战还是作了很高的评价,认为:"中兴战功,自明州一捷始。敌自入中国以来,未有一人敢婴其锋,至此而军势稍张。"④

建炎四年正月初七日,金军再度侵犯明州,此时的张俊已无心恋战,便借口高宗要他前往温州扈从,慌忙于次日引兵逃往台州(今属浙江)。明州百姓提出要与知州刘洪道一起抗金,刘洪道口头答应,实际上于当晚也逃之夭夭。十六日,金兵破明州,并立即展开大搜捕,时提举明道宫(一作提举建隆观)郑亿年避地山间,为金所得,驱以北去。郑亿年是北宋宰相郑居中之

---

① 《系年要录》卷三〇,建炎三年十二月癸未条,第606页。
② 《宋史》卷二五《高宗二》,第471页。
③ 《系年要录》卷三〇,建炎三年十二月丙申条,第611页。
④ 《系年要录》卷三〇,建炎三年十二月癸卯条小注,第615页。

子,其母亲王氏是秦桧岳父王仲山的胞姐。金人将郑亿年交给了叛臣刘豫,在刘豫建立的伪齐政权中,他被任以伪职,当时可能与同在山东的秦桧取得了联系,从而出现了后面将会提到的情节。

金人陷明州后,马不停蹄地追赶高宗至定海,又从那里乘船入海到昌国县,继续追击自海上逃跑的高宗。金兵在追击途中,适逢大风雨,加上船只既少又小,被南宋和州防御使、枢密院提领海船张公裕的大船击退,只得退回明州。

高宗船队于建炎四年正月初三日抵达台州,在章安镇上岸,休整半月,并获得了大批粮食和银绢补给。当听说张俊军队在明州战败的消息后,就继续下海南逃。二十一日,高宗船队抵达温州港,但他不敢登岸,退回到馆头(浙江乐清的一个港口)暂避。二月初二日,又移至温州江心屿驻跸。后来听说金人已从明州返回临安,才于十六日登岸,在温州州治住下。

高宗早在建炎三年(1129)七月下旬,即命龙神卫四厢都指挥使、建武军节度使杨惟忠率兵万人,护送隆祐太后往江西避兵。闰八月下旬,太后一行抵洪州。九月上旬,高宗又命江东宣抚使刘光世移屯江州(江西九江),以为洪州屏蔽。十月底,金军自蕲、黄渡江入江西境内,追袭隆祐太后。刘光世部不战而溃,太后急忙逃往吉州(江西吉安),金兵接踵而至。太后到泰和县(吉安属县),杨惟忠所领卫兵皆溃散,有的将士竟去为盗贼。在金兵的追逐下,太后弃舟登陆,于建炎四年正月逃往虔州(江西赣州)。在那里,扈卫诸军与当地民众发生冲突,士兵作乱,"纵火肆掠",虔州乡兵首领陈新率众数万围州城,"太后震恐",护卫将领杨惟忠等"皆坐视其乱而不能禁"①。高宗得知这一消息后,于建炎四年三月中旬遣御营使司都统制辛企宗等赴江西迎接太后回越州。

宗弼率领的金兵,前后留明州十七日,他追击高宗不成,加之天气渐热,又是孤军深入,掠夺到的财物也已盆满钵满,遂决定退兵。建炎四年二

---

① 《会编》卷一三六,建炎四年正月二十四日条,第988—989页。

月三日,宗弼声称"搜山检海已毕",开始撤兵。他在离开临安时,声言:"如扬州例。"①于是金兵从明州经越州、临安、平江,一路大肆烧杀掳掠,使当地百姓遭到一次巨大灾难。金人"以掳掠辎重不可遵陆,乃由苏、秀取塘岸路行"。②

金兵在后撤过程中,遭到沿途南宋军民的沉重打击。在吴江县,浙西宣抚使统制陈思恭率水军邀击于太湖,大败金兵,"几获兀术(宗弼)"③。尔后,韩世忠的军队在镇江至建康一线的长江上多次重创宗弼所率领的军队,将他们包围四十余天,时称黄天荡之战。"兀术穷蹙,求会语,祈请甚哀"④。后因得到当地人的指点,遂得以渡江北去,还屯六合(今属江苏)。这次韩世忠军队对金兵的打击,是继张俊明州之战以后的又一次胜利,从此金人再也不敢过江。

金军在南侵的同时,对中原地区一直为宋人坚守的城池不断发动进攻,由于南宋政权自顾不暇,完全断绝了对那里兵民的支持,使这些城池相继沦陷。建炎四年(1130)二月十四日,开封再次被金兵攻占,"自是四京皆陷没矣"。⑤

刘豫投降金人后,并不以作一个叛臣为满足,遣子麟"持重宝赂金左监军挞懒(完颜昌),求僭号,挞懒许之"⑥。七月二十七日,金太宗在宗弼和完颜昌的建议下,册封刘豫为皇帝,国号"大齐",都大名府,金、齐以旧河为界。金册文中要刘豫"世修子礼,永贡虔诚",充分暴露了这个傀儡政权的性质。在册文中,金人也不忘羞辱一番赵构:"如构者,宋国罪余,赵氏遗孽,家乏孝友,国少忠勤。衔命出和,已作潜身之计;提师入卫,反为护己

---

① 《系年要录》卷三一,建炎四年二月丙子条,第629页。

② [宋]潜说友:《咸淳临安志》卷八九《纪遗一》,杭州出版社2009年《宋元方志集成》本,第3册,第1427页。

③ [宋]李心传:《建炎以来朝野杂记》(以下简称《朝野杂记》)甲集卷一九《十三处战功》,中华书局2000年点校本,第449页。

④ 《宋史》卷三六四《韩世忠传》,第11361页。

⑤ 《系年要录》卷三一,建炎四年二月丁亥条,第631页。

⑥ 《宋史》卷四七五《叛臣上·刘豫传》,第13794页。

之资。忍视父兄,甘为俘虏,事虽难济,人岂无情?方在殷忧,乐称僭号,心之幸祸,于此可知。"①几乎将可以攻击高宗的话都说了个遍。

九月,刘豫即位,先用金天会(1123—1135)年号,不久即改当年为阜昌元年(1130),二年后迁都汴京,占有山东、河南、陕西的大部分地区。

第二节　从驻跸越州到定都临安

一、驻跸越州

建炎四年三月十九日,高宗循原路由海上返回浙西。在定海,他看到县城为金人所焚,有所自责地对近臣道:"朕为民父母,不能保全,使至如此。"又道:"前次太平朝上,若乘马驰骋,言者必以为失礼。才置良弓利剑,议者将以为谋叛。"②似乎对以往贯彻"重文抑武"的后遗症有所反省。但事实证明,这只是一时的感想而已,事过境迁,他仍然将这一"祖宗之法"奉为圭臬。

此时此刻,对高宗而言,首要的是保住自己的性命,所以他考虑最多的是如何在金人的追击下,得以安全逃跑。正如吕颐浩当时所揭露的:"臣比经四明,见朝廷集海舟于岸下,是必为避敌之备。"为此,他告诉高宗:"夫避敌固当预办,然御敌之计,尤不可缓。"③可谓一针见血地道出了当时在军事上只顾避敌而不顾御敌的严重弊病。

四月初三日,高宗御舟到达明州城外,继续沿着浙东运河向西航行,到达余姚后,因海舟不能进,"诏易小舟。仍许百官从便先发"④。十二日,高宗到达越州,登岸驻跸州治,"遂留会稽,无复进驻上流之意"⑤,甚至将驻跸建康也置之脑后。二十四日,按惯例,作为承担这次高宗远遁海上的替罪

---

① ［金］佚名编,金少英校补:《大金吊伐录校补·册大齐皇帝文》,中华书局 2001 年校补本,第 540—541 页。

② 《系年要录》卷三二,建炎四年三月辛未条,第 647 页。

③ 《系年要录》卷三七,建炎四年九月辛丑条,第 721 条。

④ 《系年要录》卷三二,建炎四年三月丙子条,第 649 页。

⑤ 《系年要录》卷三二,建炎四年四月丙申条,第 654—655 页。

羊,吕颐浩被罢去右相。不久,他与前宰相朱胜非分别被任命为江东西、两浙安抚大使。不过,这种罢相只是履行"祖宗之法"的需要,表明这次逃海上乃是宰相之故,与真正的"责授"并不完全一样。

在越州,南宋君臣趁着暂无战事的间歇,针对当时军政弊病,进行了一番比较认真的检讨,并对一些机构作了调整或重建。

首先,重新组织诸班直,强调朝廷控制军队的重要性。

在宋代,直接扈卫皇帝的军队,是殿前诸班,它理应是最精锐、最忠诚的一支禁军。在这支军队中,再挑出其中最勇壮者,组成诸班直,作为皇帝的贴身卫士。可是去冬在明州时,诸班直中竟然有人起来作乱,高宗差一点遇害。于是"诛为首者,遂废其班"。这次到越州后,虽选兵 300 人组成了新的诸班直,"然皆乌合之众"。为此,五月十七日,御史中丞赵鼎奏言:

> 陛下初即位,议复祖宗之政,至今未行一二,而祖宗于兵政最为留意……盖自艺祖践祚,与赵普讲明利害,着、著为令典,万世守之,不可失也。昨明州班直缘诉事纷乱,非其本谋,乃尽废之,是因噎而废食。今诸将各总重兵,不隶三衙,则兵政已坏,独卫兵仿佛旧制,亦扫荡不存。是祖宗之法废于陛下之手,臣甚惜之。仁宗时,亲事官谋不轨,直入禁廷,几成大祸,既获而诛,不复穷治,未闻尽弃之也。

从中可以看出,即使在南宋草创之际,士大夫仍不忘朝廷对军队的绝对控制和对诸将拥重兵、不隶三衙的担心。经过赵鼎的这一提醒,高宗猛然醒悟,开始有了"复旧制"①,也就是集中兵权于朝廷的想法,并对诸班直重新作了整顿。不过军权的分散确实也有不少弊端,正如稍后中书舍人季陵所言:"今天下不可谓无兵,若刘光世、韩世忠、张俊者,各率诸将,同心而谋,协力而行,何所往而不克?然兵柄既分,其情易睽。各招亡命,以张军势;

---

① 《系年要录》卷三三,建炎四年五月戊午条,第 668—669 页。

各效小劳，以报主恩。胜不相逊，败不相救。大敌一至，人自为谋，其能成功哉？"①季陵所提到的许多问题，此后随着战争的深入进行，四大将力量的增强，表现得尤为明显，从而对抗金战争产生了不利影响，所以对高宗后来的收兵权，利弊如何，有必要作进一步分析，不可一概予以否定。对此，将在后面再作论述。

其次，废除御营司，由宰相兼任枢密使。

当时，议者以为，宰相之职，在唐朝本无所不统，但宋朝沿五代之制，政事分为二府，即中书门下掌政事，枢密院掌军事。南宋初年，又置御营司。这样是"政出于三也"。他们提出："望罢御营司，以兵权归之密院，而宰相兼知。"高宗觉得有道理，遂于建炎四年六月初四日下诏，以宰相范宗尹兼知枢密院事，罢御营司。自北宋"庆历后，宰相不兼枢密者八十余年，其复兼，盖自此始"。②

复次，设立镇抚司，加强分区防守。

建炎四年六月，时任参知政事的范宗尹向高宗奏称："太祖收藩镇之权，天下无事百五十年，可谓良法。然国家多难，四方帅守单寡，束手环视，此法之弊。"为此他提议："今当稍复藩镇之法，裂河南、江北数十州之地，付以兵权，俾蕃王室。较之弃地夷狄，岂不相远？"③扩大武臣权力虽非高宗之愿，与集中兵权更是背道而驰，但为了获取各地义军首领和豪强的死力，他只好不得已而从之。于是在京畿东西、淮南、湖北等与金接壤的州郡建镇，设镇抚司，长官以镇抚使为名，兼有本地的政权、军权和财权，以调动他们抗金的积极性和主动性。后来各镇抚司或被金人打垮，或因除授非人而为敌人收买，或调其军队到别的战场，被纳入正规军体系而逐渐消失，到绍兴四年（1134），最终被彻底废止。但从此也立下了分路防守的规模，使诸大将的权力进一步得到加强。

同时，高宗也开始考虑自己的后宫问题。高宗为康王时，娶开封人邢氏

---

① 《系年要录》卷三四，建炎四年六月戊寅条，第680页。
② 《系年要录》卷三四，建炎四年六月甲戌条，第678页。
③ 《宋史》卷三六二《范宗尹传》，第11325页。

为正室,封嘉国夫人。在他第二次出使金营时,邢氏留蕃衍宅(北宋嫔妃聚居之处)。靖康之变,邢氏随三宫北迁。建炎元年七月,阁门宣赞舍人曹勋自燕山间道归,临行,"夫人(邢氏)脱所御金环"作为信物,要曹勋递给高宗,并告诉他:"幸为吾白大王,愿如此环,得早相见也。"高宗听后甚是伤感,故将邢氏"遥册为皇后"①。此后,高宗一直没有立后,虽有一个潘姓贤妃,为已故太子赵旉生母,但她此时正随隆祐太后避敌江西,所以在越州作为后宫嫔妃,只有才人张氏与和义夫人吴氏。

　　张氏(1104—1142)开封人,她或许是原康王府侍女,也可能是高宗即位后,由隆祐太后自汴京带来的宫女,因深受高宗宠爱,建炎初为才人,四年六月进位婕妤。吴氏(1115—1197)也是开封人,"父近,以后贵",与高宗生母韦贤妃一样,出身于下层百姓无疑。关于吴氏的入宫经历,史籍记载颇多抵牾。《宋史·后妃二》言其"年十四,高宗为康王,被选入宫。"②如是,她当于建炎二年(1128)入宫。可是此时的高宗,已经在前一年即帝位,怎能仍称他为"康王"?事实真相可能如叶绍翁在《四朝闻见录》中所说,高宗生母韦氏在绍兴十二年从金朝返回南宋后,迟迟不同意高宗立吴氏为皇后,原因是她"向尝与宪圣(吴氏)均为徽宗左右",担心吴氏记起她"微时事"③。由此可见,吴氏早年乃徽宗宫女,后被徽宗赐与当时还是康王的高宗,其早年经历,竟与李唐武则天的情况相仿佛。修撰《宋史》国史列传的史馆官员,可能也意识到了这一点,所以在传文中有意隐瞒了她的这段经历,不过还是露出了破绽。吴氏极其聪明,处事八面玲珑,高宗即位后,"常以戎服侍左右"。"从幸四明,卫士谋为变,入问帝所在,后绐之以免"④,使高宗又逃过一劫。她与高宗相伴六十年,后来在化解孝、光、宁三朝统治集团内部矛盾中也起到了一定作用,是南宋后妃中又一位值得注意的人物。

　　建炎四年八月初十日,隆祐太后孟氏自江西虔州回到越州。太后喜饮

① 《宋史》卷二四三《后妃下·邢皇后传》,第8645页。
② 《宋史》卷二四三《后妃下·吴皇后传》,第8646页。
③ 《四朝闻见录》乙集《宪圣不妒忌之行》,第60页。
④ 《宋史》卷二四三《后妃下·吴皇后传》,第8646页。

酒,越州乃是酒乡,本可尽享佳酿。不料作为北方人的高宗听信传言,以为"越酒不可饮,令别酝"。但别酝有待时日,太后等不及新酒酿成,便自己出钱偷偷让人往坊间酤酒。"后在禁中,尝微觉风眩"[1],估计与她十分喜欢绍兴酒,饮酒过了量,因此患上了类似高血压的病症有关。

绍兴元年(1131)四月十四日,一生累经折磨和大起大落的隆祐太后病故,享年五十九岁。

按照宋朝祖宗家法,后妃、外戚不能干预朝政,这对政治颇有裨益。当然,如果出现嗣君年幼或帝王患重病而不能莅政时,也有例外。如北宋仁宗朝的章献太后刘氏、英宗朝的慈圣太后曹氏、哲宗朝的宣仁太后高氏,以及南宋末年的谢、全两太后,都有过垂帘听政的历史。隆祐太后却有与上述诸后所不同的两次参政经历:前者听政,填补了张邦昌伪楚政权垮台后的权力真空;后者听政,缓解了与苗、刘兵变集团的矛盾,挽救了高宗岌岌可危的统治地位。这对建立和稳定南宋政权都作出了重要贡献。

隆祐太后人情练达,处事低调。对待高宗情深,宛如己出;对待朝廷恩赐,则视若浮云。这些品质在宋代母后中可以说难得一见,这与她跌宕起伏的人生经历不无关系。当然,高宗对隆祐太后也是关怀备至,当他每次南逃前,总要先将她转移到安全的地方,并派重兵加以护送。史言:"帝事太后极孝,虽帷帐皆亲视;或得时果,必先献太后,然后敢尝……绍兴元年春,患风疾,帝旦暮不离左右,衣弗解带者连夕。"[2]由此可以看出,高宗对隆祐太后的孝顺,远胜对待自己的生母韦太后,其中原因,人们恐怕不难理解。

起初,朝论欲仿北宋故事,为她修建山陵。但是,一因隆祐太后去世时,对于自己的后事,曾留下遗诰:"敛以常服,不得用金玉宝贝。权宜就近择地攒殡,候军事宁息,归葬园陵。所制梓宫,取周吾身,勿拘旧制,以为它日迁奉之便。"[3]希望给她简单下葬,为权宜之计,以待今后迁回河南巩县皇陵,这实寓不忘恢复中原之意。二是当时南宋政权立足未稳,浙东

---

[1] 《系年要录》卷三六,建炎四年八月辰条,第709页。
[2] 《宋史》卷二四三《后妃下·哲宗昭慈孟皇后》,第8637页。
[3] 《嘉泰会稽志》卷六《陵寝》,第6799页。

一带又新遭金兵蹂躏,州县残破,民物凋零,国家无力承担兴修山陵的巨大费用。时江东转运使兼摄两浙应办曾纡亦有奏请,以为:"帝后陵寝今存伊、洛,不日复中原,即归祔矣。宜以攒宫为名。"①高宗便接受了他的这个意见。

为"便于修奉",高宗命日官寻觅相关墓地,找到州城东南三十余里一块地势相对比较平坦、位于两山之间的谷地,这就是位于会稽山余脉上皇山麓的上皇村。修陵自四月至六月,"甫三十五日而攒宫告成"②,用时之短,与其他帝后的陵墓简直不可比拟,由此也足以反映陵墓简朴的程度。六月,太后出殡,谥号曰昭慈献烈皇太后。

隆祐太后的陵墓及其制度,开创了南宋帝后以上皇村为攒宫的先河,后来高、孝、光、宁、理、度六个皇帝皆殡葬于此,地名改称攒宫,也就是暂时安葬帝后的地方。南宋六陵的规格,虽较隆祐太后的陵墓要高一些,但皆为薄土浅葬,不起山陵,所谓"上宫"者,只有献殿三间,龟头(即覆盖于石藏之上的殿宇)三间而已,并无通常帝王陵墓所有的乳台、陵台、神门,以及各种石刻人物和动物等石像生的设置③,也无贵重的随葬品,可以说是中国历代帝王中最为节俭的皇陵。这种"节俭"虽有其经济上的原因和具有攒宫的性质,但与高宗的丧葬理念不无关系。

二、秦桧南归

建炎四年(1130)九月,前御史中丞秦桧(1090—1155)自金方南归。

秦桧字会之,江宁人。父敏学,长期为地方官,"以清白闻"④。桧登政和五年(1115)进士,补密州教授,继中词学兼茂科,迁太学学正。靖康元年(1126)正月,金兵攻汴京,遣使要求割让三镇,他上书反对,提出"金人狙诈,守御不可缓","不可令(金使)入门及引上殿"等主张,又拒

---

①　《挥麈前录》卷一《绍兴帝后陵寝以攒宫为名》,第8页。
②　《嘉泰会稽志》卷六《陵寝》,第6799页。
③　参见陈朝云《南北宋陵》,中国青年出版社2004年出版,第205—212页。
④　《会编》卷二二〇,绍兴二十五年十月二十二日,引《中兴姓氏录》,第1582页。

绝出任作为人质的张邦昌的属官,以为"是行专为割地,与臣初议矛盾,失臣本心"①。不久,拜殿中侍御史,迁左司谏。是年冬,金兵攻破汴京,欲立张邦昌为帝,在金人的高压下,朝中大臣多不敢言,监察御史马伸对大家说:"吾曹职为争臣,岂可坐视不吐一辞?当共入议状,乞存赵氏。"刚升任御史中丞的秦桧以为然,他作为台长,便单独向金人呈上议状,其中谓:

> 桧身为禁从,职当台谏,荷国厚恩,甚愧无报。今大金拥重兵临已拔之城,操生杀之柄,必欲易姓,桧尽死以辨……大金兵威,无敌天下,中国之民,可指麾而定。大金果能灭宋,两河怀旧之思亦不能亡……如必立邦昌,则京师之民可服,而天下之民不可服;京师之宗子可灭,而天下之宗子不可灭也。桧不顾斧钺之诛,戮族之患,为元帅言两朝之利害。望稽考古今,深鉴忠言,复嗣君之位,以安四方之民……②

秦桧的议状触怒了金人,两天后即被金人取往军前。应该说,这时候的秦桧,其抗金意志和气节确实非常值得称道。

秦桧被俘虏北去以后,据说金太宗"高其不附立异姓之节",将他赐给弟左监军完颜昌为任用。任用者,犹执事之意。昌"亦高其节,甚相亲信"③,在南侵时,命秦桧与其随行。建炎四年(1130)秋,秦桧作为随军转运使,来到楚州孙村浦寨,楚州城破,金兵争趋入城,趁着混乱之际,秦桧以催淮阳军、海州钱粮为名,同妻王氏、小奴砚童、小婢兴儿、御史街司翁顺及亲信高益恭等人,登上小舟,于十月初二日到达南宋涟水军(江苏涟水)丁禩水寨,后由丁禩命人将他送往行在越州。

对于秦桧如何南归,史书有不同记载;一种以为是金人有意纵归,让他

---

① 《宋史》卷四七三《奸臣三·秦桧传》,第 13747 页。
② 《系年要录》卷二,建炎元年二月癸酉条,第 51~53 页。
③ 《会编》卷一四二,建炎四年九月二十五日条,引《秀水闲居录》,第 1585 页。

从内部破坏南宋的抗金事业,后人据此便将秦桧视为金人所派遣的"奸细"和"汉奸"①;一种则以为是自己设法逃归。

持前一种看法的人,可以朱胜非为代表,他在所著《秀水闲居录》一书中说:

> 秦桧随敌北去,为大帅挞懒任用。至是,与其家俱得归。桧,王氏婿也,王仲山有别业在济南,金为取千缗赆其行。然全家来归,婢仆亦皆故人,知其非逃归也。②

朱胜非的这个记载,破绽甚多。一是秦桧南归,当时大臣,从赵鼎、吕颐浩、范宗尹、张浚、李光、张守到李纲,虽与秦桧在争权夺利或抗金和妥协问题上有矛盾,甚至势不两立,但是直至秦桧去世,没有一个人对他的行迹有过怀疑。朱胜非在绍兴七年(1137)因遭秦桧排挤而去位,废居湖州八年而卒,在这期间,撰成《秀水闲居录》一书。此书所载内容被人称为"多其私说"③,如言赵鼎"尝失身于伪楚,初无敢荐者"④,言曾与他并相的范宗尹,"过恶二十事,而赃墨居其四"⑤,皆为空穴来风。如果朱胜非真的掌握了秦桧为金人纵归的确凿证据,事关南宋政权安危,他怎么会不向高宗报告,而仅仅记于私记? 二是言完颜昌因要纵归秦桧,首先让他到济南府的丈人家,"为取千缗赆其行"的记载,也大不合常理。按宋代的一缗钱,若以省钱论,为七百七十枚。各个时期所铸造的钱币,种类繁多,轻重不一,多数是三克一枚(如淳化元宝、至道元宝),少数是四克一枚(如咸平元宝)⑥。若以每枚

---

① 王曾瑜:《岳飞新传》,上海人民出版社 1983 年出版,第 92 页;邓广铭:《岳飞传》(增订本),人民出版社 1983 年出版,第 82 页。

② 《系年要录》卷三八,建炎四年十月辛未条小注,第 740 页;《会编》卷二二〇,绍兴二十五年十月二十二日,引《中兴姓氏录》,第 1582 页。

③ 《宋史》卷三六二《朱胜非传》,第 11319 页。

④ 《皇朝中兴纪事本末》卷三一下,绍兴四年十一月己未条小注,第 628 页。

⑤ 《系年要录》卷五〇,绍兴元年十二月丁丑条小注,第 887 页。

⑥ 以上钱币重量,由中国钱币博物馆馆长储建国先生亲自称重告诉笔者,可以确信无疑。

三点五克计,一缗即有近二点七公斤,"千缗"钱,就有近二千七百公斤,让秦桧带上这么多缗钱回南宋,未知目的何在?三是完颜昌钦佩秦桧的气节,曾经"甚相亲信",所以向魏良臣、王伦询问他的近况如何,也是人之常情。反之,如果真是"奸细",对"秦桧"之名必然讳莫如深,岂还敢"称其贤"?四是当时金将宗弼南侵虽遭失败,但仍以追杀高宗,灭亡南宋为既定目标;完颜昌也亲率万人,攻陷楚州后,又攻占泰州,准备再次渡江南侵。他们都拒绝与南宋议和。对高宗而言,则屡以向金人卑辞厚礼,屈膝求和而不可得。在这种双方力量完全不对称的情况下,不知此次完颜昌纵归秦桧的目的何在?五是秦桧原是一个有气节的士大夫,在南宋政权岌岌可危、前途未卜的形势下,竟怀着不可告人的动机归宋,难道他事先已经知道回到南宋后,一定能获得高宗信任,参与宋、金和议的决策吗?所以朱胜非的话并不可信,其攻讦的成分远多于事实。

另一种认为是秦桧自己设法逃归。持此看法的人,可以陆游(1125—1210)为代表,他在所著《老学庵笔记》一书中说:

> 秦会之在山东欲逃归,舟楫已具,独惧虏有告者,未敢决。适遇有相识稍厚者,以情告之。虏曰:"何不告监军?"会之对以不敢。虏曰:"不然,吾国人若一诺公,则身任其责,虽死不憾。若逃而获,虽欲贷,不敢矣。"遂用其言,告监军,监军曰:"中丞果欲归耶?吾契丹亦有逃归者,多更被疑,安知公归而南人以为忠也。公若果去,固不必顾我。"会之谢曰:"公若见诺,亦不必问某归后祸福也。"监军遂许之。①

此监军,当为金兵驻山东最高统帅、元帅左监军完颜昌。据陆游之言,秦桧南归并非完颜昌为了某种目的而有意纵归,而是应秦桧的请求而同意放行,虽然这也可以称为"纵归",但两者的性质却完全不同。陆游的这个说法,确实比朱胜非为可信:一是陆游出身于官宦人家,其父陆宰(1088—

① [宋]陆游:《老学庵笔记》卷一,中华书局1979年点校本,第3页。

1148）在绍兴十八年，以直秘阁、知临安府卒。他本人与秦桧并世的时间也长达三十年之久。作为一个见多识广的士大夫，他对当时社会上流传的有关秦桧南归的各种议论肯定耳有所闻，而独言其主动返回，必有所据。其次，陆游与秦桧的政见不同，前者坚持抗金立场，后者力主与金议和。陆游在绍兴二十四年参加进士科省试时，横遭秦桧党羽黜落。如果秦桧真是金人有意纵归，于情于理陆游都不可能为他掩盖真相。第三，《老学庵笔记》成书于秦桧死后四十年，高宗也死去多年，此时桧之冰山早倒，凶焰全息，陆游也完全没有必要为他的"纵归"讳饰。

陆游之言，还透露了有关秦桧的一个秘密，即他与完颜昌有着一种极为隐蔽的私人关系，这不仅使秦桧有可能了解到金统治集团内部的动态，特别是完颜宗翰、完颜昌、完颜宗弼等主要军事贵族对南宋和战的态度，而且有利于通过这种关系，向金乞和。秦桧与完颜昌的这种秘密联系，后来很可能通过建炎四年被俘虏北去的姻亲、在伪齐政府中出任权工部侍郎，旋转为吏部侍郎，后来又知开封府的郑亿年穿针引线得以实现。秦桧后来在高宗面前表现出来与金议和的信心，当与此不无关系。完颜昌最后的结局，也证明了他与秦桧这种秘密交往的存在。近有学者对于这种关系，有如下一番论述：

　　秦桧和完颜昌（挞懒）确有互相沟通的关系，但是在秦桧和完颜昌的互通期间，秦桧并没有提出损害南宋利益的政见，我们以后还会说到完颜昌割还河南、陕西等地给南宋的主张，这个主张却无疑损害了金人的利益，最后受到本国政府惩罚的也是完颜昌。所以，秦桧与完颜昌的交往中如果有一方是"奸细"，恐怕非完颜昌莫属……我们讲述的人物都已经很遥远了，我们抱着一种尽力还原历史的态度，来讲述他们的故事，希望他们在历史尘埃中感受到公平。我们觉得，尽可能接近真实的历史，尽可能接近真实的历史人物，有助我们进行有价值的反思。国学大师吕思勉说得更有意思：古人滥得美名，或者枉受恶名，和我们并不相干，不需要我们替他平反。但是研究历史，就是要根据事理，去揭示古代事实的真相。①

以上所言,不无道理。我们研究历史,目的只有一个,即还原历史的真相,只有揭示真相,才能从中吸取历史的经验和教训。

不过,到了南宋中后期,虽然人们并没有找到秦桧通敌的确凿证据,只是因为痛恨秦桧的擅权和迫害异己,所以无论在吕中的《类编皇朝中兴大事记讲义》、刘时举的《续宋中兴编年资治通鉴》、佚名的《皇宋中兴两朝圣政》、佚名的《宋史全文》等史籍中,凡涉及秦桧南归事,无一不以朱胜非之说为依据,并且演绎为秦桧就是金人派往南宋的"奸细"。陆游之说,竟成独唱。这对后人了解秦桧南归的真相,确实造成不小影响。

事实上,由于秦桧在金方多年,他或多或少知道一些金统治集团的内幕,即存在着分别以宗翰和宗弼为首两个女真军事集团的矛盾和斗争,以及他们对宋、金关系的不同态度。完颜昌军事集团则游走于这两个军事集团之间。在秦桧看来,完颜昌军事集团与宗翰军事集团相比,显得并不那么好战。最明显的一点是宗翰要彻底灭亡南宋,完颜昌却和宗弼相联合,共同扶植刘豫,建立起一个伪齐傀儡政权,以作为金、宋之间的缓冲,表明他们尚未有彻底灭亡南宋的野心。故秦桧以为,如果能做好完颜昌的工作,让金朝废除伪齐,将中原之地归还南宋,就存在着可能性。尤其当绍兴七年宗翰死去以后,完颜昌集团的势力大增,在金朝廷中,取得了很大的发言权,这当然是后话。

建炎四年十一月初六日,秦桧在右相范宗尹和同知枢密院事李回的引荐下,在越州受到高宗接见。因为秦桧已经知道高宗急欲向金人求和的意图,因而面奏道:"如欲天下无事,须自南自南,北自北。"并向高宗提议,立即致书完颜昌以行求和的建议。

以前坚持抗金的秦桧,现在却积极支持高宗的求和活动,对于这一

---

① 丛亦冰、王刃:《南宋一百五十年》建炎至绍兴卷,人民出版社 2013 年出版,第 152—153 页。

变化的原因,朱熹有一种比较合理的解释。他认为:"秦会之是有骨力,惜其用之错。"有人问:"他何故不就攻战上做?"朱熹回答道:"他是见得这一边难成功,兼察得高宗意向亦不决为战讨计。"①也就是说,秦桧在金朝三年多时间里,看到金强宋弱的力量对比,认为南宋要打败金人,并无胜算,加上高宗求和心切,所以就转变了立场,由主战变为主和。这种变化,既出于宋、金力量对比的考量,当然也有讨好高宗的意图。本书一开头在论及对人物的评价时,就已经指出,一个人的思想和行为,往往会随着时间和环境的变化而发生变化,秦桧是如此,高宗和其他人何尝不是如此?

可能就在此时,秦桧已将与完颜昌的关系向高宗作了透露,并认为完颜昌也怀有某种议和的意向,所以建议高宗不是直接致书金廷或宗翰等金朝大将,而是致书完颜昌求和。

听了秦桧的一番建议,并看了几天后他草拟给完颜昌的国书后,高宗似乎看到了与金人议和的希望,因而大喜过望,对人言:"桧朴忠过人,朕得之喜而不寐。盖闻二帝、母后消息,而又得一佳士也。"高宗虽然年轻,却老谋深算,他担心突然致书完颜昌,会遭到他的拒绝,所以不妨先命"刘光世作私书与之",以试探他的态度。范宗尹建议将秦桧"经筵留之",但高宗对秦桧别有所望,认为"却与一事简尚书"为好。于是,秦桧被除为礼部尚书兼侍读,赐银绢二百匹两。从此以后,高宗对金人的政策,由过去的"且守且和"转变为"专与金人解仇议和"。②

三、秦桧第一次任相及与吕颐浩等人的权力斗争

秦桧不仅因为力主与金人议和而受高宗赏识,还由于他在靖康末年向金人提出"请存赵氏"而带来的政治资本,颇得朝野好评。但是秦桧的权力欲极强,他绝不以出任礼部尚书为满足,此后便不断施展卑劣手段,打击地

---

① [宋]黎靖德:《朱子语类》卷一三一《中兴至今日人物》上,中华书局1986年点校本,第3155页。

② 《系年要录》卷三九,建炎四年十一月丙午条,第754—755页;丁未条,第755页。

位比他高的同僚,力图一步步地爬上权力的顶峰。

第一个受秦桧打击的是参知政事谢克家。谢克家曾在伪楚政权中出任过吏部尚书,后受吕颐浩、朱胜非等人援引而由兵部尚书升任参知政事。秦桧抓住他的这个"历史污点",不仅为打击谢克家找到了理由,而且一箭双雕,可以趁机揭露吕、朱两人的"藏污纳垢"。谢克家与秦桧同侍经筵,发现秦桧心术不正,往往对高宗"言秦桧之奸"①。于是秦桧乘间向高宗"求去",理由是不能与"受伪命人"同侍经筵。此时高宗对秦桧尚"恩意凝密"②,遂于绍兴元年正月罢去了谢克家的参知政事。次月,秦桧代替谢克家升任参知政事,在争权的道路上取得了第一步胜利。

秦桧第二个要打击的对象则是在高宗面前曾经引荐过自己的右相范宗尹。

南宋初年,对高宗而言,凡是能为其退让、失败政策讳饰的官员,皆被视为亲信,反之,就会视为异己。建炎三年六月,范宗尹曾将当时一系列的退却、溃败和叛乱,归咎于"天意之不测",并提出"今日之无策,乃为异时之长策也"③一说,竭力支持高宗南逃避敌,从而深得高宗好感,不足一年,他就由御史中丞升任右相。范宗尹为相,前后做了两件大事:一是撤销御营司,恢复了枢密院领兵的祖宗旧制;二是设置镇抚使以守土保民,并取得了功过相半的成绩。但是,此后,他改变了以往避敌海上的主张,向高宗提出"亲征"游寇李成的建议,这便引起了高宗的反感。后来,范宗尹又建议改革恩赏制度,去掉徽宗朝以来的"滥赏"。起初秦桧也"力赞此议"。但此举损害了某些官员的利益,"士大夫侥幸者争排之"。高宗一方面为笼络人心,另一方面也为了发泄对范宗尹的不满,反对这个建议。秦桧见有机可乘,立刻转过来抨击范宗尹的建议为不当,"以此挤之"。④

---

① 《会编》卷一五一,绍兴二年八月二十七日条,第1095页。

② [宋]徐自明:《宋宰辅编年录》卷一六,绍兴二十五年十月条,影印文渊阁《四库全书》本,第596册,第615页。

③ 《系年要录》卷二四,建炎三年六月甲戌条,第501页。

④ 《宋史》卷四七三《奸臣三·秦桧传》,第13749页。

绍兴元年(1131)七月,范宗尹被高宗罢去相位。秦桧见自己夺取相位已只有一步之遥,便再施诡计,扬言道:"我有二策,可以耸动天下。"有人问他:"何以不言。"秦桧回答道:"今无相,不可行也。"①言下之意,若拜相即可推行其两策。高宗闻言,遂于当年八月擢秦桧为右相兼知枢密院事,授以军政大权,希望他能加速与金人的议和活动。

不过,高宗根据祖宗家法,于秦桧拜右相以后的次月,再擢与秦桧关系不睦的吕颐浩为左相兼知枢密院事,位在右相秦桧之上,以行牵制。秦桧深知,吕颐浩在朝廷里耕耘甚深,势力根深蒂固,与高宗的关系也非同一般,为此他再使两策,以图取而代之。

秦桧的第一个策略是培植亲信,以为党助,与吕颐浩集团相抗衡。被他荐引之人,大略可分两类,一类是在当时政界和学术界都有一定影响的人物,如大儒胡安国(1074—1138),被秦桧推荐为中书舍人兼侍读。"中书舍人"一职,负责替皇帝起草诏命(录黄),并有"封还词头"的权力(即如果认为诏命不妥,可以持录黄不下)。"侍读"一职虽无实权,但有条件接近皇帝,可以在他面前吹耳边风和借机说事,因而地位十分重要。另外,又先后推荐广南路提点刑狱公事程瑀试太常少卿,右修职郎陈渊充枢密院计议官,右司员外郎江跻为殿中侍御史。其他如起居舍人张焘、中书舍人胡世将、监察御史刘一止、左司谏吴表臣、右司员外郎楼炤、左司员外郎潘良贵、起居舍人廖刚等人,将他们网罗其中。另一类是秦桧的姻亲、同学、故旧和乡党,如王鈇、王晚、王昞、林待聘、魏良臣、王安道等人,也分别将他们布在台省、清要、侍读,或进入修政局,或出任地方长官,以作为弹劾异己和贯彻自己政治路线的帮手。这里还需要指出两点:一是他们大多是洛学之徒,因而在当时容易为高宗所接受,也可以为秦桧装扮门面。二是他们大多是南方人,在地域关系上与秦桧相接近。

秦桧的第二个策略是千方百计将吕颐浩排挤出朝廷。绍兴元年冬,襄阳府、邓、随、郢州镇抚使,兼知襄阳府桑仲想从伪齐手中夺回汴京,请求朝

---

① 《系年要录》卷四六,绍兴元年八月丁亥条,第835页。

廷举兵声援。秦桧趁机讽其党,向高宗建言:"周宣王内修外攘,故能中兴,今二相宜分任内外。"借口吕颐浩懂军事,适宜在外总领诸将。高宗果然命吕颐浩出任都督江、淮、荆、浙诸军事,建都督府于镇江,并以为:"颐浩专治军旅,桧专理庶务,如种、蠡之分职可也。"①

但是,秦桧这种明目张胆的植党活动,很快被高宗察觉,为此高宗在绍兴二年四月专门下了一道诏书,首先指出:凡是得到拔擢的官员,皆出于自己之手,"岂有二哉"?意为不必感激那些推荐过自己的大臣。接着警告臣僚:如有"朋比阿附,以害吾政治"者,"令台谏论列闻奏","当严置典刑,以诛其意"②。表明了对朋党活动的高度警惕。

从上述诏书中可以看到,高宗的政治嗅觉还是相当敏锐,对"祖宗之法"也遵行不怠。他实际上已对秦桧的结党营私提出了警告,秦桧却没有收敛。

绍兴二年三月,由于拟议中的北伐受阻,吕颐浩遂于当年六月称病回到朝廷。此时,他才发觉秦桧排挤自己的阴谋,于是展开反击,两人的斗争开始白热化。

吕颐浩首先拉拢时任知绍兴府的故相朱胜非,向高宗推荐他兼侍读,并代己为同都督诸军事。但是,这一提议皆被胡安国和江跻交章论罢。经吕颐浩再次力荐,高宗同意朱胜非以提举醴泉观兼侍读,日赴朝堂议事。胡安国则以论朱胜非不当而罢去中书舍人兼侍读,提举建昌军仙都观。秦桧三上章乞留胡安国,得不到高宗同意,侍御史江跻、左司谏吴表臣皆以论救胡安国而罢官,程瑀、胡世将、刘一止、张焘、林待聘、楼炤也遭到排斥,台、省为之一空,因为他们"皆桧党也"③。与此同时,吕颐浩推荐自己的亲信黄龟年为殿中侍御史,刘棐为右司谏,转而控制了台谏。

吕颐浩增强自己的势力以后,直接将斗争矛头指向秦桧,黄龟年首劾秦桧"专主和议,沮止恢复,植党专权,渐不可长,[至比桧为莽、卓]"④。绍兴

---

① 《宋史》卷四七三《奸臣三·秦桧传》,第 13749—13750 页。

② 《系年要录》卷五三,绍兴二年四月癸未条,第 933 页。

③ 《宋史》卷四七三《奸臣三·秦桧传》,第 13750 页。

④ 《宋史》卷三八一《黄龟年传》,第 11740 页,最后一句据文渊阁《四库全书》本补。

二年八月二十六日,秦桧罢相,以观文殿学士提举江州太平观。次月初八日,朱胜非拜右相兼知枢密院事。至此,秦桧与吕颐浩的这次争权斗争以失败告终。

实际上,高宗完全知道吕颐浩与秦桧都在结党争权,可是为何要罢去秦桧相位而继续重用吕颐浩?主要有两个原因,首先,是高宗对一年来秦桧求和活动的失望。当初,秦桧曾以“二策”打动高宗,高宗对他期望甚高,以为他来自金营,一定能够拿出让金人同意议和的办法,不料时间过去一年,秦桧的“二策”竟是“欲以河北人还金,中原人还刘豫,如斯而已”,这恐怕也是秦桧与完颜昌尚未有实质性的沟通,或者说金方要价太高(主张保存伪齐),仅仅了解到完颜昌等人的议和条件,照搬而已。为迫使南宋就范,金人不仅没有接受南宋的议和请求,反而继续发动对川陕地区的大规模进攻,并积极支持伪齐南下,以图取南宋而代之,这当然使高宗不悦。其次,吕颐浩与秦桧的争权斗争,在很大程度上反映了北方官僚集团与南方官僚集团之间的矛盾和斗争。以吕颐浩为代表的北方官僚集团的力量,在当时较以秦桧为代表的南方官僚集团为强大。高宗作为一个北人,虽然不敢得罪南方官僚集团,但在思想感情上还是倾向于北方官僚集团。于是高宗对秦桧表示失望,他对近臣说:“桧言南人归南,北人归北,朕北人,将安归?又桧言臣为相,数月可使耸动天下,今无闻。”高宗甚至还表示对秦桧“终不复用”[1]之意。

不过,对于秦桧这次被罢去相位的原因,到绍兴十八年八月高宗又有另一番解释,他对当时的宰相秦桧道:“朕记卿初自金归,尝对朕言:‘如欲天下无事,须是南自南、北自北。’遂首建讲和之议。朕心固已判然,而梗于众论,久而方决。今南北罢兵六年矣,天下无事,果如卿言。”[2]认为秦桧的第一次罢相,是他出于众论所迫。此言是高宗的真实思想,还是一种权术,就不得而知。

---

① 《系年要录》卷五七,绍兴二年八月甲寅条,第999—1000页。

② 《系年要录》卷一五八,绍兴十八年八月庚子条,第2717页。

但是，吕颐浩权势之盛，党羽之众，也引起高宗的不安。他独相后，又屡请兴师复中原，更使高宗感到不满。恰恰这时又遭遇水旱、地震等灾害，吕颐浩遂"引疾求去"。绍兴三年九月初七日，吕颐浩终以"不恭不忠、败坏法度"①等十大罪名被劾罢，出为镇南军节度使、开府仪同三司、提举临安府洞霄宫。后来，他虽相继出任湖南安抚、制置大使兼知潭州和浙西安抚制置大使、知临安府、行宫留守，但时间都很短暂。绍兴四年，吕颐浩以疾请，罢为祠官，寓居台州（今属浙江）。

四、定都临安

扬州大溃败以后，将都城迁往何处，又成了高宗君臣争论不休的话题。对于高宗来说，在金宗弼渡江南侵以前，似乎确实有驻跸建康府的打算。建炎三年三月，为此曾下诏道：

> 昨金人逼近，仓卒南渡，渐至钱塘，势非得已。每念中原，未尝终食敢忘。累据探报，金人军马归回，已离扬州。钱塘非可久留之地，便当移跸江宁府，经理中原之事。可令于四月上旬，择日进发。②

同时，他命人往建康府建宫室、筑太庙，以作迁都准备。当年闰八月初一日，高宗又下亲笔手诏给文武大臣，商议移跸事：

> 朕嗣位累年，凡可以和戎息兵者，卑辞降礼，无所不至。而敌人猖獗，迫逐陵犯，未有休息之期，朕甚惮之……朕欲定居建康，不复移跸，与夫右趋鄂岳，左驻吴越，山川形势，地利人情，孰安孰危，孰利孰害？三省可示行在职事、管兵官，条具以闻。③

---

① 《系年要录》卷六八，绍兴三年九月戊午条，第1177页。
② 《会编》卷一二五，建炎三年三月三日条，第913页。
③ 《系年要录》卷二七，建炎三年闰八月丁丑条，第545页。

在这里,他故意留下一条前往吴越的伏笔,"往鄂岳"只不过是虚晃一枪而已。此时,张浚主张移跸武昌,张俊和辛企宗请往湖南,李纲等众多官员主张移跸建康。只有韩世忠与众不同,主张移跸吴越,他说:"淮、浙富饶,今根本地,讵可舍而之他?人心怀疑,一有退避,则不逞者思乱。重湖、闽岭之遥,安保道路无变乎?"①对于韩世忠的建议,高宗从内心深处是支持的,为此,在建炎三年(1129)闰八月十一日委婉地向宰臣肯定了韩世忠的建议,他说:

> 昨世忠欲往吴越,则我可以战。俊、企宗不敢战,故欲避于湖南,朕遂令引去商议。朕自闻远避之说,怫郁不平,至晚不食。朕尝思金人所恃者骑众耳,浙西水乡,骑虽众,不得骋也。②

高宗的这番话,看似反对"远避",实际上是以退为进,打出了一个信号:告诉群臣,不要说建康可驻跸,就是"浙西水乡"也是不错的选择。

建炎四年四月高宗由海上归来,进驻越州后,他对建都建康进一步发生了动摇,认为建康面临大江,而"长江天险"并不能阻挡金人的铁蹄,因而对越州产生了兴趣。原因在于,越州位于钱塘江以东,是一座有着两千多年历史的古城,此地山清水秀,经济繁荣,人文荟萃。北宋后期,越州人口之多,甚至超过了杭州③。他认为在万不得已的情况下,浮海远遁也比建康方便。绍兴元年(1131)十月,高宗下诏,升越州为绍兴府,已隐隐地含有长期驻跸吴越的打算。他在绍兴一住就是一年八个月,绍兴成为他即位以来驻跸时间最长的地方。

可是要将都城建于绍兴,存在着一系列问题:一是虽说"会稽乃报仇雪

---

① 《宋史》卷三六四《韩世忠传》,第 11358 页。
② 《皇朝中兴纪事本末》卷一〇,建炎三年闰八月丁丑条,第 238—239 页。
③ 据《宋史》卷八八《地理四》记载,崇宁年间(1102—1106),越州户数为 279306 户,口数为 367390 口,杭州户数为 203074 户,口数为 296615 口,越州比杭州分别要多出四分之一左右,第 2174 页。

耻之地",怎奈城市狭小,位置偏于东南,很难建成一个像样的都城。二是南宋统治集团中的主要成员,包括大批军队集中到绍兴以后,开支陡增,以绍兴元年为例,据时人说:"月支官吏钱二十六万九千一百三十贯,米七千八百六十五石,料一百六十六石,草一千四百五十六束。军兵钱二十五万八百二十三贯,米四万一千五百三十八石,大麦四千一百七十六石,谷六百七十一石,草二万七千二百三十九束。此其大概,而军兵去来不常,故不得而定也。"①由于漕运不便,如此庞大的钱粮,各地的上贡实难以到达。由此,造成当地物资供应严重匮乏,物价飞涨,甚至一只兔的价格也要五六千文,不仅百姓生活更加困难,国家财政收入也难以筹措,为此不得不依靠出卖通直郎和修武郎(皆为正八品)以下的官职以救燃眉之急。三是久驻绍兴,不利于高宗打出抗金恢复的旗帜,以为自己装潢门面。大臣们也纷纷上疏,指出绍兴并非可以长久驻跸之地,中书舍人洪拟说:"舍四通八达之郡,而趋偏方下邑,道里僻远,非所以示恢复。形势卑陋,不足以坚守御。水道壅隔,非漕挽之便。轻弃二浙,失煮海之利。"②时任宰相的吕颐浩也提出了类似意见。

反对驻跸越州的声浪虽然高涨,可是高宗仍不为所动。直到绍兴元年十月和十二月,绍兴连续发生了两场大火,许多百姓无屋可居,尚书省也被烧得精光③,在这种情况下,绍兴二年正月,高宗才以"会稽漕运不继"④为由,移跸临安府。但此后仍然将绍兴定为南宋的陪都。⑤

据说高宗于建炎三年二月第一次来到杭州时,就对这座城市有了好感,发出"吾舍此何适"⑥的慨叹。究其原因,主要有以下几个方面。

首先,认为临安府具有地理上的优势。这座城市地处浙西水网地带,纵横交叉的江河湖泊,不利于骑兵驰骋,与建康相比,有所谓"重江之险",从而

---

① [宋]庄绰:《鸡肋编》卷中,中华书局1983年点校本,第79页。
② 《系年要录》卷四〇,建炎四年十二月辛未条,第765页。
③ 参见《宋史》卷六三《五行二上》,第1380页。
④ 《系年要录》卷四九,绍兴元年十一月戊戌条,第897页。
⑤ 《嘉泰会稽志》卷三《进士》,第6771页。
⑥ 《四朝闻见录》乙集《高宗驻跸》载:"高宗六龙未知所驻,尝幸楚,幸吴,幸越,俱不契圣虑,暨观钱唐表里江湖之胜,则叹曰:'吾舍此何适。'"第45页。

增强了他的安全感。对于一个恐金已成心病、只求偏安一隅的高宗来说,这种地理上的优势当是他选择这里作为都城的最主要原因。

其次,在经济上远胜于绍兴,也胜于建康。临安处于杭嘉湖平原与宁绍平原两大鱼米之乡的连接处,加上四通八达的水网系统,可以直通浙江各地,从而获得四方源源不断的粮食、丝绸、家禽、水产、果蔬、竹木、山货等的供应,浙东运河又将它与明州港紧密地联系在一起,要想获取海外奢侈品也比较容易,丰富的物资供应,基本上可以满足南宋朝廷的各种需要。而建康府及其附近地区因受到兵火破坏更为严重,造成生齿骤减,土地多荒芜,政府财政状况恶化。绍兴七年(1137)五月,直龙图阁、知建康府张澄对临安和建康的财政收入有一个比较,其谓:

> 临安、建康均为驻跸之地,而财赋所入,多寡殊绝。本府所得仅支半年,不惟军储窘乏,兼虑阙于供亿,以速罪戾。欲望许依驻跸近例,参酌应副。①

既然建康的财政收入远不及临安,不在那里定都似乎也是一个理由。

第三,临安府具有悠久的历史底蕴和美丽的西湖景色。杭州自中唐至北宋的数百年间,由于战乱不多,无论是经济、文化都得到迅速发展。五代十国时期,杭州是吴越国的国都,经过钱镠及其继承者的苦心经营,城市面貌发生了很大变化,水利得到兴修,西湖变得更加美丽。到北宋时,终于一跃而成为经济富庶、文化繁荣、交通发达、风景秀丽,具有"参差十万人家"②的"东南第一州"。③

第四,内外交通便捷。临安府是京杭大运河的终点,也是浙东运河的起点。大运河像一条大动脉,与众多河流连接在一起。它北面经太湖,与嘉兴

---

① 《系年要录》卷一一一,绍兴七年五月甲子条,第 1854 页。

② [宋]罗大经:《鹤林玉露》丙编卷一《十里荷花》,中华书局 1983 年点校本,第 241 页。

③ 宋仁宗御制诗《赐守臣梅挚诗》,转引自《咸淳临安志》卷四二,杭州出版社 2009 年《宋元方志集成》本,第 2 册,第 811 页。

府、平江府、常州、镇江府、建康府相连,穿越长江,可以直入淮东。浙东运河的终点明州,距临安府只有一百多公里,是通向日本、高丽和东南亚的重要港口。临安府座落在钱塘江边,通过这条大江,不仅可以直通浙西地区,其上游新安江还与江南东路的西部相连接。总之,便捷的水上交通,十分有利于人员的来往和漕运。

为此,高宗命人在临安府修筑城墙和太庙,扩大宫室,下定决心要将它作为驻跸之地。

不过,高宗在不久前信誓旦旦地表示要驻跸建康,实行"亲征"的话,言犹在耳,现在又要改为临安府,必然会遭到官员们的强烈反对。如殿中侍御史张绚在绍兴五年二月的奏疏中就批评高宗道:"人言籍籍,难以户晓。只谓陛下去岁建明堂,今年立太庙,是将以临安府为久居之地,不复有意中原矣。"高宗立即下诏加以掩饰:"(明堂等)随宜修盖,不得过兴工役,俟移跸日,复充本府使用。"①右相张浚更是再三向高宗提出要移跸建康。故即使高宗在临安府已经建立起了一套完整的官僚机构,完成了作为都城的基本设施,但因为反对声浪太大,所以还不敢立即宣布以临安府为都城。

绍兴六年六月,右相张浚看到高宗一直赖在临安府不动,再次向他提出建议,"以谓东南形势莫重于建康,实为中兴之本。临安僻居一隅,内则易生安肆,外则不足以号召远近,系中原之心"。他请高宗"以秋冬临建康,抚三军而图恢复"②,再次反对以临安为都城。不久,高宗获知金人已经远去,才接受张浚建议,于九月初一日离开临安赴建康,但他仍然一路观望,小心前行,直至绍兴七年(1137)三月初九日才抵达建康府,以应付张浚要他进行"亲征"的建议。

高宗抵达建康府后,宣布建康府为行宫留守,他在这里虽然居住了十个月之久,但对行宫竟一无修建,只是"加葺小屋数间",故人称"所谓留守司,名存而已"③。可是高宗对临安的态度就大不一样,他在建康时,即命罢相

---

①　《系年要录》卷八五,绍兴五年二月己丑条,第1440页。
②　《皇朝中兴两朝圣政辑校》卷一九《高宗皇帝十九》,绍兴六年六月己酉条,第625页。
③　《系年要录》卷一○九,绍兴七年三月辛巳条,第1836—1840页。

不久的吕颐浩出任浙西安抚制置大使、知临安府，要他加紧营建临安府。从中可以看出，高宗人虽在建康，心仍在临安。

这时候的临安府，随着北方移民的大量涌入，受到战争破坏的城市经济和各种娱乐场所获得迅速恢复和发展，南北士大夫渐渐地爱上了这个城市。绍兴七年九月，坚决主张驻跸建康的张浚，因淮西兵变而被弹劾去位。早先认为"吴越介在一隅，非进取中原之地"的左相赵鼎，曾经提出"宜以公安为行阙"①，此时也积极支持还临安，为此还与反对返回临安的参知政事张守发生了激烈的争论，迫使张守"引疾求去"②。随着反对以临安为都城的声浪渐趋平息，绍兴八年（1138）二月二十二日，高宗自建康返回临安后，立即下诏宣布以临安府为"行在所"。表面上虽仍以汴京为都城，实际上临安已成了南宋真正的都城。

---

① 《宋史》卷三六〇《赵鼎传》，第11286—11287页。
② 《系年要录》卷一一八，绍兴八年正月戊戌条，第1970页。

第五章 高宗与"绍兴和议"

　　绍兴八年（1138）以前，宋、金议和还只是南宋一厢情愿的要求和行动，但自此以后，金朝也开始有了与南宋议和的意愿。发生这一变化的原因，与双方的政治、军事和经济都发生了明显变化有关：从南宋方面来说，通过与金朝和伪齐的多年战争，军事力量有所壮大，虽然尚无力收复中原失地，但基本上已经具备了划江而守的能力。但是，长期战争拖垮了南宋经济，使阶级矛盾日益尖锐化。特别是随着武人势力的崛起，引起高宗和士大夫们的不安。因此，高宗在秦桧的全力配合下，求和活动更加强烈。

　　从金朝方面来说，女真奴隶主贵族通过对宋朝的长期战争，掠夺到巨额财富，统治集团腐朽性日益增加，争权夺利的矛盾加剧。在军事力量方面，昔日"久习兵革"①的将士，随着许多英勇善战的大将，如骁将娄室（1078—1130）、右副元帅宗望（？—1127）、左副元帅宗辅（1096—1135）、晋国王宗翰（1080—1137）等先后去世，以及士兵厌战情绪的高涨，金军的战斗力大幅下降。建炎三年冬到翌年春天，宗弼率领的金军，虽在渡江南侵中长驱直入，但最后却以严重失利告终。建炎四年三月，宗弼侵掠江南的战争一结束，金朝便将用兵重点转向陕西，由左副元帅宗翰督战，以娄室、宗弼军为左右两翼，大举入侵陕西，虽在富平之战中打败了宋军，但在后来的和尚原和仙人关之战中皆受重创。此后，由他们一手扶植起来的伪齐，在与南宋的战

---

　　① 《系年要录》卷二，建炎元年二月癸酉条，第52页。

争中也屡遭失败。面对这种形势,迫使金朝统治者不得不采取"以和议佐攻战,以僭逆诱叛党"①的策略,以获取在战场上不能得到的东西。

绍兴七年九月,金废伪齐后,由于金朝统治集团内部发生了严重的派系斗争,签订不久的和议中断,宋、金两国又经过断续四年多时间的战争,终于在绍兴十一年年底签订了"绍兴和议",从而结束了旷日持久的宋、金战争。那么,高宗为什么要签订如此屈辱的和议? 这个和议对南宋社会产生了怎样的影响? 对于这些问题,有必要进行一番深入的研究。

第一节　"绍兴和议"签订前的历史背景

一、绍兴四年前南宋与伪齐的战争及高宗的求和活动

金人一手策划下建立起来的"齐国",军事力量弱小,领土也不广,它为了壮大力量,开拓自己的生存空间,必然要全力开展招降纳叛的活动,蚕食南宋领土,不断与南宋发生战争。因此,被南宋军队击溃的李成、孔彦舟等游寇残余势力和知商州董先、淮西将郦琼等南宋叛军,便相继投奔伪齐而去。伪齐政府中的主要官员和地方州县官,多半也是原来宋朝的官员,如丞相张孝纯,本是北宋知太原府;左丞李孝扬,本是南宋知宿州,右丞张柬,本是南宋济南府通判,另外如监察御史李俦、工部侍郎(绍兴二年六月,又以吏部侍郎出任开封尹)郑亿年,原来也是南宋官员。

高宗从伪楚、伪齐的相继建立中,似乎悟出了金人的战略意图,认为金人限于兵力不广,对南方气候的不适应,他们对宋朝领土的占领,很可能只限于河北和河东地区,靖康年间曾向北宋提出以旧河为界的条件,似乎可以证明,因此只要自己卑辞厚礼,甘愿屈辱,议和仍有可能得到实现。而伪齐的存在,不仅阻止了这种可能性,更增加了新的威胁。因此,若想与金人议

---

① ［宋］托名宇文懋昭撰,崔文印校证:《大金国志校证》卷七《太宗文烈皇帝》五,中华书局1986年校证本,第113页。

和,首先需要推翻伪齐政权。刘豫的军事力量比金人弱得多,南宋军队怕金人,却不怕伪齐。故自绍兴元年以后,南宋与伪齐的战争,便成了一种新状态。

绍兴二年(1132)三月,南宋命襄阳镇抚使桑仲讨伐刘豫,又命河南孟汝唐州镇抚使兼知河南府翟兴、荆南归峡荆门公安军镇抚使解潜、金房州镇抚使王彦、德安府复州汉阳军镇抚使陈规、知随州李道等相应为援。但是仅仅过了几天,随着桑仲为其部将霍明所杀,刘豫遣人以厚利收买翟兴部将,杀死翟兴,这次拟议中的讨伐就不了了之。七月,南宋命翟兴之子琮继承父职。

同年十二月,原桑仲部将、襄阳镇抚使李横,从京西山寨出发攻打刘豫,先败伪齐于杨石店,并乘胜进抵汝州(河南临汝),刘豫守将彭己以城降。绍兴三年(1133)正月,翟琮率领山寨余众偷袭郑州获得成功,俘伪齐留守孟邦雄及其家属以归。早前投降刘豫的董先,也在这时投降翟琮,被任命为权陕虢经略使。不久,李横在翟琮、董先、郑州兵马钤辖牛皋和已经出任知汝州的彭己等军队的配合下,向伪齐发动大规模进攻,破颍顺军(河南临颍),伪齐守将兰和投降。二天后,又败伪齐兵于长葛(今属河南),宋军乘胜收复颍昌(在河南许昌东),控制了"东至郑州,西至京兆,南涉伪境,北临大河"的大片土地。

三月,刘豫闻宋军攻占颍昌,准备向汴京挺进,急忙命李成带兵二万以抵挡李横等宋军,同时向金人求援。金遣宗弼率兵增援,双方大战于开封西北的牟驼冈,以北方义军为骨干组成的这几支宋军,终因"外无应援,内乏粮储,势力孤绝"[1]而遭到溃败,颍昌再次落入伪齐之手。在金、伪齐的反击下,李横退守汝州,接着再弃襄阳、荆南(湖北江陵),于十月渡江进入洪州(江西南昌),翟琮、董先、牛皋等军队也相继撤退到洪州,同去投靠时任江西安抚大使兼知洪州赵鼎。于是,原先攻占的州郡都先后丢失。刘豫在夺回襄汉诸州后,跟随金兵进犯陕甘。绍兴四年正月,南宋熙河兰

---

① 《系年要录》卷六五,绍兴三年五月己未条,第1133页。

廓路马步军总管关师古,在粮食不足,亦无后援的情况下,被迫深入大潭县(在甘肃礼县南)求粮,途经石要岭,被金兵打得大败,关师古投降了刘豫,洮(甘肃临潭)、岷(甘肃岷县)两州随之失守。至此,伪齐占领了东至山东,中跨襄汉,西到陇中,北临黄河的大片土地,达到了它势力的鼎盛时期。

对高宗而言,无论军事形势如何变化,他急欲向金求和的决心丝毫不会改变。在李横等人与伪齐的战争失败以后,高宗一方面命屯驻泗州的南宋军队退屯盱眙,禁边兵侵齐地,另一方面派出端明殿学士、同签书枢密院事韩肖胄、试工部尚书胡松年,充大金军前奉表通问使、副使,出使金朝。绍兴三年十一月,金国左副元帅宗翰遣文州团练使李永寿、职方郎中王翊等九人随韩肖胄等来到南宋,这是自赵构称帝以来,金方第一次派使节至南宋,宋廷上下倍加重视,不仅所到之处命守贰出城迎送,而且事先替金人造好了存放国书的匣子,甚至"币帛亦预蓄以待之"。

但是,令高宗大失所望的是,金方使节根本不是为与南宋议和而来,只提出"还伪齐之俘,及西北士民之在东南者,且欲划江以益刘豫",与先前秦桧提出的"二策"——"以河北人还金,中原人还刘豫"同出一辙。由此可知,金使此次只是为伪齐与南宋的议和而来,并对南宋多端索取。金使这种无理的要求,激起南宋官员的愤慨。殿中侍御史常同对高宗说:"先振国威则和战常在我。若一意议和,则和战常在彼。靖康以来,分为两事,可为鉴戒。""未闻二十万兵而畏人者也。"①翰林学士兼侍读綦崇礼亦提醒高宗道:"陛下郁郁居此,忍自卑屈,以求成请好,岂得已哉?徒以事势未竟,国步未移,生民未安,故为计出此。非为旧事可忘,中国可弃,敌情可信,能恃以久安也……十年生聚,十年教训,兹非陛下之所熟闻者乎?"②对于一心想与金人媾和的高宗来说,根本听不进这些话。绍兴四年正月,枢密都承旨章谊、给事中孙近,继韩肖胄、胡松年以后,作为大金

① 《系年要录》卷七一,绍兴三年十二月己酉条,1228 页。
② 《系年要录》卷七二,绍兴四年正月丙寅条,1234—1235 页。

通问使和副使,跟随金使李永寿等前往金朝。七月,章谊等人也一无所获而归。

二、岳飞与伪齐的战争

高宗眼见求和不成,仍不死心,为了向金人显示自己的实力,同时担心李成的军队一旦南下,与洞庭湖周围杨幺领导的农民起义军相会合,后果将不堪设想。于是任岳飞为江南西路舒蕲黄复州汉阳军德安府制置使,命他率统制官王万、张宪、徐庆、牛皋等军队,自江州向鄂州进发,打败李成军,收复襄汉地区。又令淮东宣抚使韩世忠率万人屯泗上以为疑兵,令刘光世选精兵出陈、蔡,以为岳飞军声援。高宗知道,岳飞怀有北伐中原的大志,故临行前特地下手诏警告他:"令卿收复襄阳数郡,惟是服者舍之,拒者伐之,追奔之际,慎无出李横所守旧界,却致引惹,有误大计。虽立奇功,必加尔罚,务在遵禀号令而已。"①高宗把岳飞军收复失地的范围,仅仅局限在从伪齐手中夺回不久前失去的土地,再三要求岳飞避免触犯金人,连"北伐"二字都不允许提出。

岳飞的军队于五月初一日离开鄂州,初五日即收复郢州(湖北钟祥),接着大败驻守在襄阳的李成军,于十七日收复襄阳。

与此同时,岳飞派张宪攻打随州(湖北随县),但久攻不下,牛皋出兵支援,他临行只命军队带了三日口粮,然而粮未尽而随州已被攻下。七月十五日,岳飞又指挥统制王贵、张宪、王万、董先等军队击败伪齐及金兵数万人于邓州(河南邓县)之西,十七日收复邓州。二十三日,统制李道在王贵、张宪等军队的配合下,又收复了唐州(河南唐河县)。同一日,湖北路安抚使司统制崔邦弼也一举收复了信阳军(河南信阳)。至此,"襄汉悉平"②,距岳飞出师时间,前后尚不足三个月。

岳飞收复襄汉六郡,使南宋重新打开了通往川陕的道路,并切断了伪齐

---

① 《鄂国金佗稡编续编校注》卷一《高宗皇帝宸翰》卷上,第1页。
② 《宋史》卷二七《高宗四》,第511页。

与陕甘的联系,对江淮地区屡战屡败的其他南宋军队,也起到了鼓舞士气的作用。捷报传到临安,高宗大喜过望,他对大臣们说:"朕素闻岳飞行军极有纪律,未知能破敌如此。"①为奖励岳飞的功绩,八月下旬,宋廷授他为清源军节度使,成为南宋诸大将中,继刘光世(1089—1142)、韩世忠(1090—1151)、张俊(1086—1154)、吴玠(1093—1139)以后第五个建节的将领,当时岳飞才三十二岁。

由于高宗反对进行北伐,加上岳家军只有不到三万人的军队,也无力进行北伐,因此岳飞在收复襄汉六郡以后,除了派出少量兵力加以守卫外,自己则奉命率领主力依旧退守鄂州(湖北武昌)。绍兴五年(1135)二月,岳飞奉命前往湖南镇压杨幺起义。他采取以政治诱降为主,以军事镇压为副的围剿策略,到是年六月,彻底平定了杨幺起义,从而消除了南宋政府的心腹之患。

南宋收复襄汉以后,高宗又于九月派遣吏部员外郎魏良臣、阁门宣赞舍人王绘为通问使赴金。王绘等人对此甚为不解,他们问宰相朱胜非道:"今三尺童子皆谓敌情不可知,未知庙堂以为如何?"对此,朱胜非作了一个绝妙的回答,他说:"朝廷非不知,但不遽绝使路,公意如何?"临行,高宗还特别嘱咐魏、王道:"卿等此行,不须与金人计较言语,卑辞厚礼,朕且不惮。如岁币、岁贡之类,不须较。"又说:"襄阳诸郡皆故地,因李成侵犯不已,遂命岳飞收复。"②向金人表明放弃北方领土的态度。

三、韩世忠大仪镇之战的胜利和高宗"亲征"

绍兴四年(1134)二月到七月,刘豫的军队在襄汉地区虽被打得丧师失地,但并不甘心于失败,他感到若不将南宋消灭,或至少将它打得大败,自己能否存在就会有问题。此时,伪齐的奉议郎罗诱向刘豫上《南征议》,提出必须与南宋决战的各种理由,要刘豫以张邦昌的下场为鉴戒,誓与南宋势不两

---

① [宋]徐松辑:《宋会要辑稿》兵一四之二五,上海古籍出版社 2014 年校点本,第 15 册,第 8893 页。

② 《系年要录》卷八〇,绍兴四年九月癸丑条,第 1342 页;乙丑条,第 1346—1347 页。

立。他认为,若不乘弊以击之,一旦让南宋在富饶的江南站稳脚跟,羽毛丰满,提兵北向,齐国将会一败涂地。同时,罗诱提出了可以战胜南宋的六个有利条件:一是南宋轻守两淮,退保吴、越,"此地理失其守";二是南宋百官平庸,互为朋党,"此宰相非其人";三是南宋之将,庸琐而腐败,相互间又矛盾重重,"此将骄而不和";四是南宋之兵,多为乌合之众,不肯听从命令,"此兵纵而不戢";五是赵构既失宗室,又无子嗣,若有军情,乏人与谋,"此主孤而内危";六是南宋财政困难,赋敛苛重,百姓怨望,"此民穷而财匮"①。应该说,罗诱的上述分析可谓条条切中南宋时弊,只是他避而不谈自己方面的致命弱点罢了。

刘豫采纳罗诱的建议,遣知枢密院事卢伟卿再次向金太宗乞师。于是,金太宗命讹里多权左副元帅,完颜昌权右副元帅,命他们调集渤海、汉儿五万人,以援助刘豫。金与伪齐这次联兵南下,采纳李成建议,变换了进军路线,决定避开岳飞军所在的中线,向东线两淮地区发动进攻,首先沿开封直犯泗州(在江苏盱眙东北),渡淮后,再分兵两路:西自采石(在安徽当涂西北)以攻金陵,南自瓜洲(在江苏扬州南)以攻京口(江苏镇江),并继续分兵南下,突入临安。又因宗弼曾打过江南,知地理险易,故由他率前军先行。刘豫则令其子刘麟为诸路大总管、尚书左丞相,领东南道行台尚书令,配合金兵倾巢南侵。

九月二十六日,金与伪齐之兵分道渡过淮河,南宋知楚州樊序弃城逃走。淮东宣抚使韩世忠自承州(江苏高邮,寻废)退守镇江。消息传到临安,高宗又惊慌失措,他在给韩世忠的手札上说:"今敌气正锐,又皆小舟轻捷,可以横江径渡浙西,趋行朝无数舍之远,朕甚忧之。建康诸渡,旧为敌冲,万一透漏,存亡所系。"为了应付抗战派的压力,并相机出逃,他假惺惺地表示要进行"亲征",这实际上已经成了他准备逃跑的遮羞布。宰相赵鼎以为:"累年退避,虏情益骄。今亲征出于圣断,将士可奋,决可成功。"于是,命张俊以所部往援韩世忠,命刘光世部移军建康。高宗又据赵鼎等人奏请,起用

---

① 《系年要录》卷七八,绍兴四年七月丁丑条,第1320—1321页。

因苗刘兵变遭排斥而奉祠居于福州的马扩为枢密副都承旨,不过他随即表示:"可令引见上殿,示以恩信,然后用之,彼必能效死力以报朕。"①显示他一贯以来收买人心的权术。

高宗担心张俊和刘光世拒不执行命令,特派魏矼赴张军,田如鳌赴刘军,督促他们出兵。果然,张俊表面上接受命令,实际上却以"坠马伤臂"为借口,仍然不肯渡江支持。刘光世不仅自己从淮西遁归,而且还秘密派人责问赵鼎:你本是派往四川去的,现在能留在临安已很不错了,何故还要为他(指高宗)负如此大的责任? 只有韩世忠的军队,于十月初四日进屯扬州,要与敌人决一死战。

高宗在作了上述一系列布置后,所谓的"亲征"云云,则迟迟未有动静。

初六日,通问使魏良臣、王绘行至镇江,两人向朝廷报告说:敌人大兵压境,战争已经迫在眉睫,若再出使前往,不仅有辱国体,却无异于"以羊委虎",毫无作用可言。但高宗不听,仍催促两人星夜出界使金。

魏良臣一行来到扬州,韩世忠设宴送别,席间,朝廷传来紧急命令,要韩世忠的军队"移屯守江",韩世忠有意将此消息泄露给魏良臣等。十四日,魏良臣一行从大仪镇(在江苏扬州西北)北上,中途遇见金将聂儿孛堇,聂儿孛堇向他们打听韩世忠军队的动向,魏良臣等回答:来时亲见人马出东门往瓜洲去了。金人闻讯大喜,立即大举进兵。

实际上,所谓奉命"移屯守江",乃是韩世忠诱金兵深入之计,所以当魏、王等一行离开大仪镇后,他立即亲率骑兵开赴大仪镇,在那里分立五阵,设下二十余处埋伏。待聂儿孛堇引兵至距大仪五里,别将挞也率骑兵过五阵东,宋军伏兵四起,金兵大乱。韩世忠令背嵬军各拿长斧,上砍人胸,下砍马足,金人骑马被甲陷入泥淖,只得听凭宋军截杀,挞也等二百余人都成了俘虏。同日,韩世忠所遣军队,在前往天长途中,于鸦口桥与敌人遭遇,也打退敌人进攻,擒获金兵四十余人。次日,金兵攻承州,又遭解元伏兵袭击,双方

---

① 《系年要录》卷八一,绍兴四年十月己卯条,第 1358 页;丙子条,第 1356 页;庚辰条,第 1359 页。

一日十三战,正相持不下,韩世忠及时派来援兵,遂大败金兵,歼敌多人。大仪镇之战的胜利,被宋人誉为十三处战功之一。

十月十八日,韩世忠遣人赴临安献捷,这时高宗才松了一口气,所以在五天后,便装模作样地开始了"亲征",但当他到达平江府以后,就停止不前。

金兵进犯淮东遭到失败后,完颜昌和宗弼便率领十万大军转攻淮西,占六合(今属江苏),陷滁州(今属安徽),并向庐州(安徽合肥)进攻。高宗为确保自己在平江的安全,命各路军队加强沿江防线,于是刘光世移军建康,韩世忠移军镇江,张俊移军常州。

九月二十四日,右相朱胜非因与其他臣僚不睦,便以应"天变"和服母丧为由,辞去相位。三日后,高宗除知枢密院事赵鼎为右相。赵鼎上台后,奏请高宗,引早年在太学读书时的同学,后因经略关陕遭到重大失误而受弹劾、久废在外的张浚返朝,出任知枢密院事。绍兴五年二月,张浚也升任右相,负责都督诸路军马,指挥抗金和伪齐等军事。

金、齐这次南下,受到以韩世忠、岳飞为主的南宋军队的顽强抵抗,没有占到便宜,由于连日雨雪,粮道不通,供给也发生严重困难,又听说金太宗病危,于是被迫退兵,高宗也由平江返回临安,结束了这次所谓的"亲征"。

四、伪齐的再次南侵和杨沂中藕塘之战的胜利

绍兴五年(1135)夏天,刘豫将山东地区年六十岁以下、二十岁以上的百姓一律签发为兵,准备孤注一掷,再次攻打南宋。八月,伪齐陷光州(河南潢川),十月,进攻涟水军(江苏涟水),但为韩世忠的军队所挫败,光州也被收复。刘豫为取得金人的支持,向即位不久的金熙宗完颜亶献海道图,怂恿金朝由海道入侵南宋。金熙宗起初采纳了刘豫的建议,在燕云、两河大量征发河夫,督造战船,企图浮海南犯。但由于此时金朝国内出现了农牧民起义,北方蒙古反抗女真贵族奴役的斗争也蓬勃兴起,金熙宗在自顾不暇的情况下,不得不将侵略南宋的军事行动,暂时搁置一边。

在得悉刘豫军队又要南下的消息后,右相张浚于绍兴六年(1136)正月亲往荆襄视师,并张榜声讨刘豫之罪,声言高宗即将亲征,摆出一副要与伪

齐决战的架势。刘豫向金人告急,再次请求出兵支援。金熙宗召集诸将讨论,金宋国王宗磐说:"先帝所以立豫者,欲豫辟疆保境,我得安民息兵也。今豫进不能取,又不能守,兵连祸结,愈无休息。从之则豫受其利,败则我受其弊。况前年因豫乞兵,尝不利于江上矣,奈何许之?"① 不同意出兵,仅派宗弼提兵黎阳(河南浚县),以密切注视局势的发展。刘豫没有办法,遂单独签乡兵三十万,由刘麟、刘猊率领,于九月二十五日分三道入侵:刘麟率中路兵,从寿春府(安徽寿县)进攻合肥;猊率东路兵,从紫金山(在安徽凤台县东南)出涡口(在安徽怀远东北,涡水入淮处)进攻定远(今属安徽);孔彦舟率西路兵,进攻光州、六安。

这时京东、淮东宣抚使韩世忠屯兵楚州(江苏淮安),江东宣抚使张俊屯兵盱眙(今属江苏),淮西宣抚使刘光世屯兵庐州,湖北、京西宣抚副使岳飞屯兵鄂州(湖北武昌),只有淮西宣抚使刘光世的军队在当涂(今属安徽),首当其冲。当得到刘豫军队南下的消息后,张俊和刘光世皆夸大敌人声势,故伎重演,一个想放弃盱眙,一个想退守太平州(安徽当涂),名为守江,实则逃跑。当时高宗正由临安向建康进发,看到形势危急,立即停止在平江府不敢动弹。宋廷一方面派出都督府参议军事吕祉赶往刘光世的军队督师,将正向采石(在安徽马鞍山西南长江岸)方向后撤的刘光世军截住,让其还军庐州,另一方面派主管殿前使公事杨沂中率万人前去支持,怕他们仍不足以抵挡伪齐的进攻,又命岳飞尽率军队东下。刚刚从李成和孔彦舟手中夺回蔡州(河南汝南)的岳飞,在得到增援淮西的命令后,立刻进兵。

刘猊寇淮东,在楚、承二州被韩世忠的军队击退,便转攻定远,想经宣化以攻建康。刘麟渡过淮河,在濠(安徽凤阳)、寿(安徽寿县)之间突破张俊军队的抵抗,攻占庐州。初八日,杨沂中的军队在越家坊打败刘猊的前锋部队,刘猊害怕孤军深入,向西走庐州,想与刘麟会合后再进兵。十日,猊军来到藕塘(在定远东南),与杨沂中的军队遭遇,双方发生激战,杨沂中亲率精骑突入敌营,与金人展开短兵相接的搏斗。正当这时,韩世忠部

---

① 《系年要录》卷一〇五,绍兴六年九月庚寅条,第 1768 页。

将张宗颜等自泗州南来支援，猊军大败退走。刘麟在顺昌（安徽阜阳）听到刘猊战败，急忙拔寨退兵，宋军乘胜追击，至南寿春，不克而还。这时，孔彦舟的军队正在围攻光州，在得知刘麟已从顺昌撤退，也拔寨而遁。至此，伪齐的三路进攻被南宋军队彻底粉碎。岳飞的军队到达江州时，就传来伪齐败退的消息，遂奉诏还军。至鄂州，岳飞再次向高宗提出北伐中原的请求，还是不许。

藕塘之战和追击刘麟的胜利，宋军俘虏伪齐士兵上万人，"所得贼舟数百艘，车数千辆，器甲、金帛、钱米、伪交钞、告敕、军须之物，不可胜计"①。杨沂中亦以功授保成军节度使、殿前都虞候，并兼领马步军都指挥使。此次战争，被宋人誉为十三处战功之一。刘麟等败归以后，金朝派人来责问刘豫，刘豫无法向其主子作出交代，便废刘猊为庶人，作替罪羊，以向金人谢罪。至此，伪齐政权走向衰落。

第二节　伪齐政权的垮台和秦桧再相

一、张浚与赵鼎争权

赵鼎为相，持重有余，进取不足。史言："鼎之为国，专以固本为先，根本固而后敌可图，仇可复。"②可以说是一个主守派。张浚在建炎年间打击李纲，追随汪伯彦、黄潜善，表现虽不佳，但后来因抗金态度坚决，故被时人视为抗战派大臣。但张浚志大才疏，刚愎自用，在领导抗金战争中失误很多。

张浚虽由赵鼎推荐，重新进入政府，但很快在一系列问题上与赵鼎产生了矛盾。藕塘之战的胜利，提高了张浚的人望，他对赵鼎在金人面前的退缩表现，更是摆出了一副咄咄逼人的架子，使赵鼎感到很是尴尬。

绍兴五年五月下旬，高宗封贵州防御使赵瑗（即后来的孝宗）为保庆军节

度使、建国公,建资善堂作为他出阁读书之所。赵鼎便荐范冲、朱震为赞读(皇子的老师),当时张浚正督军在外,因没有参与其事,故对赵鼎一人提出的人选深表不快。张浚遣属官吕祉奏报军情,常常夸大其事,赵鼎"每抑之",更引起张浚的不满。六年十月,刘豫分兵南犯,张浚要高宗"幸建康",实行亲征,擒刘豫父子。赵鼎则以为刘豫有金人作后盾,暂宜自守,请高宗"回跸临安",让诸军退守长江。后来,张浚乞罢刘光世兵权,赵鼎则以为罢去之后,恐怕引起人心不安,也不同意。如此等等,都使两人不能共相。当南宋军队在张浚的组织下,打退了刘豫的进攻以后,赵鼎便提出辞去相位,他说:"今浚成功,当使尽展底蕴,浚当留,臣当去。"①公开表明与张浚不合作的态度。

在张浚与赵鼎的斗争中,谁胜谁负,高宗的态度至关重要。在对待金人的问题上,赵鼎虽是一个主守派,却并不主张无条件投降,所以他与高宗既有共同语言,有时又有矛盾。至于张浚,高宗对他并无好感,只是为了抵御金兵和伪齐南下,特别是为了解除刘光世的兵权,需要由一个懂得军事的文臣为相,以主管军政。赵鼎与张浚相比,赵鼎不懂军事,张浚却有此虚名。高宗衡量再三,便在绍兴六年十二月初九日,罢去赵鼎相位,选择张浚独掌军政大权。秦桧原来受张浚推荐,由知绍兴府而改任侍读兼行宫留守。由于他工于心计,对张浚处处言听计从,张浚以为他听话好使,故在赵鼎罢相后的次月,将他推荐为枢密使。

张浚主持中外之政以后,便积极贯彻高宗意图,"谋收内外兵柄",力图把诸将兵权纳入以他为首的都督府。作为第一步,便是罢去淮西军统帅刘光世的兵权。但由于张浚处置不当,遂于绍兴七年(1137)八月,酿成淮西军的叛变,史称"淮西兵变"(详见后述),使南宋军队遭到巨大损失。九月十五日,张浚被弹劾罢相。二日后,高宗再次擢赵鼎为左相。

二、伪齐政权的垮台

绍兴前期,南宋官员中主张抗金者多,赞成议和者少,即使勉强同意与

---

① 《宋史》卷一六〇《赵鼎传》,第 11289—11295 页。

金媾和之人,也不是显得那么坚决和理直气壮。绍兴四年(1134)冬天,南宋取得大仪镇之战的胜利以后,朝廷上下士气大振,宰相赵鼎向高宗建议:"敌骑遁归……然善后之计,当出群策,愿诏前宰执,各条具所见来上,断自圣意,择而用之。"目的是要高宗明了,坚持抗金也是朝廷大臣的主流民意。绍兴五年正月,高宗遂下诏前宰执吕颐浩、朱胜非、李纲、范宗尹、汪伯彦、秦桧、张守、王绹、叶梦得、李邴、卢益、王孝迪、宇文粹中、韩肖胄、张澄、徐俯、路允迪、富直柔、翟汝文等十九人(前左相黄潜善,已于建炎三年死于贬所),要他们将"攻战之利,备御之宜,措置之方,绥远之略,代充悉条上焉"①。不久,吕颐浩等人陆续奏上自己对和战的意见,令高宗大感意外的是,绝大多数元老大臣都主张对金人用兵,不要说李纲等抗战派大臣,就是以前对抗金持慎重态度的吕颐浩也说:"虏性贪婪,吞噬不已,若不用兵,则二圣必不得还,中原必不可复……大江之南必不可保。"甚至力主和议、与李纲有隙的朱胜非这时也认为:"今内外劲兵三十余万,勇气可作,机会可乘。宜于此时进取,无失机后悔。"只有汪伯彦和秦桧仍顽固地反对向金人用兵。汪伯彦的借口是:"与其急于目前之追袭,不若修政以为善后之计。"秦桧则把抗金的主张,污蔑为"以虚张为强",并直言不讳地称:"臣前奏乞安慰强敌,当用所获金人,令诸将通其大长书,明言止欲讨叛,而不敢轻犯大国。盖知虚张之无益也。"②

由于汪伯彦早已声名狼藉,而秦桧却有"乞存赵氏"的美名,故高宗很自然地将秦桧引为知己,作为向金人妥协投降的最可靠帮手。但是,既然高宗以前对秦桧有过"终不复用"的表示,现在只能渐次起用,以防众口。绍兴五年六月,已经奉祠在家近三年的秦桧,被高宗除为观文殿学士、知温州。次年七月,改知绍兴府。不久,又将他召至自己身边,以便就近与他商讨对金议和事宜。

绍兴七年正月,何藓、范宁之出使金朝归来,带来道君太上皇帝徽宗已

① 《系年要录》卷八四,绍兴五年正月己酉条,第1411—1412页。
② 《系年要录》卷八七,绍兴五年三月癸卯条,第1492—1498页。

于绍兴五年四月死于五国城(黑龙江依兰)的消息。此时的高宗不仅不思报仇雪恨,反而求和更加心切。当天他即授秦桧为枢密使,"恩数视宰臣"①。晚上,又与秦桧进行密谋,反复商讨议和对策,最后决定命徽猷阁待制王伦为迎奉梓宫使、达州刺史高公绘副之,出使金朝。行前,高宗四次接见王伦,要他们先求见副元帅、鲁国王完颜昌,向他提出"河南之地,上国既不有,与其付刘豫,曷若见归"②的请求。待获得完颜昌的首肯后,再求见金熙宗。王伦等立即奉诏而行,同时带上给太后韦氏和钦宗的黄金各二百两。另外,还给完颜昌送上大量礼物(实际上是贿赂)。以至有官员提出,给金熙宗的礼物不应该少于给完颜昌的。此外,很可能还附有秦桧给完颜昌的私人信件,内容包括事成之后给完颜昌的好处种种。

当年九月,王伦等一行渡河见完颜昌和宗弼于涿州(河北涿县),向两人提出南宋的请求。据说"金人已定议废除豫,颇纳其言"③,但时任右副元帅的宗弼并不同意,只是"力不能争"④而已。尔后,他们被带往燕京,入见金熙宗。王伦得到南宋向金朝称臣、交纳岁币的条件下,金废刘豫,许和议,归还梓宫及高宗生母韦氏,归还河南地的承诺。十一月十八日,金人降封刘豫为蜀国王,下诏中外:"置行台尚书省于汴","以故齐宰相张孝纯权行台左丞相"⑤。行台尚书省直属中央尚书省,统治汴京及河南、陕西等地。完颜昌等人的目的非常明显,他们想用这片土地为诱饵,迫使南宋政府向金朝屈膝称臣,在未来的议和谈判中攫取更多的利益。历时八年的伪齐政权虽然宣告结束,但南宋必将为此付出巨大代价。

王伦归国时,完颜昌前来送行,对他们说:"好报江南,既道涂无壅,和议自此平达。"⑥说明他对和议持积极的态度。对此,金熙宗在《复取河南诏》中也有所反映,其谓:

① 《宋史》卷四七三《奸臣三·秦桧传》,第 13751 页。
② 《系年要录》卷一一〇,绍兴七年四月丁酉条并双行小注,第 1845 页。
③ 《系年要录》卷一一四,绍兴七年九月末条,第 1921 页。
④ 《系年要录》卷一三五,绍兴十年五月丙戌条,第 2263 页。
⑤ 《金史》卷四《熙宗纪》,第 22 页;卷七七《刘豫传》,第 1761 页。
⑥ 《系年要录》卷一一七,绍兴七年十二月癸未条,第 1965 页。

> ……尔后刘豫再立,位号皆自我师,援之拯之、守之护之,仅有存焉……不谓向者挞懒等入奏,援立刘齐,非所以利,适足以害人也……朕乃从其言,内外罔不帖然。挞懒等复力言齐为不道,既废矣……间以江左为邻,易生衅隙,不可彻警,难以久安之计。不若因以河南地锡与大宋,恩义非尔所求而与之,非尔所致而得之,为恩重矣,为义深矣……挞懒等不俟诏命款报,遽割土疆,旋班屯军……①

从中可以知道,完颜昌在废除伪齐中确实起到了关键作用。

十二月十九日,王伦从金朝返回,进入南宋境内,知泗州刘纲急忙将此消息奏告高宗,高宗对赵鼎表示:"朕以皇太后未还,夙夜忧惧,未尝去心。若虏人能从朕所求,其余一切非较也。"二十六日,王伦一行返回临安府,高宗正式听取了王伦关于宋、金议和的条款后,大喜过望,"锡予特异"②,并迫不及待地命王伦、高公绘再次出使金朝,落实和议条款。

金朝所以要废掉伪齐,通常认为有五方面原因:一是"宋人施行反间说";二是"宋、金幕后交易说";三是"刘豫对金无用说";四是"金朝内部矛盾斗争说","即认为刘豫被金人废弃的主要原因,是由于刘豫卷入金朝派系斗争之中,最后成了金人内部争权夺利斗争的牺牲品"③;五是"我以地与宋,宋必德我"说。④

以上五个原因,虽然都有史料可以佐证,但首先应该从宋、金军事力量相对平衡,以及金朝将士厌战情绪加深这个大背景下进行考虑,否则无法解释后来"绍兴和议"签订的原因。在这些原因中,除"宋人施行反间说"并不成立外⑤,

---

① 《系年要录》卷一三五,绍兴十年五月丙戌条,转引《绍兴讲和录》,第2264页。

② 《皇朝中兴纪事本末》卷四二,绍兴七年十二月条,第843页。

③ 参见赵永春《金宋关系史》,人民出版社2005年出版,第128—144页。

④ 《金史》卷七七《完颜昌传》,第1764页。

⑤ 按南宋确实采取不少反间计离间刘豫和金人的关系,这也是南宋政府的一贯手段。但是,这只能看作南宋方面一厢情愿的做法。从伪齐屡次请求金人出兵援助其攻打南宋,从张邦昌被杀死对刘豫不乏前车之鉴,从刘豫虽遭废黜,但金人仍封他为王,从后来"迁豫家属于临潢府,皇统元年,赐豫钱一万贯,田五十顷,牛五十头。三年,进封曹王"(《金史》卷七七《刘豫传》,第1761页)等情况来看,金人始终没有怀疑刘豫的"忠心",故反间计并不成立。

其他四个原因都是存在的,其中尤以"宋、金幕后交易说"为最主要。高宗、秦桧通过郑亿年的内线,早已获知当年完颜昌接受刘豫贿赂,同意建立"齐国",立刘豫为帝的内幕。认为南宋同样可以故伎重演,以达到废除伪齐的目的。完颜昌接受南宋巨额贿赂的事实,后来也为宗弼所证实,完颜昌在金统治集团内讧中失败后潜逃南宋,更是自暴行迹。至于其他三方面原因,皆为完颜昌等人说服金熙宗废伪齐的理由,基本上也符合历史事实。

郑亿年在宋、金之间,或者说秦桧和完颜昌之间,不时起着穿针引线的作用,可以说显而易见①。如王伦尚未返回南宋前,他已将金废伪齐的消息告诉了知泗州刘纲,这就是高宗得报时间比王伦回到临安的时间要提早七天的原因。绍兴十年,郑亿年回到南宋,不仅没有受到惩罚,反而获得高宗重赏,除资政殿学士。二年后,再加大学士(正三品),"许出入如二府仪"②。许多不明其中原因的官员,以为他有"从贼之丑",岂可获得如此待遇?有官员直接向高宗奏告,可是得到的结果却是"不报"③,也就是不予理会。虽然,此时秦桧已经出任宰相,郑亿年有可能得到他的庇护,但如此重大的任命,如果没有高宗首肯,也绝无可能。

三、秦桧再相,积极主持和议

对于宋、金议和,朝廷里反对的声浪一直十分强烈。和议有了眉目后,引起左相赵鼎的担忧,他向高宗建议道:"士大夫多谓中原有可复之势,宜便进兵。恐他时不免议论,谓朝廷失此机会,乞召诸大将问计。"高宗的回答十分干脆:"不须恤此。今日梓宫、太后、渊圣皇帝皆未还,不和则无可还之理。"参知政事兼枢密副使刘大中、枢密副使王庶也以为和议非便,左正言辛次膺力言:"国耻未雪,义难请好。"④面陈及上疏达六七次,但高宗一概不

---

①　[宋]楼钥:《攻媿集》卷六九《题跋·恭题高宗赐胡直孺御札》载:"郑亿年辈密奏:豫方使人习庭坚体,恐缓急与御笔相乱,(高宗)遂改米芾字。"由此可证,郑亿年在伪齐日,事无巨细,皆将刘豫处情况密报南宋。

②　《宋史》卷一六二《职官二》,第3817页。

③　《宋史》卷三七六《陈渊传》,第11630页。

④　《系年要录》卷一一八,绍兴八年正月丙午条,第1971页;乙巳条,第1972页。

听。此时的高宗,深感朝廷里主和力量的薄弱,认为必须有一个坚决赞成议和的大臣来执行此项任务不可。当然,此人就非秦桧莫属。绍兴八年三月初七日,高宗再次起用秦桧,将他除为右相兼枢密使。在以往,秦桧与高宗向金人屈膝求和的意愿虽然完全一致,但在众臣面前却没有太多的暴露,包括赵鼎在内的一些廷臣,当时对他都没有看清,所以诏制一出,"朝士皆相贺"。①

当年五月,王伦与金朝使臣河东北路制置都总管乌陵思谋一起来到临安。宋、金正式议和的消息一经传出,立即遭到群臣的猛烈反对。权吏部侍郎魏矼以敌情之不可信为由,拒绝出任馆伴使。秦桧对他说:"公以智料敌,桧以诚待敌。"对与金议和的底气很足。魏矼反讥道:"第恐敌人不以诚待相公耳!"秦桧无奈,"乃改命焉"②。大将韩世忠以为,金人废刘豫,是恢复中原的绝好时机,他请求朝廷全师北伐,让自己率先出兵迎敌。岳飞面见高宗说:"金人不可信,和好不可恃,相臣谋国不臧,恐贻后世讥。"③甚至首鼠两端的张俊,观望大势,也表示要与岳飞、杨沂中等联合起来,一致破敌。

面对朝廷内外文武百官反对议和的声浪,秦桧担心高宗对议和产生动摇。一日朝议毕,便单独留下来与高宗进行密谈,他对高宗说:"讲和之议、臣僚之说皆不同,各持两端,畏首畏尾,此不足以断大事。若陛下决欲讲和,乞陛下英断,独与臣议其事,不许群臣干预,则其事乃可成,不然无益也。"高宗当即表示:"朕独与卿。"秦桧怕高宗后悔,给他三天时间考虑,希望他"更精加思虑"。三天后,高宗仍然表示坚决议和,而秦桧还要他"更思虑三日"。又过三天,秦桧知高宗对议和确实"坚确不移",才拿出自己制订的和议方案,"乞决和议,不许群臣干与"④。高宗"欣然纳之"。

在高宗看来,许多官员反对与金人议和,只是一种不关自己痛痒的沽名钓

---

① 《系年要录》卷一一八,绍兴八年三月壬辰条,第1983页。
② 《系年要录》卷一一九,绍兴八年五月辛亥条,第2003页。
③ 《宋史》卷三六五《岳飞传》,第11388页。
④ 《会编》卷一八四,绍兴八年十月条,第1333页;《宋史》卷四七三《奸臣三·秦桧传》,第13752—13753页。

誉之举,或是一种"卖直"的行为。他对秦桧说:"己酉年(建炎三年)金人南下之时,鼎为台臣,尚欲与金人划江为界。当时传言金国遣使来,遂留鼎于四明接伴。既而庐伸等自军中窜来,非金使也,鼎追见朕于章安镇,当时岂以议和为非? 此事张守备见。今守赴江西大帅去,尚未还,卿可遗书问之。"

在当时的南宋士大夫中,对与金人议和的态度颇有不同,大致有这样四种人:第一种是认为"金人与我有不共戴天之仇",所以身体力行,坚持抗金,决不向金人妥协的抗战派,李纲、宗泽、张浚等人是这些人的代表。第二种是认为在敌强我弱的形势下,不能向金人屈辱投降,但可以与之妥协的主守派。一旦形势有变,可以撕毁和议,进行再战。赵鼎和后来的朱熹等人是这些人的代表。第三种是不惜牺牲国家和民族利益的主和派。在他们看来,抗金战争并无胜算,以不顾一切地与之议和为好。秦桧、汪伯彦和黄潜善是这些人的代表。第四种人则比较复杂,他们虽然知道继续抗金困难重重,但为了使自己站在民族大义的道德制高点上,不落一个投降派的骂名,所以也表示要抗战到底。至于如何去实现抗金胜利,则拿不出半点主意。有这种思想的士大夫人数最多,我们姑且称其为口头抗战派。

为扫除议和道路上的障碍,十月,高宗果断决定,先后罢去了刘大中的参知政事和赵鼎的相位,把议和大权全部交给秦桧,从此开始了秦桧长期独相的局面。秦桧则起用亲信孙近为参知政事,赞成和议的勾龙如渊、萧振等人为台谏官,命他们专劾异议者。稍后,又起用对宋、金议和并不抱积极态度的吏部尚书李光为参知政事。高宗初不同意这个任命,秦桧以为可以借用李光声名,在和议书上同押榜,以息"浮议"。秦桧的老谋深算,于此亦可见一斑。

四、宋、金第一次和议的破裂

绍兴八年(1138)十月,王伦与金使乌陵思谋至燕京,金熙宗遣签书宣徽院事萧哲为江南招谕使,携带诏书,偕同王伦南来议和。消息传来,南宋官员以为,诏书不称"宋"而称"江南",不称"国信"而称"招谕",肯定还要高宗跪拜于金使脚前接受诏书,"奉表称臣"。这一切,显然是要南宋代替刘豫,做金朝的臣子。高宗闻此,也认为金人欺人太甚,他说:"朕受祖宗二百年基业,为臣民推戴,已逾十年,岂肯受其封册?兼划疆之后,两国各自守境,每事不相关涉,惟正旦、生辰遣使之外,非时不许往来。朕计已定。"①

面对金人咄咄逼人的气焰,朝廷上下掀起了一场更大的反对和议浪潮。枢密副使王庶七次上疏、六次面见高宗,反对和议。高宗亲信主管殿前司公事杨沂中、权主管马军司公事解潜、步军司公事韩世良也到都堂面见秦桧,对他说:若皇帝受金人之书,行如此屈己之礼,万一军民汹汹,某等实无力弹压。他们又对御史中丞勾龙如渊说:今韩世忠、张俊、岳飞三大将在外,吾辈作为宿卫之臣,日后被他们责备,"不知何词以对"。吏部侍郎晏敦复,户部侍郎李弥逊、梁汝嘉,兵部侍郎张焘,给事中楼炤等人也联名反对,认为:"今日屈己之事,陛下以为可,士大夫不以为可,民庶不以为可,军士不以为可,如是而求成,臣等窃惑之。"②枢密院编修官胡铨反对尤为激烈,他上书高宗,要求斩秦桧、孙近、王伦之首以绝和议,谢天下。"不然,臣有赴东海而死尔,宁能处小朝廷求活邪"③。

但是,对和议持赞成态度的人也不是没有,参知政事陈与义对高宗说:"用兵须杀人,若因和议得遂我所欲,岂不贤于用兵?万一和议无可成之望,则用兵所不免。"④这应该是代表南宋官员中多数人的真实态度。其中,支持高宗"屈己请和"者,可以太府寺丞莫将为代表,他给高宗所上封事中谓:

> 臣窃见近者金使求聘,且许交河南地界,还梓宫,归东朝、渊圣皇族,议者杂然,益以为诈。已而见行人过索礼仪,又肆臆度之说。何众人之难晓,一至是乎……陛下以太王之心,行勾践之策,达孝于父母,致恭于兄弟,敦睦于九族,一举而悉如吾志,此天相陛下之明验也。臣闻

----

① 《系年要录》卷一二四,绍兴八年十二月癸亥条,第2092页;戊午条,第2090页。
② 《系年要录》卷一二四,绍兴八年十二月庚午条,第2097页;己卯条,第2107页。
③ 《宋史》卷三七四《胡铨传》,第11582页。
④ 《系年要录》卷一一八,绍兴八年正月乙巳条,第1971页。

兴师十万,则不得操事者七十万家,此危道也。今日之议成,虽未可以去兵,而亦可以少休兵矣。夫国虚则民贫,民贫则上下不亲。敌攻其外,民盗其内,是谓必溃。此今日四川之事,大可虑也。今日之议成,则兵之戍于外者可以移于近,兵之冗于食者可以汰而减。兴农桑而省馈饷,俾四方万里,举无科抑怵惕之劳,顾不可乎?今关市重敛,商贾不通,财货凋虚,钱宝空乏,公私扫地,赤立之际也。今日之议成,费可渐积,商可渐通,钱可渐增,变警扰之习为阜民,归迁徙之劳为永业。俾城郭郊野,举有还定之安,顾不可乎?①

莫将认为,不经战争而可以休兵,可以归还河南地,归还徽宗梓宫、太后和钦宗,其利甚大。由于国家经历长年战争,造成民贫、国虚,国内矛盾十分尖锐,如果继续战争,国家必将崩溃。因此与金人议和,虽有屈己之行,但"行勾践之策,达孝于父母,致恭于兄弟,敦睦于九族,一举而悉如吾志",也是一个不错的选择。以上所言,是对当时宋、金形势比较清醒的认识。以往人们常将莫将等人的观点加以忽视,甚至将他们归入"投降派"一类人物,恐怕并不妥当。

十一月十四日,王伦回到行在,自觉金人条件苛刻,难以作出交代,便借口生病请除祠官,可是高宗仍要他即日到内殿奏事,三天后又命他充国信计议使赴金。高宗与秦桧一方面罢免了王庶,并将胡铨除名,昭州(广西平乐)编管,决心采取高压手段,强行接受和议。另一方面,为照顾高宗的颜面,要王伦向金使请求,希望改"江南"为"宋",改"诏谕"为"国信",特别是皇帝不亲自接熙宗诏书。十二月二十四日,金诏谕使、尚书右司侍郎张通古和明威将军签书宣徽院事萧哲抵行在,表示"先归河南地,徐议余事"②,态度还算温和。

当年年底,南宋政府通过冥思苦想,终于找到一个不使高宗难堪的办

---

① 《系年要录》卷一二四,绍兴八年十二月甲子条,第2093—2094页。
② 《系年要录》卷一二四,绍兴八年十二月丙子条,第2102页。

法,就是借口高宗正在给徽宗守丧,不宜亲自接受诏书的理由,要求由宰相秦桧代行接受诏书的跪拜礼。经过南宋多方恳求,总算获得金使同意。这样,高宗以向金朝称臣纳贡的代价,换得金朝"赐与"原刘豫所据河南陕西之地,以及归还徽宗梓宫和韦太后、钦宗、宗族的承诺。

绍兴九年(1139)春,宋廷擢王伦为端明殿学士、签书枢密院事,充迎梓宫、奉还两宫、交割地界使,不久又任命他为东京留守兼开封尹。五月,王伦到达开封,见宗弼,双方交割了地界。凡属官物,"留二分,余八分赴河北送纳"。事毕,宗弼遂渡河回燕京,并将行台尚书省自开封迁到大名府。起初,金以葛王褒为三路都统、知归德府(河南商丘)。褒北返时,"秋毫无扰,甚得人心"。他命吏士先行,自己"最后乃出,即下钓桥,极为肃静"①。纪律之严明,远非南宋官员可比。

高宗、秦桧等人以为议和已经成功,他们一方面派判大宗正事赵士㒟和兵部侍郎张焘一起到河南洛阳去"修奉陵寝";另一方面大赦天下,大事庆祝,百官加官进爵,并且要他们进呈贺表以示祝贺。可是吴玠等将领认为,签订这种和议无贺可言,因而拒不上表,岳飞更是拒不接受加官,他说:"切惟今日之事,可危而不可安,可忧而不可贺。可以训兵饬士,谨备不虞;而不可以行赏论功,取笑夷狄。"②

不过,高宗也不认为达成和议就万事大吉。所以和议开始后,就一再告诫诸将以备不虞。绍兴八年六月,高宗指出:"虽然,有备无患。纵使和议已成,亦不可弛兵备。"③十月,又道:"但可和即和,不可和则否。兵备不容少弛,可遍谕诸将,以为之备。"④绍兴九年四月十九日,即在和议签订前夕,高宗对大臣道:

> 韩世忠欲献一骏马,朕令留以备用。世忠曰:"今和议已定,岂复有

① 《系年要录》卷一二七,绍兴九年十月丙申条,第 2147 页。
② 《鄂国金佗粹编续编校注》卷一四《奏议中·辞开府札子》,第 904—905 页。
③ 《系年要录》卷一二○,绍兴八年六月戊辰条,第 2011 页。
④ 《系年要录》卷一二二,绍兴八年十月辛巳条,第 2053 页。

战陈事?"朕曰:"不然。虏虽讲和,战守之备,何可必弛?朕方复置茶马司,若更得西马数万匹,分拨诸将,乘此闲暇,广武备以戒不虞,足以待强敌矣。和议岂足深恃乎?"①

从中可以看出,高宗对这次和议是否能够达成,要做好两手准备。这与昔日徽、钦二帝对与金人和议的认识相比,可以说有远见得多。

金人北撤后,南宋政府首先派遣观文殿学士孟庾、资政殿学士路允迪、朝奉郎河南府路转运判官李利用等北上,分别出任东京、南京、西京三京留守,以收复三京。在四川方面,宣抚使吴玠于六月二十一日病逝,此后朝廷除制置使胡世将兼权主管四川宣抚使。胡世将一方面命宋军进兵陕右,收复失地,并分军移屯熙、秦、鄜延诸州,另一方面加强蜀口防御,以防金人反复。京西宣抚使岳飞的军队最早进入河南,于六月收复两年多前放弃的州县,同时奏告朝廷,以为所在地区"并是腹心州县,所有知、通已下官属,今后欲望朝廷差注",高宗"奏可,仍赐诏奖谕"。②

六月二十七日,王伦自开封赴金燕京,具体讨论和议内容。正当此时,金统治集团内部以宗干(太保,领三省事)、宗弼(右副元帅,封沈王)为首一派军事贵族集团与宗磐(太宗长子,太师、尚书令,领三省事)、宗隽(尚书左丞相兼侍中,封陈王)、昌(左副元帅,封鲁国王)为首一派军事贵族集团的矛盾激化。曾经受到压制的宗干一派,向熙宗揭发宗磐跋扈尤甚,威胁皇权,与宗隽、昌相勾结,"谋反有状"。天眷二年(1139,南宋绍兴九年)七月,熙宗以此杀宗磐、宗隽。不久,宗弼又以"挞懒与宋人交通赂遗,遂以河南、陕西与宋,奏请诛挞懒,复旧疆"。八月,熙宗乃下诏杀完颜昌,昌"自燕京南走,将亡入于宋"③,追至祁州(河北安国)被杀,宗弼"函其首以献"。④

七月初九日,王伦一到中山府(河北定县),即遭金人拘禁。此时,他

① 《系年要录》卷一二七,绍兴九年四月戊辰条,第2156页。
② 《系年要录》卷一二九,绍兴九年六月辛亥条,第2173页。
③ 《金史》卷七七《挞懒传》,第1165页;《宗弼传》,第1754页。
④ 《系年要录》卷一三一,绍兴九年八月戊午条,第2198页。

方知金朝发生内变,立即秘密派人回南宋报告,建议朝廷速派张俊守东京开封府,韩世忠守南京应天府,岳飞守西京河南府,吴玠守长安(时宋廷尚未得到他的死讯),张浚建督府尽护诸将,以备不虞,"无令轻失中原"①。高宗、秦桧一伙被和议冲昏了头脑,竟然置若罔闻,继续派出工部侍郎莫将、知阁门事韩恕充正副奉使官,出使金朝,后来他们又被金人囚于涿州(河北涿县)。

五、宋、金战争再起和岳家军进军中原

金天眷三年(1140,南宋绍兴十年)五月初三日,金人撕毁和议,再次发动南侵。金熙宗下诏元帅府,分道伐宋,重新夺回河南、陕西之地。

在东线战场,宗弼以孔彦舟、李成等为先锋,率军自黎阳(河南浚县)起兵。不几天,宗弼入东京,南宋东京留守孟庾以城降。接着,金兵陷南京,留守路允迪以城降。再陷西京,留守李利用弃城走。

在川陕线战场,金元帅右监军撒离喝出河中(在山西永济西),趋陕西,陷永兴军(陕西西安),再陷凤翔(今属陕西)。早先,金以河南、陕西归还南宋时,双方约定:当地官吏各守其职,不许辄行废置。因此,当金朝军队一到,原来的金、齐旧官,纷纷迎降,一月之间,河南、陕西州县重又落入金人手中。

幸亏此时的南宋军队,早已有了和不忘战的准备,所以各路大军在得到金人南侵的消息后,能够立即奋起反击。

在川陕战场,宋廷以吴璘(1102—1167)节制陕西诸路,又授胡世将便宜黜陟,处置军事。胡世将命吴璘等各军会仙人原,合力进行抵御。六月上旬,宋军击退撒离喝所遣三千骑兵,收复扶风(今属陕西),撒离喝被迫退回凤翔。不久,吴璘等部相继收复秦州(甘肃天水)及陕右诸部,终于阻挡住了金兵攻势,粉碎了他们进入蜀口的企图。川陕宣抚司向临安奏捷,高宗亲札

① [宋]楼钥:《攻媿集》卷九五《王公(伦)神道碑》,影印文渊阁《四库全书》本,第1153 册,第468 页。

赐胡世将,要他"明远斥堠,勉励将士,要是虑常在敌先。仙人关虽险,切不可因循,纵敌稍近也"①。高宗早年根本不知道战争为何物,所以在军事上主要听凭宰执大臣的指挥,自己除了逃命,可以说毫无作为。但自绍兴四年(1134)以后,亲自指挥前方军事的诏令和手札大幅增加,反映出他的军事指挥才能已有了很大提高。

两淮战场,又分淮东、淮西两个战场。

淮东战场的主将是韩世忠,以楚州为大本营。他先命都统制王胜率背嵬军北上迎战,收复海州(江苏连云港)。接着,又命亲随成闵等进围淮阳军(江苏邳州)。郦琼率数千叛军前来增援金兵,皆被击退,宋、金双方处于势均力敌状态。九月初,韩世忠奉命班师,军队退回屯驻地楚州,原来收复的海州再入金人之手。

淮西战场的主将是张俊,以建康府、庐州等地为大本营。绍兴十年五月,金兵围顺昌府(安徽阜阳),高宗命张俊以所部都统制王德前往救援。待王德军抵达顺昌时,金兵已退。王德返回后,收复宿州(今属安徽),并乘胜与张俊军会师,收复亳州(安徽亳县)。但张俊害怕金兵再次来攻,率主力退至寿春(安徽寿县),金兵陷亳州。宣抚副使杨沂中奉命守宿州,遭金重兵伏击,宋军大溃,杨沂中渡淮逃归,金兵入宿州。

绍兴十年二月,主管侍卫马军司刘锜出任东京副留守,率原八字军士兵一万八千人及殿前司军三千人,自临安北上赴汴京驻守。五月,行军至顺昌府,闻金人败盟南侵,就留下来与新任知府陈规一起,领导八字军和当地居民进行防守。不久,金兵包围顺昌城,顺昌军民与金兵展开了顽强战斗,终于粉碎了敌军包围。

秦桧眼见宋、金间一场大战即将打响,六月初一日,他向高宗表示,"臣愿先至江上,谕诸路帅同力招讨",并要高宗"相次劳军,如汉高祖以马上治天下,不宁厥居,为社稷宗庙决策于今日"。高宗表示"从之"。但后来秦桧既没有"至江上",高宗更没有亲赴前线劳军,君臣间演了一出双簧而已。只

---

① 《系年要录》卷一三六,绍兴十年六月辛酉条,第 2286 页。

是对三大帅予以重赏:以韩世忠为太保,封英国公;以张俊为少师,封济国公;以岳飞为少保。

六月初九日,宗弼亲自率领十余万步骑攻打顺昌城,起用他的劲旅"铁浮图"和"拐子马",但再次遭到顺昌军民的重创,迫使宗弼军队全线败退。这次战役打击了金兵的嚣张气焰,粉碎了他们自两淮南下的企图,被宋人誉为十三处战功之一。

宗弼退至太和县(今属安徽),"卧两日,至陈州,数诸将之罪。自将军韩常以下,皆鞭之"。于是宗弼命葛王褒守归德府,韩常守许州(河南许昌),翟将军守陈州(河南淮阳),自拥其兵还汴京。

当顺昌受金兵包围时,高宗急命张俊和岳飞派遣军队前往救援。取得大捷的消息传到临安,高宗不胜欣喜,对大臣道:"用兵之际,赏罚欲明。锜以孤军挫敌锋,兀术遁去,其功卓然,当便除节钺。"即日,降制除刘锜为武泰军节度使,同时派内侍前往慰问,御札有"卿之伟绩,朕所不忘"之语。陈规也以功除枢密直学士。不久,高宗任刘锜为淮北宣抚判官,陈规为知庐州,命他们放弃顺昌南返。

中线战场,包括京西南路和京西北路战场,主将是岳飞,以鄂州为大本营。绍兴十年六月,岳飞获悉金人毁约南侵,不待朝廷命令,积极部署军队,准备反击。岳飞首先奉命派张宪等率军赴顺昌解围,自己随即亲率大军向中原进发。二十三日,岳飞来到鄂州以北二百里的德安府(湖北安陆),司农少卿李若虚匆匆赶来,面授高宗旨意:"兵不可轻动,宜且班师。"飞不听命。若虚道:"事既尔,势不可还,矫诏之罪,若虚当任之。"①飞遂进兵。此时,顺昌之围已解,正在增援途中的张宪等率领军队袭取蔡州(河南汝南)。闰六月中旬,岳家军主力进抵河南中部。十九日,经过激战,打败了迎战的金军韩常部,次日收复颍昌(河南许昌)。稍后,岳家军又相继收复淮宁府(河南淮阳)和郑州。

---

① 《系年要录》卷一三六,绍兴十年六月甲辰条,第2278页;乙卯条,第2285页;庚午条,第2290页;丙寅条,第2288页。

　　七月上旬，宗弼抓住张俊自亳州南归、刘锜按兵不动、岳家军孤立无援的有利形势，开始发动大规模反扑。岳飞向刘锜告急，刘锜遣部将出兵牵制，进抵太康县（今属河南）。接着，岳家军与金军在郾城（今属河南）展开激战，再次将宗弼的"铁浮图"和"拐子马"打败。金军转攻颍昌，岳飞命长子岳云率部增援。进军途中，岳家军在小商桥与金兵遭遇，骁将杨再兴、王兰、高林等将领和三百骑兵英勇战死。杨再兴的尸体焚化以后，竟得箭镞二升，足见他牺牲之壮烈。七月十四日，岳家军又在颍昌打败了由宗弼亲自率领的三万多骑兵，取得颍昌大捷。宋军乘胜追击，一直打到离开封只有四十五里的朱仙镇一带，再次打败了负隅顽抗的金兵。

　　郾城和颍昌两战，是岳家军在这次北伐战争中具有关键性意义的两次战争，由于岳飞的出色指挥和身先士卒，加上岳家军将士的英勇杀敌，取得了辉煌胜利，乃使金人发出"撼山易，撼岳家军难"的慨叹。此时，岳飞给朝廷上了《乞乘机进兵札子》，说金军屡败，宗弼已渡河北逃，"此正是陛下中兴之机，乃金贼必亡之日。若不乘势殄灭，恐贻后患。伏望速降指挥，令诸路之兵火急并进，庶几早见成功"。①

　　但是，此时岳飞要继续进军尚存在很多困难：一是兵力不济。根据徐规先生考证，南宋绍兴十年前后，内外大军人数约为三十万，除川陕外，其余各部仅二十万左右②。韩世忠、张俊、刘锜、杨沂中等大将，拥兵皆有二三万到四五万不等，故岳家军人数最多不过五万人。他们在占领了河南中、西部的广大地区以后，造成战线扩大，已少有兵力可以进行北伐。二是后方不稳。此时金人仍然占据着河南四京和一些沿淮州郡，山东地区也在金将聂黎孛堇的控制之下，如果金兵趁着南宋军力分散之际，集中兵力渡淮南下，南宋政权将再次面临严重威胁。这也是高宗命刘锜、张俊、韩世忠和岳飞的军队或停止进军，或后撤的主要原因。三是缺乏后勤保障。既然

---

　　①　《鄂国金佗稡编续编校注》卷一二《奏议上·乞乘机进兵札子》，第868页。

　　②　徐规：《南宋绍兴十年前后内外大军人数考》，收入氏著《仰素集》，杭州大学出版社1999年出版，第475页。

各路宋军不能配合岳家军北伐,那么是否可以获得两河百姓支持呢? 要知道两河已沦陷十余年,原来的八字军等抗金义军已不复存在。岳飞进军中原时,看不到那里的百姓对岳家军有多少支持,从中可以证明对两河百姓支持的期望不能太高。"军队未动,粮草先行"。没有了后勤保障的军队,更是寸步难行。四是岳家军如果孤军深入敌骑纵横的河北大平原与金军展开决战,容易中敌人"诱敌深入,聚而歼之"的埋伏。北宋太宗朝二次北伐失败,可谓前车之鉴①。对此,明代著名史学家王世贞(1526—1590)也有类似看法,他说:"武穆虽强,两河之兵虽响应,势亦不能独举。何以言之? 乌珠(宗弼)者亦慓悍猾贼人也,女直之重兵尚聚于燕云之北,而未尽发也。武穆入,势必用韩世忠、张俊之军为之左右掎角,刘锜、王德以殿岩之卒后劲,吴璘以秦蜀重兵出劫其西援,而后金之胆夺,而中原可全复。今诸帅一时奉诏归,而武穆以孤军深入,情见气摄,而敌悉其全师以萃我,胜负之机固未有所分也。"②

因此,如果岳飞在此时拒绝高宗"不许深入","立即班师"的诏令,继续进兵北伐,可以说极少有获胜的把握。对此,岳飞也很清楚,所以他"亦以为不可留"③。岳飞之孙岳珂,为夸大父祖军威,不惜制造朱仙镇之战中岳飞以五百背嵬军,战胜宗弼十万金兵的神话。虚构他对部下说"这回杀番人,直到黄龙府,当与诸君痛饮"④的豪言壮语。在《宋史·岳飞传》中,甚至言他"一日奉十二金字牌"被召回,更是有违常识。这些记载对后人产生了严重的误导:由于岳飞的战斗力被夸大,于是有人以为既然岳飞有力量直捣黄龙,却奉诏回师,显然是"愚忠"所致;高宗在"大好形势下"阻挠岳家军的北伐,就显得更加不齿。

---

① 据《系年要录》卷一三七,绍兴十年七月乙卯条载:"初,岳飞以重兵驻颍昌,欲为久驻之计。会张俊自亳州南归,金人谋知飞孤军无援,于是并兵以御飞。飞不能支,告急于淮北宣抚判官刘锜,锜遣统制雷仲出兵牵制,抵至太康县。"从中可知,如果岳飞军队孤军与金人战斗,不仅不可能进军河北,就是在河南战场抵御金军,也"不能支"(第2312页)。

② 《弇州四部稿》卷一一〇《史论·岳飞》,文渊阁《四库全书》本,第1280册,第741页。

③ 《系年要录》卷一三七,绍兴十年七月壬午条,第2313页。

④ 《鄂国金佗稡编续编校注》卷八《行实编年》卷五,第561、567页。

在退兵时,岳飞恐金人邀其后,乃宣言进兵深入,待敌人远去,始传令"班师"。据说此时的岳飞不无悲愤地表示:"所得诸郡,一旦都休。社稷江山,难以中兴。乾坤世界,无由再复。"①绍兴十年七月十九日,岳飞的军队从郾城退兵,大军自蔡州南下,回到了原来鄂州驻地,他自己则取道顺昌渡淮前往临安府。到七月底,岳家军浴血奋战数十天所获得的颍昌、郾城、淮宁、蔡、郑诸州,皆复为金人所夺取。

第三节　屈辱而无奈之举——"绍兴和议"的签订

一、两次淮西之战和宋、金"绍兴和议"的签订

绍兴十年(1140)冬天,宗弼与大将韩常借助隆冬季节,集中兵力发动了对南宋新一轮军事行动。翌年正月十五日,他率领的近十万军队首先渡淮南下,占领寿春府(安徽寿县),然后直扑庐州,淮西形势骤然紧张,第一次淮西之战打响。高宗亟令淮北宣抚判官刘锜率所部二万人,自太平州(安徽当涂)渡江救庐州,命淮西宣抚使张俊还建康拒敌。时知庐州陈规病卒,城无守臣,军力薄弱,刘锜发觉城不可收,至庐州而还。高宗又急命淮西宣抚副使杨沂中自临安、湖北京西宣抚使岳飞自鄂州率军前往增援。

二十六日,金兵入庐州,并派出骑兵追击刘锜军。"追骑望见锜旌旗,逡巡不敢逼,日暮各解去"。韩常率领的金兵,虽进入淮南,一时却不敢逼近长江,害怕刘锜乘其后,"江南由是少安"。②

宗弼率领的金军主力一度进至长江边的和州含山县,企图由此地渡江。在知建康府叶梦得的催促下,张俊派都统制王德自东采石(在安徽当涂西北、马鞍山东南的长江边)渡江进屯和州(安徽和县),打退了前来争夺的金兵后,先后收复含山县和巢县。叶梦得自己则团结军民数万,分据沿江要

---

① 《会编》卷二〇七,绍兴十一年十二月二十九日条引《岳侯传》,第1494页。按岳飞此言,仅见于宋无名氏所撰之《岳侯传》,可靠性尚存疑。

② 《系年要录》卷一三九,绍兴十一年正月丙寅条、丁卯条,第2245页。

津,以阻挡宗弼的进犯。金人无法渡江,被迫退兵。

二月十七日,金兵退至尉子桥(在安徽含山西北),天大雨,行军甚缓,至柘皋镇(在安徽巢湖市西北),与刘锜的军队遭遇。宋、金两军夹石梁河而阵。柘皋皆平地,金人以为这是骑兵之利,企图乘机打败刘锜军。正当此时,张俊、杨沂中等皆率军赶到。次日,双方经过激烈鏖战,金兵大败,经紫金山(在安徽寿县北)向北退去。二十日,宋军乘势收复庐州城。柘皋之战,被南宋人誉为十三处战功之一。

在岳飞方面,高宗在正月二十五日下达第一个御札,命他应援淮西,此后又连续下了多个御札催促,特别是二月十日,即柘皋之战正式打响前八天,高宗遣心腹内侍张去为前往鄂州传达高宗命令,其中有"卿宜倍道,共乘机会。前所发亲札,卿得之,必已就道。今遣张去为往喻朕意,卿更须兼程,无诒后时之悔","兵贵神速,不可失机会"①等语,从中可以看出高宗希望他早日赶赴淮西的迫切心情。可是岳飞于二月十一日接旨就道后,直到十九日才抵达舒州(安徽安庆)。岳飞的军队早期按兵不动,出发后,不足一千里的路程,又用了八天时间才到达舒州,向以兵贵神速的岳家军,这次的增援行动确实迟缓了不少。其中原因,据岳飞之孙岳珂的解释是"方苦寒嗽"(患重感冒之类),难以出征。待岳飞赶到舒州时,柘皋之战已经结束,于是他奏请高宗,留舒州待命。三月初,张俊听说"金人渡淮去已远",以为胜利已经到手,为独吞胜利果实,他要刘锜先退军回太平州,自己与杨沂中要去"耀兵淮上"②,以显示战功。对于岳飞,当然更加不欢迎他前来。

三月初六日,刘锜军拔寨南归,张俊与杨沂中也在同一日北上濠州,当张、杨两人行不过数里,前方就传来敌攻濠州甚急的消息,张俊顿时茫然失色。原来宗弼并未渡淮远去,而是给南宋军队杀了一个回马枪。三月初四日,他命孔彦舟作先锋,回师再攻濠州,第二次淮西之战爆发。于是张俊紧急召回已经南撤的刘锜军,与杨沂中军一起,前去解濠州之围。在临安的高

① 《鄂国金佗稡编续编校注》卷三《高宗宸翰》卷下,绍兴十一年,第41—42页。
② 《系年要录》卷一三九,绍兴十一年三月甲辰条,第2354页。

宗得悉濠州危急，也下御札命韩世忠、岳飞前去应援。初九日，当刘锜、王德、杨沂中三军赶到距濠州尚有六十里的黄连埠时，得知濠州已于昨日陷落。张俊召众谋，杨沂中欲继续进兵，刘锜则主张先退师，在占据险要地势后，再考虑下一步的行动。于是三军鼎足而营。可是前方又传来敌兵已从濠州撤退的消息，刘锜以为这很可能是敌人的阴谋，当严加备御。张俊则命刘锜军依旧归太平州，只派杨沂中与王德两人率二千余骑兵直趋濠州，并以两军精锐策应。杨、王两军刚到达濠州城西，埋伏在附近的金人万余骑兵分两翼突然杀出，宋军大败，"散乱南奔，无复纪律……金人追及，步人多不得脱，杀伤甚众"①。杨沂中一路狂奔，于十二日从宣化渡江逃回临安，只有王德军暂驻黄连埠。金兵得知岳飞已离开池州前来应援，加上天气渐热，也不敢恋战，遂于十三日自涡口（在安徽怀远东北涡河入淮处）渡淮北归，淮西之战至此结束。次日，张俊引兵渡江，回到建康府驻地。

　　至于岳飞第二次应援淮西的情况，史籍记载比较混乱，使人有"陷入五里雾中"（邓广铭先生语）之感。若依岳珂的记载，岳飞这次应援不仅没有延误，而且还得到御札首肯②；若依李心传的记载，岳飞确实应援不力，有所延误，其谓："初，虏之入寇也，上命飞以兵来援。飞念前此每胜，复被诏还，乃以乏粮为词。最后上御札付飞云：'社稷存亡，在卿此举。'飞奉诏移兵三十里而止。及濠州已破，飞始以兵至舒、蕲境上，故张俊与秦桧皆恨之。"③信延误说者，以为岳珂之言并非确论；不信延误说者，以为李心传只是杂采岳飞政敌王次翁的《叙记》和无名氏的《野史》所记，"糅合在一起"，并略作改动，辗转传抄的结果，并不足信。④

　　不过，高宗在绍兴十一年三月十日给岳飞的御札中确实有云：

　　　　得卿奏，知卿属官自张俊处归报，虏已渡淮，卿只在舒州听候朝廷

---

① 《系年要录》卷一三九，绍兴十一年三月戊申条，第2357页。
② 参见《鄂国金佗稡编续编校注》卷二二《吁天辨诬二·淮西辨》，第1041—1052页。
③ 《系年要录》卷一三九，绍兴十一年三月庚戌条，第2357页。
④ 参见邓广铭：《岳飞传》，生活·读书·新知三联书店2007年出版，第345—349页。

指挥,此以见卿小心恭慎,不敢专辄进退,深为得体,朕所嘉叹。据报,
兀术用郦琼计,复来窥伺濠州。韩世忠已与张俊、杨沂中会于濠上,刘
锜在庐州、柘皋一带屯军。卿可星夜提精兵,裹粮起发,前来庐州就
粮,直趋寿春,与韩世忠等夹击,可望擒杀兀术,以定大功。此一机会,
不可失也。庐州通水运,有诸路漕臣在彼运粮。急遣亲札,卿切
体悉。①

从中可以看出,岳飞二次增援淮西恐怕确实有所延误,并无患病和"乏粮"的
理由。有学者以为,岳珂在《金佗稡编》中的记载,出于孝子慈孙之心,不免
有替其祖父美化出身、夸大战功和讳饰过失之嫌,因此在引用他所提供的史
料时,还得有所辨别。②

金朝从绍兴十年(1140)夏天到次年春天对南宋发动的多次战争,虽然
在中原地区"收复"了大片在第一次和议中的"失地",并一度打到长江沿
岸,但并没有取得多少实际战果,反而为了防守这些地方,需要驻扎重兵,应
付持续不断的战争。以都元帅宗弼为首的金朝军事贵族,对消灭南宋政权,
此时已力不从心,丧失了信心。此后,虽然仍有几次南侵,只不过是一种以
战迫和的伎俩而已。

绍兴十一年九月十三日,宗弼放回被金方扣留已达一年半之久的南宋
奉使人莫将和韩恕,让他们带回元帅府致南宋第一书,其中虽不乏咄咄逼人
之词,但为了替自己日前撕破和议找台阶,反诬南宋破坏和议。高宗和秦桧
很快嗅到金人的真实意图,数日后即命光州观察使刘光远、成州团练使曹勋
赴金,给宗弼带去了词意极端卑下的答书,其谓:

　　莫将等回,特承惠书,祗荷记存,不胜感激。某昨蒙上国皇帝推不
世之恩,日夜思维,不知所以图报,故遣使奉表,以修事大之礼。至于奏

---

① 《鄂国金佗稡编续编校注》卷三《高宗宸翰》卷下,绍兴十一年,第46—47页。
② 参见辛更儒《〈鄂王行实编年〉及其他有关岳飞著述记事质疑》,收入《岳飞研究》第三辑,
中华书局1992年出版。

禀干请,乃是尽诚,不敢有隐,从与未从,谨以听命。不意上国遽起大兵,直渡浊河,远逾淮浦,下国恐惧,莫知所措。夫贪生畏死乃人之常情,将士临危,致失常度,虽加诛戮,有不能禁也。今闻兴问罪之师,先事以告,仰见爱念盈厚,未忍弃绝下国……恳望太保、左丞相、侍中、都元帅领省国公特为敷奏,曲加宽宥,许遣使人,请命门下。生灵之幸,下国之愿,非所敢忘也。①

宗弼接到南宋国书后,知道高宗对乞和的迫切心情不仅没有改变,而且还进一步加深,于是金元帅府又于十月十日致南宋第二书,声称:"如果能知前日之非而自讼,则当遣尊官右职、名望夙著者持节而来,及所赍缄牍,敷陈万一,庶几其可及也。"②高宗见和议又有转机,急忙任命吏部侍郎魏良臣充大金军前通问使、知阁门事王公亮为副使,出使金朝,国书只要求金退兵,其他则容后议。当月二十八日,魏良臣等将行,韩世忠不顾个人安危,向高宗谏言:"中原士民,迫不得已,沦于域外,其间豪杰莫不延颈以俟吊伐。若自此与和,日月侵寻,人情销弱,国势委靡,谁复振乎?"坚持反对与金议和的立场,并要求待"北使之来,与之面议",但遭到高宗的拒绝。韩世忠再上章"力陈秦桧误国,词意剀切,桧由是深怨世忠"③。宗弼看到自己的目的已经达到,便在十一月七日派遣行台户部侍郎萧毅、翰林待制、同知制诰邢具瞻携带金元帅府致南宋第三书,随魏良臣等来临安,单方面提出了割地、岁币、归还流亡人等十分苛刻的议和条款,且不允许南宋有讨价还价的余地,并作出利诱:"既盟之后,即当闻于朝廷,如有封建大赐,又何疑焉!"④其言如大人训小孩,将南宋玩于股掌之上。

对此,甚至秦桧也以为难,他说:"誓书事,以为自古盟会,各出意以为之誓,未有意自彼出,而反复更易,必欲如其所要者。"可是高宗求和心切,决心

① 《会编》卷二○六,绍兴十一年九月条,第1485—1486页。
② 《会编》卷二○六,绍兴十一年十月十日条,第1487页。
③ 《系年要录》卷一四二,绍兴十一年十月癸巳条,第2408页。
④ 《会编》卷二○六,绍兴十一年十一月七日条,第1489页。

"不惮屈己与之和"。十一月十八日,萧毅等一行入见高宗时,南宋全盘接受了宗弼提出的和议条款。四日后,高宗以签书枢密院事何铸为大金报谢使,以已除为容州观察使的曹勋为副使,携带有关和议的"誓表"出使宗弼军前,对金人提出的条件,表示"逐项遵承"①。翌年二月,何铸等一行到达金上京会宁府(黑龙江阿城),将高宗"誓表"交给了金熙宗,熙宗当即表示,"许还梓宫、太后,且遣铸等还"②。至此,宋、金双方正式达成和议,史称"绍兴和议"。当年是金熙宗皇统二年(1142),故金人称它为"皇统和议"。

二、"绍兴和议"的内容及其评价

"绍兴和议"的内容,在南宋给金朝的"誓表"中有如下记载:

> 臣构言:今来画疆,合以淮水中流为界,西有唐、邓州割属上国。自邓州西四十里并南四十里为界,属邓州。其四十里外并西南尽属光化军,为敝邑。沿边州城,既蒙恩造,许备藩方,世世子孙,谨守臣节。每年皇帝生辰并正旦,遣使称贺不绝。岁贡银、绢二十五万两、匹,自壬戌年(按:即1142年,绍兴十二年)为首,每春季差人般送至泗州交纳。有渝此盟,神明是殛,坠命亡氏,踣其国家。③

归纳"誓表"的主要内容,有以下几个方面:一是南宋向金称臣,"世世子孙,谨守臣节";二是宋、金疆界,东以淮水中流,西以大散关(在陕西宝鸡西南大散岭上)为界,南宋割唐(河南唐河)、邓(河南邓县)两州及商(陕西商县)、秦(甘肃天水)两州之半予金;三是南宋向金岁贡银二十五万两,绢二十五万匹;四是金朝归还韦后和徽宗帝后梓宫;五是南宋遣返自北方"亡命投在江南"之人和已在金朝任职或居住的原宋朝官员的家属。此外,还有不少内容尚未包括在上述"誓表"中。

---

① 《系年要录》卷一四二,绍兴十一年十一月丁巳条小注,第2414—2415页。
② 《系年要录》卷一四四,绍兴十二年二月戊子条,第2442页。
③ 《金史》卷七七《宗弼传》,第1755—1756页。

这些条款,绝大多数得到落实,只有南宋向金称臣一事,只是名义而已。实际上和议以后,南宋仍有自己的年号和正朔,有一套听命于高宗的官僚机构、军队和既定国策,仍旧是一个主权独立的国家。正如高宗早先所言,"两国各自守境,每事不相关涉,惟正旦、生辰遣使之外,非时不许往来"。

对于南宋来说,"绍兴和议"无疑是一个丧权辱国的和议,它使国家蒙受耻辱,人民增加负担,给整个国家和民族带来了严重的后果,从其内容来说当然应该予以彻底否定。因此,在历史上,"绍兴和议"也就成了高宗赵构和宰相秦桧屈辱投降的一大罪状。

那么,高宗为何迫不及待地要与金人签订如此屈辱的和议呢? 对此,高宗有其冠冕堂皇的理由,他对群臣说:"朕每欲与讲和,非惮之也,重念祖宗有天下二百年,爱养生灵,惟恐伤之。而日寻干戈,使南北之民肝脑涂地。所愿天心矜恻,消弭用兵之祸耳。"①不过,从他历次对金人的表现来看,此话基本上属于粉饰之词,其真实原因,不外乎以下四个方面。

一是十几年的对金战争,严重地破坏了南宋的经济,朝廷已难以维持与金人的长期战争。

众所周知,一个国家的军事实力要以这个国家的经济力量作为后盾,南宋在当时若要收复北方失地,除了依靠各路军队的英勇善战以外,还必须有足够的后勤保障,即源源不断的粮草、军械、装备、马匹、运输工具等的供应,特别是按照惯例,每打一次胜仗,就要支付一大笔给将士们的犒赏金。可是南宋前期,由于金兵几次大规模南下,大肆屠杀掳掠,十几支游寇的骚扰抢劫,加之各地民变的影响,南宋的社会经济遭到了极大破坏。朝廷为了应付战争的需要,便巧立名目,增加各种苛捐杂税,使广大农民的负担成倍地增加,已经达到不可承受的地步。当时农民所负担的赋税,除二税和北宋以来就有的和籴、和买、身丁钱、免行钱、田契钱、经制钱以外,又增加了总制钱、经总制钱、称提钱、月桩钱、折估钱、曲引钱、田四厢钱等各种苛捐杂税。建

① 《系年要录》卷一四一,绍兴十一年九月戊申条,第2394页。

炎四年(1130)冬到绍兴元年(1131)春,江西安抚大使朱胜非奉命宣抚江西、湖南、湖北三路,回朝后对高宗上奏说,江西等地之所以盗贼甚多,皆因"横敛不一,名色既多,贫不能生,以至为寇"。"良民无辜,情实可悯"。"正科之外,斜科繁重"。"税米一斛有输及五六斛;税钱一千有输及七八千者。如所谓和籴米,与所输正税等,而未尝支钱,他皆类此"①。免解进士周南仲上书说:"今日天下既失其半,又四川财赋不归朝廷。计朝廷岁用数千万,皆取于东南,刻骨槌髓,民不聊生。养兵之外,又有奉使无益之费。不识国家何所办哉?"②时人庄绰也说:"天下州郡没于胡虏,据于僭伪,四川自供给军,淮南、江、湖荒残盗贼,朝廷所仰,惟二浙、闽、广、江南,才平时五分之一,兵费反逾前日,此民之所以重困。"在淮南、京西等直接受战争影响的地区,甚至出现"荆榛千里,斗米至数十千,且不可得。盗贼、官兵、以至居民,更互相食。人肉之价,贱于犬豕"③的惨景。绍兴元年,奉命巡视湖外各州郡民间疾苦的监察御史韩璜说:

> 自江西至湖南,无问郡县与村落,极目灰烬,所至破残,十室九空。询其所以,皆缘金人未到,而溃散之兵先之。金人既去,而袭逐之师继至。官兵、盗贼劫掠一同,城市、乡村搜索殆遍。盗贼既退,疮痍未苏,官吏不务安集,而更加刻剥。兵将所过纵暴,而唯事诛求,嗷嗷之声,比比皆是,民心散畔,不绝如丝。④

建炎三年冬至四年春,金兵深入江南地区,到处屠掠焚烧,使昔日比较富裕的两浙地区也遭受空前浩劫。岳飞目睹这种惨境,每调军食,就忧心忡忡地说:"东南民力,耗敝极矣。"⑤四川都转运使李迨在绍兴七年

---

① 《系年要录》卷四二,绍兴元年二月乙酉条,第790页。
② 《系年要录》卷一二六,绍兴九年二月末条,第2141页。
③ [宋]庄绰:《鸡肋编》卷中,中华书局1983年点校本,第76页;第43页。
④ 《系年要录》卷四一,绍兴元年正月癸亥条,第781页。
⑤ 《宋史》卷三六五《岳飞传》,第11395页。

（1137）五月为此警告高宗说："（军兴后来所增岁入之数），比旧额已增过倍，取于民者可谓重矣。若计司不恤，更增赋敛，民力困竭，事有难测，此亦朝廷所当深虑矣。"①就是说，由于朝廷对百姓的剥削已经达到了极限，如果再继续增加军费负担，必然会引起社会的严重动荡。高宗之所以要尽快地与金人签订和议，结束战争，经济上的严重困难确实是一个不容忽略的因素。

论者或问，同样是战争，为什么金人可以坚持？金朝的对外战争，时间一长，当然也会受到人力、物力匮乏的影响。但是，他们大多通过以战养战的办法，也就是通过对被占领区人民的野蛮掠夺来解决粮食等军需不足的问题，而南宋军队却不能这样做。何况，金人主要是骑兵，机动性能好，飙进飙出，少受供应不足的制约。

二是南宋军事力量的不足。

南宋的军事力量，随着时间的推移，虽然有所增强，特别是岳飞、韩世忠、吴玠吴璘兄弟军队的战斗力并不弱，但从总体而言，却仍有所不及。故直到绍兴十年前后，方能勉强抵御金兵的南下，至于要收复中原失地，正如前面所说，即使有岳家军的英勇善战，仍有所不及。由于金人还占有山东、河南和陕西大部分地区，他们虽然已无力渡江，但仍有力量不时入侵两淮进行骚扰，绍兴十年到十一年的两次淮西之战中可以证明。

从历史上看，当时的金朝，实力并不在昔日的辽朝之下，而南宋的兵力则较太祖、太宗两朝要弱小。既然北宋以方兴之势尚受粮饷、军力所限，不能收复燕云十六州；南宋想打败金朝，收复失地的时机同样没有成熟。如果不议和，将是一场旷日持久的战争。这就涉及经济等各方面是否能够支持长期战争的问题，后果如何就难以预测。对于娴熟于本朝历史的高宗来说，应该知道其中的利害关系。

三是"恐金病"在作怪。

正如前面所言，高宗面对金兵的数度南侵，造成父兄、母亲、兄弟、姐妹

---

① 《系年要录》卷一一一，绍兴七年五月壬午条，第1860页。

被俘,自己也几度险遭不测,造成了他极端害怕金人的心理障碍,也就是明人王世贞所谓的"气夺"。在他看来,如果继续对金战争,不仅不能收复中原失地,而且对南宋政权的存亡也始终是一个威胁。那么,历史上是否有这样一位雄才大略、有作为、有抱负的封建政治家,面对金人的不断南侵,在敌强我弱的形势下,为了捍卫国家和民族的利益,拒绝议和,拒绝亲情,与之血战到底? 我们实难以找到这样的人。对于高宗而言,如果与金人议和,能够偏安一隅,既是一个必然的选择,也是一种无奈之举。

这里有必要指出的是,当时的南宋,患有这种"恐金病"的不仅仅只有高宗,几乎是一种普遍现象。后人往往只看到某些官员特别是理学官员高谈阔论、义正辞严的抗金主张,便认为坚持抗战是朝廷上下的主流民意,向金人屈辱妥协只是高宗、秦桧等少数人而已。实际上,多数主张抗战到底的官员,并不十分清楚当时的国情,也提不出战胜敌人的办法,只是为了表明自己的爱国情怀而已,内心深处同样十分害怕金人。对此,绍兴五年(1135)三月,端明殿学士致仕翟汝文说得非常透彻,他说:

> 朝廷无远略,无定论,无腹心谋议之臣,三者不立,何后之善? 自金人蹁籍中国,乘舆越在裔土,虽西晋戎兵之祸,唐室安史之乱,不至于此。自建炎傲扰,今九年矣,天下日苦于兵,而战守之计初未定也,经国规模犹未立也。将相大臣,每至防秋,则豫谋避地之计,至春则泰然安肆如无事之日。敌至与众同惧,敌退与众同喜,如斯而已。所谓御敌者,臣不识也。①

面对这种抗金局面,更加坚定了高宗向金人屈辱和妥协的决心。

四是为抑制武人势力崛起的需要。高宗对于三大将兵力的壮大,可以说既高兴,又担忧。高兴的是抗击金兵南侵的力量增强了,担忧的是害怕武人势力随着战争的不断深入而进一步壮大,会威胁到自己的统治,甚至造成

---

① 《系年要录》卷八七,绍兴五年三月癸卯条,第 1502—1503 页。

比金人南侵更为可怕的局面。而要抑制武人势力的发展,就要停止与金人的战争,以减少用兵的压力。

此外,高宗作为一个帝王,毕竟也有骨肉之情,如果他不去考虑如何使被俘的母亲返回南宋,也不合常情。何况,十几年来,有关韦氏的丑闻不断传来,也使高宗深感难堪和不安。如果继续战争,肯定有投鼠忌器之虑。这恐怕也是他迫切希望早日结束战争的一个原因。

总之,当时的南宋,无论在经济上或军事上等各个方面来说,收复北方失地的条件并不成熟,其出路只有两条:一条是继续维持庞大的军队,坚持与金人进行时断时续的战争,既不称臣,也不割地和交纳岁币;一条是付出一定代价,与之议和。

对于前者,可以保住国家的面子,维护民族的尊严,但北方失地依然在金人手中,连年战争使百姓不得安宁,巨额军费更是不堪重负。长此以往,国家有被拖垮的危险。对于后者,割地和岁币就不可避免。在当时的形势下,以土地换和平,使南宋政权在江南站稳脚跟,对于继承和发扬宋文化,使南方经济免遭破坏而继续发展,乃至一旦形势有变,为收复中原失地带来某种可能,都具有一定意义。

因此,对"绍兴和议"的评价,应该从两个方面来看:若从和议的具体内容而言,当然不值得肯定。但若从当时的客观形势看,与金人议和确有其不得已而为之的一面,从议和以后对宋、金两国的社会发展看,更有其积极的一面。

那么,时人怎样看待南宋与金朝议和这件事呢? 占南宋人口绝大多数的农民和手工业者,受社会地位所限,当然不可能有发言权。所以主要看士大夫的态度。南宋中期人吕中说:"向者之和,贤士大夫并起而争之,今则无一人言之矣。"①此话可以有两种理解:一种以为是高宗和秦桧在政治上的高压所致。一种是人们目睹宋、金在战场上的反复较量,认识到自己力量的

---

① [宋]吕中:《类编皇朝中兴大事讲义》卷一〇《诸将奏捷、秦桧主和》,上海人民出版社 2014 年整理本,第 601 页。

不足,不得不接受这一和议的现实。孝宗朝宰相赵雄以为:"时桧主议甚力,自大臣宿将,万口阿附。"①足见与金人议和,已成为当时多数士大夫的共识,不能只责怪高宗和秦桧两人。

造成这种一边倒的原因何在? 著名事功学者叶适,目睹后来张浚北伐的失败和"隆兴和议"的签订,对孝宗谈了自己对宋、金议和的看法,他说:

> 今天下非不知请和之非义矣,然而不敢自言于上者,畏用兵之害也;其意以为一绝使罢赂则必至于战,而吾未有以待之故也。乃其以为不可而敢自言于上者,此非真知其义之不可也,直媒之以自进也,非可用以当虏也。故真知其义之不可者,皆内愧窃叹而不敢言者也。②

尽管叶适所处时代的宋、金议和,与绍兴年间的宋、金议和情况有所不同,但实质都是一样。叶适认为,虽然大家都认为议和之非,但不议和则必战,因为国家尚未做好与金战争的准备,所以害怕战争,只得同意议和。反之,那些向朝廷提出反对议和的人,他们并不理解为何要议和的道理,只是为了借抗金口号以"自进",实际上对抗金无益。叶适的话,深刻地揭示了当时人们同意或反对议和的真实思想。对于那些高谈阔论抗金,却不顾宋、金双方力量对比,不顾长期战争的后果,又拿不出具体措施以确保抗金斗争取得胜利的所谓抗战派官员来说,不啻是一种批评。

明清时候的不少学者,通过对"绍兴和议"历史性的考察,谈了自己的认识,值得我们参考。如明代学者郎瑛(1487—1566)以为:

> 先生丘文庄公浚尝云:"秦桧再造南宋,岳飞不能恢复……"时以为确论也……丘盖原其情而论其时,知其必难矣,非以少岳也。以桧再造

---

① [宋]赵雄:《韩忠武王世忠中兴佐命定国元勋之碑》,收入[宋]杜大珪编:《名臣碑传琬琰集》上,卷一三,影印文渊阁《四库全书》本,第450册,第110页。
② [宋]叶适:《叶适集·水心别集》卷四《外论二》,第687页。

南宋,此则计孝宗之时,算其犒军之费止得十有三番,故难恢复……夫以孝宗之时尚财用之不足,高宗草创固可知矣。使急于用兵,徒促沦亡。故南渡以来虽多良将,帝常为贼驱;和议之后敌缓民养,国方有久立之规,是桧之心虽私而和之事则当。岂非鬼神阴有以成宋家之天下耶?丘盖原其事而究其理,非以右桧也。①

清代学者钱大昕(1728—1804)也说:

宋与金仇也,义不当和,而绍兴君臣主和议甚力,为后世诟病。厥后张浚、韩侂胄志在恢复,讫无成功。及金人为蒙古所困,真西山(按:即真德秀)奏请绝其岁币,嗣是金人索岁币,连岁犯边。以垂毙之金,与宋决战,宋犹未能得志,其国势积弱可知矣。然则从前之主和,以时势论之,未为失算也。②

另一位清代学者赵翼(1727—1814)对"绍兴和议"更持肯定的态度,他说:

义理之说与时势之论往往不能相符,则有不可全执义理者。盖义理必参之以时势,乃为真义理也。宋遭金人之害,掳二帝,陷中原,为臣子者固当日夜以复仇雪耻为念,此义理之说也。然以屡败积弱之余……而欲乘此偏安甫定之时,即长驱北指,使强敌畏威,还土疆而归帝后,虽三尺童子知其不能也。故秦桧未登用之先,有识者固早已计及于和……即专任韩、岳诸人,能必成恢复之功乎,亦未必能也。故知身在局外者易为空言,身在局中者难措实事。秦桧谓诸君争取大名以去,如桧但欲了国家事耳。斯言也,正不能以人而废言也……是宋之为国,始终以和议而存,不和议而亡。盖其兵力本弱,而所值辽、金、元三朝,

① [明]郎瑛:《七修续稿》卷三《武穆不能恢复,秦桧再造南宋》,上海书店出版社2001年标点本,第563页。
② [清]钱大昕:《十驾斋养新录》卷八《宋季耻议和》,江苏古籍出版社2000年点校本,第164页。

皆当勃兴之运,天之所兴,固非人力可争,以和保邦,犹不失为图全之善策。而耳食者徒以和议为辱,妄肆诋諆,真所谓知义理而不知时势,听其言则是,而究其实则不可行者也。①

郎瑛是一位淡于进取,气节凛然的学者;钱大昕是一位力主"不虚美、不隐恶为良,美恶不揜,各得其实"②的史家;赵翼更是一位颇有名族气节的史家。他们一方面否定高宗君臣签订"绍兴和议"的主观动机,另一方面又肯定议和的客观效果,以为宋、金和议是在敌强我弱形势下一个不得已而为之的"图全之善策",应该说都有一定道理,值得至今仍对只执义理而不顾时势者深思。退一步说,只有南宋存在,今后收复中原,一雪"靖康之耻"才有一丝希望,否则一切都无从谈起。

再从和议的结果来看,它使大规模的战争得以停息,使人世间最可宝贵的财富——人的生命免遭牺牲,也使南宋政权站稳了脚跟,有了等待时机报仇雪耻的可能。在和平环境下,两国不仅各自获得了经济的恢复和发展,双方还陆续在边境地区开设榷场,进行广泛的互市贸易。特别要指出的是,随着双方百姓往来的增加,有利于汉文化特别是儒学的北传,两国的风俗习惯、宗教信仰、语言服饰、生产经验也通过交流而互相影响,从而促进了女真族和汉族的民族融合和社会进步。

平心而论,人们如果排除义理史观的局限,民族情绪的影响,从郎瑛、钱大昕和赵翼对"绍兴和议"的评价来看,从和议有利于宋、金两国政治、经济和文化的发展来看,"绍兴和议"确实有其值得肯定之处。可是,有个别学者却将高宗的主观意图和"绍兴和议"的客观效果混为一谈,指出持此种观点者是"为宋高宗、秦桧等人评功说好",甚至扣上"宣扬投降主义"③的政治帽子。可见赵翼昔日对"知义理而不知时势"者的批评,在今天仍有其现实

① 〔清〕赵翼:《廿二史札记校证》(订补本)卷二六《和议》,中华书局1984年点校本,第552—553页。

② 〔清〕钱大昕:《潜研堂集》卷二四《史记志疑序》,上海古籍出版社1989年点校本,第396页。

③ 参见何忠礼《史学批评要坚持实事求是的原则》,载《中国史研究》2002年第4期。

意义。

三、太后韦氏返国和对南宋政治的影响

在"靖康之变"中,高宗生母韦氏与徽、钦二帝及其他后妃、皇子、帝姬(公主)、驸马、宗室等一起,被俘虏到了金朝,先至燕京,后到会宁府以东的五国城。这些被俘之人,男的如果没有一技之长,多成为奴隶,女的则受尽了蹂躏和耻辱。对此,《燕人塵》有一段扼要的记述:

> 天会时掠至宋国男、妇不下二十万,能执工艺自食力者颇足自存。富戚子弟降为奴隶,执炊牧马,皆非所长,无日不撄鞭挞。不及五年,十不存一。妇女分入大家,不顾名节,犹有生理;分给谋克以下,十人九娼,名节既丧,身命亦亡。邻居铁工,以八金买倡妇,实为亲王女孙、相国侄妇、进士夫人。甫出乐户,即登鬼录,余都相若。①

尤其是宋室的后妃和帝姬,她们作为金人的重要猎物,一出宫门,便成了"瓮中人",有的在遣送途中就因遭奸污而自尽,有的被"献俘分赏",成了女真贵族和诸将的妻妾或婢女。最后一批女俘,被送往上京会宁府洗衣院。这个洗衣院名为劳役之所,实际上是供女真贵族出入淫乐之地,其中稍有姿色的女俘,就被他们带走成为妻妾。钦宗皇后朱氏,就是因为在洗衣院不堪折磨,"归第自缢,苏,仍投水薨"②。徽宗和皇后郑氏、高宗皇后邢氏等人被迁至五国城。不久,郑氏便受折磨而死,徽宗在稍后的绍兴五年(1135)遭虐待而死,邢氏等不到破镜重圆之日,也于绍兴九年含屈而死,年仅三十四岁。总之,所有三宫女俘没有一个人能逃脱被金人污辱和摧残的厄运。

韦氏被掳时,年三十八岁,对于一个过着养尊处优生活的妃子来说,应

---

① 《靖康稗史笺证》六《呻吟语》附录,第199页。
② 《靖康稗史笺证》六《呻吟语》,第209页。

该不会显得太老,所以很快便成了押解她的金贵族盖天大王完颜宗贤的妻妾,并且还生下两个儿子①。韦氏的这一情况,徽、钦二帝和众多被俘后妃、帝姬或亲眼所见,或有耳闻。对此,南宋人确庵、耐庵在咸淳三年(1267)所编之《靖康稗史》中有着确切记载。该书既有确凿可信的政府公文,又有作者的亲身经历,史料价值颇高。可是,因为书中不少内容来自口述,难免记忆有误而造成时间抵牾或事件舛误,加上南宋官方的有意贬低,故长期以来,人们多言其是金人编造的"稗书"而不予相信。

"绍兴和议"签订后,作为副产品,金方于绍兴十二年八月归还了徽宗帝后梓宫和韦氏。两具梓宫抵达南宋后,随即"承之以椁",归葬于会稽攒宫。不过,当南宋灭亡后,元朝江南释教总统、西域僧杨琏真伽在盗发攒宫诸陵时,在梓宫里并未见到两人的尸骨,分别只有"朽木一段"和"木灯檠"一具而已②。据说先前安葬时,已有人怀疑棺内非徽宗帝后尸骨,只是不愿意看到真相,所以没有打开,以免自讨没趣。火葬本是女真人的习俗,因此南归的两具梓宫内没有尸骨也属正常现象。

韦氏究竟是怎样一个人?本书在前面已经有所介绍,下面再略叙她返回南宋前后之事。据《宋史·后妃下》记载:

> 韦妃将还,(乔)贵妃以金五十两赠高居安,曰:"薄物不足为礼,愿好护送姊还江南。"复举酒酌韦氏曰:"姊善重保护,归即为皇太后;妹无还期,终死于朔漠矣!"遂大恸以别。③

乔贵妃对韦氏而言,本有提携之恩,韦氏返国后,完全有条件以重金帮助她南归。可是,韦氏后来竟不顾昔日情分,不肯拯救她出苦海。乔贵妃可能早已洞察到韦氏的为人,遂使她有"终死于朔漠矣"的预感。同时也反映

---

① 参见何忠礼《环绕宋高宗生母韦氏年龄的若干问题》,载《文史》1994年第39辑,中华书局1994年出版。

② [宋]周密:《癸辛杂识》后集《徽宗梓宫》,中华书局1988年点校本,第59页。

③ 《宋史》卷二四三《后妃下·乔贵妃传》,第8643—8644页。

了韦氏确有见不得人的隐情为他人所掌握。

韦氏虽然回銮,但她在金方的再婚和生子,一直使她五味杂陈,成为挥之不去的一个阴影。《系年要录》在绍兴十二年八月二十二日韦氏返回国门的当夜,有这样一段发人深省的记载:

> 皇太后还慈宁宫。太后聪明,有远虑。上因夜侍慈宁,语久,冀以顺太后意。太后令上早卧,且曰:"听朝宜早起,不然,恐妨万几。"上不欲遽离左右,太后遂示以倦意。上不得已,恭揖而退。太后复坐,凝然不语。虽解衣登榻,交足而坐,三四鼓而后就枕。①

韦氏在金朝生活了十六年之久,一朝脱离苦海,回到南宋成为太后,尽享荣华富贵,理应非常高兴。当晚与久别重逢的儿子偶作长夜之谈,亦非过举。可是她却如此郁郁寡欢,心神不宁,若有所失,直到半夜过后才睡。正因为有这种难言之隐和对远在异国他乡两个儿子的惦念,才使她会有这种反常的表现。据说韦氏回到南宋不久,"欲出家,故终身于宫道服也"②。在日常生活中,她对高宗皇后吴氏的处处讨好,实在也出于无奈。至于她回国后不肯帮助乔贵妃南归,也与她为防止隐私泄漏有关。

按理说,韦氏回到南宋,本是一件平常事,可是由于她的特殊身份和经历,给南宋绍兴年间的政治等各个方面都带来了很大影响。

首先,增强了南宋统治集团内部妥协派的势力。

对于韦氏来说,"靖康之变"推翻了北宋王朝,神州萧条,生灵涂炭,丈夫徽宗惨死朔漠,自己也身受其祸,本与金人有不共戴天之仇。可是,由于她在金朝的经历,使她对金人的态度产生了微妙的变化。

绍兴十二年六月,韦氏在其女真丈夫完颜宗贤的护送下,离开燕山南归。南宋获知消息,即命参知政事王次翁和韦氏之弟韦渊前往边境迎接。

---

① 《系年要录》卷一四六,绍兴十二年八月壬午条,第 2477 页。
② 《七修类稿》卷四七《宋后道服》,第 498 页。

八月初,韦氏一行抵达淮水,声言出发前曾"称贷于虏之副使",计三百金,"约至对境倍息以还",要南宋官员立即偿还对方六百金。王次翁"虽所赍甚厚,然心惧秦(桧)疑其私相结纳,归欲攘其位,必贻秦怒,坚持不肯偿",双方"相持界上者凡三日"。后由秦桧妻兄、江东转运副使王晚支付了这笔钱,韦氏才"即日南渡"①,于二十二日抵达行在临安。实际上,韦氏之三百金,乃在她离金前众人"公赠"所得,并非向金副使称贷而来,此举不过是为了急欲赠给她现在的丈夫完颜宗贤的一笔厚礼而已。

韦氏回南宋登上皇太后宝座后,仍与金人保持着藕断丝连的关系,从而使她成为高宗、秦桧屈辱路线的最大支持者。秦桧更是受到重用,升官进爵有加。从此以后,皇帝、母后、权相三位一体,处处唯金人之命是从,从而进一步加强了南宋统治集团内妥协派的势力。

其次,极大地增加了南宋国家的负担。

"绍兴和议"的巨额岁币,在很大程度上是为她而付出,故有学者以为:"韦氏太后,乃有史以来代价最高与影响最大之女性。"②除此以外,韦氏回国后,不仅只字不提自己在金方的遭遇,反而继续向金统治者献殷勤,"岁遗金主之后礼物亦以巨万计"③。这一"岁遗",根本没有列入宋、金议和条款之中,如此以德报怨,与对待乔贵妃的态度完全判若两人!高宗每年给她经费数量之巨,也令人咋舌,对此本书将在后面再论。绍兴二十九年(1159),韦太后病死,高宗遣使向金人告哀,并根据她的遗愿,送所谓"遗留物"给金朝,计有:金器二千两、银器二万两、银丝盒十面(各实以玻璃、玉器和香药)、青红捻金锦二百匹、玉笛二管、玉觜栗直管、玉箫一攒、象牙柏板一串、象牙笙一攒、缕金琵琶一副、缕金龟筒秸琴一副、象牙二十株等④。这里不仅反映了韦氏生前生活的豪华和奢侈,也可窥知她对金人确实怀有一种特殊的

---

① 《挥麈录》后录卷一一《王庆曾畏秦会之不为显仁偿虏使金会之卒喜》,第172—173 页。
② 李安:《岳飞事迹考》,台北正中书局1972 年第2 版,第266 页。
③ 《系年要录》卷一四六,绍兴十二年九月甲寅条,第2490 页。
④ [宋]周煇撰,刘永翔校注:《清波杂志校注》卷六《遗留物》,中华书局1994 年校注本,第269 页。

感情。

第三,为防止韦太后在金朝的隐私扩散,使许多知情人受到迫害。

高宗为掩盖其母在金方的隐私,可谓无所不用其极。首先是袭用秦桧故伎,在年龄上耍花招①,将她的年龄增加十岁,又屡屡率群臣为她祝寿,并将这种庆典载入史册②,以此表明被俘时年已四十八岁的韦氏,不可能还会有下嫁生子的事情发生,有关传说,只不过是金人"继造秽书,以辱宋康"③而已。与此同时,对一些知情者,高宗母子也动辄生疑,横加迫害,即使对韦氏亲弟韦渊也不例外。史载,绍兴十七年四月的一天,韦太后朝景灵宫,其弟平乐郡王韦渊见后,"出言诋毁"。高宗立即命殿中侍御史余尧弼在他家中鞠治。"渊具伏诬罔。后六日,责宁远军节度副使,袁州安置"④。按景灵宫为安放宋朝历代帝王、后妃的神御(死者的画像或塑像)之所,已经下嫁金人的韦氏,当无资格前往朝拜,更无颜见到徽宗等的神御,这就是粗鲁、率直的韦渊对其"出言诋毁"的原因。再一个是柔福帝姬(公主)的悲惨遭遇。建炎四年(1130)八月,柔福帝姬自金方逃归,至越州。尚在温州的高宗派熟识帝姬的入内内侍省押班冯益、宗妇吴心儿,前往验视,确认无误后,"乃取入宫,封福国长公主"⑤。此后,高宗赐予她邸宅一区,银帛无数,"每月料钱增为七百千"⑥,各种优待备至。由于帝姬早年在金朝时,曾与韦氏在一起,知道韦氏下嫁金贵族的底细。因此,当韦氏回国后与她一见面,就立即"文之以伪"⑦,将她投入监狱,重杖打死。至于一般官员,因知道韦氏在金朝情况而受到迫害之人就更多,本

---

① 《挥麈录余话》卷二《秦桧之擢张师言》:"靖康初,秦桧之自御史乞祠,归建康,僦舍以居。适当炎暑,上元宰张师言昌访之,会之语师言:'此屋粗可居,但每为西日所苦,奈何得一凉棚备矣。'翌日未晓……则松棚已就……会之大喜……已而拜相,时师言年逾七十,会之于是就官簿中减去十岁,擢知楚州。"

② 按宋代举行群臣为皇太后贺生辰的庆典,始于韦氏。详见《朝野杂记》甲集卷一《显仁皇后》,第34页。

③ 《靖康稗史笺证》六《呻吟语》,第215页。

④ 《系年要录》卷一五六,绍兴十七年四月甲寅条,第2679页。

⑤ 《系年要录》卷三六,建炎四年八月戊寅条,第708页。

⑥ 《系年要录》卷三九,建炎四年十一月辛酉条,第759页。

⑦ 《四朝闻见录》乙集《柔福帝姬》,第84页。

书将留待后述。

第四，严禁撰写私史，大力推行文化专制主义。

宋朝对待以士大夫为主体的知识分子，政治上尚称宽厚，故文禁不密，只要不是主观上怀有推翻政权的意图，撰写史文比较自由。今天人们常将北宋元丰年间的"乌台诗案"称为"文字狱"，实际上它只是政治斗争的衍生物，并非真正因文字得罪。如果当时的苏轼没有卷入新旧党争，仅仅凭这样一首诗，绝不会有牢狱之灾。绍兴年间的禁私史，原因虽与之不同，但同样是一定的政治原因所致，与单纯的文字狱不完全相同。

两宋之交，政治斗争风云变幻，民族矛盾空前尖锐，为私人修史提供了丰富的史料，各种野史杂说应运而生。仅徐梦莘在《三朝北盟会编》一书中所征引的书，就达二百种以上。但是，这种情况自韦氏返回临安后发生了变化。绍兴十四年四月，秦桧首先向高宗提出禁野史。高宗道："此尤为害事。如靖康以来，私记极不足信……朕向尝论范仲修《徽宗实录》，唯当政事之大可为法者，其细事自不必书。大抵史官须有经学，乃可用也。"①两人的对话，表面上说的是修史，实质上都心照不宣，目的是借修史说事，禁绝一切私史，以防止与韦太后隐私有关的"秽书"传播。后来可能由于措施不够得力，收效不大。绍兴十九年（1149）十二月，登第不久的秘书省著作佐郎林机，为表示对高宗的忠心，借与高宗面对的机会（因为有些话，只能口述，不便形成文字），提出禁绝私史的建议，他说：

> 访闻有异意之人，匿迹近地，窥伺朝廷，作为私史，以售其邪谋伪说。臣若知而不言，则异日害正泪真之患，臣实任其咎。欲望密加搜索，严为禁绝。

林机的话，说得非常隐晦，可以说是话中有话。这可能是原话，但高宗能够意会，也可能是史官加工后所形成的文字。高宗听后有点紧张，立即告诉秦

---

① 《皇朝中兴纪事本末》卷六三，绍兴十四年四月辛巳条，第 1179 页。

桧:"此事不应有,宜行禁止,许人陈告,仍令州县觉察,监司按劾,御史台弹奏,并取旨优加赏罚。"①措施之严厉,行动之迅速,真是不同寻常,完全超出"祖宗家法"之外。于是在全国范围内开始大规模严禁私史,并掀起了一股告密风,大小文字狱骤起。秦桧更借禁私史的机会,大肆打击异己。昔日的李光因与他政见不同,先被罢去参知政事,这次便以与人"诗赋唱和,讥讪朝廷"②而被编管昌化军(海南儋县)。其家原有藏书万余卷,皆付一炬。李光一案震动南宋朝野,大批私史被销毁,或在史馆被篡改,许多士大夫也因此获罪。

对于这次私史之禁,有人以为是高宗、秦桧一伙怕朝廷勾起昔日的党争而采取的措施。也有人以为是秦桧为湮没岳飞的抗金功迹而为。这些看法虽然都有一定道理,但更为重要的原因,无疑与借禁私史以掩盖韦氏在金朝的隐私有关。

第五,使钦宗与众多被掳北去的皇室成员不能南归。

这次和议与绍兴八年曾经一度达成的和议相比,除了更加苛刻以外,还有一个重要区别,就是没有提及钦宗南归的问题,致使他被金朝扣留三十年,直到绍兴二十六年(1156)六月死于朔漠③。这种情况,在中国历史上实属罕见。

那么,钦宗至死不能南归的原因是什么?若以常识判断,不外乎两个方面:一是金朝不同意遣返他;二是高宗不希望他南归。

金朝不同意遣返钦宗,无非是害怕他回归南宋后要报仇雪耻,造成对自己不利的局面。实际上,这是过高地估计了被废弃多年、已经很少有利用价值的钦宗。金人完全明白,在高宗多次卑躬屈膝地进行求和活动的情况下,即使放归钦宗,也改变不了宋、金关系的大局。所以到绍兴十三年,就"有归钦宗及诸王、后妃意"④,宋廷对此却不作回应。纵观高宗一朝历史,宋、金

---

① 《系年要录》卷一六〇,绍兴十九年十二月壬子条、甲寅条,第2754页。

② 《宋史》卷三六三《李光传》,第11342页。

③ 《金史》卷五《海陵纪》载:正隆元年(1156),"六月庚辰,天水郡公赵桓薨",第106页。

④ 《宋史》卷四七三《奸臣三·秦桧传》,第13759页。

之间使节往来不断,但南宋从未主动向金朝提出过归还钦宗等人的要求。绍兴二十一年(1151),参知政事巫伋充祈请使使金,他感到无可"祈请",便自作主张,向金人提出"乞迎请靖康帝归国"①的请求。巫伋返国后却以此得罪,被秦桧以"阴怀异意,以摇国是"②劾罢,由此也可以看出高宗对钦宗南归的态度。

有一种说法是李大亮在《征蒙记》中的记载,言宗弼在临终前曾有遗言,不让钦宗南归:

> 吾没后,宋若败盟,推贤用众,大举北来,乘势惑中原人心,复故土,如反掌,不为难矣。吾有术付汝等,切宜谨守,勿忘吾戒。如宋兵果举,势盛敌强,择用兵马破之;若制御所不能,向与国朝计议,择用智臣为辅,遣天水郡王安坐汴京,其礼无有弟与兄争。如尚悖心,可辅天水郡王并力破敌。如此,又可安中原人心,亦未深为国朝患害。③

意谓金人要将钦宗作为对抗高宗的筹码,故不放他回南宋。实际上,这里的所谓宗弼遗言,完全经不起推敲:一是钦宗蒙受如此奇耻大辱,怎么还有颜面去做金人卵翼下的张邦昌、刘豫第三? 二是即使钦宗敢于这样做,也会彻底失去宋人之心,根本谈不上"其礼无有弟与兄争"一说。三是宗弼死于金熙宗皇统八年(1148,南宋绍兴十八年),因何到"绍兴和议"签订以后七年,才来说起这件事? 所以宗弼云云,纯系好事者虚构和猜测,不可凭信。

那么,高宗为何不让钦宗回来呢? 直到今天,一般的看法仍认为是"怕钦宗回来和他争夺帝位"④,这种看法,恐怕受到明朝学者文徵明在嘉靖九年(1530)所撰那首《满江红》词的影响有很大关系,该词云:

---

① 《会编》卷二一九,绍兴二十一年九月条,第1574页。
② 《系年要录》卷一六三,绍兴二十二年四月丙子条,第2657页。
③ 《系年要录》卷一五四,绍兴十五年十月条小注,第2637页。
④ 尚钺:《中国历史纲要》,人民出版社1980年出版,第235页。

拂拭残碑,敕飞字,依稀堪读。慨当初,倚飞何重,后来何酷! 果
(岂)是功成身合死,可怜事去言难赎。最无辜堪恨更堪怜(悲),风波
狱! 岂不念,中原(封疆)蹙;岂不惜(念),徽钦辱。但(念)徽钦既返,
此身何属? 千古(载)休夸(谈)南渡错,当时自怕中原复。笑区区一桧
亦何能,逢其欲。①

文徵明之所以会有这个看法,是他从发生在本朝景泰八年(1457)正月,早些
年被瓦剌放回的明英宗,通过"夺门之变",从景泰帝手中夺回帝位的历史事
件中,作出的一种推断。实际上,南宋不同于明朝,宋钦宗也不同于明英宗,
宋高宗更不同于景泰帝,他们并无可比性。其一,按照赵宋一代的"祖宗之
法",对包括亲王在内的宗室管制极严,不允许他们干预政事,交通大臣,所
以钦宗即便回来,也只能坐享厚禄,形同系囚,绝对构不成对高宗帝位的威
胁。正如前引王世贞所言:"即归,而帝不解以一虚名居之别宫耶?"与此相
反,已经退位的明英宗,却仍然住在南宫,并和昔日旧臣多有交通,从而使他
具备了东山再起的机会。其二,钦宗在位时间仅一年多,朝廷内外缺乏自己
一手扶植起来的亲信。明英宗却不然,他前期在位时间长达十四年,朝廷上
下、宫廷内外,潜伏着一股支持他复辟的巨大势力。至于高宗,他作为南宋
的创建者,满朝文武百官以及后宫、内侍全是他的亲信,帝位可以说固若金
汤,钦宗即使能回来,也是孑然一身,根本无力与之抗衡。

因此,钦宗至死不能南归,当有其他多个原因:一是与高宗在靖康元年
(1126)几次三番被钦宗派往金营,几陷其性命于不测的关系极大。由此造
成了对钦宗的隔阂和怨恨,在这样的情况下,他当然不会积极、主动地设法
让钦宗南归。二是为了不使钦宗回来后,大批被掳北去的宋人也随之南归,
使其母韦氏在金朝的隐私扩散。高宗不仅不让钦宗南归,也不让与皇位继
承问题毫无关系的嫔妃、帝姬、驸马等人回来,由此也足以说明其中的原因

---

① 按:该词不见于文徵明《甫田集》,据清修《岳庙志略》卷一记载:清嘉庆五年(1800),阮元
重修杭州岳庙时,在"墓西流芳亭废址土中掘得旧碑数种","又续得文徵明《满江红》半截断碑",现
在该断碑已经修复,并保存在杭州岳庙的碑林中。今据《四库》本校改。

所在。

不过,钦宗不能南归,可能还有一个间接原因。徽宗政和七年(1117),时为皇太子的钦宗,生下一子,名谌,封为"嫡皇孙",实"祖宗以来所未有"①。后来钦宗又生子训。"靖康之变"时,已被封为皇太子的赵谌和弟赵训,皆被金人俘掳北去。钦宗在金朝时,可能还生有其他子女。可是,高宗却终生无子嗣。如果让钦宗南归,钦宗自己虽无复辟的希望,曾经做过皇太子的赵谌和其他皇子,作为近亲,却很有可能在高宗死后被群臣拥立为帝。高宗为防止这一情况的发生,当然也不愿意钦宗和其他被俘之人南归。

---

① 《宋史》卷二四六《宗室三》,第 8729 页。

第六章　高宗的收兵权和杀岳飞

　　在高宗一生中,他的收夺兵权、杀害岳飞、签订"绍兴和议"是相互间有着密切联系的三件大事,这些皆深受后人诟病。实际上,这三件大事既有联系,又有区别,对其评价也不可一概而论。

　　以收夺兵权而论,历史经验告诉我们,凡是兵权分散,没有直接掌握在朝廷手中,在战时就难以形成合力,容易产生相互推诿或勾心斗角的情况。在平时,轻者会拥兵自重,重者则有尾大不掉之患。因此,无论是北宋立国之初的太祖,或是南宋立国之初的高宗,他们收夺兵权,都有其一定的合理性和积极意义,毕竟让武将拥兵自重的结果,最后必定造成割据和叛乱,从而给人民群众带来深重的兵燹之灾,使社会经济出现大倒退。所以,宋朝的收夺兵权与"重文抑武"两者虽有一定联系,也有很大不同。我们有必要对高宗收夺兵权的历史背景和原因作一个全面了解。

　　杀岳飞,是高宗一生最大的罪孽,也是中国历史上最著名的一桩冤案。宋朝刑政比较宽厚,南宋尤甚,即使对武人,只要他不参与叛乱,就是打了败仗,一般也不会遭到杀戮。秦桧专权时期,凶焰甚炽,但官员中直接遭到杀害的人却极少。可是岳飞战功卓著,作风正派,军纪严明,爱国心切,高宗却为何要自毁长城,将他杀害?以往学者对此虽提出了不少看法,但大都从颂扬岳飞的爱国主义精神出发,认为是他坚持抗金,反对与金人屈辱议和的结果,此话虽然没错,但缺乏对宋朝"重文抑武"这一基本国策的认识,只是追求高宗的个人责任,就显得不够全面。至于说到岳飞遇害的主观原因,则大多不愿深入探究,以免有损民族英雄的形象。因此,我们有必要排除感情纠结,对岳飞遇害的主观原因同时作出深入分析,以还原历史真相。

第一节　绍兴前期,武人势力的崛起及其危害

一、武人势力的崛起

南宋建立后,十余年间,抗金形势发生了很大变化,军事力量由弱转强,基本上改变了"帝被贼驱"的被动局面。绍兴十一年二月,当金兵再犯淮西时,高宗对大臣言:

> 中外议论纷然,以虏逼江为忧。殊不知今日之势,与建炎不同。建炎之间,我军皆退保江南,杜充书生,遣偏将轻与敌战,故敌得乘间猖獗。今韩世忠屯淮东,刘锜屯淮西,岳飞屯上流,张俊方自建康进兵前渡。虏窥江,则我兵皆乘其后。今虽虚镇江一路,以檄呼虏渡江,亦不敢来。①

宋、金间这种军事力量的变化,主要依靠前方将士的浴血奋战,自不待言。

南宋与金人的战争,不仅时间长,战场多,规模和复杂性都远远超过了宋朝立国以来任何一次对外战争。与此同时,国内形势也十分险恶,游寇横行,民变及兵变蜂起,皆成心腹大患。因此,南宋政府面对国内外的这种形势,只得放松对军队的控制,给带兵将领各种优待和权力,以换取他们的死力。

在军事上,建炎、绍兴前期的主将,可以自行扩军,自行决定战略战术的变化,还一度在局部地区推行类似于藩镇的镇抚司制度。其部下一般只听命于主将而不服从于朝廷,故普遍有"身系于主"的"部曲"之称。如高宗在

---

① 《系年要录》卷一三九,绍兴十一年二月丙子条,第2349页。

绍兴四年（1134）十月所下的一道诏书中公开承认：“今四川士马，不过是（吴）玠部曲耳。”①有些地方，甚至将“部曲”和“禁兵”作了区分。如绍兴六年三月，有臣僚奏称，“王彦移镇荆南，尽将其部曲以行，惟存禁兵数十人而已”②。至于称韩世忠、张俊和岳飞的军队为他们部曲的记载，更是比比皆是。人们对三大将所率军队，又有张家军、韩家军、岳家军等称号。从中可以看出，这时候主将和士兵结合之深，已接近于魏晋、南北朝时期酋帅和家兵的关系，此实为北宋以来所未有，当然绝不正常。

在政治上，作为主将的武臣，只要稍立战功，就能获得不次拔擢，许多官至武人的最高官阶节度使，少数人还被封为职官中的最高爵位——仅次于真王的郡王，如封张俊为清河郡王，韩世忠为咸安郡王，杨沂中为同安郡王。终高宗一朝，除近亲宗室和外戚外，文臣中只有秦桧在垂死当日，才被封为建康郡王，旋即令其致仕。在北宋，在世的文武大臣，无一人封为郡王。对于立功的士卒，按以前的情况，“则犒赐而已，或以金帛予之而已”。可是进入南宋以后，“自长行（按指军士）以上，皆以真官赏之”③，从而使武官队伍大为膨胀。

南宋将帅在政治上具有很大的发言权，如驻跸之地的选择，与金和战等大事，高宗都得征求他们的意见。有时候，高宗接见武臣的时间比文臣还长。在北宋，武臣在文臣面前，只能唯唯诺诺，不敢稍有不同意见，而南宋的主将对文臣就不那么尊敬，有的甚至当面加以指责。绍兴四年冬，高宗表示要亲征，此举获得宰相赵鼎的积极支持。刘光世对此却表示反对，他密遣属官对赵鼎道：“相公本入蜀，有警乃留，何故与他（指宋高宗）负许大事？”④岳飞则直面指斥宰相秦桧的议和活动：“金人不可信，和好不可恃，相臣谋国不臧，恐贻后世讥。”⑤这些都使秦桧等大臣感到不堪。此外，主将们经常替妻

①　《系年要录》卷八一，绍兴四年十月壬辰条，第 1369 页。
②　《系年要录》卷九九，绍兴六年三月戊辰条，第 1672 页。
③　《历代名臣奏议》卷四八，胡寅奏议，第 652 页。
④　《系年要录》卷八一，绍兴四年十月戊子条，第 1363 页。
⑤　《宋史》卷三六五《岳飞传》，第 11388 页。

妾、子女请求封号和官职,都无一不获允准。他们还干预驻地的行政事务,乃至向朝廷推荐州县长官和监司的任命。特别是张俊,因为他晚年主和议,高宗"眷之厚,凡所言,朝廷无不从,荐人为监司、郡守,带职名者甚众"。①

在经济上,除优厚的俸禄外,高宗为奖励战功和收买军心,不时赐予主将大批田宅和银绢。与之相比,文臣的待遇则大不如前。以俸禄论,"自渡江,宰辅已减俸三之一"。绍兴五年(1135)十一月,"赵鼎等复请于内,权减二分","于是行在官吏俸禄皆权减"②,两者一对比,文臣的失落感就更大。此外,军队还可以经营商业特别是酒业以获利。五代时,节度使等主将可以从事贩易,"率以致富"。北宋初年,"大功臣十数人犹袭旧风,太祖患之"。太宗即位后,"遂下诏禁止"③。可是,进入南宋,军队贩易的旧疾复发。绍兴五年二月,侍御史张致远言:

> 酒税,利源也,而诸将侵之。通都大邑,沽肆成市,巨艘成载,旗帜纵横,皆以军器回易为名。商贩之人,复请买牌历,假其声势,有司不能制也。④

官员胡寅也颇为不解地问高宗:

> 今煮海榷沽之入,遇军屯所至,则奄而有之。阛阓什一之利,半为军人所取。至于衣粮,则日仰于大农,器械则必取于武库,赏设则尽资于县官,此何理也?⑤

在经商方面,岳家军也不例外。岳飞在"鄂渚置酒库,日售数百缗。襄

① 《系年要录》卷一四〇,绍兴十一年六月戊辰条,第 2374 页。
② 《系年要录》卷九五,绍兴五年十一月甲申条,第 1621 页。
③ [宋]杨亿:《杨文公谈苑》卷三《禁节帅贩易》,大象出版社 2017 年《全宋笔记》本,第 8 编,第 9 册,第 17 页。
④ 《系年要录》卷八五,绍兴五年二月乙酉条,第 1433 页。
⑤ [宋]胡寅:《斐然集》卷一〇《转对札子》,中华书局 1993《理学丛书》本,第 223 页。

阳置通货场,利复不赀"。一次,高宗对秦桧道:"闻飞军中有钱二千万缗,昨遣人问之,飞对所有之数,盖十之九。人言固不妄也。"①绍兴十一年五月初十日,高宗命张俊、岳飞前往淮东按阅原韩世忠军马。次日,韩世忠将军中"钱百万贯、米九十万石、酒库十五(所)归于国"②。刘光世、张俊等人更是贪得无厌,不仅据贩易之利为己有,而且还大肆侵吞军费。史载,绍兴初,刘光世与宰相吕颐浩不和,要他每月支付军费二千万缗。吕颐浩讶其多,乞差官考核士兵人数。诏命人至军中点校,"终不得实"③。高宗没法,只得下诏州县,尽量搜括百姓以满足他的要求。与之相比,韩世忠军队人数与刘光世军队人数相当④,但韩军以钱一百万缗,米二十八万斛,即可"为半岁之用"⑤,足见刘光世克扣军费之巨。绍兴十二年,已解除兵柄多年的刘光世,在临终前,竟然还向朝廷提出"乞免其家科役"⑥的请求,可谓贪得无厌。武臣对土地也情有独钟,如韩世忠想买新淦县(今属江西)官田,高宗以其战功卓著,"克且无扰","御札特以赐世忠"⑦。张俊对土地的占有,更是达到疯狂的程度,他家每年所收租米就达六十万斛⑧。家中财富更是多得惊人,"每以千两(银)铸一球,目为没奈何"⑨。所谓"没奈何"者,就是窃贼也因银球太重而无法偷走。对此,明代学者陆深颇为感叹地说:"今浙西岂能着此富家也? 一隅偏安而有此,宋安得复兴耶?"⑩

二、武人势力崛起的危害

南宋初期武人势力的崛起,虽然使军事力量有所增强,但在朝廷无力对

① 《系年要录》卷一四一,绍兴十一年九月癸卯条,第 2392 页。
② 《宋史》卷三六四《韩世忠传》,第 11367 页。
③ 《宋史》卷三六九《刘光世传》,第 11482 页。
④ 绍兴二年十一月,据宰相吕颐奏称,当时刘光世和韩世忠军队人数皆为四万人。见《系年要录》卷六〇,绍兴二年十一月己巳条,第 1062 页。
⑤ 《系年要录》卷六三,绍兴三年三月壬午条,第 1113 页。
⑥ 《宋史》卷三六九《刘光世传》,第 11482—11485 页。
⑦ [宋]罗大经:《鹤林玉露》乙编卷二《旌忠庄》,中华书局 1983 年点校本,第 149 页。
⑧ 《系年要录》卷一三五,绍兴十年四月乙丑条,第 2260 页。
⑨ [宋]洪迈:《夷坚志》支戊卷四《张拱之银》,中华书局 2006 年点校本,第 1084 页。
⑩ [明]陆深:《俨山外集》卷四《河汾燕闲录》下,影印文渊阁《四库全书》本,第 885 册,第 31 页。

军队进行有效控制和指挥的情况下，势必会对南宋政权构成严重威胁，甚至有可能重蹈五代历史的覆辙，其危害性不容低估。其主要表现在以下几个方面。

一是各路大军形成了一个个针插不进、水泼不进的山头。

南宋初年的各路大军，本应和衷共济，互相声援，共克时艰。事实上却是矛盾重重，互为敌国。在平时，他们为壮大自己的兵力，或夺取各路安抚司所统军马，"并器甲钱粮，席卷一空"①；或相互招诱对方士兵，甚至为此发生火并。那些作奸犯科的士兵，也常钻这个空子，"故有此军作过而往投彼军者，今合为一，则前日之弊革矣"②。刘光世、韩世忠、张俊、岳飞四大将之间皆有隙，张俊对岳飞和刘锜的成见更深，他不时在高宗面前对他们进行诋毁。韩世忠与刘光世两人更是水火不相容，起因是建炎三年四月，苗刘兵变失败后，刘光世和韩世忠皆遣部将追击苗、刘。途中，光世部将王德"欲自致功名"③，杀死世忠亲将陈彦章，从此两军积下宿怨。绍兴三年四月，有人潜入刘光世军队驻地镇江府，焚其府库，"光世擒之，皆云世忠所遣。世忠屯登云门，光世引兵出，惧其扼己，改途趋白鹭店，世忠遣兵袭其后"。刘光世向高宗诉说此事，高宗无法可想，只能派人和解，"赐钱十万缗"④给刘光世了事。

二是军纪败坏，面对金兵入侵，或互相推诿，或借口逃遁。

这方面的表现，当以刘光世、张俊最为突出。张俊一军，"号曰自在军，平居无事，未尝阅习，甚至于白昼杀人而图其财者"⑤。建炎三年十二月，高宗在金兵追击下，浮海南逃。作为浙东制置使的张俊，拥重兵随高宗逃明州。在这艰难时刻，张俊不是考虑在明州如何与金人决战，而是"上奏乞海

---

① ［宋］李纲：《梁溪集》卷一○一《条具防冬利害事件奏状》，影印文渊阁《四库全书》本，第1126册，第256页。

② ［宋］熊克：《中兴小纪》卷二九，绍兴十一年四月癸巳条，福建人民出版社1985年点校本，第347页。

③ 《宋史》卷三六八《王德传》，第11448页。

④ 《宋史》卷三六九《刘光世传》，第11483页。

⑤ 《系年要录》卷一一四，绍兴七年九月辛未条，第1910页。

舟"，也想从海上逃跑，即为一例。

建炎四年六月，宋廷以刘光世为浙西安抚大使、知镇江府，然而他以为金人今秋必定会渡江，镇江首当其冲，所以不顾朝廷一再催促，就是赖在平江府不去莅职。对于这样一个"择便求佚，中外所愤"的庸将，高宗不仅"释不问"①，而且还加授他为宁武军节度使、开府仪同三司(从一品)，以将他打发到镇江赴任。八月，完颜昌围楚州(江苏淮安)，守将赵立遣人告急，朝廷先命张俊往援，张俊推辞说："敌方济师，挞懒善兵，其锋不可当。(赵)立孤垒，危在旦夕，若以兵委之，譬徒手搏虎，并亡无益。"②断然拒绝。再命刘光世赴援，高宗给他的手札达五次之多，他仍然消极应付，始终不肯渡江。诸军中只有通泰镇抚使岳飞前去救援，后因孤军作战，不敌而退。可是，后来刘光世却对岳飞倒打一把，竟上章言："若使岳飞等即时恭听朝廷指挥，克期前来，则承州之贼可破，楚州之围可解，乘机投隙，间不容发。飞等迁延五十余日，遂失机会。臣实不胜愤懑。今臣已将沿江应系来路严为把守，必不使南渡。"③这种颠倒黑白的伎俩，活画出刘光世这个老奸巨猾兵油子的嘴脸。

绍兴二年(1132)二月，高宗命刘光世移屯扬州，他又借口"恐邻寇有疑或致生事，愿仍领浙西以为根本之地"④而加以拒绝。后高宗破格任命他兼任淮南宣抚使，刘光世仍以乏粮为辞，不肯移屯淮扬。朝廷无法可施，只得在绍兴三年三月让他与韩世忠更戍，以韩世忠为淮南东路宣抚使，置司泗州(在江苏盱眙东北)，以刘光世为江东宣抚使，屯建康。

发生在武臣身上的这些现象，造成的后果十分严重，正如中书舍人季陵在建炎四年(1130)六月所指出：

今天下不可谓无兵，若刘光世、韩世忠、张俊者，各率诸将，同心而谋，协力而行，何所往而不克？然兵柄既分，其情易睽。各招亡命，以张

---

① 《宋史》卷三六九《刘光世传》，第11481页。
② 《系年要录》卷三六，建炎四年八月己丑条，第715页。
③ 《系年要录》卷三八，建炎四年十月丙申条，第748页。
④ 《系年要录》卷五一，绍兴二年二月已卯条，第932页。

军势;各效小劳,以报主恩。胜不相逊,败不相救。大敌一至,人自为谋,其能成功哉?①

季陵所言情况,此后一直存在。如绍兴十年(1140)七月,有官员指出:

今日之兵隶张俊者则曰张家军,隶岳飞者则曰岳家军,隶韩世忠者则曰韩家军。相视如仇雠,相防如盗贼,自不能奉公,惴惴然惟恐他人之奉公而名誉贤于己也。自不能立功,惴惴然惟恐他人之立功而官爵轧于己也。且其平日犹或矛盾若此,使其临大利害,安能保其不自为敌国邪?②

三是飞扬跋扈,既侵扰百姓,也欺凌地方官和下僚。

张俊和刘光世军队的跋扈和扰民,乃众所周知,就是在诸大将中颇多好评的韩家军,也时有过举。建炎三年(1129)冬,金军进入两浙地区,驻扎在秀州的韩家军,不仅不敢出兵挠其锋,反而"放军四掠,至执缚县宰以取钱粮"。尽管高宗亲札韩世忠,要他前来救驾,可是他"召之三四而不来。元夕取民间子女,张灯高会"③。时金人陷真州(江苏仪征),知州向子忞弃城保沙上,"其所携金帛,悉为韩世忠所夺"④。绍兴三年(1134)七月,"韩世忠军士留其家于庐陵,江西转运副使韩球闻命,即辍所桩世忠军粮以劳军。既而军储不继。世忠之军妇皆愤,伺球出,徂击之,裂其衣巾,球走得免"⑤。军人家属如此横蛮无礼,不把监司放在眼里,军官的无法无天,就更不在话下。"时统兵官在外,肆为凶暴。韩世忠后军统制官巨振过安仁县,笞邑尉数十,几死"⑥。刘光世的跋扈更加明目张胆,朱熹说:"绍兴间诸将横。刘

---

① 《系年要录》卷三四,建炎四年六月戊寅条,第680页。
② 《系年要录》卷一三七,绍兴十年七月乙卯条,第2312页。
③ 《系年要录》卷三一,建炎四年正月辛未条,第626页。
④ 《系年要录》卷二九,建炎三年十一月庚申条,第594页。
⑤ 《系年要录》卷五六,绍兴二年七月庚午条,第1009页。
⑥ 《系年要录》卷五六,绍兴二年十月丙申条,第1049页。

光世使一将官来奏事,应对之类皆善。上喜之,转官,颇赐予。刘疑其以军中机密上闻,欲杀之。其人走投朝廷,朝廷不知如何区处之。刘又使人逐路杀之,追者已近,其人告州将藏之狱中,入文字朝廷,方免。"

对朝廷和一般官员欺凌如此,对百姓更是肆意蹂躏。学者胡宪曾对人言:"建炎间,勤王之师,所过州县,如入无人之境,恣行擒掠,公私苦之。"①到绍兴前期,南宋军纪,除岳家军外,依然如故。

面对诸将的跋扈之状,甚至高宗也只得委曲求全,惟恐得罪。绍兴元年(1131),宰相范宗尹以刘光世"军多冗费",建议高宗"汰其罢软者"。高宗却不敢直接下旨给刘光世,而是"俟作手书与之,如家人礼,庶几不疑"②。这种情况如果出现在北宋,简直不可思议,但高宗面对于己不利的局面,再次施展出能屈能伸的手腕,确实是他做人的一个特色。

四是数次发生兵变,严重威胁到高宗的统治。

前面提到,建炎三年三月,跟随高宗南渡、负责扈卫高宗和六宫的将领苗傅、刘正彦在杭州突然发动兵变,差一点将高宗拉下皇帝宝座。是年冬天,发生在明州的卫士谋变,也完全出于他的意料之外。类似兵变在高宗心中留下了挥之不去的印象,他深深感到武人势力的可怕。数年后发生的淮西兵变,使南宋政权再次遭遇危机。

下面就简单地回顾一下淮西兵变的前因后果。

绍兴六年二月,张浚以右相兼知枢密院事,都督诸路军马。他与左相赵鼎因政见不同,加上争权夺利的原因,矛盾颇深。是年十二月,高宗以为张浚懂军事,便罢去赵鼎相位,出任两浙东路安抚制置大使兼知绍兴府,让张浚全面主持军政。张浚得志后,积极贯彻高宗意图,"谋收内外兵柄"③。他与高宗商定,首先罢去军无纪律,战斗力差,"未闻为朝廷措置毫发利便事"④的淮西军统帅、淮西宣抚使刘光世的兵权。翌年三月,高宗召刘光世

---

① 《朱子语类》卷一三二《中兴至今日人物》下,第3166—3167页。
② 《宋史》卷三六九《刘光世传》,第11482页。
③ 《中兴小纪》卷二一,绍兴七年四月癸卯条,第258页。
④ 《系年要录》卷八四,绍兴五年正月癸酉条,第1424页,权给事中晏敦复奏疏中语。

至行在建康府,将他罢为少师、万寿观使。时淮西军兵权尚无归属,为不致造成该军军心不稳和诸将对收兵权的疑虑,高宗一方面命不久前升任太尉、湖北京西宣抚使的岳飞亟趋至建康府,其间表示要将淮西军归他节制。另一方面给刘光世部将王德、郦琼等下了一道御札,要他们"听飞号令,如朕亲行。倘违斯言,邦有常宪"①,以安定军心。

可是没有多久,高宗便食前言,他拒绝将淮西军交给岳飞,而将它隶属于以张浚为首的枢密院都督府,并命试兵部尚书兼都督府参谋军事吕祉前往庐州节制兵马。又据秦桧等人建言,为防止军队官兵不满,另置武帅于其上,以刘光世爱将、行营左护军前军统制王德为都统制。原统制官郦琼所率军队战斗力强,人称"西陲劲兵"②,刘光世以他屡立战功,待之与王德等。可是郦琼与王德素不睦,"闻德为帅,不自安"③。朝廷乃再任郦琼为副都统制,企图待吕祉到达庐州后,将郦琼召赴行在,趁机将他处死。然而消息被走漏。于是郦琼在八月初七日抢先一步发动兵变,杀死吕祉及中军统制张景等官员,挟持淮西军四万余人马渡淮投奔伪齐而去。侍卫马军司公事刘锜、殿前司摧锋军统制吴锡闻变,急忙率兵追赶,到庐州不及而还。

这次淮西兵变,使南宋军队遭到巨大损失,反之增强了刘豫的力量,淮西门户因此洞开,为伪齐大举入侵提供了机会。在十分危险的形势下,高宗只得命由原江南东路宣抚使改任为淮西宣抚使的张俊率军,自盱眙移屯庐州,以填补那里的军事真空。可是张俊借口刚从前线回建康府,不愿立即赶赴淮西。高宗无奈,改命刚被任命为淮西制置副使、知庐州的刘锜,急速赴任,由他独军守卫淮西。这次兵变,也再次反映出军队的不听命和由此造成对南宋政权的危害,进一步增强了高宗收夺诸将兵权的决心。

三、文臣对武将的猜疑,两者矛盾的尖锐化

在南宋,不仅高宗,就是一般文臣,由于受到"重文抑武"这一国策的影

---

① 《鄂国金佗稡编续编校注》卷一《高宗皇帝宸翰》卷上,第15页。
② 《宋史》卷三八二《张焘传》,第11760页。
③ 《系年要录》卷一一一,绍兴七年五月甲申条,第1863页。

响,无论他们的政治立场如何不同、思想上属于何种派别,对抗金斗争持何种态度,对武将的歧视和猜疑可以说如同一辙,对武将的防范也没有稍逊于高宗。他们总是抓住部分武将的专横跋扈,明里暗里向高宗打小报告,要求对他们进行整治。

建炎三年(1129)夏天,江南久雨不止,刚刚经历了苗刘兵变的高宗,不禁忧心忡忡,"虑下有阴谋,或人怨所致",他将自己的想法告诉了辅臣。中书舍人张守乘机上疏说:

> 今将帅位高身贵,家温禄厚,拥兵自卫,浸成跋扈之风。去年御敌,尝遣王渊,桀骜不行。改命范琼,心怀怏怏,苗、刘二贼,乘间窃发,岂一朝一夕之故哉?逮勤王之师一至钱塘,拘占房舍,攘夺舟船,凌轹官吏,侵渔百姓,恃功益骄,莫敢谁何? 此将帅之权太盛,意其有以干阳也。①

在张守眼中,将帅们的"家温禄厚"、"拥兵自卫",都是"跋扈之风"的表现,苗刘兵变更成了他攻击武臣的铁证。张守认为,由于武臣对帝王构成了威胁,才会产生这种不正常的天象。而造成武臣跋扈的根本原因,是"将帅之权太盛"。

绍兴元年(1131)二月,翰林学士汪藻向高宗上疏,他除了将一切与祖宗"家法"不合的武臣举动,统统指斥为"跋扈"外,主要提出了"驭将三说",以削弱将帅之权:"一曰示之以法,二曰运之以权,三曰别之以分。"他认为对诸将过失,不可不治,"幸今诸将皆龊龊常才,固不足深忌。万一有如韩信者,不知陛下何以待之? 此则平定之时亦当深察"。他认为谋臣与将帅,当各有所分。应该让"谋臣坐于帷幄之中,以出筹策,而将帅则听命于前,为之役使"。诸将更不得参预机务,"从容预谋"。他认为"自古以兵权属人久而未有不为患者,岂不以予之至易,收之至难,不密图之,后悔无及耶"。为此,江藻提出了制约将帅兵权之法:"精择偏裨十余人,裁付兵数千,直隶御前而不

---

① 《系年要录》卷二四,建炎三年六月己酉条,第508页。

隶诸将,合为数万,以渐消诸将之权,此万世计也。"

汪藻关于"精择偏裨"的建议,后来确实获得了高宗的采纳,但是他对武臣攻击太甚,也产生了严重的副作用。从义郎赵甡之在庆元年间(1195—1200)所上《中兴遗史》中批评他道:"藻之言深切事务,伟矣。唯论将帅之名分,抑之太甚,不能无文武党比之私。"汪藻之言,既加深了高宗对武臣的疑虑,也引起武臣对文臣的极大反感。于是,有武臣令门下士作《不当用文臣论》进行反击,内容竭尽讽刺挖苦之能事,其略谓:

> 今日误国者皆文臣。蔡京首乱纲纪,王黼收复燕云之役,执政、侍从以下持节则丧节,守城则弃城。建议者执讲和之论,奉使者持割地之言。提兵勤王则溃散,防河拒险则遁逃。自金人深入中原,蹂践京东西、陕西、淮南、江浙之地,为王臣而弃民误国败事者,皆文臣也。时时有一二竭节死难、当横溃之冲者,皆武臣也。又其甚也,张邦昌为伪楚,刘豫为伪齐,非文臣谁敢当之?

文武官员之间的矛盾,由此日益加剧,他们互不服气,"若冰炭之不合矣"①。文臣对武臣的攻击,虽然很多,但鉴于当时的抗金形势,有些指名道姓、内容过分激烈的奏疏,为避免引起武臣愤懑,大都留中不出。有的文臣则隐藏幕后,指使一些不知名的下方小官作为代言人,继续攻击武臣。

绍兴三年(1133)四月,新任知池州兼沿江安抚使陈规召还入对,也向高宗说:"诸将跋扈,请用偏裨,以分其势。"②从中可以知道,当时武臣的跋扈和请用偏裨,已成为文臣们的共识。

当年十一月,新授监广州置口场盐的吴伸,给高宗上了一道长达五千余言的奏疏,在历数诸大将的跋扈之状后,明确地提出了"收回兵权"的建议,其谓:

---

① 《会编》卷一四五,绍兴元年二月癸巳条,第1051—1054页。
② 《系年要录》卷六四,绍兴三年四月庚寅条,第1119页。

　　及观古之为将,进不求名,退不避罪,唯民是保,唯国是忧。故战则必胜,攻则必取,后世有异此谋,靡不覆败。昔唐之衰也,首因黄巢之乱,当时,诸道节镇擒一黄巢如摧枯拉朽尔,又各坐视留贼邀功,卒使唐祚不能支持。今刘豫无黄巢之众,而陛下富唐室之兵,其如诸将自为之计,坐视安危,何况夫庸将之见,但求利己,岂复忧君?盖贼灭则将帅无要君之权,士卒无烦滥之赏,其有包藏祸心者,则坐观成败,恃其主兵,渐成跋扈……今之主将,无非营私背公,蠹国害民之徒,何以明之?居于市,则有回易之库;居于水,则有回易之舟。所至擅榷酤之利,则官课为之不登州郡。恣无厌之求,则民力为之减耗;坐糜廪禄,无补事功。至如主将利其家,则士卒利其身,使民无措手足之地……臣观今之兵权,委寄太重,且如众军相呼,必曰某姓、某家之兵。观其称呼,自相尔汝,度其权势,必不统一……今不知有陛下但知有将帅者无他,良由下权太重而上威不张也。平居无事,既相尔汝,互相招诱,认为己军万一当敌,谁肯相救?臣以谓陛下若不收回兵权,亲御兆众,方且姑息将帅之不暇,岂能却强敌而取中原乎……①

　　吴伸的奏疏,除更全面地揭露诸将的跋扈之状以外,有两点特别引人注意:一是他作为一个远方小官,不仅对当时前方诸将的弊病竟然了如指掌,而且率先提出收兵权的建议。这个奏疏是否受到朝廷里某些文臣的指使,值得令人玩味。二是奏疏认为:"敌灭则将帅无要君之权,士卒无烦滥之赏,其有包藏祸心者,则坐视成败,恃其主兵,渐成跋扈。"即认为,当时诸将的抗金,不是为了国家,而是为了自身利益,完全抹煞了南宋军队在抗金斗争中的作用,打击面过大,其论并不可取,却加深了高宗对武臣的猜忌。

　　接着,又有吉州免解进士周南仲的上疏。此人在绍兴八年(1138)曾因上书高宗而获得"免终身文解的优侍",受此鼓励,对武臣的攻击变得越发不可收拾。翌年二月,他再次上书言事,其中谓:"今之诸军,相视若冰炭,相疾

---

① 《会编》卷一五六,绍兴三年十二月壬辰条,第1129—1134页。

如仇雠。假使一军深入，其谁为继？一军陷失，其谁为援？刘光世窃琳馆之清名，张俊负跋扈之大恶。岳飞、吴玠、韩世忠之流，裹粮坐甲，首鼠两端，所以然者，无主帅故也。太祖驭将之方，章圣亲征之行，成宪具在，陛下何惮而不为乎？"①公开鼓动高宗集中兵权，对那些不听话的武臣严加惩治。在他这番话的背后，也不难看到有文臣的影子。

　　总之，至迟到绍兴九年（1139）前后，南宋朝廷上下，除武臣外，对收兵权已经形成了共识，只待高宗和宰相秦桧下决心执行而已。

第二节　高宗收兵权及其意义

　　高宗欲收回韩世忠、张俊、岳飞三大将兵权，虽然获得朝中文臣的一致支持，但对于深谙历史经验教训的他来说，知道收大将兵权是一件非常危险之事，稍一不慎，轻则丧师失地，重者反噬自身。远的有北宋初年太祖收兵权的经验。虽名曰"杯酒释兵权"，似乎实现于俯仰之间，很是轻松，实际上是太祖和赵普经过精心策划的结果，进行得也是战战兢兢，并不轻松，并且以利益交换为代价。即使如此，也不是通过一次宴请就收回了全部兵权②。何况只有像太祖那样雄才大略的帝王，才能迫使各个节度使一一就范。近的则有绍兴七年淮西兵变的教训，当时即使只将刘光世一军纳入枢密院都督府，同时还使出了不少手腕，以减少阻力，最后还是以失败告终。稍后，宰相张浚被贬去，赵鼎复相，王庶为枢密副使，曾"复议用偏裨，以分其势"，但被张俊发觉，"然亦终不能得其柄"③。现在要让三大将同时交出兵权，担心会发生祸患，深感忧虑。

　　绍兴八年五月，监察御史张戒入对，又与高宗谈到了"诸将权太重"的问题。高宗怕过早泄露收兵权的秘密，便含混地表示："若言跋扈则无迹，兵虽

---

①　《系年要录》卷一二六，绍兴九年二月条，第2140页。
②　参见徐规《"杯酒释兵权"说献疑》，收入《仰素集》，第526—532页。
③　《系年要录》卷一四○，绍兴十一年四月辛卯条，第2366页。

多,然聚则强,分则弱,虽欲分,未可也。"张戒道:"去岁罢刘光世,致淮西之
变。今虽有善为计者,陛下必不信,然要须有术。"高宗不禁脱口而出:"朕今
有术,惟抚循偏裨耳。"张戒称赞道:"陛下得之矣。得偏裨心,则大将之势
分。"不过高宗告诉他,实施此术的时机未到,"一二年间,自可了"。①

三年后,高宗终于等到了时机。绍兴十一年四月,给事中、直学士院范
同向秦桧献"皆除枢府而罢其兵权"②的计策。就是说,在名义上,三大将皆
被授以枢密使副之职,让他们进入枢密院主持军政,实际上以此剥夺他们直
接带兵的权力。秦桧觉得此计甚妙,立即秘密向高宗报告,高宗又令范同入
对,进一步了解实施该计策的详细情况。高宗和秦桧将范同之计与以前汪
藻所提出的"驭将三说"结合起来,最终制订了收兵权的周密计划,即以奖励
柘皋之捷为名,召韩世忠、张俊、岳飞赴行在,授予枢密使副之职,借此收回
兵权。于是,在参知政事王次翁的积极参与下,有宋历史上第二次收夺兵权
的计划开始执行。

绍兴十一年(1141)四月十三日,韩世忠和张俊应召,迅速来到临安府,
只有岳飞迟迟未到。这其中的原因,恐怕有两个方面:一是与岳飞同时奉召
的,还有他的两个心腹幕僚右文殿修撰湖北京西参谋官朱芾和司农卿李若
虚。二十二日,当三人还在赴行在途中,高宗即任命朱芾为充敷文阁待制、
知镇江府,任命李若虚为秘阁修撰、知宣州,从而割断了岳飞与他们两人的
关系。这种事前未经主帅同意、出乎寻常地任命其幕僚,势必会引起岳飞的
疑虑。二是岳飞在柘皋之捷中并无多大功绩,为何也要随其他二员主帅一
起被召?但是,心中无事坦荡荡,在当时形势下,根本没有考虑到会有什么
危险出现,因而仍然缓缓前行。据王次翁之子伯庠所撰《王次翁叙记》所载,
这次收夺三大将兵权的大致过程如下:

是时,三大将皆握重兵,轻视朝廷。其年柘皋之捷,有旨令大将入

---

① 《系年要录》卷一一九,绍兴八年五月戊子条,第1996页。

② 《系年要录》卷一四〇,绍兴十一年四月辛卯条,第2366页。

论功行赏。俊、世忠已到,而飞独未来。秦桧为相,先臣参知政事,大臣止二人,桧忧之甚。先臣为之谋,以明日率三大将置酒湖上。欲出,则语直省官曰:"姑待岳少保来。"益令堂厨丰其燕具。如此展期以待者六七日。飞既到,以明日锁院,皆除枢密使,趣令入院供职,罢其兵柄。晡时,有旨锁院,明日宣麻。是夜将半,以制分命三大帅军中列校,使各统所部,自为一军,更其衔曰"统制御前军马"。凡其所统,升黜赏罚得专达之。诸校喜于自便,莫不欣然受命。明日,三大帅入授元枢之制。既出,则其所部皆已散去,导从尽以密院之人。上之此谋,惟先臣与秦桧预之,天下叹服。三帅既罢兵柄,先臣语伯庠曰:"吾与秦相谋之已久,虽外示闲暇,而终夕未尝交睫。脱致纷纭,灭族非所忧,所忧宗社而已。事幸而成,上之英断与天合也,吾何力之有?"①

《叙记》所言,除将岳飞授予枢密副使笼统地说成枢密使外,基本上皆为纪实。在以往,高宗召岳飞到行在,或奏事,或行赏,时或有之。这次虽欲解除其兵权,事关重大,但如果真的让其出任枢密副使,礼遇已较刘光世为高,秦桧等人岂能因岳飞一人后至而如此忧心如焚? 从中透露出了一个消息,就是早在四月间削去岳飞兵权以前,高宗和秦桧已对他含有杀机,否则即使事泄,何来"灭族"和宗社之忧?

七月,高宗不顾岳飞要求让刘锜继续掌兵的建议,又罢去了刘锜的兵权,命他出知荆南府。真正因柘皋之捷获赏的,只有他信得过的杨沂中和王德、田师中等张俊的六名部将。其中,杨沂中被授予少保、开府仪同三司,王德被授予清远军节度使,田师中被授予平江军节度使。

韩世忠和岳飞对于朝廷这个突如其来收兵权的举措,皆无思想准备,因此肯定会有很大的抵触情绪。故韩世忠一获除命,"乃制一字巾,入都堂则裹之,出则以亲兵自卫"。岳飞也开始作文臣打扮,"披襟作雍容状"②。两

---

① 《中兴小纪》卷二九,绍兴十一年四月庚寅条,第346—347页。
② 《系年要录》卷一四○,绍兴十一年四月辛卯条、壬辰条,第2247页。

人的举动,更加深了高宗和秦桧对他们的不满。只有张俊不仅举动无异常,而且三天后即向朝廷提出"见管军马,伏望拨属御前使唤"①的请求,配合得十分紧密。原来在收兵权前,高宗与秦桧为了减少阻力,事先已向张俊作出许诺,"俊主和议,尽罢诸大将,悉以兵权归俊,故俊力主其谋"。②

四月二十七日,高宗下诏,罢淮东、淮西、湖北京西三宣抚司,"遇出师临时取旨。逐司统制官已下,各带'御前'字入衔。令有司铸印给付,且依旧驻扎。将来调发,并三省、枢密院取旨施行。仍令统制官等,各以职次高下,轮替入见"。高宗知道韩世忠、岳飞等人对兵权被收颇为不悦,又故作姿态,对他们作了一番言不由衷的谈话,以行安抚,他说:"朕昔付卿等以一路宣抚之权尚小,今付卿等以枢府本兵之权甚大。卿等宜各为一心,勿分彼此,则兵力全而莫之能御,顾如兀术,何足扫除乎?"③韩世忠、岳飞等人毕竟不是小孩,他们对高宗此言的真实意图,当然心知肚明,但也无可奈何。

五月初三日,高宗又给三宣抚司统制官下诏云:"朕延登秉钺之元勋,并任本兵之大计。凡尔有众,朕亲统临,肆其偏裨,咸得专达。尚虑令行之始,或堕素习之规,其各励于乃心,以务肃于所部。"重申各支军队皆直属于自己,即使是"偏裨",也要直接对他负责。

在收回三大将兵权的同时,朝廷派官员对原来三个宣抚司所拥有的钱谷、酒库进行根括,上交国库,并设立淮东、淮西江东、湖广江西三个总领所,绍兴十五年,又设立四川总领所。总领所不仅负责供应当地驻屯大军的钱粮,还"专一报发御前军马文字","使之与闻军事,不独职馈饷"④。即不仅在经济上加强了对各地军队的控制,而且可以随时了解军队的动向。

至此,高宗既收回了三大将的兵权,也收回了他们在军队中所拥有的大量财产,从而解除了他的心腹之患。秦桧因收兵权有功,由右相升任左相,封庆国公。献计者范同也擢为翰林学士,不久又进位参知政事。

---

① 《系年要录》卷一四〇,绍兴十一年四月乙未条,第2248页。
② 《会编》卷二一九,绍兴二十四年八月十四日条引《林泉野记》,第1577页。
③ 《系年要录》卷一四〇,绍兴十一年四月乙未条,第2367页。
④ 《系年要录》卷一四〇,绍兴十一年五月庚子条、辛丑条,第2369页。

这次高宗的收兵权,虽有减轻与金人议和阻力的意图,但主要还是吸取了历史上的教训,践行"祖宗之法"的结果:即内忧重于外患,必须首先加以解决。从此以后,南宋军政得到统一,朝廷掌握了统兵权,有利于对军队的集中调动,统一指挥,避免了各路军队矛盾的发生。绍兴十六年(1146)九月,高宗自言:"自合兵以来,诸将出入,若身之使臂,臂之使指,无不如意。兹为可喜。"①这就是集中兵权所取得的成效。同时理顺了对军队粮饷的供应,除去了军队漫天要饷和从事贩易的陋习。特别是扼制了某些主将的跋扈行为,解除了他们对南宋政权的威胁,防止了国家的动荡。因此,高宗的收兵权,虽有其个人私心,但对整个南宋社会不无深远意义。有学者对此指出:"南宋初年大将专兵的现象,是政权面临严重威胁下,迫不得已的权宜之计,但将帅私兵的无限制扩充,势将危及政权的巩固。因此,收兵权实为不可避免的举动。"②是为确论。但有一点必须说明:收兵权乃赵宋统治者的国策,绝非仅为高宗的"权宜之计"。

第三节　岳飞遇害及其原因

一、高宗的武臣观

武臣基本上都来自武人,因此本书所言之武臣,实际上也泛指武人。高宗的武臣观,是指高宗以何种标准来衡量武臣的优劣,换言之,他喜欢怎样的武臣? 不喜欢怎样的武臣?

高宗自靖康元年(1127)五月登基以来,主要受到来自两个方面的威胁:一是金人,一是武人。金人在明里,容易预防;武人往往在暗里,他们可能是身边的卫士,也可能是得到自己一手拔擢的武臣,可以说很难防备,这就是太宗所说"惟奸邪无状,若为内患,深可惧也。帝王用心,常须谨此"之谓。

---

① 《系年要录》卷一五五,绍兴十六年九月己丑条,第2664页。
② 黄宽重:《从害韩到杀岳:南宋收兵权的变奏》,收入氏著《南宋军政与文献探索》,台北新文丰出版公司1990年出版,第105页。

太宗对这一历史上经验教训的总结,赵宋帝王皆牢记不怠。但就高宗而言,对此更有深切体会,所以对武臣的一举一动,猜疑更多,防范更严,特别对所谓的"中兴四将",一直软硬兼施,时时注意他们的一举一动。

自汉唐以来,最高统治者为了维护自己的统治,在官员和民众面前,总是打着为国为民的旗号,称自己就是国家、天下的代表,"朕即是国,国即是朕"云云是也。正因为如此,他们多要求臣民忠于国家,很少直接要求忠于自己,所以动辄就将"国家"和"天下"抬将出来,以表明自己的所作所为,都是为了"国家"、"天下",而不是为了自己。历朝历代的帝王,无不是玩弄这种伎俩的老手。可是,高宗在这方面却直白得很,他惯于以"朝廷"、"朕"来代替"天下"、"国家",始终突出一个"忠"字或"尊"字,也就是要求文武百官效忠于自己。

因此,无论是刘光世的避事,张俊的贪婪,韩世忠的好色,甚至他们在战争中的失败或畏葸不前,给国家造成了损害,在高宗看来,皆非大事,对他本人的忠诚(听话)与否,才是根本问题。

那么,什么是"忠诚"呢?一句话,就是要对高宗唯命是从。这是他评价诸将优劣的最基本标准,也就是他武臣观的核心。

在当时,许多将领为向高宗献殷勤,有献食物、战马,有献玩好之物和金银,有报告"祥瑞"和贡献方物,如此等等,高宗皆拒而不纳。反之,对于武臣的忠诚,亦即听命,却看得很重,可以说完全是赤裸裸的。

绍兴四年,岳家军出兵中原,奋战近三个月,从伪齐手中夺回了襄汉等六郡。战前,高宗曾对岳飞有约束,要他在这次战争中,"追奔之际,慎无出李横所守旧界",以免引惹金人南侵。岳飞完成任务后,依令而行,及时将军队撤回至江州(江西九江)屯驻地。是年十一月,高宗接到岳飞"依奉处分"的奏疏后,对其表现颇为满意,他说:"刘麟败北,朕不足喜。而诸将知尊朝廷,为可喜也。"①

绍兴十年五六月间,刘锜取得顺昌保卫战的胜利,消息传到临安,高宗

---

① 《系年要录》卷一〇六,绍兴六年十一月癸酉条,第1788页。

对近臣有这样一段谈话,他说:

> 朕于诸帅,听其言则知其用心,观其所为则知其才。人皆言刘锜善战,朕谓顺昌之胜,所谓置之死地然后生,未为善战也。锜之所长,在于循分守节,危疑之交,能自立不变,此为可取。①

在高宗看来,刘锜在顺昌保卫战中大败宗弼,并不值得赞扬,他在这次战争中的可取之处在于:虽然取得胜利,但既不乘胜追击,也不固守顺昌,而是"在于循分守节",即奉命后撤。

高宗以上对岳飞、刘锜在这两次战争中的评价,再次反映了他的武臣观,即评价武臣的优劣,不在于他们是否能打仗取胜,而在于是否听话用命。

绍兴十一年正月,高宗在收兵权前夕,将淮西宣抚使张俊召至行在,专门对他作了"尊朝廷"的教育。高宗首先问张俊:"曾读《郭子仪传》否?"张俊对以未晓。高宗道:"子仪方时多虞,虽总重兵处外,而心尊朝廷。或有诏至,即日就道,无纤介顾望。故身享厚福,子孙庆流无穷。今卿所管兵,乃朝廷兵也。若知尊朝廷如子仪,则非特身飨福,子孙昌盛亦如之,若恃兵权之重,而轻视朝廷,有命不即禀,非特子孙不飨福,身亦有不测之祸,卿宜戒之。"②高宗从正反两个方面,对张俊晓之以"尊朝廷"的利害。翻检《旧唐书·郭子仪传》可知,传文除了记载郭子仪在平定"安史之乱"的功绩外,主要是赞扬他如何遵命于朝廷,其中言其:"虽失兵柄,乃思王室。以祸难未平,不遑寝息。"高宗在此时所以要张俊读《郭子仪传》,可以说是向张俊透露了准备收交兵权的消息,希望张俊以郭子仪为榜样,一切进退,必须听从他的安排。相信张俊回家读了《郭子仪传》以后,一定会有所领悟。

----

① 《系年要录》卷一三九,绍兴十一年二月丁丑条,第2349—2350页。
② 《系年要录》卷一三九,绍兴十一年正月庚戌条,第2343页。

为了获得武臣的忠诚,高宗不吝用金钱、田宅和官爵加以笼络,再三表示恩出于己。绍兴七年十一月,川陕宣抚副使吴玠遣使臣吕政求犒军物,高宗要吕政回去转告吴玠:"玠自小官拔擢至此,皆出于朕,非由张浚也。大丈夫当自结主知,何必附托大臣而后进?所须犒军物,已支百五十万缗,非因浚退有所厚薄也。"①这与绍兴二年四月对文臣所言,凡是得到拔擢的官员,皆出于己之手,"岂有二哉",可以说如出一辙。但是,对于收买不成和并不完全听命的将领,高宗便会痛下杀手,将其除去,岳飞就是这种武臣观的牺牲品。

不过这里顺便提及,对于赐与军队的财物,其来源出处,高宗倒是说了实话。一次,张俊得到高宗的赐予后,不无感激地对他说:"军中费却陛下无限钱粮。"高宗当即表示:"朕何尝有一钱与卿,皆百姓膏血也。卿须知百姓膏血不可穷竭,务与朝廷为一体,则中兴之功不难致矣。"②高宗此言,虽然仍离不开"朝廷"二字,但是对于赐予军队的一钱一物,皆源于百姓膏血的认识,反映他所说的话,并非完全都是虚语。

二、淮东视师,离间韩、岳阴谋的破产

三大将兵权被解除后,高宗与秦桧眼见岳飞和韩世忠反应异常,特别是岳飞,"郁郁不乐,日谋引去"③,知道他心中很不服气,于是旧账新算,要设法拾掇其罪名,等待时机以行陷害。不过,要处置岳飞尚存在很大风险,一是岳飞虽然脱离了军队,但在军中仍然具有很高的威望和影响力,特别是张宪等原来与他关系密切的部将和幕僚,皆"念旧而不能忘者"④。当年淮西兵变时,就是因为岳飞迟迟没有返回军营,引起军队不稳,一时议论纷起,有人担心"我公不复还矣"⑤。现在如果要将岳飞定罪,难免会出乱子,前车之鉴,不能不防。二是岳飞和韩世忠关系不错,若要陷害岳飞,韩世忠肯定要

---

① 《系年要录》卷一一七,绍兴七年十一月丙申条,第1949页。
② 《宋会要辑稿》兵六之一七,第14册,第8725页。
③ 《系年要录》卷一四一,绍兴十一年七月甲戌条,第2389页。
④ 《系年要录》卷一四〇,绍兴十一年五月乙未条,第2368页。
⑤ 《系年要录》卷一一二,绍兴七年五月丁卯条,第1877页。

替他鸣不平。同时考虑到在原四大将中,韩世忠与张俊似乎没有矛盾(后来他们还结成儿女亲家①),如果能让张俊和岳飞一同前去查出韩世忠原来在军队中的隐私,既可打击韩世忠,又可离间岳飞、张俊同韩世忠的关系,这样对付岳飞就容易得多。于是,高宗和秦桧经过精心策划,决定采取新的阴谋活动。

绍兴十一年五月初十日,高宗下诏,命张俊、岳飞带本职前往原淮东军屯驻地楚州(江苏淮安,又称山阳)视师,"按阅军马,专一措置战守",并将淮东军带至镇江府。

为了实现上述阴谋,在张俊和岳飞到达楚州前,秦桧已在原淮东军中找到司农少卿、总领淮东军马钱粮胡纺,将他收为心腹,命他收集与韩世忠有关的"隐私"。后来据胡纺密报,韩世忠亲校耿著曾对他说:"朝廷令二枢密来分拨军马……军中弊幸,虽郭子仪、李光弼不能无。若一日顿革,未必不生事。吕祉之戒,不可不虑。"耿著与胡纺原是好友,他对胡纺说的这番话,完全是善意的提醒,若在以往,这番话根本够不上罪状。可是胡纺小人,以卖友为荣,他将此话告诉了秦桧,秦桧据此给耿著按上了"鼓惑众听"的罪名,将他逮捕下大理狱,最终目的当然为了将韩世忠牵连进去。

据岳珂《金佗粹编》记载,当岳飞临行前,秦桧曾危言耸听地对他说,韩世忠的这支军队很不可靠,"戒令备反侧,托以上意"②。到镇江检阅淮东军时,张俊又向岳飞暗示:"上留世忠,而使吾曹分其军,朝廷意可知也。"从他们两人的谈话中,似乎高宗已经觉察到淮东军不可靠,甚至可能会发动叛乱,必须加以防范,避免"淮西兵变"的重演,以此"扇摇诬世忠"③。可是笔

---

① [宋]周麟之:《海陵集》卷二三《张循王神道碑》:"四女,……次适直徽猷阁韩彦朴。"影印文渊阁《四库全书》本,第1142册,第182页;[宋]赵雄撰:《韩忠武王世忠中兴佐命定国元勋之碑》:"女八人,……次(六女)适承议郎,充集英殿修撰,主管佑神观张子仁……"收入《名臣碑传琬琰集》上,卷一三,第450册,第113页。按韩彦朴为韩世忠二子,张子仁为张俊五子,皆史籍有载,此处不再一一出注。

② 《系年要录》卷一四一,绍兴十一年七月壬寅条,第2383页;《鄂国金佗粹编续编校注》卷二〇《吁天辨诬通叙》,第1024页。

③ 《鄂国金佗粹编续编校注》卷八《行实编年》卷五,绍兴十一年条,第640—641页。

者认为,事实恐并非如此。一为同是记载岳飞"淮东视师",李心传在《建炎以来系年要录》中并无此种记载。二是韩世忠军队一直为高宗所信任,秦桧对此也深信不疑。绍兴七年九月,秦桧曾对高宗道:"臣尝语世忠、俊,主上倚两大将,譬如两虎,固当各守藩篱,使寇盗不敢近。"高宗回答说:"此喻犹未切,政如左右手,岂可一手不尽力也?"①秦桧岂敢不顾后果,无中生有,对韩世忠妄加诬陷?三是张俊言"吾曹分其军"一说,更与当时收兵权的形势相违背。何况,韩世忠和张俊关系密切,在当时是人人皆知的事实,张俊怎会如此诬蔑?

岳飞得悉耿著获罪的情况后,急忙派人告诉韩世忠(张俊去告诉也不无可能),韩世忠立即求见高宗。高宗虽然对韩世忠反对和议不满,但并无要将他置于死地的想法,只要韩世忠交出兵权,少管"闲事",对其个人还是需要保全。秦桧当然也知道高宗的旨意,只不过是为了给韩世忠制造难堪,并挑拨他与岳飞和张俊的关系,才出此策。故立即将耿著"杖脊,刺配吉阳军牢城"②了事。

绍兴十一年六月十六日,张俊、岳飞一行来到楚州,按阅兵籍以后,岳飞才知道韩世忠只有三万人的军队,而依靠这支人马,不仅坚守楚州达十年左右,使金人不敢侵犯,而且还有余力进兵山东,对韩世忠更为敬佩。接着,在"措置战守"时,岳、张两人发生了矛盾:岳飞主张将统制河北军马李宝从海州(江苏连云港)召到楚州,让他从海上往山东,进入金人后方,或收复失地,或牵制其南下。张俊考虑的则是如何退却,他以为海州在淮北,恐为金人所得,下令拆毁海州城,将居民迁往镇江府。最后,张俊按照朝廷的计划,又把淮东军从楚州撤回到镇江府,将韩世忠的精锐部队——背嵬军调往临安府屯驻。淮东视师,使张俊和岳飞的矛盾更加尖锐。不久,两人一起回到临安府。

高宗、秦桧一伙离间岳、韩关系的阴谋,虽然遭到破产,但捃摭岳飞的

---

① 《系年要录》卷一一四,绍兴七年九月丁卯条,第1906页。
② 《系年要录》卷一四一,绍兴十一年壬寅条,第2382页。

"罪状",迫害岳飞的计划仍在继续进行。他们一方面命张俊出使镇江府为备,并进封他为太傅、广国公,作为对他首先交出兵权的奖励。另一方面,便将矛头直接对准岳飞,搜寻"罪证",加以陷害。

三、高宗杀岳飞

高宗与秦桧等人在作好一系列部署,准备对岳飞下毒手之前,还考虑到对岳云的处置问题。身任忠州防御使(从五品)的岳云,虽非防守湖北、京西地区的主将,但考虑到其父岳飞在军中的威望,也必须加以提防。为此,绍兴十一年(1141)七月九日,尚书省下札子除岳云为带御器械,命他前往京城供职。带御器械,作为皇帝的亲近随侍,表面上是重用,实际上是为了将他们父子两人一网打尽。这时,岳飞可能已经看清了他们的阴谋,也可能是他一贯来对自己儿子官职的谦让,两上辞呈札子,其中云:"臣男云年少惷愚,殊未练达世务,一旦骤迁此职,实非駿幼所能。"①高宗与秦桧等人陷害岳飞已经急不可耐,便在数天以后,唆使秦桧死党、右谏议大夫万俟卨(音 mò qí xiè),利用张俊等人炮制的材料,首先上章弹劾岳飞,奏疏言:

> 岳飞爵高禄厚,志满意得。平昔功名之念,日以颓堕。今春,虏寇大入,疆埸骚然。陛下趣飞出师,以为犄角,玺书络绎,使者相继于道,而乃稽违诏旨,不以时发。久之,一至舒、蕲,匆卒复还。所幸诸帅兵力自能却贼,不然,则其败挠国事,可胜言哉?比与同列按兵淮上,公对将佐谓,山阳为不可守,沮丧士气,动摇民心,远近闻之,无不失望。伏望免飞副枢职事,出之于外,以伸邦宪。

次日。高宗、秦桧在众臣面前,进一步坐实万俟卨所提出岳飞的"罪状"。高宗道:"山阳要地,屏蔽淮东。无山阳则通、泰不能固,贼来径趋苏、

---

① 《鄂国金佗粹编续编校注》卷一五《辞男云除御带第二札子》,第920—921页。

常,岂不摇动? 其事甚明。比遣张俊、岳飞往彼措置战守,二人登城行视,飞于众中倡言:'楚不可守,城安用修?'盖将士戍山阳厌久,欲弃而之他,飞意在附下以要誉,故其言如此,朕何赖焉?"秦桧立即表示:"飞对人之言乃至是,中外或未知也。"①君臣两人一唱一和,显得煞有其事,他们通过倒打一耙的手法,急欲给岳飞定罪的心情,已跃然纸上。

少顷,御史中丞何铸、殿中侍御史罗汝楫也交章弹劾岳飞,主要罪名除上述万俟卨所提出的两条外,还增加了"自登枢筦,郁郁不乐,日谋引去"的罪名,以及尝对人言:"此官职(指枢密副使)数年前执政欲除某,而某不愿为者。""妄自尊大,略无忌惮"②。岳飞知道秦桧一伙已经向自己伸出了黑手,便向高宗提出辞官的请求。绍兴十一年八月九日,岳飞被罢去枢密副使,复为武胜、定国军节度使,充任万寿观使的闲职,

高宗和秦桧知道,岳飞战功卓著,抗金立场坚定,品德无可挑剔,仅凭以上"罪状",尚不足以将他定罪。所以要张俊深入原岳飞军内部,以搜寻岳飞的罪证。王贵乃岳家军都统制,位仅在岳飞之下。据《金佗粹编》记载,王贵尝以颍昌"怯战之故",为岳云所"折责",岳飞"犹怒不止,欲斩之,以诸将恳请获免",故对岳飞心怀怨恨。张俊利用他轮替入见枢府白事的机会,通过威胁利诱,逼迫他成为陷害岳飞的帮凶。接着,张俊又收买了"奸贪为(张)宪所裁,与宪有隙"的前军副都统制王俊,捏造岳飞原部将张宪与岳云通过书信来往,企图谋还兵柄的阴谋,以诬陷岳飞谋反。③

《中兴遗史》则有如下记载:

> 张宪以军前统制为一行事务,得岳飞之子云书,遂欲劫诸军为辞,且曰:"率诸军径赴行在,乞岳少保复统军。"或曰:"不若渡江往京西,朝廷必遣岳少保来抚谕。得岳少保复统军,则无事。"语渐漏露,百姓皆昼夜不安,官司亦无所措置,惟忧惧而已。都统制王贵赴镇江府,诣枢

① 《系年要录》卷一四一,绍兴十一年七月壬子条,第2385页;癸丑条,第2386页。
② 《系年要录》卷一四一,绍兴十一年八月甲戌条,第2389页。
③ 参见《鄂国金佗粹编续编校注》卷八《行实编年》五,第658—661页。

密行府禀议,方回到鄂州。前军副统制王俊以其事告之,贵大惊。诸统制入谒贵,贵遂就执宪,送于行府。张俊令就行府取劾。狱成,送大理寺。①

对于这件事,《建炎以来系年要录》既采取了岳飞家传系统中的一些记载,又多少受到官修史书的影响,还吸收了《中兴遗史》等野史杂说的内容,因此与各种说法皆有出入。其谓:九月八日,王俊向王贵首告:"副都统张宪谋据襄阳为变。"并言张宪所以"为变",是因为"朝廷命诸将更朝行在,宪惧不得还,乃妄用金人侵犯上流,冀朝廷还岳飞,复掌兵,而己为之副。会宪诣枢密行府白事,俊具所谋告之,以统制官傅选为证"。王贵即日报告了在行府的张俊,俊"遂收宪"。

对于以上几种截然不同的说法,可有两种推测:一是根本不存在岳云给张宪书信一事,完全出自王贵、王俊的捏造。但是,"威逼"、"收买"王贵、王俊云云,仅仅是岳珂的一面之词,实毫无根据,很难凭信。二是确有其事。但是如果真的这样做,完全是为了要挟朝廷,与叛乱已只差半步之遥,按照张宪、岳云所处地位,他们断不会鲁莽到如此程度。退一步说,即使真有其事,这等绝密行动,尚无半点眉目,怎会已人人皆知? 更加不可思议。

不过,既然言屯驻地百姓"皆昼夜不安",无风也不会起浪。其间最大的可能,是由岳飞一手缔造的岳家军将士,怀着对主帅的热爱,迫切希望他能重返军中,主持军政,有人便在军中散布一些不负责任的言论,经过传播造成屯驻地军民的紧张气氛。对此,以前也有先例:绍兴七年四月,岳飞上庐山为母守丧三天后,军中无主帅,朝廷命权兵部侍郎兼都督府参议军事张宗元权湖北京西宣抚判官,往鄂州监岳飞军。"命下,军中籍籍,曰:'张侍郎来,我公不复还矣。'"②从而引起军心不稳。不过,这次紧张气氛的造成,也有可能是张俊派人潜入岳家军内部,故意在军队里进行煽动所致。王俊、王

---

① 《系年要录》卷一四一,绍兴十一年九月癸卯条及小注,第2393页。
② 《系年要录》卷一一〇,绍兴七年四月庚戌条,第1849页。

贵先后听到这些言论后,因事关重大(此时张宪、岳云皆不在军中),所以到行府向张俊作了报告,苦于找不到岳飞罪状的张俊,便借机扩大事态,制造岳云与张宪有书信往来,欲行谋反的弥天大谎,以此加害岳飞。

高宗和秦桧在没有得到书信实情的情况下,便将张宪投入大理寺推勘。张宪尽管被打得体无完肤,仍然不肯屈招。十月十三日,他们又将岳飞、岳云投入大理狱,命何铸和大理卿周三畏审讯。何铸经过反复审讯,得不到岳飞的任何"反状",尤其是当他看到岳飞袒露的背部,刺有"尽忠报国"四个大字时,更深知其冤。何铸为岳飞向秦桧诉冤,秦桧不高兴地告诉他:"此上意也。"何铸以为:"铸岂区区为一岳飞者,强敌未灭,无故戮一大将,失士心,非社稷之长计。"①秦桧便奏请高宗,改命万俟卨为御史中丞,以加紧迫害岳飞。大理寺丞李若朴、何彦猷等并言岳飞罪不应死,皆被万俟卨劾罢。岳飞知道已容不得自己申辩,长叹道:"吾方知已落国贼秦桧之手,使吾为国忠心,一旦都休!"说罢,"合眼任其拷掠"②,不食求死。

但是,另据南宋学者王明清(约1127—约1202)言,他在一次入朝时,曾经看到过有关岳飞诏狱全案的卷宗,与以上所言又不尽相同,从而认为言岳飞等人谋反,并无实据,"的见诬罔"。其谓:

> 岳侯之坐死,乃以尝自言与太祖俱以三十岁为节度使,以为指斥乘舆,情理切害;及握兵之日,受庚牌不即出师者凡十三次,以为抗拒诏命……又云:"岳云与张宪书,通谋为乱。"所供虽尝移绂,既不曾达,继复焚如,亦不知其词云何,且与元首状了无干涉,锻炼虽极,而不得实情,的见诬罔,孰所为据,而遽皆处极典,览之拂膺!③

那么,为什么王明清看到有关岳飞诏狱全案卷宗所载罪名,与早先言岳飞谋反的罪名大有不同呢?这或许是高宗和秦桧在后来实在找不出张宪给

---

① 《宋史》卷三八〇《何铸传》,第11708页。
② 《会编》卷二〇七,绍兴十一年十二月二十九日条,第1495页。
③ 《挥麈录·余话》卷二《王俊首岳侯状》,第246—247页。

岳云的书信,在法理上不好定罪,于是另立罪名。一是言岳飞有指斥乘舆（太祖）之罪,二是握兵之日,受十三次庚牌（写有朝廷紧急命令的木牌）而不肯出师。这二项罪名,在宋代虽皆属重罪,但如果换成刘光世或张俊、韩世忠三人,都不会将他们定罪,毋庸说判处极刑。

绍兴十一年十一月,韩世忠也被罢为横海武宁安化军节度使,充醴泉观使的闲职。

万俟卨为御史中丞仅一月余,审判即告结束。最后刑部、大理寺作了如下判决,并奏请高宗裁决:"岳飞私罪斩,张宪私罪绞,并系情理所重;王处仁（王处仁为岳飞军中的进奏官,后以'漏泄朝廷机密'罪入狱）私罪流,岳云私罪徒,并系情理所重。"可是经过高宗"裁断",上述判决改为:"岳飞特赐死,张宪、岳云并依军法施行,令杨沂中监斩,仍多差兵将防护,余依断。"①绍兴十一年十二月二十九日（公历 1142 年 1 月 27 日）,高宗、秦桧终于以"莫须有"的罪名,毒杀了岳飞,张宪、岳云被斩首。岳飞军中的一些官员被罢免,与岳飞关系密切的一些部属和幕僚也都获罪。曾经作为岳飞参议官的李若虚被送往远州羁管。

由于高宗和秦桧对岳飞的大肆抹黑,一开始就将他打成为企图谋反的政治犯,所以当时"南宋主流社会对岳飞是不怎么待见的"②。朝中文臣几乎没有一个人站出来为他说话和诉冤,武臣中也只有韩世忠前去责问秦桧:尽管找不出岳飞半点谋反的证据,因何还要将他处死? 秦桧回答道:"飞子云与张宪书虽不明,其事体莫须有。"韩世忠气愤地说:"相公'莫须有'三字,何以服天下乎?"③

绍兴三十二年（1162）七月,孝宗即位的次月,即下敕令:"叙复岳飞元官",言岳飞:"拔自偏裨,骤当方面。智略不专于古法,沉雄殆得于天资。事

---

① 《朝野杂记》乙集卷一四《岳少保诬证断案》,第 704 页。

② 陈文锦:《西湖一千年》,杭州出版社 2020 年出版,第 157 页。

③ 《系年要录》卷一四三,绍兴十一年十二月癸巳条,第 2422 页。按,学者李裕民近日撰文指出:"韩世忠质问秦桧,秦桧回答莫须有的故事,完全是杜撰的,编造者就是韩世忠的儿子彦古和碑文的作者赵雄。"参见氏著《破解惊天之秘:"莫须有"故事辨伪》,载《西北工业大学学报》（社会科学版）2018 年第 3 期,第 49—59 页。

上以忠，至无嫌于辰告；行师有律，几不犯于秋毫。外摧孔炽之狂胡，内剪方张之剧盗。名之难揜，众所共闻。"①推翻了以前强加在岳飞头上所谓"谋反"的罪名，全面肯定了岳飞的功绩。根据敕令，礼部下指挥，"追复（岳飞）元官，以礼改葬"②。同时被追复和叙复元官或称号的，还有岳飞之妻李氏、岳飞之子岳云，从而全面地为岳飞的这场冤案平了反。自此以后，逐渐出现了肯定岳飞的记载和为他伸冤的呼声。如卒于孝宗淳熙二年（1175）的一位江西籍士人曾敏行，在他所撰的《独醒杂志》中，对岳飞的一生大为赞扬，其谓：

> 绍兴六帅，皆果毅忠勇，视古名将。岳公飞独后出，而一时名声几冠诸公。身死之日，武昌之屯至十万九百人，皆一可以当百。余尝访其士卒，以为勤惰必分，功过有别，故能得人心。异时尝见其提兵征赣之固石洞，军行之地，秋毫无扰，至今父老语其名辄感泣焉。盖其每驻军，必自从十数骑，周遭巡历，惟恐有一不如纪律者。③

著名史学家李焘（1115—1184）也说岳飞"知书，善待士，且济人之贫。用兵秋毫无犯，民皆安堵，不知有军至。今号为贤将"。④

不过，终宋之世，岳飞在武臣中的地位，一直在韩世忠和张俊等人之下。如配飨高宗的功臣有四人，他们分别是吕颐浩、赵鼎、韩世忠和张俊。宝庆元年（1225）八月，理宗建"昭勋崇德阁"，内有赵普至葛邲等文武勋臣二十三人绘像⑤，其中有韩世忠、张俊两人，但并无岳飞。至于在民间，岳飞的地位肯定要高于张俊甚至韩世忠等人，特别是因他坚持抗金而遭

①　《周必大集校证》卷九七《岳飞叙复元官》，第1408—1409页。

②　《鄂国金佗稡编续编校注》卷一三《天定别录·追复指挥》，第1313页。

③　［宋］曾敏行：《独醒杂志》卷七，上海古籍出版社1986年点校本，第64页。

④　《系年要录》卷一四三，绍兴十一年十二月癸巳条小注，第2427页。

⑤　《咸淳临安志》卷六《行在所录·诸寺》。按：到端平二年（1235），又增加赵汝愚一人。杭州出版社2009年《宋元浙江方志集成》本，第1册，第338—340页。

到冤杀,更是为他感到愤恨不平。不容讳言,岳珂在《金佗粹编》中对其父祖战功的锦上添花,又虚构某些人事和情节,对后人评价岳飞也造成一定影响。

四、岳飞遇害原因探讨

"不杀大臣",本是宋朝的祖宗家法,可是对岳飞来说却是一个例外。那么,作为在抗金战争中作出了重大贡献的岳飞,因何会被高宗杀害呢? 这恐怕还得从高宗和岳飞本人两个方面去寻找原因。

从高宗方面来说,他所以要杀害岳飞,当有以下几个原因。

首先,岳飞违反了高宗的武臣观。就是作为一个武臣,对他必须绝对听话,而岳飞却做不到这一点。高宗和岳飞,虽为君臣,但在许多问题上意见往往相左,犹如两股道上跑的车,走的不是一条道。高宗抵御金人,完全是为了自己的身家性命,只要能获得偏安局面,议和条款无论多么苛刻,他都会接受;岳飞抗金,却是为了收复中原失地,"迎回二圣",一报"靖康之耻",故誓不与金人妥协。因此,岳飞对高宗的一些命令和措施,并不事事听从,这当然为高宗所不允。如建炎元年,高宗在金兵追击下要向南方逃命。作为小军官的岳飞,虽然没有见过高宗一面,却上书表示反对,认为:"为今之计,莫若请车驾还京,罢三州巡幸之诏,乘二圣蒙尘未久,虏穴未固之际,亲帅六军,迤逦北渡……中原之地指期可复。"[1]岳飞为了国家,竟然置高宗的安危于不顾,这肯定会使高宗感到不满。绍兴六年四月,岳飞母亲姚氏卒于军,"不俟报,乃解官而去",上庐山丁母忧。高宗下诏命他立即起复,"主管军马,措置边事,不得辞免"。同时,派人"赐银帛千匹两",上山持告宣谕。岳飞再辞,高宗不许,"诏飞速往措置调发,毋得少失机会",岳飞这才"奉诏归屯"。[2]

翌年三月,刘光世被罢去兵权,高宗和宰相张浚食前言,拒绝将刘光世

① 《鄂国金佗粹编续编校注》卷一〇《南京上皇帝书略》,第835页。
② 《系年要录》卷一〇〇,绍兴六年四月乙巳条,第1691页。

的军队归属岳飞统率,引起岳飞的不满。四月十五日,岳飞上疏自言:"与宰相议不合,求解帅事。"①遂弃军而再上庐山为母守丧。高宗一面命权宣抚判官张宗元摄军事,一面再次派人上山,命岳飞返回鄂州管军,岳飞不听。七月初七日,高宗命参议官李若虚、统制官王贵上江州,敦请岳飞依旧管军,并放出重话:"如违,并行军法。"意为如果劝导不成,李若虚和王贵等人都要受到军法惩处。李若虚等到达江州后,向岳飞传达了朝廷的命令,可是岳飞仍然不肯下山。李若虚无法,只得向他摊牌:"相公欲反耶?且相公河北一农夫耳,受天子之委任,付以兵权。相公谓可与朝廷相抗乎?公若坚执不从,若虚等受刑而死,何负于公?"经过六天,岳飞才受诏下山。

岳飞此举,在高宗看来,纯属"要君",内心大为震怒。后来岳飞赴临安,高宗表面上"慰遣之",实际上却恶狠狠地用宋太祖的"犯吾法者,惟有剑耳"②一语相威胁。应该说,此时的高宗对岳飞已经暗含杀机,只是抗金战争尚未结束,还需要岳飞继续抵抗金兵而已。绍兴十一年,岳飞两次增援淮西的延误,使高宗更为恼火。这时,宋、金和议即将达成,高宗以为杀害岳飞的时机已经成熟,才决定下手。总之,不能完全听命于高宗,当是岳飞遇害的最主要原因。

其次,高宗对诸大将虽然皆有猜疑,但对岳飞尤甚。在历史上,封建帝王对一般官员的贪赃行为,都会进行惩治,以达到安定社会的目的。但是,对身边少数宰执大臣和一方武臣,却往往视而不见,十分放纵。究其原因,虽有笼络的一面,但主要是认为这些人在朝廷里已经有了很高的地位和俸禄,如果仍贪恋土地、金钱和女色,说明他们在政治上已没有了得陇望蜀的非分之想,在朝廷里也必然失去威望和号召力,所以不会对自己构成威胁。反之,此人如果十分清廉,甚得人望,则可能会滋生野心,对他就需要特别警惕。南宋士大夫罗大经之言,就道出了其中的真谛,他说:

---

① 《系年要录》卷一一〇,绍兴七年四月丁未条,第 1848 页。
② 《系年要录》卷一一二,绍兴七年七月丁卯条,第 1877—1878 页。

　　韩世忠尝议买新淦县官田,高宗闻之,御札特以赐世忠。其词云:"卿遇敌必克,克且无扰。闻卿买新淦田为子孙计。今举以赐卿,聊旌卿之忠。"故其庄号"旌忠"。盖当时诸将各以姓为军号,如张家军、岳家军之类,朝廷颇疑其跋扈。闻其买田,盖以为喜,故特赐之。世忠之买田,亦未必非萧何之意也。①

　　岳飞虽然终官至枢密副使,但与当时的文武官员不同,他一不蓄姬妾,二不营私利,还经常将自己和岳云的战功推给别人,将自己的财物支持抗金事业。可是他这样做,偏偏犯了罗大经在上面所说封建社会里武臣不贪财色的大忌。

　　特别要指出的是,赵宋统治者为防止武臣干政,绝不允许他们参与与军事无关的政事。绍兴七年二月,岳飞赴行在,初九日,在接受高宗引见时,面奏道:"虏人欲立钦宗子来南京(按:指开封)欲以变换南人耳目,乞皇子出阁以定民心。"由于岳飞之言触犯了禁忌,高宗为此警告他说:"卿言虽忠,然握重兵于外,此事非卿所当预也。""飞色落而退"②。高宗将这件事与岳飞平时的各种表现联系起来,认为他不同于一般武臣,对他产生了更大的不信任感,这也是岳飞后来遭杀身之祸的一个重要原因。

　　第三,岳飞与刘光世、韩世忠、张俊不同,他追随高宗的时间较晚,虽然战功卓著,但主要是在平定游寇和抗击伪齐与金兵方面,没有在危难时刻扈从过高宗。故南宋人吕中以为,"苗刘兵变"时,韩世忠和张俊皆有"复辟之功,为上所知。而飞在外,不为上所眷也"③。朱熹也说:"(绍兴间)诸将骄横,张与韩较与高宗密,故二人得全。岳飞较疏,高宗又忌之,遂为秦所诛,而韩世忠破胆矣!"④由于高宗对岳飞的感情淡泊,只是将他作为一枚抗金

---

　　① [宋]罗大经:《鹤林玉露》乙篇卷二《旌忠庄》,中华书局1983年点校本,第149页。
　　② 《系年要录》卷一〇九,绍兴七年二月辛丑条,第1826页;《朱子语类》卷一二七《本朝一·高宗朝》,第3055页。
　　③ 《类编皇朝中兴大事记讲义》卷一〇《岳飞死》,上海人民出版社2014年整理本,第605页。
　　④ 《朱子语类》卷一三一《本朝五·中兴至今日人物》上,第3148页。

中的棋子加以利用而已,所以对他更容易下得了毒手。

从岳飞方面来说,他也并非完人,不可避免地存在着一些弱点甚至错误。虽然从今天来看,这些弱点和错误远不能成为被高宗和秦桧一伙杀害的理由,但是在宋朝这样的封建体制下,违反了"祖宗之法",必然会遭到严惩。

岳飞出身于一个民风粗犷质朴的北方贫苦农民之家,自二十岁从军以后,一直处在严酷的民族斗争和阶级斗争的环境之中,这就造成他刚直不阿而过于峻急、勇敢豪迈而有点任性、忠诚执着而过于倔犟的性格,对于赵宋王朝"重文抑武"的国策,不可能有深切体会,更不懂得如何在官场上明哲保身,趋利避害,根据帝王的意志办事,这就很难保全自己。

岳飞这种峻急、任性和倔犟的个性,确实使他犯了不少错误甚至违法之事,仅举几例于下。

建炎元年六七月间,岳飞因为上书言事,反对南逃,被革去军职,赶出军营后,投奔张所的河北西路招抚司,参加收复河北失地的战斗。不久,张所被黄潜善、汪伯彦贬谪,岳飞又成了八字军首领王彦的部下。在敌强我弱的形势下,岳飞不听王彦劝告,擅自以所部自为一军,前去抗击金兵,结果遭到惨败。虽说岳飞抗敌心切,但毕竟严重地违反了军纪①。后来,岳飞为丁母忧,不经高宗同意,二次上庐山庐墓,也是任性的表现,若按当时军法,大将擅离职守,要受严厉制裁②。建炎四年十月,岳飞在泰州时,杀有勇力善战的部将、前军统制官傅庆,可以说完全出于意气用事③。张俊忌岳飞战功,参谋官薛弼"每以劝飞调护,而幕中之轻锐者,复教飞勿苦降意。于是飞与俊隙始深矣"④。以上事实,都是这种性格的消极反映。人们常说"峣峣者易缺",在封建社会里,岳飞等一些英雄端士的不幸遭遇,大多与此有关。

---

① 邓广铭先生说:"(岳飞此举)按当时的军纪说来,是一桩非常严重的罪行。"见氏著《岳飞传》(增订本),人民出版社1983年出版,第30页。

② [宋]曾公亮:《武经总要》前集卷一四《制度·罚条》:"临阵非主将命,辄离队,先人者斩";"违主将一时之令者斩(谓随事号令)。"影印文渊阁《四库全书》本,第726册,第456、459页。

③ 《系年要录》卷三八,建炎四年十月己亥条,第749页。

④ 《鄂国金佗稡编续编校注》卷一〇《南京上高宗书略》,第835页。

　　到底谁是杀害岳飞的元凶？南宋人普遍认为是秦桧，直到今天，仍然有人相信这一说法。造成这种认识的原因有多个方面，一是受到南宋官方记载的影响，二是受到为尊者讳这一义理史观的影响。此外，《金佗粹编》所载"兀术遗桧书"说，对后人的影响可能更大。几十年来所出版的专著中，援引这一记载的可谓不乏其例①。据该书载：

　　　　查尝谓人曰："虏自叛河南之盟，岳飞深入不已，桧私于金人，劝上班师。金人谓桧曰：'尔朝夕以和请，而岳飞方为河北图，且杀吾婿，不可以不报。必杀岳飞，而后和可成也。'"桧于是杀先臣以为信。②

　　众所周知，任何和议都是双方力量达到某种程度平衡的产物，当绍兴十一年时，如果金朝仍有力量消灭南宋政权，他们绝不会提出"必杀飞，始可和"的条款。和战大事，双方朝廷必然进行过深思熟虑，才会作出决定，岂因一个人的生死而定？简直成为儿戏，故绝不会有这种可能。另一方面，高宗、秦桧尽管求和心切，如果认为只要杀害岳飞，就能保证狡诈的金人接受和议，似乎将他们两人看得过分天真了一些。何况，不久前已有金人无故败盟的教训可作借鉴。根据笔者考证，并不存在所谓的"兀术遗桧书"③一说，所以不能以根本不存在的一封书信，就认定是秦桧杀害了岳飞。

　　另有一种记载，说岳飞被关押大理寺以后，秦桧查不出他谋反的佐证，是放归还是处斩，一时拿不定主意。正在若有所思的时候，其妻王氏一旁窥笑道："老汉一何无决？擒虎易，纵虎难也。"于是秦桧便下定决心，"致片纸狱中，即日报飞死矣"④。对于这一近乎小说家言的"私房话"，实在很难凭信。可是这个说法一旦流入民间，便被人们认作信史，于是也将王氏列为杀

　　① 如由周宝珠、陈振所主编的《简明宋史》中，就说："兀术还提出以杀害岳飞，作为'议和'的条件，内奸秦桧就指使其党羽捏造罪名，诬告岳飞谋反，即将把他害死。"人民出版社1985年出版，第323—325页。

　　② 《鄂国金佗粹编续编校注》卷八《行实编年》卷之五，第722—723页。

　　③ 参见何忠礼《"兀术遗桧书"说考辨》，载《杭州大学学报》1980年第1期。

　　④ 〔明〕田汝成：《西湖游览志》卷九《北山胜迹》，上海古籍出版社2017年点校本，第84页。

害岳飞的罪魁祸首之一,将她与秦桧、张俊、万俟卨一起,铸成铁人,光着身子,长跪在岳飞墓前,受人唾骂,这恐怕也是一个不白之冤。

实际上,高宗才是杀害岳飞的元凶,秦桧只是一个出谋划策者和主要帮凶。理由有这样几个方面。

一是岳飞与秦桧在抗金和议和问题上,虽然存在着尖锐的矛盾,但并没有达到你死我活的程度。要知道,秦桧对政敌的迫害从来不留余地,但岳飞毕竟是个武臣,不可能威胁到他的相位,所以就稍有例外。当岳飞父子惨遭冤杀后,秦桧对他被流放的家人,"还是日赈钱米以活其命"。当时有一漳州地方官写信向秦桧进谗言,以为:"叛逆之后,不应存留,乞绝其所给,使尽残年。"但遭到秦桧拒绝,只是将这封信札"付岳氏知而已"①。二是高宗是握有生杀予夺大权的帝王,岳飞是一个宰执高官,如果没有高宗命令,秦桧不可能擅自捏造罪名将他杀害。何况经过高宗"裁断"后,较刑部、大理寺的判决更加凶残,就是明证。三是秦桧死后,高宗对自己杀害岳飞一事仍然供认不讳,并未将责任推到已经死去的秦桧身上。

五、韩世忠和张俊的结局

绍兴十一年十月,吏部侍郎魏良臣等奉命使金,以商讨和议事宜。韩世忠继续反对和议,上疏高宗,提出谏言,以为:"中原士民迫不得已,沦于域外,其间豪杰,莫不延颈以俟吊伐。若自此与和,日月侵寻,人情销弱,国势委靡,谁复振乎?"又请求俟北使之来,自己与他们进行面议。高宗已决心与金议和,当然不允。韩世忠再上章,"力陈秦桧误国,词意剀切"。秦桧深怨韩世忠,嗾使言官,"因奏其罪"。韩世忠知道,自己已得罪了秦桧,如果继续在朝廷为官,定然会遭到他的诬陷和报复,高宗求和心切,也不会容得下自己。于是上章要求引退。二十八日,韩世忠被罢去枢密使,充醴泉观使,奉朝请,进封福国公。②

---

　　①　[宋]王明清:《玉照新志》卷五,河南大象出版社 2013 年《全宋笔记》本,第 6 编第 2 册,第199 页。

　　②　《系年要录》卷一四二,绍兴十一年十月癸巳条,第 2408 页。

　　岳飞遇害，对韩世忠的震动极大。他深知宋朝"重文抑武"的厉害，任凭你为南宋政权立下了多大功劳，得到过高宗多少甜言蜜语的褒奖，一旦受到高宗猜忌，就会招致杀身之祸。而秦桧心狠手辣，诡计多端，更是令人胆战心惊，即使自己已经致仕，仍免不了会受到陷害。为了避免惹祸上身，保全自己也保全平时的将佐部曲，从此杜门谢客，绝口不提兵事，也不与旧部属联络，独自在西湖边酌酒赏景，过着悠游的退隐生活，直到绍兴二十一年（1151）八月去世。九月，其家献出赐第，朝廷用以增筑景灵宫。刘光世则先死于是年二月。次月，其家献出赐第，供建造景灵宫之用。由此可知两点：一是韩、刘两家赐第，原来是比邻而居，因为他们的关系不睦，焉知不是高宗有意作出的安排？二是南宋的宰执大臣，一般皆有赐第，但死后不久，都必须"献出"，后来的秦桧赐第亦然。

　　到绍兴十二年冬，在南宋的所谓"中兴四将"中，岳飞已遇害，刘光世和韩世忠已先后被解除兵权。重要将领刘锜也已出知地方。四川的秦凤路经略安抚使吴璘，手中虽然仍握有兵权，但受到四川制置使和宣抚使的控制，高宗比较放心。唯有作为枢密使的张俊，还在做着独掌兵权的美梦。他的羽翼丰满，在南宋军队中掌握了很大势力，曾经作为他部曲将领的杨沂中，时为殿前都指挥使，另一将领田师中，是殿前都虞侯，兼鄂州驻扎御前诸军都统制，也拥有相当大的兵权。于是殿中侍御史江邈论其罪，言其："据清河坊以应谶兆，占承天寺以为宅基。大男杨存中握兵于行在，小男田师中拥兵于上流。他日变生，祸不可测。"[①]高宗原来对张俊印象好，非常放心，可是经江邈提醒，感到有点害怕，当然就不会允许他继续掌握兵权。绍兴十二年十一月，张俊被劾罢，充醴泉观使，封清河郡王。高宗和秦桧仅仅用了一年左右的时间，就"圆满地"完成了收夺三大将兵权的任务。从此以后，枢密使副及知枢密院事、签书枢密院事等枢密院长官，只有文臣才能充任，宰相之权始重，南宋政局又回到了过去以文驭武的老路。

　　至此，张俊才明白，原以为始终"眷顾"自己的高宗，对自己也同样心存

---

① 《系年要录》卷一四七，绍兴十二年十一月癸巳条，第2499页。

猜疑。为了不重蹈岳飞的覆辙，就以姻亲韩世忠为"榜样"，开始小心谨慎起来，惟恐被秦桧抓到什么"图谋不轨"的把柄。

一天，秦桧召见张俊，要他帮助自己推荐建康、镇江两地的主帅，张俊唯唯而退。十余日以后，秦桧向他重提前言。张俊自以为老谋深算，"辞以居闲之久，旧部曲不相闻，未有可荐者"，一味加以推托。秦桧却更是棋高一着，他说："教郡王荐翰林学士则难，荐将帅职也。"张俊一时语塞，不得已以刘宝、王权两将相荐。此两人皆为韩世忠旧部，以此可以逃避日后可能发生的干系，不让秦桧抓到辫子。

绍兴二十一年十月，高宗亲临张俊府第，张俊以穷奢极侈的排场，宴请高宗并一班大臣。过午，高宗兴致仍很高，未有回宫意。张俊再三请大宦官"乞驾早归内"，大家不明白张俊不愿高宗久留的原因。数日后，有人问张俊为何要催促皇上回宫，张俊回答道："臣下岂不愿万乘款留私第为荣？但幸秦太师府时，未晡即登辇。"经他这一解释，大家都叹服张俊的"识虑高远"。①

以上两例，足以看出秦桧的忮刻、阴险和张俊的老谋深算。绍兴二十四年(1154)八月，张俊去世，"诸子进黄金九万两"以讨好高宗。高宗亲赴俊第，"临奠为恸哭"，这是以往南宋武臣从未享受到的帝王礼遇。此时，高宗对人道："武臣中无如俊者，比韩世忠相去万万。宜检祖宗故事，优其赠典。""遂赠循王"②。充分反映出高宗对武臣的评价标准。

---

① 《清波杂志校注》卷五《荐二帅》、《幸第》，第207—208页。
② ［宋］徐自明：《宋宰辅编年录》卷一六，绍兴十二年十一月己未条，影印文渊阁《四库全书》本，第596册，第604页。

第七章 高宗与秦桧的"政治联盟"

在历史上,除了东晋建立以后,一度出现过"王与马,共天下"这一特殊的政治局面以外,很少有君主与大臣结成"政治联盟"的情形。但是,秦桧独相时间竟长达十七年(1139—1155)之久,如果他不死,还有可能更长。这种情况,乃赵宋政权建立以来所未有,也完全违背朝廷大臣必须"异论相搅",宰相不宜久任的"祖宗之法"。对此,高宗当然心知肚明。由此可见,高宗、秦桧两人关系之密切已超出了宋朝一般的君臣关系。在宋朝的政治体制下,这种君臣关系的建立,绝非用"劫持君父"可得,所以我们形容其是近乎"政治联盟"。

那么,高宗为什么要"永相"秦桧?秦桧利用与高宗的这种关系,又是如何结党营私,实行专制统治?对于这些问题,有必要作进一步探讨。

第一节 高宗信任秦桧的原因

秦桧之所以能够获取高宗信任,当有以下几种原因。

一是秦桧全力支持与金议和,是取得高宗信任的根本原因。

有记载认为,秦桧所以得到"永相",是因为在宋、金"绍兴和议"中,有一个"不得辄更易大臣"[①]的条款。此说为《朱熹文集》、《宋名臣言行

---

① [宋]朱熹:《朱熹集》卷九五《张公(浚)行状》下,四川教育出版社1996年点校本,第4860页。

录》、《金佗粹编》、《四朝闻见录》、《鹤林玉露》等书所载,但不见于《建炎以来系年要录》和《三朝北盟会编》二书,更不见于宋、金两国的誓表、国书和高宗一朝臣僚的章奏中,真实性如何,令人生疑。对此,本书将在后面作出分析。

绍兴八年(1138)三月,秦桧自枢密使升任右相兼枢密使。十月,赵鼎被罢去左相,出知绍兴府,秦桧独相自此开始。十一月,右谏议大夫李谊向高宗上疏说:

> 陛下临御,于今一纪。所用相凡十人,执政三十三人,然皆不久而去,规模数易。士知其不久,则肆为同异,而亡忌惮。吏知其不久,则专为苟简,以幸蔽欺。陛下夙夜忧勤,而治不加进,殆必由此。今左相虚位,参政阙员,乃择贤之时。望考以圣心,参以公论。傥选而得天下之才,则责之专,任之久,可无数易之弊。臣备位言责,不敢复避形迹,惟陛下察焉。[①]

李谊与秦桧的关系比较密切,但还不属于死党之列。他向高宗提出的奏议,虽不免有为秦桧永相游说之嫌,但言频繁更换宰相所造成的弊病,却是事实。高宗正急欲依靠秦桧与金人议和,这道奏疏可能对高宗有一定影响,故在"绍兴和议"签订前三年,秦桧已经开始独相,这与朱熹等人所言就不很符合。绍兴十一年六月,秦桧自右相擢除左相,此后高宗再没有同时除一二大臣为次相,以行牵制,更是超出了金人所谓的要求。再则,高宗是一个猜疑性极强又手握大权的皇帝,他岂能容忍在自己身边有一个金朝的代理人作宰相?当建国之初,高宗虽立足未稳,尚敢得罪金人,杀掉已经退位的张邦昌,现在若要解除秦桧相位,当然更非难事。足见他的永相秦桧,有着自己的政治考虑,与金人的要求并无直接关系。诚然,《朱子语类》中有着这样一条记载:"高宗所恶之人,秦引而用之,高宗

---

① 《系年要录》卷一二三,绍兴八年十一月癸未条,第2055页。

亦无如之何。高宗所欲用之人,秦皆摈去之。举朝无非秦之人,高宗更动不得。"①似乎秦桧权力之大已经超过了高宗,但是这也和高宗要在"膝裤中带匕首",以防备秦桧行刺一样,皆为无根之辞。那么,高宗长期独相秦桧的原因是什么? 实际上,我们从高宗对秦桧的态度中已不难找到答案。

在两宋历史上,受到当朝帝王赞赏最多的宰相,秦桧可称是第一人。

建炎四年十一月,高宗在第一次接见秦桧后,就认为"桧朴忠过人,朕得之喜而不寐"。高宗为什么如此喜欢秦桧,不仅仅因为秦桧有"乞立赵氏"的美名,也不是因为他的文学水平和书法艺术有过人之处,而是他在当时南宋诸多大臣中,首先提出了与金人媾和的建议,态度又是那么坚决,终于使高宗找到了"知音"。

绍兴十二年九月,秦桧由少保、左相兼枢密使、冀国公,进封为太师、魏国公,又赐以玉带使服之。秦桧推辞,高宗道:"梓宫归葬,慈宁(按:指韦太后)就养,皆卿之功也。此未报百分之一,不必辞。"②明白道出了他所以要重用和答谢秦桧的原因。

绍兴十三年十二月二十三日,高宗赐秦桧生日宴,秦桧表示不敢。高宗为此下诏曰:"朕闻贤圣之兴必五百岁,君臣之遇盖亦千载。夫以不世之英,值难逢之会,则其始生之日,可不为天下庆乎……非宣王之能任贤,无以致中兴。今日之事,不亦臣主俱荣哉。宜服异恩,毋守冲节,所请宜不允。"③在封建社会里,一个臣子可以被帝王誉为"不世之英,值难逢之会",其生日达到了"臣主俱荣","为天下庆"的程度,他的政治地位之高,几乎可以与帝王相侔,言其与秦桧结成"政治联盟",虽是过分之论,也并非全是空穴来风。

绍兴十五年,高宗赐秦桧位于望仙桥甲区相府一座,亲书"一德格天之阁"六字匾其书阁。遣中使就第赐宴,"仍赐桧青罗盖涂金从物,如蔡

---

① 《朱子语类》卷一三一《中兴至今日人物》上,第3162页。
② 《系年要录》卷一四六,绍兴十二年九月乙巳条,第2487页。
③ 《宋史》卷一一九《礼二十二》,第2802页。

京、王黼例"。秦桧表示不敢,"欲什袭珍藏,以俟外补,或得归休,用诸国门之外"。①

绍兴十九年九月,在秦桧六十岁生日即将来临之际,高宗命人为他画像,并亲自作赞曰:"惟师益公,识量渊冲。尽辟异议,决策和戎。长乐温清,寰宇阜丰。其永相予,凌烟元功。"②在出示众臣以后,命将画像和赞语藏于秘阁。明确告诉群臣:秦桧所以能获得如此殊荣,就是"尽辟异议,决策和戎"之故。要求大家以此作为"楷模",用心可谓良苦。

绍兴二十年三月,高宗为秦桧已故父、玉山县令敏学撰墓碑,首曰"清德启庆之碑"。又命直学士院王曮撰文以赐。高宗对秦桧道:"近日边境绝无事,行移简少,民得休息,殊为可喜。"明显是在颂扬秦桧主和之功。

自绍兴二十年十二月二十二日,秦桧在患病两个月以后,第一次病愈上朝。高宗为此下诏,要他"肩舆至宫门,命二孙直宝文阁埙、直宝谟阁堪掖以升,且命毋拜"。他高兴地对秦桧说:"且得与卿相见。"又道:"瑞雪时可喜,又使人在途,并无须索,足见省事。"③言语中隐隐包含着对宋、金和议的满意和对秦桧主和的赞许。

高宗对秦桧的赏赐之重,也不是一般大臣可以企及。如赐建康府永丰圩一千顷良田(每年可收租米三万石),赐巨额银、绢、缗钱,赐大量采、金银器皿、锦绮帐褥,赐玉带、名马,赐家庙祭器,甚至赐鲜花等。至于为其子弟、姻亲封官进爵之多,更是不在话下。

高宗不顾祖宗之法,长期独相秦桧,确有其现实的需要。因为在宋、金和议之后,南宋朝野仍然存在着一股强大的反对和议的势力,他们以不忘"靖康之耻"为号召,以反对和议,收复中原失地,迎回钦宗等为政治诉求,始终占据着道德的制高点。高宗虽用迎回母后以行孝道的理由相抗衡,但与整个国家、民族的得失相比,毕竟显得渺小,甚至影响到自己政权的合法性。何况,母后韦氏在金方的"隐私",一直在朝野暗中流传,使高宗深感颜面无

---

① 《系年要录》卷一五四,绍兴二十五年十月乙亥条,第2634页。
② 《系年要录》卷一六〇,绍兴十九年九月戊申条,第2750页。
③ 《系年要录》卷一六一,绍兴二十年三月乙巳条,第2766页;十二月甲子条,第2780页。

光。可是,他原来依靠过的大臣,如李纲、吕颐浩、赵鼎、张浚、李光辈,有的仍坚持抗金立场,有的已与他产生裂痕,很难依靠。曾被高宗重用过的洛学之徒,也与他渐行渐远。为此,高宗就要找到一个始终主张与金人议和,且有政治能力和专制手段的人,作为和议的"守护神",以箝制和镇压反对派。这个人当然非秦桧莫属。因此,高宗与秦桧结成这种"政治联盟"的基础,就是以他为"盟主",共同坚守"绍兴和议",不给抗战派有任何可乘之机。

二是秦桧的心机和权术,使高宗对秦桧一直置信不疑。

高宗永相秦桧,从秦桧方面而言,除了全力守护和议,协助收夺大将兵权,防范韦氏隐私扩散,严厉镇压反对派,从而取得高宗的信任以外,还有他自身的原因。就是善于玩弄各种政治手腕,取得高宗对他的信任。具体可以表现在这样几个方面。

一是时时、处处讨好和逢迎高宗,在应对中从未有逆其意者。

秦桧在与高宗相处的过程中,知道他是一个猜疑心强,又十分自负之人,所以在与高宗的奏对中,总是察言观色,投其所好,竭尽吹捧、恭维之能事,以获取高宗欢心。现仅举数例,以略见一斑。

例子一:绍兴十三年(1143)十一月十三日,秦桧收到高宗给他的御书《尚书》,他立即测知高宗此举的用意,感到这是一个难得拍马逢迎的机会。十五日上朝时,他奏请高宗,希望能将这御书《尚书》于来日"宣示侍从官,不惟观陛下书法之妙,又令知陛下圣学不倦如此"。这个建议正中高宗下怀,立即表示同意,并不无夸耀地说:"朕之性与人异,无事则静坐观书,所得甚多。"又言:"朕观古之人君,有嗜杀人者,盖不能养性,故多恣暴。大率知足更无事。贵为天子,谁能制之? 若不知足,更为侈靡,未有不乱,如唐明皇是也。"秦桧随即大加吹捧:"陛下圣德如此,三代显王何以加诸?"仅凭一部书法作品,便将高宗抬高到与尧舜禹同样的地位,真让他说得出口!

例子二:绍兴十七年(1147)三月初六日,高宗对秦桧说:"人材难得,惟在赏罚劝沮。卿可选用所知,若协济国事,得三五人,即庶僚胥化。"对于此事,秦桧感到左右为难:如果被他推荐的三五人中,尔后有人受到高宗赏识,自己独相的地位就难免不保;若有人今后出了事,则会受到牵连,也可能会被高宗怀疑他在结党营私。于是秦桧便顾左右而言他，道："仁宗皇帝时，高若讷等在朝，久相搅扰。至嘉祐间，韩琦、欧阳修协恭赞助，方成太平之治。"按：高若讷（997—1055）是仁宗朝的一位大臣，终官参知政事、枢密使。他早年为台谏官日，十分尽职，惟与欧阳修等人不协。若讷强学善记，懂音律，通律历，尤精医术，"虽国医皆屈伏。张仲景《伤寒论诀》、孙思邈《方书》及《外台秘要》久不传，悉考校讹谬行之，世始知有是书"①。但高若讷与仁宗朝前期的治乱，并无多少关系，言仁宗朝至嘉祐间（1056—1063）"方成太平之治"，更与事实不符。秦桧在高宗面前，所以要这样说，无非是为了转移话题。果然，由于高宗对仁宗的评价甚高，一心想以他为榜样，故而一听提到仁宗名字，便称赞道："仁宗皇帝即位之久，灼见治道。"秦桧便趁机诡媚地说："陛下领元帅府日，备见官僚情伪，至如敌情，亦是亲到其营，尽得要领。故应酬如神，不差毫发。当出身犯难之时，乃宗庙社稷之托，实天启圣衷，非偶然也。"②在莫名其妙地吹捧了高宗一番以后，将高宗交给他推荐官员的任务，推得一干二净，高宗也完全忘记了命秦桧所做之事。

此外，如绍兴十一年十月，魏良臣赴山东宗弼军营商议议和条款。临行，为准备礼物事，高宗告诉宰相秦桧，以为送宗弼的礼物只需中下等即可，送金熙宗的礼物得用上等，"盖礼有等威，不可不严"。又说："恐左藏库无佳帛（送熙宗），朕处有之。向张浚在川陕，每岁进奉撝蒱绫帛等，皆在朕，未尝用一匹。"秦桧当即道："陛下恭俭如此，中兴可必也。"③区区一件送礼事，出于秦桧之口，竟然成了中兴大事。绍兴十三年十二月初一日，因阴雨而日食不见，秦桧便"率百官上表称贺，自是如之，逮桧薨乃止"④。绍兴十九年七月，久旱后下雨，秦桧便上奏说："陛下至诚格天，尤为可喜。"⑤绍兴二十

① 《宋史》卷二八八《高若讷传》，第 9686 页。
② 《系年要录》卷一五六，绍兴十七年三月己巳条，第 2675 页。
③ 《系年要录》卷一四二，绍兴十一年十月壬午条，第 2406 页。
④ 《系年要录》卷一五○，绍兴十三年十二月癸未条，第 2559 页。
⑤ 《系年要录》卷一六○，绍兴十九年七月辛卯条，第 2744 页。

四年七月,南丹州傜人内附,秦桧即奏:"陛下兼怀南北,定计休兵,小寇岂敢不服?"①如此等等,不胜枚举。

秦桧对高宗不仅处处逢迎,无所不至,就是对他的子孙,也颇多这方面的训导。绍兴二十四年三月,其孙秦埙参加殿试,策题为:"诸生以师友之渊源,志念所欣慕,行何修而无伪? 心何治而克诚?"秦埙在对策中有云:

> 今朝廷之上,盖有大风动地,不移存赵之心;白刃在前,独奋安刘之略。忠义凛凛、易危为安者,固已论道经邦,燮和天下矣。臣辈委质事君,愿视此为标准。志念所欣慕者此也。②

实际上,宋代科举的殿试策以考时务为主,策题比较容易猜测,所以士子多有宿构,到时只要根据所颁策题,在内容上稍作变通即可。秦埙在对策中的这段话,并不十分切题,且有点生搬硬套。特别是其中所谓"大风动地,不移存赵之心;白刃在前,独奋安刘之略"云云,是昔日左朝请大夫、主管台州崇道观熊彦诗在给秦桧除为太师时贺信中拍马逢迎之语,当时秦桧看了十分欢喜,立即除熊彦诗为知永州。这次秦埙将其用在殿试策上,足见为秦桧父子事先辅导所至。难怪后来高宗也看到了其中的缘故,说:"秦埙中甲科,所对策叙事,皆桧、熺语,灼然可见。"③

二是勾结高宗宠臣、内侍和外戚,通过他们影响高宗,以达到邀恩固宠的目的。

综观秦桧独相十八年的历史,很少见到他自夸功绩,也没有发现他有公开向高宗伸手要官的情况,但高宗对他却一直恩赐有加,毫无止息。秦桧之所以能做到这一点,与他勾结御医王继先、大宦官张去为等内侍和外戚等高宗身边的人,有很大关系。

---

① 《系年要录》卷一六七,绍兴二十四年七月乙亥条,第2884页。
② 《系年要录》卷一六六,绍兴二十四年三月辛酉条,第2870页。
③ 《系年要录》卷一四七,绍兴十二年十二月丙子条,第2507页;卷一七三,绍兴二十六年六月戊寅条,第3017页。

　　王继先(1098?—1181),开封人,世代以行医为业。建炎初,入宫为御医,历侍高宗、韦太后三十余年。继先奸黠善佞,医术高超,甚得高宗、韦太后宠信,虽然限于伎术官的身份,终官只是昭庆军承宣使(正四品),但权势显赫,几与秦桧相埒,乃被高宗称为:"桧,国之司命,继先,朕之司命。"王继先恃宠,滥施威福,许多官员争先恐后与其结交。绍兴十八年(1148),秦桧让妻子王氏与王继先结成义兄妹关系,从此两家往来甚密。一个当朝宰相之妻与一个被士大夫并不待见的御医结成这种关系,在整个宋朝也少见其匹。

　　张去为早年即入韦贤妃宅内为宦官。苗刘之变时,他一度被放逐到廉州(广西合浦)。后来被高宗召入宫内,地位日升,官至入内内侍省押班、入内内侍省都知(正六品)、延福宫使(正五品),是高宗一生中最受宠幸的宦官之一,因此,秦桧也与之交好。

　　此外,秦桧与韦太后之弟韦渊、吴皇后的两个弟弟吴益、吴盖,关系也十分密切。根据秦桧的奏请,韦渊官太傅、平乐郡王,吴益、吴盖也不断加官进爵。

　　秦桧就这样通过与高宗身边的御医、宦官和外戚相勾结,不仅对高宗的"动静必具知之",而且可以通过这些人在高宗面前为他歌功颂德,以巩固自己的地位,谋取更多利益。如在封官上,每当秦桧想给自己的宗族、妻党升官时,必先奏请升迁这些人的官职,"故继先及中宫亦请升迁秦氏、王氏之官职",用心可谓良苦。当时,后宫中人直呼秦桧为"太平翁翁"[1],说明他在宫内也颇有人气。

　　三是秦桧权势虽盛,但在高宗面前行事十分谨慎低调,甚至唯唯诺诺,避免出现僭越之举,以不使高宗生疑。

　　秦桧既阴鸷狡黠,又老谋深算,他虽然独相多年,对同僚刻忮跋扈,独断专行,但在高宗面前,却一直小心谨慎。其中的原因在于他完全知道,在宋朝的政治体制下,任何有权势的大臣,决不能有半点僭越之心,一旦得不到

帝王的信任,就会像一双敝履那样被抛弃。"绍兴和议"签订前夕,高宗曾对秦桧发出过警告,他说:"人主之权,在乎独断。"意思是说:在重大问题上,都得由我说了算,即使你做了宰相,也不得有所违背。这时候的秦桧,对高宗之言,尚不敢完全苟同,居然说:"考之经传,人君莫难于听纳。"高宗听了,立即严加驳斥:"朕观自古人君不肯听纳者,皆因有心,或好大喜功,或穷奢极欲。一实其衷,则凡拂心之言,皆不能入矣。若清心寡欲,岂有不听纳乎?朕于宫中观书写字之外,并无嗜好,凡事无心,故群臣之言是则从,非则否,未尝惑也!"①秦桧的政治敏感性极强,他知道自己所面对的帝王虽然年轻却并不容易对付。因此,在秦桧当政期间,对高宗确实格外小心,丝毫不敢怠慢。

某日,其子秦熺穿黄色葛衫侍侧,秦桧命他将这件葛衫换下。秦熺不知其意,又换上了另一件黄色葛衫。秦桧瞪大眼睛说:"可换白葛。"秦熺以为,葛黄乃贵贱所通用,服之何妨? 秦桧道:"我与尔却不可用。"原因是"以色之逼上"。

一次,秦桧妻王氏应吴皇后的邀请,去宫内赴宴,吃到一种从淮河里捕来的青鱼,味道十分鲜美。吴皇后问她:"曾食此否?"王氏回答说:"食此已久。又鱼视此更大却多,容臣妾翌日供进。"吴皇后听了沉默不语。王氏回到家,将此事告诉秦桧,秦桧甚为生气,埋怨王氏"不晓事"。次日,秦桧故意命人从市场上买来许多别的大鱼作为青鱼送进宫去。吴皇后不知是计,笑道:"我便道是无许多青鱼,夫人误尔。"②

秦桧对秦熺的期望甚高,因而对他言行举止的要求亦很严。史载:"一日,伶人作杂剧之戏,熺笑声微高,桧目之不语。少顷,桧起更衣,久而不出。其夫人王氏使人候之,乃在一室中默坐。论者谓桧叹其不足以相副也,呜呼深哉。"③

---

　　① 《系年要录》卷一四二,绍兴十一年十月丙寅条,第2402页;卷一四三,绍兴十一年十二月癸酉条,第2420页。

　　② 《四朝闻见录》乙集《秦小相黄葛衫》、《秦夫人淮青鱼》,第80页。

　　③ 《系年要录》卷一五〇,绍兴十三年十二月乙巳条,第2562页。

秦桧所玩弄的这一系列手腕,使高宗对他颇有好感,从而进一步巩固了与他的"政治联盟"。南宋人也以为:"秦桧权倾天下,然颇谨小嫌,故思陵(按指高宗)眷之,虽桧死,犹不释。"①

可是,今天有学者认定秦桧乃金人纵归的奸细和膝裤中带着匕首的传闻,以为秦桧早已有了不臣之心:"设如高宗死在秦桧之前,秦桧外有金人的支持,内有党羽的辅佐,使赵氏江山易姓,确实是'易于掇芥'的"②。他们所持依据,恐怕不是根据事实,而是听信了王夫之所说的这两段话:

> 秦桧专政之暮年,大起刑狱,将尽杀张(浚)、赵(鼎)、胡(寅)、洪(皓)诸公,逮及宗室。当斯时也,诸公窜处遐方,不得复进一议,论和议之非,于桧无忤也。和已成,诸将之兵已解,桧总百揆,膺世禄,其所欲者无不遂也……遍置其党于要津,而不使宋有一亲臣之可倚,骨鲠已空,发蒙振落者疾起而收之,桧之后植其势者,势无不成也。高宗之年已髦矣,普安拔于疏远,未正嫡嗣之名,一旦宫车晏驾,桧犹不死,则将拔非所立之冲幼暂立之,旋起夺之。外有女直以为援引,内有群奸以为佐命,赵氏宗祊,且在其心目之中,易于掇芥。桧之志,岂待吹求而始见哉!③

> 秦桧者,其机深,其力鸷,其情不可测,其愿欲日进而无所讫止。故以俘虏之余,而驾耆旧元臣之上,以一人之力,而折朝野众论之公,惟所诛艾。藉其有子可授,而天假以年,江左之提封,非宋有也。此大憨元凶,不可以是非概论者也。④

我们认为,王夫之的这些言论,并不可信。仅就所谓"而天假以年,江左之提封,非宋有也"及"高宗之年已髦矣","一旦宫车晏驾,桧犹不死","旋起夺

---

① 《四朝闻见录》乙集《秦小相黄葛衫》,第80页。
② 韩酉山:《秦桧研究》,人民出版社2008年出版,第307页。
③ 《宋论》卷一〇《高宗》,第196页。
④ 《宋论》卷一三《宁宗》,第236页。

之"，"易于掇芥"等语，如果不是不懂南宋的政治和历史，就是意气用事之言。众所周知，南宋皇权十分巩固，秦桧等人并未直接掌握军队，不可能通过军事政变以夺取政权；宋代士大夫的忠君爱国思想已经深入人心，任何要想夺取皇位的举动，都会遭到他们的坚决反对，张邦昌的伪楚、刘豫的伪齐虽然皆获金人支持，但最后还是垮台，就是明证。再则，秦桧长于高宗十七岁，岂有高宗"已髦"而秦桧可以"旋起夺之"之理？退一步说，即使高宗早死，也轮不到秦桧沾指皇位。南宋末年的贾似道，权势不比秦桧小，跋扈程度更是超过秦桧，但度宗死后，六岁的赵㬎继位，贾似道一样对他俯首称臣，最后还是被流放致死。秦桧一伙尽管一时气焰嚣张，但内部矛盾重重，他们之所以听命秦桧，完全是慑于他的淫威，并不是真正服膺其品质和才能，所以他完全缺乏取代称帝的社会基础。何况，秦桧本以忠于赵宋王朝起家，一旦出现"犯上举动"，不要说反对派，就是其党羽，也会与他"划清界线"，顷刻土崩瓦解。对于这一点，一向行事谨慎的秦桧，自然了然于胸。

第二节　秦桧集团的形成和瓦解

一、秦桧集团的形成

秦桧为了独擅朝政，惯用的手段有两个：一是坚持与金和议，取得高宗信任，以此作为政治靠山；二是结党营私，形成一个以他为首的集团，不余遗力地打击一切与其政见不同和有可能威胁到他擅权的人。

早在绍兴元年（1131）七月，秦桧出任参知政事未及半年，就设法排挤掉曾经提携过自己的右相范宗尹，取而代之。接下来在与左相吕颐浩的争权斗争中，终以自己南归不久，羽毛未丰，加之所主对金议和并未取得进展，引起高宗不满，被罢去相位。

绍兴四年九月，赵鼎被除为右相，高宗随即援引张浚为枢密院事。五年二月，赵鼎升任左相，张浚也被擢为右相。此后，就出现了张浚与赵鼎的争权，两人交替上台和下台。但是，螳螂捕蝉，黄雀在后。随着张浚、赵鼎的相继失势,秦桧趁机夺取了相位。对于以上历史,本书在前面已有所论述。

秦桧自绍兴八年(1138)三月第二次登上相位后,凭借签订"绍兴和议"的政治资本,变本加厉地推行顺我者昌、逆我者亡的组织路线,控制台谏,培植唯命是从的爪牙、奴仆和亲信,编织牢不可破的关系网。其手段之凶狠,行动之诡秘真是无人可及。

秦桧集团的成员,主要由以下四类人组成。

第一类是秦桧的子弟和姻亲。

秦桧无子,以妻王氏兄子熺为子嗣,秦熺于绍兴十二年(1142)进士及第后,仅六年时间,就累迁至知枢密院事(正二品),并领修国史,权势之重,仅次于乃父。孙秦埙于绍兴二十四年以敷文阁待制应进士举,在考官的徇私下,省试、殿试都被定为第一名。是举,除秦埙外,姻亲、党羽如曹冠、周夤、沈兴杰、郑时中、秦焴、郑缜、秦焞等都登上第,其中有的是乳臭小儿,甚至是全不识字的人。秦埙及第仅一年多,就被擢为礼部侍郎(从三品),兼实录院修撰,"宰相子孙同领史职,前所无也"①。其弟秦堪,虽以恩荫入仕,也官敷文阁待制(从四品)。再如秦桧妻兄王晚,官至工部侍郎(从三品),先后出任知临安府、知平江府。妻弟王会,官至工部侍郎、宝文阁直学士(从三品)。王会从弟王晌,官至湖南路安抚使参议官。又一从弟王晌,官至直秘阁(正八品)、知太平州。姻亲曹泳,虽是行伍出身,只因年轻时与秦桧友善,又是秦熺妻兄,故备受秦桧父子青睐,累经提拔,官至直宝谟阁,先后出知绍兴府、临安府,再迁户部侍郎(从三品)。其甥薛仲邕,也因此被擢为权枢密都承旨(从五品)。直秘阁、福建路转运判官徐琛,所至贪污狼藉,因是秦桧妻王氏的中表,不数年,即升任敷文阁待制(从四品)、知平江府。徽宗朝宰相郑居中的三个儿子修年、亿年和侨年,因为他们的母亲是王仲山之姐,郑修年之女又嫁给秦熺为妻,遂与秦桧父子结成二重纽带的姻亲关系。于是兄弟三人个个获得重用。此外,凡与秦桧有一丝亲戚关系的,无不授以显官,

---

① 《系年要录》卷一七四,绍兴二十六年八月戊寅条,第3038页;《宋史》卷四七三《秦桧传》,第13763页。

真可谓一人得道,鸡犬升天。

第二类是秦桧的乡人、朋友或同学。

与秦桧年轻时在建康府学一起读书的同学中,被秦桧擢为参知政事的有范同、段拂,擢为枢密院事的有何若、巫伋,擢为侍从的有魏良臣、钱周材。秦桧第一次罢相后,曾出任知温州府一年,当地一些士人与他结下了一种特殊的关系,故受到秦桧重用,如吴表臣官至吏部尚书(从二品),林待聘官至给事中(正四品)兼直学士院,郑仲熊官至参知政事(正二品)。原温州判官郑亨仲,亦因秦桧荐引,不数年官至资政殿学士(正三品),宣抚四川。后来,朱胜非以为:"秦桧于永嘉引用州人……凡乡士具耳目口鼻者,皆登要途,更相扳援。其势炎炎,日迁月擢,无复程度。"①此说虽不免带有攻讦成分,但大致上还比较符合实际。此外,无论是教其子孙的门客,为其设醮奏章的羽客,乃至为其治产的庄客等,也无不受到卵翼,获得重用。当然在秦桧故人中,也有不趋炎附势者,如秦桧太学同学陈康伯(1097—1165)就是其中一人,他虽是宣和三年(1121)上舍出身,在秦桧当政时,却"泊然无求,不偷合"②。秦桧死,陈康伯才逐渐被重用,高宗朝末年,官至左相,颇得后人好评。

第三类是阿谀逢迎、甘作奴仆的无耻士大夫。

从"绍兴和议"签订之后到绍兴二十五年(1155)十月秦桧病死期间,南宋朝廷中先后任过执政的,除秦熺外,共有王次翁、张俊、何铸、万俟卨、孟忠厚、程克俊、楼炤、李文会、杨愿、李若谷、何若、段拂、汪勃、詹大方、余尧弼、巫伋、章复、宋朴、史才、魏师逊、施巨、郑仲熊、汤思退、董德元等二十四人。他们中,除了孟忠厚是外戚、何铸因出使金朝而由高宗亲加提升以外,其余几乎全是甘心做秦桧党羽而受其拔擢的无耻之徒。此外,还值得注意的是,在这些执政中,李文会、杨愿、何若、汪勃、詹大方、余尧弼、巫伋、章复、宋朴、史才、魏师逊、施巨、郑仲熊、汤思退、董德元等十五人,皆为台谏官进身,他

① [宋]朱胜非:《秀水闲居录》,转引自《系年要录》卷一四四,绍兴十二年三月乙卯条小注,第 2446 页。

② 《宋史》卷三八四《陈康伯传》,第 11807 页。

们专以做秦桧的鹰犬自任。如李文会任殿中侍御史时，"专以逢迎为务，闻桧所不乐者，上章弹击，惟恐后时"。①

第四类是对秦桧邀恩固宠有用的外戚、内侍和宠臣，这在本书前面已有论述。

为了防止他人受高宗宠信而分其权势，秦桧采取了三项措施。

一是专门擢用那些"柔佞易制"的人为大臣。反之，对那些不听话的人，就立即借故将他们罢免，如何铸因不主和议，反对杀害岳飞，所以使金回国后出任参知政事尚不足一个月，就被罢了官，成为两宋任期最短的一名执政。

二是对党羽们的一举一动，严加监视，只许他们做自己的鹰犬和奴仆，"备员书姓名而已"，若稍不顺从，就立即嗾使言官弹劾，将他们赶走。万俟卨等人的情形就比较典型。万俟卨曾作为秦桧的忠实帮凶，代替不愿制造冤狱谋害岳飞的何铸出任御史中丞。绍兴和议成，遂被秦桧荐引为参知政事，充金国报谢使。当他自金朝返回后，秦桧"假金人誉己数十言，嘱卨奏于上"，万俟卨自认为羽毛已丰，不肯。一日，秦桧要他在假托高宗除官的诏书上签名，万俟卨又以"偶不闻圣语"加以拒绝。秦桧大怒，"自是不交一语"。绍兴十四年二月，御史中丞李文会等立刻给万俟卨按上"黩货营私，窥摇国是"②的罪名，将其劾罢。五月，李文会由此升任签书枢密院事兼权参知政事。可是，仅过了半年，秦桧又嗾使御史中丞杨愿将李文会劾罢，杨愿由此升任签书枢密院事兼权参知政事。十五年十月，杨愿受侍御史汪勃弹劾罢官，提举江州太平观。十七年二月，汪勃升任御史中丞。四月，除为签书枢密院事，后又兼参知政事。但是，只过了一年多，汪勃为言者所攻，罢为提举江州太平兴国宫。

秦桧大力钳制舆论，只准发表歌功颂德之声，于是言路被堵，由此严重地破坏了高宗朝的政治生态。秦桧死后的第二年六月，秘书省著作佐郎黄

---

① ［清］陆心源辑：《宋史翼》卷四〇《李文会传》，中华书局 1991 年据清光绪 32 年刊本影印本，第 431 页。

② 《系年要录》卷一五一，绍兴十四年二月丙午条，第 2571 页。

中在向高宗转对时,批评了以往"转对"中存在的弊病,他说:"陛下励精庶政,无异于神宗之用心,故百僚转对,至今行之,未尝废也。然而二十年间,大臣专恣,好佞恶直,一时习尚,往往以言为讳。凡所建明,不过毛举细故以塞责而已。"高宗览疏,深有同感,他说:

> 中所论极当。朕方欲与卿等相度,特降指挥。大抵转对之法,恐朝政阙失,民间利病,有不得上闻者,皆当论奏。自秦桧当国,转对之名虽不废,而所轮者不过大理寺官数人,捃摭细微,姑应故事而已。初无鲠切有及于时事者。如此,则缪悠之谈,何补于国? 今中所言,颇合朕意,可令士大夫知之。①

三是不让大臣久任,以防止形成能与他分庭抗礼的势力。秦桧对附己者尽管不次擢用,但只要任职时间稍长,都要寻找借口将他们赶出朝廷。在秦桧当政时期的全部执政中,除王次翁在绍兴十年(1140)金人败盟时,坚持不要更换宰相,秦桧为报恩,让他做了四年参知政事以外,其他二十余人,"不一年或半年,必以罪罢。尚疑复用,多使居千里外州军,且使人伺候之"。②

秦桧通过以上措施和阴谋手段,终于把朝政牢牢地控制在自己手中。附带说一下,秦桧还不时将自己这一套狡黠的手腕用在施政上。某日,知临安府曹泳向他报告,市面上钱币太少,许多商品卖不出去,商人颇多怨言。秦桧笑道,此事容易解决。他告诉负责铸钱的官员:"适得旨,欲变钱法,烦公依旧夹锡样铸一缗,将以进入,尽废见镪不用。"消息一经传出,"富家闻之大窘,尽辇宿藏,争取金、粟,物价大昂,泉溢于市"。待钱样上政府后,欲变钱法的事"寂无所闻矣"。③

---

① 《系年要录》卷一七七,绍兴二十七年六月甲辰条,第3098—3099页。
② 《系年要录》卷一五二,绍兴十四年十二月丁酉条,第2605页。
③ [宋]潜说友:《咸淳临安志》卷九三《纪遗五纪事》,杭州出版社2009年《宋元浙江方志集成》本,第3册,第1458页。

高宗对秦桧的信任是事实。但是,有人以为,高宗毕竟是一个大权在握的帝王,为何对执政的任免却可让秦桧一人说了算?此话既有夸大的成分,也有多种原因:一是秦桧往往采取多种手法以影响高宗对宰执大臣的任用;二是秦桧欲用之人,皆为拥护和议者,这也是高宗任用官员的大前提。三是宋朝任命大臣的祖宗之法,就是高宗所谓:"士大夫岂有不由宰相进拟者?"①既然秦桧长期独相,他就在很大程度上掌控了"进拟"大臣之权。此外,时人所以这样说,也不能排除他们中的某些人,因为在秦桧当政期间,得不到提拔或重用而产生的怨恨。

二、秦桧的专制统治

秦桧当政以后,除履行一般的公务以外,主要是忠实执行高宗旨意和所交代的任务:坚守和议,无情地打击那些反对和议的官员。严防并追查韦太后在金方下嫁金贵族这一"宫廷秽闻"的传播。当然,他也会借机打击异己,结党营私,实行专制统治。

绍兴九年(1139)三月,吕颐浩在台州老家养病。高宗以他娴熟军旅,命他以元老重臣的身份,赴陕西调护诸将,吕颐浩以老病辞,他向高宗上了一道《条具陕西利害》的札子,提醒高宗和不忘战,注意金人动向。高宗差人将吕颐浩肩舆至行在,命王继先对他进行医治。七天后,吕颐浩的病情更加恶化,无力入宫,高宗只得放他回家。临行,吕颐浩还是竭尽全力,向高宗提出了对付金人的策略。他说:

> 秦为天下脊,今宜于长安、兴元、襄阳各置宣抚司,而重兵屯襄阳,且建行台。仍即五路,选精骑三万赴行在。请上亲提万骑,不时劳军,使敌人不知六飞所在,以伐其谋。庶敌不敢窥江、淮,而中兴之业,由兹起矣。②

---

① 《系年要录》卷一二六,绍兴九年二月庚申条,第 2136 页。
② 《系年要录》卷一二七,绍兴九年三月乙未条,第 2146 页。

半个月后,吕颐浩病逝。他提出要高宗"亲提万骑,不时劳军"的建议,对"畏金如虎"的高宗来说,当然不会接受。吕颐浩虽死,但对于眦睚必报的秦桧来说,对他仍追恨不已。乃命台州守臣曹惇等求其家阴事,经过多年,终于找到吕颐浩子吕摭的一项罪名。绍兴十七年九月,吕摭被除名,梧州编管,"于是一家破矣"。①

自绍兴九年二月罢相后出知福州的张浚,在宋、金和议以后,由于继续上疏反对和议,秦桧"论必及浚,反谓浚为国贼,必欲杀之"②。此后张浚被一贬再贬,先后在连州(广东连县)、永州(湖南零陵)、昌化军(在海南儋州西北)、郴州(湖南郴县)等地居住。张浚所至,秦桧必派亲信对他进行监视。

吏部尚书李光有吏才,得清望,在签订"绍兴和议"的过程中,秦桧想借助其声望,与自己一起押榜,以平息异议,故荐他为参知政事。后来,李光对宋、金和议产生怀疑,以为金人不可信,和好不可恃,主张加强战备,并在高宗面前指斥秦桧"怀奸误国,不可不察",遂被秦桧视作眼中钉,非要将他置于死地而后快。于是,秦桧先将李光罢为祠官,接着以"怨望"罪,将他贬斥到琼州(海南海口)安置。十余年以后,秦桧还指使党羽,诬李光"讥讪朝政"③,移昌化军安置。直到秦桧死后四年,李光才得以允许返回临安复官,时年已八十二岁,行至江州(江西九江)而卒。

赵鼎于绍兴八年十月罢相后,出知绍兴府。十二月,便罢官奉祠,但仍居于绍兴府。秦桧嫌他所住之地离临安府太近,又让他出知泉州。此后,赵鼎被一贬再贬。十四年,被贬居吉阳军(海南三亚)。十七年四月,高宗下诏,赵鼎"遇赦永不检举"。就是说,如果今后朝廷举行大赦,他仍然不能获得赦免。八月,赵鼎对儿子赵汾说:"桧必欲杀我,我死,汝曹无患。不尔,诛及一家矣。"④遂趁病绝食而死。以前与赵鼎关系密切的或受他荐举的官

① 《系年要录》卷一五六,绍兴十七年九月甲戌条,第2688—2689页。

② 《宋史》卷三六一《张浚传》,第11306页。

③ 《宋史》卷三六三《李光传》第11342页。

④ 《系年要录》卷一五六,绍兴十七年四月己未条,第2680页;八月癸卯条,第2687页。

员,也都受到牵连,纷纷被贬官或罢官。

　　枢密院编修官胡铨,在绍兴九年十一月曾上书高宗,提出要斩秦桧、孙近、王伦之首以绝和议。作为当时人的秦桧,当然更加不会放过他。但出人意料的是,秦桧却故作宽容姿态,只将他贬为监广州盐仓。可是时间稍长,秦桧就露出了狰狞面目。绍兴十二年,胡铨被除名,编管新州(广东新兴),再移谪吉阳军,直到绍兴三十一年,才结束流放生活。

　　遭到秦桧迫害的人,当远不止他的政敌张浚、吕颐浩、赵鼎、李光、胡铨诸人,凡是不依附秦桧之人,都会遭到他的打击报复。如绍兴二十三年(1153)王循友移知建康府前夕,特地到秦桧处辞行并问有何吩咐,秦桧说:"亦无事,只有一亲戚(桧之甥)在彼,极不肖,恐到庭下,为痛治。"后来,秦桧的那个亲戚果然因犯事而遭到"吃棒之类"的"痛治",其母哭诉于桧妻王氏,秦桧大怒,便借机对王循友进行残酷迫害,除王本人得罪以外,"妻孥皆配了,妇女皆为军人所娶"。①

　　另一类人,则被秦桧安上了十分暧昧的罪名,加以贬斥。最为典型的是洪皓,他于建炎三年(1129)五月,以徽猷阁待制(从四品)、假礼部尚书,充"大金国通问使",后被金人扣留,十五年不得归国。在那里,他多次向南宋政府密报金朝的政治、军事动向和高宗生母韦氏的情况,高宗因此称赞他"身陷敌区,乃心王室。忠孝之节,久而不渝,诚可嘉尚"②。绍兴十三年(1143)八月十四日,洪皓自金方回到临安的当天,就受到高宗接见。高宗称赞他:"卿忠贯日月,志不忘君,虽苏武不能过,岂可舍朕去邪?"赏赐颇为丰厚。次日,朝见韦太后于慈宁殿。随即秦桧就召见了他,"语连日不止",显然是为了套取洪皓在金方所获关于韦太后的消息。事后,秦桧便以洪皓有"张和公(按指张浚)金人所惮,乃不得用。钱塘暂居,而景灵宫、太庙,皆极土木之华,岂非示无中原意乎"的言论,只授与他提举万寿观兼权直学士院(正四品)的奉祠官。实际上,金人对不知兵的张浚并无半点害怕,景灵宫的

---

　　①　《朱子语类》卷一三一《中兴至今日人物》上,第3161页。
　　②　《系年要录》卷一四四,绍兴十二年三月辛酉条,第2447页。

建造此时刚启动不久,太庙的扩建也远未完成,这些都只是秦桧要迫害他,以堵塞其口的一个借口,其真实意图是知道洪皓确实掌握了韦太后在金方的"隐私",所以有必要对他进行惩罚性的警告。绍兴十七年二月,洪皓果然以"作欺世飞语"的罪名,被责授濠州团练副使,英州(广东英德)安置。他在那里居住九年后,始复朝奉郎(正七品)放还,至南雄州(广东南雄)而卒。①

此外,绍兴二年(1132)进士第一人张九成,以"鼓唱浮言"被贬官;右迪功郎安诚,以"讪谤罪"被编管。甚至跟随韦太后自北方归来的华州观察使、提举佑神观白锷,也因替洪皓鸣不平而刺配万安军(海南万宁)。有荫人惠俊、进义副尉刘允中,则以"指斥乘舆"和"谤讪朝廷"等罪名被处死。绍兴二十二年,又制造了前枢密副使王庶之子之奇和之荀、叶三省、杨炜、袁敏求四大狱,"皆坐谤讪"②。凡是稍稍知道一点韦太后在金方底细的人,或是在上书中稍有影射这种情况的人,都被扣上莫名其妙的罪名而受到严惩。

绍兴十四年(1141)四月,秦桧以防止有人借修史来诽谤朝廷为由,一方面奏请高宗禁止私人撰史,另一方面命子秦熺以秘书少监主纂国史,凡所记录,都是其党羽阿谀奉承之语,并乘机销毁和篡改对自己不利的日历、时政记、诏书、章奏等材料。

自绍兴二十年冬,秦桧患过一场重病以后,健康状况就每况愈下,到二十五年七月,病情进一步恶化。是年初冬,在秦桧生命即将走到尽头之时,他感到自己还有两件大事急需办理,这恐怕也是所有专制统治者在垂死之前的共同心愿:第一件是再兴大狱。也就是对尚存世的政敌包括他们的子弟,即使不能将他们斩尽杀绝,也要予以更加凶狠的打击,使他们永远不能翻身,以绝后患。于是秦桧便向大理寺下达了一份包括张浚、李光、胡寅、洪皓以及吕颐浩之子摭、赵鼎之子汾、王庶之子之荀和之奇等在内共五十三人的名单,命他们罗织罪名,作出判决。可是,当大理寺官员将这些人的狱案

---

① 《宋史》卷三七三《洪皓传》,第 11560—11562 页。
② 《宋史》卷四七三《秦桧传》,第 13762 页。

上省秦桧时,秦桧已经气息奄奄,桧妻因此拒绝接受狱案,她告诉家吏道:"太师病势如此,且休将这般文字来激恼他。""如此者再三,桧死事遂已"①。这可谓是不幸中的大幸。

秦桧第二件要做的事,是找一两个可以信得过、又握有一定权力的党羽,以便在他死后继续为他张目和效劳。参知政事董德元和签书枢密院事汤思退都是秦桧的心腹,秦桧将他俩召至卧室,嘱以后事,并各赠黄金一千两。董德元想:若不受金,秦桧一定会怀疑他有二心,所以便收下;汤思退则想:秦桧猜疑心极重,我如果受金,一定以为认定他必死无疑,它日如果病愈,将难以交代,因此不敢接受。后来,高宗获知汤思退没有受秦桧金,以为他并非秦桧之党,便除他为签书枢密院事兼权参知政事,而将董德元罢为祠官。

以上可知,秦桧陷害政敌,钳制舆论,实行专制统治,所以能屡屡得逞,并非像朱熹等人所谓,靠"挟敌势以要君"所得,而是他巧妙地利用了高宗和生母韦氏的需要,来贩卖自己的私货,其施展阴谋诡计的本领,可以说已经达到了炉火纯青的地步。

秦桧一家不仅权势炙手可热,生活也十分糜烂。当他获得刘光世的园第后,就命两浙转运司专门设置一个打造器物的箔场,聚集大批官员,以负责供应他居第中所需的一切,"自是讫其死,十九年不罢,所费不可胜计"。他的孙女崇国夫人丢失一只狮猫,"立限临安府访求",至期不获,命官府捕系邻近居民,"且欲劾官兵"。临安府官员大为恐慌,抓了大批狮猫,可是都不是,又张贴狮猫画像,大街小巷到处寻找,仍不可得。知临安府无奈,只得让崇国夫人的亲信去求情,总算将此事了结。其子秦熺,"十九年间,无一日不煅酒器,无一日不背书画碑刻之类"。陆游以为,北宋徽宗朝"六贼"之一的权相王黼,"请朝假归咸平焚黄(按:香料的一种),画舫数十,沿路作乐,固已骇物论"。可是,秦熺的表现更是远远地超过了王黼,他说:"绍兴中,秦熺亦归金陵焚黄,临安及转运司舟舫尽选以行。不足,择取于浙西一路。凡

---

① 《系年要录》卷一六九,绍兴二十五年十月辛卯条,第2931—2932页。

数百艘,皆穷极丹艧之饰,郡县、监司迎饯,数百里不绝。平江当运河,结彩楼数丈,大合乐,官妓舞于其上,缥缈若在云间。熺处之自若。"①

秦桧妻党王氏宗族,也狐假虎威,作威作福,常常凌辱地方官,强夺百姓田宅,贪污中饱,闹得州县鸡犬不宁。如王会,"初无履历,恃桧与熺之亲党,致身禁从"。历知湖、明、秀、平江等两浙最富庶的州郡,"置田产于湖、秀,造大宅于平江",将横征暴敛所得的钱财,贮之别库,"及其还朝,席卷而去,帑藏为之一空"。②

三、秦桧集团的瓦解

绍兴二十五年(1155)十月二十一日,秦桧已经垂危,高宗赴他的宅第问疾。"桧朝服拖绅,无一语,惟流涕淋浪"。高宗"亦为之挥涕,就解红帕赐桧拭泪"。高宗知道,秦桧的生命已经无法挽救。当晚,命权兵部侍郎兼权直学士院沈虚中草拟致仕诏书。次日,秦桧被进封为建康郡王、少傅、观文殿大学士,秦熺为少师,并致仕。是夜,秦桧去世,遗表有云:"愿陛下益固邻国之欢盟,深思宗社之大计。谨国是之摇动,杜邪党之窥觎。"③他这种对宋、金和议的顽固坚持,真可谓至死不变。

秦桧病死,高宗从内心深处感到悲伤和惋惜。因为秦桧是他坚持对金屈辱路线和收兵权的主谋,也是一个镇压抗战派最凶狠、最得力的助手,更是严防其母"隐私"扩散的唯一可以信赖之人。秦桧死后次日,高宗即告诉前来奏事的执政道:"秦桧力赞和议,天下安宁。自中兴以来,百度废而复备,皆其辅相之力,诚有功于国。"说完,"伤悼久之"④。这是高宗在群臣面前为秦桧所作出的"盖棺定论"。认为他的"立赞和议",才使南宋国家获得"中兴",所以是有功的。十一月初五日,高宗应秦熺奏请,为秦桧的神道碑撰"决策元功,精忠全德"八字为额,赐谥忠献。接着又将秦桧由不久前的建

---

① 《老学庵笔记》卷三,第 32 页;卷五,第 63 页。
② 《系年要录》卷一七〇,绍兴二十五年十二月乙未条,第 2959—2960 页。
③ 《系年要录》卷一六九,绍兴十五年十月乙未条,第 2932 页;丙申条,第 2933 页。
④ 《系年要录》卷一六九,绍兴二十五年十月丁酉条,第 2935 页。

康郡王进封为申王。礼遇之隆,评价之高,已达到无以复加的程度。二十日,高宗前往秦桧宅第临奠,"面谕桧夫人王氏,以保全其家之意"①。三十日,高宗应秦桧妻王氏请求,改赐其道号为冲真先生。

可是,出乎高宗意料的是,尽管他一再赞扬秦桧的功绩,朝廷中的许多官员却一反以前对秦桧的百般逢迎,甚至"投书启者,皋、夔、稷、契为不足比拟,必曰'元圣',或曰'圣相',至有请加桧九锡,及置益国官属者"②,纷纷起来揭发秦桧及其党羽的罪行,实际上已经涉及到对高宗的批评。

面对这种形势,高宗在绍兴二十六年三月二十五日,再次下诏为自己与金人和议进行辩护,并严厉警告那些借反对秦桧而反对和议之人,其谓:

> 朕惟偃兵息民,帝王之盛德;讲信修睦,古今之大利。是以断自朕志,决讲和之策。故相秦桧,但能赞朕而已,岂以其存亡而有渝定议耶?近者无知之辈,遂以为尽出于桧,不知悉由朕衷。乃鼓唱浮言,以惑众听。至有伪造诏命,召用旧臣。献章公车,妄议边事,朕实骇之。仰惟章圣皇帝,子育黎元,兼爱南北,肇修邻好二百余年。戴白之老,不识兵革,朕奉祖宗之明谟,守信睦之长策。自讲好以来,聘使往来,边陲绥静,嘉与宇内,共底和宁。内外小大之臣,其咸体朕意,恪遵成绩,以永治安。如敢妄议,当重置典刑。③

高宗在这道诏书中,再次明确地向群臣表明,也向金人送去信息,宋、金和议"断自朕志",秦桧只能"赞朕而已"。换言之,如果你们反对和议,就是反对我,必将"重置典刑"。同时认为,宋、金和议并不违背祖宗之法,当年真宗(章圣皇帝)与辽朝签订的"澶渊之盟"就是前例,企图为"绍兴和议"的签订寻找历史依据。

不过,既然秦桧如此不得人心,高宗就不可对其亲信有所保护,惯于看

---

① 《系年要录》卷一七〇,绍兴二十五年十一月己酉条,第2938页;甲子条,第2942页。
② 《系年要录》卷一六九,绍兴二十五年十月丁酉条,第2934—2935页。
③ 《系年要录》卷一七二,绍兴二十六年三月丙寅,第2997页。

风使舵的殿中侍御史汤鹏举等,趁机对王会、曹泳、林一鸣、林一鹗、曹冠、王响、王铸、郑侨年、张扶、郑时中、王瀹、林机、黄兑、郑亿年、郑仲熊、徐宗说、曹筠、宋贶、赵士?、董德元、周石、王葆、徐嚞、王复、齐旦、王伯庠、康与之、徐樗、张永年、王珉、张巘、丁娄明、丁禩、朱珪、刘景、卢适、王扬英等数十名秦桧党羽或与秦桧父子沾亲带故的人进行弹劾,他们相继以"招权市恩"、"擅作威福"、"赃污淫滥"、"取媚权贵"、"违法横敛"、"动摇国是"等罪名被贬官、罢黜或除名勒停。

同时,有官员弹劾在绍兴二十四年(1154)的科举中,有"乳臭小儿,至于素不知书,全未识字者,滥窃儒科,复占省额"的现象,高宗又下诏剥夺了秦桧之孙秦埙及曹冠、周寅、郑时中、秦焞、郑缜、沈兴杰、秦熺等八人的科名,原来是有官人,被贬为右官,无官者一律驳放。在封建社会里,类似翻烧饼式的政治斗争,可谓层出不穷。失势的一方咎由自取者固然很多,但或被夸大罪名,或遭株连和误伤的也所在有之。如言上述八人中有"素不知书,全未识字者",显系诬陷。在宋代严密的科举制度下,即使偶有营私舞弊的情形发生,也不至于或不敢让全未识字者去参加科举考试,否则不仅视南宋科举如儿戏,一旦入仕又如何为官? 如以曹冠为例,原为秦埙之师,学问应该不错,也不见其有任何劣迹,乾道五年(1169)以第二甲第七人再及第,也不会是一个依靠秦桧权势而获得科名的人①。因此,对于史书中的类似记载,我们还需要作理性的思考,切勿人云亦云。

不可一世的秦桧集团,一旦为主子所抛弃,迅速土崩瓦解。与此相反,凡是以前得罪秦桧或以一些暧昧的罪名遭贬黜、放罢、编管的官员,或得以官复原职,或得以放还逐便。

不过,高宗对秦桧一家还是照顾有加。绍兴二十六年九月,升任御史中丞不久的汤鹏举上疏以为:敷文阁直学士秦埙、敷文阁待制秦堪、敷文阁待制吴益(按:此吴益为秦桧长孙女婿,非高宗吴皇后之弟吴益),"皆以庸琐之才,恃亲昵之势,可谓无功无德者也……乞镌褫职名,示天下以至公之

---

① 《系年要录》卷一七四,绍兴二十六年八月戊寅条,第3038页。

道"。高宗为此下诏表明态度："鹏举所论,甚协公议。然朕以秦桧辅佐之久,又临奠之日,面谕桧妻,许以保全其家。今若遽夺诸孙与婿职名,不惟使朕食言,而于功臣伤恩甚矣。可令中外知朕此意,今后不得更有论列。"①高宗此言,意思十分明确:你汤鹏举说的虽然有道理,但对于秦桧一家,我是保定了。因为秦桧毕竟辅佐了我多年,何况以前曾经答应过桧妻保全其家,我既不能食言,更不能对功臣伤恩,故今后对他们一律不准再有弹劾。实际上,高宗知道,秦桧在世时的专横跋扈和力主和议,虽有其自己的责任,也有为他背黑锅的成分,因而对秦桧仍然存在着好感。高宗晚年在德寿宫建"思堂",落成日,与孝宗同宴。席间,孝宗问他,何以取名"思堂"?高宗回答道:"思秦桧也。"从中可知高宗与秦桧关系之一斑,"由是秦氏之议少息"。②

秦桧去世后,全家搬出望仙桥相府,将包括家庙在内,都迁往老家建康府。他们虽没有了昔日的特权,但在高宗的庇护下,依然过着逍遥自在的生活,只是从此隐居不言,远离政治。绍兴三十一年(1161)正月和十二月,桧妻冲真先生王氏及其子少师、观文殿大学士致仕、嘉国公秦熺,先后在建康府第去世。其孙秦埙,仍以侍郎、在外宫观差遣,居住在建康府的豪华赐第,过着每年收取十万斛租米的优裕生活③。他在做了二十年奉祠官以后,到孝宗淳熙四年(1177),孝宗曾先后二次下诏,命其出任知饶州和知舒州④,但都被他婉拒。

秦桧的擅权独裁,对政敌的无情打击报复,确实令人害怕,也使人深感憎恨。但是,后世对秦桧一边倒的指责,却有着妖魔化的倾向,恐怕也不完全符合历史真实。《宋史》所载有关他的某些罪行,例如"劫制君父,包藏祸心"、"暗增民税七八"之类,皆查无实据。人们出于为尊者讳,将主和议、杀岳飞这笔账,全部算在他的头上,也并不公正。

① 《系年要录》卷一七四,绍兴二十六年九月甲子条,第3049页。

② [宋]张端义:《贵耳集》卷上,大象出版社2013年《全宋笔记》,第6编,第10册,第286页。

③ 参见《入蜀记》卷二,大象出版社2012年《全宋笔记》本,第5编,第8册,第171页。

④ 《周必大集校证》卷一〇七《玉堂类稿》七《赐敷文阁直学士朝请大夫提举隆兴府玉隆万寿宫秦埙辞免差知饶州恩命不允诏》,第1586页;《赐敷文阁直学士朝请大夫秦埙辞免改除知舒州恩命不允诏》,第1589页。

综观秦桧一生,虽然做了许多坏事,但应当承认他是一个有行政能力的人,在他当政时期,也做过一些具有积极意义的事。秦桧早年家境比较贫寒,做过塾师,"仰束修自给"①。二十五岁中进士,稍后又考取词学兼茂科,说明他在文学上具有一定造诣,故南宋末年学者王应麟说他所作的表"可为格"②。秦桧的书法甚佳,据说还是宋体字的创始人,后人因厌恶其为人,故对此事都作了回避③。秦桧对于昔日落魄时帮助过自己的人,一一记载在小本子上,富贵后不忘报恩④。这与那些忘恩负义的人相比较,也有值得肯定之处。至于如前面所说,北宋末年,秦桧面对金人的高压,不顾个人安危,向金人提出"请立赵氏"的议状,还是承担了一定的风险(当时,许多官员为了自己的身家性命,急着劝说张邦昌称帝)。在他当政后,高宗提出的某些有利于社会经济发展的措施,如减少和停止度牒的发放,实行经界法等,都获得了作为宰相秦桧的支持。南宋末年人俞德邻,是一位"高节不减陶潜"⑤的爱国士大夫,他虽然痛恨秦桧,但对他的评价却比较公允,值得后人借鉴。其谓:

> 秦桧为相,怙权恃援。沮复仇之议,诛杀勋旧,诬陷忠良。死之日,诏撰神道碑,士大夫无肯执笔者。然其子孙迄宋之亡,仕者不绝,或疑造物报施之误。至阅《四朝闻见录》,遂以为桧息兵和戎,生民赖以休息,时有太平翁翁之号,恐造物以此佑之。余观靖康末,桧在粘罕营,首入议状,乞存赵氏……粘罕谓莫俦曰:"搜寻宗室有所未尽。"俦陈计:"俾于宗正寺取玉牒,其中有名者尽行根刷,则无遗类矣。"桧在傍曰:

---

① [明]彭大翼:《山堂肆考》卷一一〇《束修自给》,影印文渊阁《四库全书》本,第976册,第221页。

② [宋]王应麟:《玉海》卷二〇三《辞学指南》,江苏古籍出版社、上海书店1987年据清光绪九年浙江书局本影印本,第5册,第3703页。

③ 参见邓广铭等《宋史》,中国大百科全书出版社2011年出版,第79页。

④ 参见[宋]周密《齐东野语》卷一一《曹泳》条记事,第197页。

⑤ [清]永瑢等:《四库全书总目》卷一六五《佩韦斋文集》条,中华书局1965年据浙江书局本影印本,第1415页。

"尚书之言误矣,譬如吾曹人家,宗族亦自不少,有服属近而情好疏者,有虽号同姓而恩义反不若异姓者。平时富贵既不与共,一旦祸患乃欲均之,恐无此理。"粘罕曰:"中丞言是也。"由此宗室之获免者众。此二事,亦有取焉。①

以上所载,正如郎瑛所言,只是原其事而究其理,非以右桧也。

---

①　[宋]俞德邻:《佩韦斋文集》卷一八,影印文渊阁《四库全书》本,第 1189 册,第 145—146 页。

第八章　绍兴后期的政局与"高宗中兴"

从秦桧死后到高宗一朝结束(1155—1162)的七年间,我们姑且称其为后秦桧时代。在这个时期,高宗在摒弃秦桧集团的同时,通过巧妙的运作,不失时机地在朝廷里组建了一个新的官僚集团,以继续执行没有秦桧的秦桧路线,政局尚称稳定。

在南宋,时人多称高宗一朝的统治为"高宗中兴"。由于"高宗中兴"与"光武中兴"相比较,在领土的收复上,大有逊色,加之对高宗的成见,所以今人大多不承认这样的说法。实事求是地说,没有南宋的建立,宋祚就不可能得到延续;没有南宋的建立,宋文化就不可能获得很好的传承和发展。南宋的领土虽比北宋要小了不少,但它毕竟还是一个拥有二百个州府军监,七百多个县,全盛时的人口约在九千万的国家①。从经济和文化发展水平来说,还超过了唐和北宋。因此,不承认"高宗中兴",并不符合历史事实。当然,对"高宗中兴"的评价也不宜太高,因为它确实存在着许多不足之处和历史局限性。

第一节　高宗在后秦桧时代的政治运作

既然秦桧集团已经彻底瓦解,完全失去了可以利用的价值,高宗就要不

---

① 参见方健《南宋农业史》第三章《衡量南宋农业生产力发展水平的指标》第一节《南宋人口》,人民出版社 2010 年出版,第 305 页。

失时机地进行"换马",寻找新的可以依靠的官员,在朝廷组建一个新的官僚集团,让他们继续执行对金屈辱妥协的路线。办法是启用那些赞成和议但在与秦桧争权夺利的斗争中被排挤在外的官员,高宗的这个措施,表明了他在用人问题上将有大的变动,而在内外政策上仍将执行没有秦桧的秦桧路线。

高宗命"疾速起发"赴临安府并获得重用的大臣主要有四人:即敷文阁直学士陈诚之、魏良臣、敷文阁待制沈该、直龙图阁汤鹏举。

陈诚之是绍兴十二年(1142)的进士第一人,与秦熺为同年生。他因在廷试策中力赞"绍兴和议",因此受到高宗的赏识,也获得秦桧的提携,后来二次奉命出使金朝,不到十年时间,就官至礼部侍郎。绍兴二十五年七月,陈诚之受秦桧排挤,出知泉州。这次召回临安后,被高宗擢为翰林学士。

魏良臣在绍兴初年受到秦桧的荐引,尔后就成为高宗、秦桧与金人媾和的马前卒,多次奉命赴金朝求和,甚至不惜向金人透露南宋军队的秘密,以取悦金人。后来他虽为"绍兴和议"的签订立下了汗马功劳,秦桧却害怕他会因此受到重用而削弱自己的权势,所以借故将他逐出朝廷,长期在外主持宫观或知州郡。这次他从知庐州任上召回后,立刻被任命为参知政事。

沈该本是一个声名狼藉的赃吏,长期被斥在外,"因献书言和议",受到高宗青睐,又"以在州县谄谀秦桧"而获得他的荐引,逐渐爬到了礼部侍郎的官位。但秦桧害怕高宗会进一步重用沈该,就将他排挤到了地方。这次他从知夔州任上召回后,也被高宗除为参知政事。

汤鹏举既是一个有名的酷吏,又是一个利欲熏心的无耻之徒,以前他对秦桧集团的巴结逢迎,并没有比他人逊色,一次秦熺路过平江府,汤鹏举作为地方守臣竟先在途中等候数日,又毕恭毕敬地把他迎入城内。但不久,"因治郡无状"、"贪污"、"不悛"遭劾罢。秦桧死后,汤鹏举立刻以反秦桧的面貌出现,被高宗除为台谏官。他上任后,按劾秦桧集团的成员确实显得十分卖力,但对他的姻亲、"专为桧营产业,残虐扰人"的龚釜兄弟,却"置不问"①,由此亦可看出其人品之一斑。

高宗虽然网罗了这些人进入最高权力中心,但对他们是否能坚决执行秦桧路线,仍然放心不下,为此于当年底召集魏良臣、沈该、汤思退三人,再次告诫说:"两国和议,秦桧中间主之甚坚,卿等皆预有力。今日尤宜协心一意,休兵息民,确守无变,以为宗社无穷之庆。"②对此,魏良臣等当然心领神会,立刻将高宗这段话,作为诏令颁行全国。为了进一步增强主和派的势力,高宗还把编管在外的万俟卨召至行在,次年三月除为参知政事。不久,沈该、万俟卨又分别升任左、右相。由于没有战争,高宗罢去了南宋初年以来宰相兼领枢密使的做法。又命陈诚之充"贺大金上尊号使",出使金朝,向金方表示高宗君臣继续遵守"绍兴和议"的所谓诚意。

为了缓和统治集团的内部矛盾,高宗原想对一些长期被排斥在外的抗战派官员,稍稍加以进用,如让谪居永州(湖南零陵)的张浚出判洪州。张浚得到任命后,立刻上疏高宗,对与金和议大肆进行抨击,其谓:

> 向者讲和之事,陛下以太母为重尔。幸而徽宗梓宫丞还,此和之权也。不幸用事之臣,肆意利欲,乃欲锄除忠良,以听命于敌,而阴蓄其邪心。故身死之日,天下相庆,盖恶之如此。方奸雄之人,豢于富贵,分列党与,布在要郡。聚敛珍货,独厚私室。皆为身谋,而不为陛下谋也。坐失事机二十余年,有识痛心。夫贤才不用,政事不修,形势不立,而专欲受命于敌,适足启轻侮之心,而正坠其计中也。臣愿陛下鉴石晋之败,而法商汤、周太王、文王之心,用越勾践之谋,考汉唐四君之事,以保图社稷。深思大计,复人心,张国势,立政事,以观机会。未绝其和,而遣一介之使,与之分别曲直逆顺之理,事必有成。

万俟卨、汤思退等人见了张浚的奏议,为之大怒,他们说金朝并没有挑衅,张

① 《系年要录》卷一七九,绍兴二十八年正月庚寅条,第3140页。
② 《系年要录》卷一七〇,绍兴二十五年十二月乙未条,第2959页。

浚却要破坏和议,这分明是"唱为异议,以动摇国是。欺愚惑众,冀于再用。不顾国家之利害,罪不容诛。望破其奸谋,重加贬窜,以正妄言之罪"。高宗也看不起张浚,他说:"浚用兵,不独朕知,天下皆知之。如富平之战,淮西之师,其效可见。今复论兵,极为生事。且太祖以神武定天下,亦与契丹议和。"①于是再次将张浚罢官,让他依旧到永州居住。对其他抗战派官员,就再也不敢起用。

第二节　关于"高宗中兴"

一、"高宗中兴"的具体表现

南宋人普遍有"高宗中兴"或"绍兴中兴"之说,高宗本人也称"绍兴和议"签订以后的统治为"中兴"。对此,今人却多不以为然,认为"中兴"者当以恢复中原为基本目标,今偏居一隅,何言中兴?何况,无论在政治或军事方面,仍然没有大的起色,中兴王朝应不至于如此。此言当然不错。但是,如果我们降低对"中兴"的要求,将绍兴后期与靖康、建炎年间岌岌可危的社会形势作一对比,就应该承认南宋的建立,不仅是挽危继绝之举,而且对生产的发展,社会风气的变化,思想文化的发展,起到了很大作用。如是,言其为"中兴",也并非虚语。

第一,社会趋于稳定。

绍兴末年尽管发生了完颜亮南侵,但历时不过三个月,破坏性不是很大,原来几乎遭到灭顶之灾的赵宋政权,到绍兴后期终于在南方站稳了脚跟,使广大百姓重新获得了生机。严重危害百姓的大小游寇集团已经被消灭干净,海道也被肃清,民变的次数,也都比绍兴前期甚至北宋要少得多。据近人统计,高宗一朝共爆发大小民变一百次,其中"绍兴和议"签订前的十五年间(1127—1141),有七十七次,平均每年发生五次,而在此后的二十一

---

① 《系年要录》卷一七五,绍兴二十六年十月丁酉条、闰十月己亥条,第3061—3062页。

年间(1142—1162),为二十三次①,平均每年发生一次左右。偌大的国家,一年只发生一次左右的民变,而且规模都很小,在一定程度上反映了社会的稳定状况。诸路每年断大辟(死刑)的人数也大幅减少。据《建炎以来系年要录》记载,建炎三年(1129)和绍兴二年诸路断大辟都是三百二十四人,从绍兴十二年(1142)到绍兴三十二年的二十一年,排除无记载的三年以外,十八年间每年平均只有近三十五人②,只及国初的九分之一左右。

历史经验告诉我们,封建社会中民变的次数和规模,可以作为衡量这个社会人民生活状况好坏的一个综合性指标,也是经济、文化是否能够发展的一个关键因素。只要社会的运作是正常的,即使政治腐败依旧,在稳定的社会环境下,经济和文化也尚能获得缓慢的发展。否则,一切将化为乌有。

第二,社会经济的恢复和发展。

南宋建立以后,由于广泛招集和安置流民,采取各种措施促进农业、手工业和对外贸易,到高宗朝后期,社会经济获得了恢复和发展。具体表现在以下几个方面。

一是户口增加迅速。史籍对高宗一朝的户口记载虽然零散不全且颇多矛盾,但我们仍然可从中窥知其一斑:绍兴三十二年(1162),南宋全国有一千一百五十八万余户,与绍兴五年的七百万户左右相比较③,二十七年间户数增加了60%以上。人口因为没有可供对比的数字,增加多少暂时或缺。宋代户部所统计的人口是成丁之口,妇女和老幼男口并未统计在内④,故每户平均实际人数不会少于五口,因此该年全国人口当在五千八百万人以上,超过了唐朝全盛时期的户口总数⑤。与北宋繁荣时期的徽宗崇宁元年

① 根据何竹淇编《两宋农民战争史料汇编》第一分册《高宗时代》所载统计,中华书局1976年出版。

② 参见《系年要录》从绍兴十二年到三十二年间,除绍兴二十九年、三十一年、三十二年这三年缺载外,各卷十二月末条均有记载。

③ 《宋会要辑稿》食货一一之二八,第11册,第6226页;《系年要录》卷九六,绍兴五年十二月末条,第1645页。

④ 参见何忠礼《宋代户部人口统计考察》,载《历史研究》1999年第4期。

⑤ 据[后晋]刘昫《唐会要》卷九《玄宗下》载,天宝十三载,全国有户9619254,口52880488。中华书局1975年点校本,第229页。

(1102)户口比较,户数和口数分别占到52%和55%以上。绍兴后期户口增长之所以如此迅速,虽与北方大批移民南下有关,也与南方社会经济的发展有关。人口的增长,提供了更多的劳动力,反过来又促进了社会经济的发展。

二是由于水利的兴修、招徕流民复业,大批荒地得到开垦,使农业生产有了较快的发展。如曾经战争频繁的淮西地区,绍兴十七年(1147)七月,知濠州李观民言:"陛下信任一德之臣,修讲邻好,力偃戎兵,而民免于涂炭者七年于兹,频岁有秋,人皆乐业。"①同样屡受战争摧残的淮东地区,绍兴十六年洪兴祖知真州,他上疏请减免当地一年租,从之;明年再疏,又从之。"自是流民渐归,遂诱温户垦荒田至七万余亩"②。在整个淮南地区,当时普遍出现"田野加辟,年谷屡登"③的现象。再以滁州(安徽滁县)来说,绍兴十九年前,只有一千九百顷耕地,尔后,通过知州魏安行招集游民开垦,到绍兴二十二年增加到三万九千余顷。结果如魏安行所说,是公私两利:"见今州仓已有三年之储,民间每岁增收,不止三十万斛,公私皆利。"④

其他诸路,农业生产也得到较快恢复。如湖南地区经连年兵火,破坏极其严重。绍兴元年二月,时任朱胜非对高宗说:"臣自桂岭而来,入衡州界,有屋无人;入潭州界,有屋无壁;入袁州界,则人屋俱无。良民无辜,情实可悯。"⑤可是就在这样一个近似于无人的地区,到绍兴三十年,"根括到本州民间开耕荒田七十八万余亩,自今年为始,起理二税,计增茶铁钱绢米草共六万六千六百斤贯匹石束"⑥。再如汉中地区,"兴元府褒斜谷有古六堰,溉民田甚广,兵火后修不以时,水至辄坏"。自绍兴二十一年太尉杨政帅利州路,"以次缮治,至是一新,户口寖盛,如承平时矣"⑦。类似例子尚有不少。

---

① 《系年要录》卷一五六,绍兴十七年七月乙酉条,第2686页。
② 《系年要录》卷一五八,绍兴十八年十一月癸卯条,第2725页。
③ 《系年要录》卷一六二,绍兴二十一年六月甲戌条,第2795页。
④ 《系年要录》卷一六三,绍兴二十二年二月癸巳条,第2812页。
⑤ 《系年要录》卷四二,绍兴元年二月乙酉条,第790页。
⑥ 《系年要录》卷一八五,绍兴三十年四月辛酉条,第3286页。
⑦ 《系年要录》卷一六四,绍兴二十三年五月庚子条,第2843页。

至于没有受到战火波及的地区,农业生产更是得到稳步发展。绍兴三十年二月,主管农业生产的屯田员外郎韩彦直说,十数年来,在全国范围内,"户口增辟,民庶蕃衍"①,出现了一片欣欣向荣的景象。

第三,物价特别是粮价有所下降。

绍兴二十一年(1151)七月,秦桧向高宗提议,免除贩卖柴、米这两类生活必需品的商税,高宗认为这个建议很好,同时告诉秦桧:"临安自减定物价之后,盗贼消矣。"②据有关学者统计,绍兴和议前,两浙、江东西和临安府等处米价大致在每石四五贯之间。绍兴和议以后,随着农业生产的逐渐恢复和发展,赋税的减少,粮价开始回落。到绍兴二十六年(1156),粮价最高的临安府已降至每石二贯③,这也是一个了不起的成就。

第四,财政状况有所改善。

和议以后,随着经济的发展,国家财政收入的增加,在各种赋税有所蠲减的情况下,到高宗晚期,中央财政扭转了国初以来长期入不敷出的局面。对此,近有学者根据相关数据,得出如下结论:

> 整个南宋时期,中央和地方财政状况一直不容乐观,其中建炎和绍兴初年(1127—1141)以及端平初年(1235)以降这两个段落,情况尤为严重:处于军费浩瀚重负之下的政府财政入不敷出,虽拼命搜刮仍然亏空巨大,财政赤字居高不下。惟独高宗晚期和孝宗统治的乾道、淳熙年间,财政收支大体持平,少数年份甚至略有积余。因此可以说12世纪的后半叶至13世纪初这半个多世纪,是南宋财政状况最好的时期。④

第五,教学事业得到恢复和发展,人才开始涌现。

---

① 《系年要录》卷一八四,绍兴三十年二月庚戌条,第3270页。
② 《系年要录》卷一六二,绍兴二十一年七月丁未条,第2797页。
③ 参见葛金芳《南宋全史》五《社会经济与对外贸易》下,上海古籍出版社2018年出版,第51—52页。
④ 葛金芳:《南宋全史》五《社会经济与对外贸易》下,第53—54页。

人才多少,也是国家是否能够获得中兴的一个重要标志。宋、金战火稍息,高宗就将自己的统治重心转移到以发展农业生产为主导的经济建设方面来,同时继承了北宋以来"重文教"的祖训,在国家财政依然困难的情况下,对学校教育仍给以足够的关注,从而培养出了不少人才。

按照高宗"先宗庙,次太学,而后宫室"的重建顺序,绍兴十三年(1143)正月,太庙一落成,高宗便下诏建国子监、太学。宋代各级官学,生员的食宿费用皆由国家负担,这可是一笔不小的开支。是年六月,太学即将建成,知临安府王晚已筹措到岁入三万余缗的经费来源,他估算后认为,"养士三百恐可足用"①。太学落成后,高宗即亲临太学听讲。次年二月,下诏建宗学。绍兴十六年三月,又下诏建武学。与此同时,诸州州学也相继恢复,校舍葺治一新,并在逐州设置学官。绍兴十八年七月,应江西转运判官贾直清奏请,下诏在全国范围内普遍建立县学,"于县官内选有出身人兼领教导"②。至此,从中央到地方的官学大体完备,州县学的普及率已超过北宋。至于书院和各类私人办学,也因为得到各级政府的鼓励而逐渐兴盛。

南宋建立后,尽管战乱频繁,道路往往不通,科举考试不得不偶有推迟,但始终没有停止过。考试内容经过高宗调整,也比以前要合理一些。学校教育和科举制度相结合,从而为南宋国家选拔了不少人才。南宋人才之盛,确实以高宗一朝为最多,如史浩(1106—1194)、王十朋(1112—1171)、汪应辰(1118—1176)、范成大(1126—1193)、周必大(1126—1204)、尤袤(1127—1194)、杨万里(1127—1206)、朱熹(1130—1200)、张孝祥(1132—1170)等,他们都是绍兴年间由科举入仕的有名士大夫,后来不是成为政治家,就是成为思想家、理学家、文学家和诗人、词人,或者几个方面兼而有之。

第六,城市开始繁荣。

---

① 《系年要录》卷一四九,绍兴十三年六月丁酉条,第 2537 页。
② 《文献通考》卷四六《学校考七·郡国乡党之学》,第 434 页。

随着经济的发展和商业的兴盛,进入绍兴、淳熙年间,城市也日渐繁荣,行在临安府更是首屈一指。这里户口繁盛,绝大部分为外地移民①。它作为一个全国消费性城市,手工业和商业特别发达。除众多官营手工业作坊以外,丝绸、印刷、酿酒和各种生活用品制造的民间手工业作坊也应有尽有。以酒楼、茶坊为主的饮食业,以书籍铺、纸铺为主的文化业,以丝绸、服装为主的纺织业,以勾栏、瓦舍为主的娱乐业,以及各种米市、鱼市、菜市、柴市,依行分类,遍布全市各地。西湖景色秀美,民居屋宇,接栋连檐,整日歌舞升平,买卖通宵达旦。士人林升来到临安,目睹此情此景,不觉思绪万千,感触颇深,遂题一绝于旅邸,其云:

> 山外青山楼外楼,西湖歌舞几时休?暖风薰得游人醉,便把杭州作汴州。②

林升这首诗是对当时临安繁荣景象的实录。他在诗中提醒游人,不要只顾游乐,忘记"靖康之耻"和恢复中原,本意无可厚非。但是,持义理史观者往往将其作为高宗昏庸腐朽、不思恢复的证据,就有点牵强附会。

都城的繁荣当不在话下,其他如平江府、建康府、成都府和扬州等大城市,也恢复了往日的生机。即使中小城市也不例外。如江西赣州(由虔州改名),建炎初曾遭兵变荼毒,城市变得十分萧条。可是,到乾道五年(1169),时任知南剑州军州事的周必大,言其"城中户数万,车毂击,人肩摩",成为"江南一都会"③。鄂州(武昌)曾是岳家军的屯驻地,那里的繁荣程度也颇出人意料。孝宗乾道六年闰五月,诗人陆游自家乡绍兴往夔州赴任,八月二十三日,路经此地,目睹大江上下,"贾船客舫不可胜计,御尾不绝者数

①　《系年要录》卷一七二,绍兴二十六年七月乙巳条载:"起居舍人兼权给事中凌景夏言:'切见临安自累经兵火之后,户口所存才十二三。而西北人以驻跸之地,辐凑骈集,数倍土著。今之富室大贾,往往而是。'"第3030页。

②　[明]田汝成:《西湖游览志余》卷二《帝王都会》,上海古籍出版社2018年点校本,第10页。

③　《周必大集校证》卷二八《省斋文稿·静晖堂记》,第426页。

里……市邑雄富,列肆繁错。城外南市亦数里,虽钱塘、建康不能过,隐然一大都会也"①。以上记载,似可见当时城市繁荣之一斑。

由此表明,时至绍兴后期到孝宗朝前期,与其初年风雨飘摇、政权不绝如丝的形势相比较,确实已经显示出了不少"中兴"气象。

二、"高宗中兴"的局限性

当然,我们对高宗朝后期的这种"中兴"局面评价也不宜过高,正如前面所言,高宗朝并未收复中原,从根本上来说,还谈不上是完全的中兴。在政治上和军事上,腐败严重,农民的生活仍然十分贫困。

高宗朝后期,所以不能实现真正的中兴,很大的原因是面对金人威胁,军费支出过于浩繁。绍兴三十年(1160)十二月,高宗针对三衙士兵超过编制的情况,对大臣说:"兵不贵多,当有限制,今天下财赋,十分之八耗于养兵。朕躬行节俭,未尝一缯妄费,而诸军冗费,岂可增添不已?"②可是,南宋政府除了军费的支出以外,剩余的十分之二财赋收入,用途还有很多,其中主要有支付给金朝的岁币、二万余名官员的俸禄、供给皇室的各种靡费,以及赈济救灾等不时之需。这种财政状况,要减轻农民的赋税负担就变得十分不易,百姓的生活就不可能获得真正改善。

此外,绍兴年间的法制虽然已相当完备,但从高宗到地方各级官员,却没有真正按照法制办事,尤其对于贪官污吏过于宽厚,致使赃吏横行。赃吏的贪赃枉法,对社会危害性极大:它一方面造成百姓贫困,人心涣散,加剧了阶级矛盾,容易引起社会的动荡不安。另一方面也减少了国家的财政收入,使本来已经拮据的财政更加困难。《宋史·刑法志》有言:"国既南迁,威柄下逮,州郡之吏亦颇专行,而刑之宽猛系乎其人。"③在这方面,高宗开了一个恶劣的先例。建炎四年(1130)秋,"诏自今犯赃免死者,杖脊流配"。从

---

① [宋]陆游:《入蜀记》卷四,大象出版社 2012 年《全宋笔记》本,第 5 编,第 8 册,第 197 页。
② 《系年要录》卷一八七,绍兴三十年十二月戊申条,第 3345 页。
③ 《宋史》卷一九九《刑法一》,第 4962 页。

此以后,就再无一个赃吏被处死。绍兴七年(1137)以后,赃吏刺配也被免除,只是"籍其赀,自是为例"①。因为赃吏取消了死刑甚至刺配,最多只有编管,经过几次恩赦以后,他们就可平安返家。对此,绍兴三十一年(1161)五月,祠部郎中兼建王府赞读张阐在转对时,列数了当时社会的种种弊端,特别是赃吏的严重性,其谓:

> 近诏侍从台谏条具弭灾、防盗之策,臣备数郎曹,言之则出位,不言则惓惓之诚不能自已。臣窃谓和议以来,岁有聘币之役,民不堪命。愿陛下毋以外裔困中国可乎?归正人时有遣还之命,怨声闻于道路,愿毋使敌人得以甘心可乎?州县之吏,职卑而地远。渔夺之祸,被于编籍,愿严赃吏之诛可乎?蠲租之令已赦而复征,至以宽大之泽例为虚文,愿申诏令之禁可乎?是数者,诚次第罢行之,足以动天地,召和气矣……郡守、监司、州县官吏,所以体国爱民者,有所未知。望严小官脏污之法,重行司取受之禁,敕州县毋存留断罢人类。诏修造官司毋得展阔,使细民咸得奠居。至如二税之先期追呼,茶盐之计口科买,征商愈重而行旅咨嗟,钱货窘艰而市井萧索,凡此等类,不可遍举……完颜亮积粟发兵,意在南寇。乞守要害,防海道,巴蜀、淮、襄不可无良将,督视不可无大帅。

高宗看了奏议,也认为张阐之言"深中时弊"。只有"遣归正人,誓书所载,卿特未知耳"②。高宗尽管承认赃吏的严重,但对他们的惩罚仍然没有改变,这使得贪官污吏有恃无恐,越来越多,成为社会的一大毒瘤和不安定的一个重要因素,当然更削弱了南宋"中兴"局面的形成。

---

① 《朝野杂记》甲集卷六《建炎至嘉泰严赃吏之禁》,第147页。
② 《系年要录》卷一九〇,绍兴三十一年五月丁亥条,第3388—3389页。

第九章　高宗对中央官制和
科举制度的改革

南宋是北宋的继续,其典章制度基本上沿袭北宋之旧。但是,由于形势的改变,到南宋时许多制度多少都有所变化。其中,为适应抗金战争的需要,以军事制度的变化最为引人注目,但是限于本书主题,为减少枝蔓,只能作些简单论述。

就职官制度而言,以三省六部为主的中央官制的变化最为显著,其特点是有所精简而更趋务实。此外,由于高宗重视对人才的选拔,所以即使在宋、金战争最紧张的时候,也始终坚持以科举取士,设置了流寓试和类省试,重视殿试策的作用,并对科举中的某些条贯、防弊措施和考试内容作了改变或强化。南宋与北宋一样,能够人才辈出,与高宗的重视科举制度当有一定关系。

第一节　调整中央行政机构

南宋建立之初,国事草创,中央行政机构和地方行政机构尚承袭北宋之旧,但随着军事形势的变化,中央行政机构不得不作出相应调整。地方行政机构受宋、金战争的影响不大,故与北宋后期相比,基本上没有大的变化。

在中央行政机构中,以三省六部和枢密院最为重要,其长官统称为宰执。建炎之初,原来众多的三省六部长官,有的被金人俘虏北去,有的遭贬黜,有的死去或逃散。北宋末年的二十六名宰执大臣中,只剩下了李纲(1083—1140)、王孝迪、路允迪、许翰(?—1133)、宇文虚中(1079—1146)五人。没过多久,王孝迪、路允迪各在城破后为金人俘获而去,宇文虚中使金被扣,许翰也病死,最后只存李纲一人。曾经出任过六部长官的人亦大多不存。当时虽有三省六部、枢密院、台谏、寺、监之名,但由于官员逃散或死亡,实际上已形同虚设。赵构即位后,"士大夫亡失告身、批书者多,又军赏百倍平时,赂贿公行,冒滥相乘。馕军日滋,赋敛愈繁,而刑狱亦众"①。于是应右正言邓肃之请,诏命三省、枢密院置"赏功司"②,对逃跑和假冒的官员,依军法进行惩处。足见当时官员混乱状况之一斑。

三省长官称为宰相。北宋前期,隋唐时期的宰相职名,如中书令、尚书令、侍中之类,早已成为虚职,没有了实际的职能。只有同中书门下平章事才是真正的宰相,自尚书左右丞、六部侍郎以上至三师,皆有资格出任。另设参知政事为副相。元丰官制改革后,实行新官制,以尚书左仆射兼门下侍郎为左相,行侍中之职,尚书右仆射兼中书侍郎为右相,行中书令之职,另以门下侍郎、中书侍郎、尚书左右丞为副相。三省分班治事,合班奏事。其中,中书省的事权最重,门下省的封驳职能主要由给事中担任,尚书省的职能主要由六部承担。三省机构仍在,但各个宰相和副相已经开始合署办公,称中书门下。徽宗朝时,蔡京当政,改宰相之名,以太宰兼门下侍郎为左相,少宰兼中书侍郎为右相。钦宗即位,反蔡京之政,复元丰之旧。

南宋建炎三年(1129)四月,应吕颐浩奏请,再改左相为尚书左仆射、同中书门下平章事,右相为尚书右仆射、同中书门下平章事。改门下侍郎和中书侍郎为参知政事,以前的尚书左右丞并减罢。元丰以后,"三省凡军国事,中书撰而议之,门下审而覆之,尚书承而行之"的做法,也为"合三省为一"③所代替,从而减少了省吏人数,提高了办事效率。

南宋建立之际,北宋时作为中央主力部队的禁军已完全崩溃,枢密

---

① 《老学庵笔记》卷六,第82—83页。
② 《系年要录》卷六,建炎元年六月己卯条,第166页。
③ 《系年要录》卷二二,建炎三年四月庚申条,第490页。

院——三衙统兵体制彻底瓦解。建炎元年五月,高宗登基后,为加强自身防卫,始置御营使司,作为最高军政指挥机构。以宰相兼任御营使和副使,下辖五军。此时,枢密院虽没有废除,但于军事"几无所预"①,因此下面也无编制,已成为一个空架子。建炎四年六月,高宗下诏,"以宰相范宗尹兼知枢密院事,罢御营司及官属,以其事归密院为机速房"②,负责处理紧急军机大事,防止军事机密的泄漏,故有是名。机速房尽管设于枢密院内,实际上也由宰相掌控,下设四名计议官和三十一名吏员行其事。机速房的具体掌行事务为:

> 边防急速军事,调发军马,移屯非措置控扼去处,遣发间探人并回推恩,探报事宜,诸处申解到归正人并申解到奸细,北界关牒。禁止北贩客船合归刑房,逐年募发海船防托合归兵房,候有调发,移入机速房。非次差出兵官干办边事。③

由此,机速房基本上代替了原枢密院负责管军。绍兴十一年宋、金和议以后,机速房的作用大为削减,枢密院的职权逐渐获得恢复,下属吏员也得到充实。此时,枢密院一般不除枢密使,多以副相等执政为签书枢密院事或知枢密院事。绍兴二十九年(1159)机速房被废除,其职权全部回归枢密院。终南宋之世,又出现过二次机速房的建立:一次是在宁宗朝韩侂胄擅权时,为应对与金朝战争之需;一次是在度宗朝贾似道擅权时,为应对与元朝战争之需。

尚书省属下有吏、户、礼、兵、刑、工六部,每部下辖四个曹司,共二十四司。北宋前期,六部基本无执掌,成为一个闲散机构,一般只供寄禄官升迁之用。元丰官制改革后,还以职权,并增加到二十七司,但各司责任繁简绝异。到高宗建炎三年,礼部、兵部、工部三部,分别由四司并省为二司。刑部

---

① 《系年要录》卷三二,建炎四年四月乙酉条,第651页。
② 《朝野杂记》甲集卷一○《御营司》,第197页。
③ 《宋会要辑稿》职官六之一六,第5册,第3163页。

则并为三司。建炎初,三省吏跟随高宗到扬州时,只有二百五十八人,后来逐渐增加,建炎三年四月,定为九百二十人,较北宋末年仍有大幅度减少。

中央其他机构,在建炎三年四月,曾作了较大规模的省并:如秘书省、翰林天文局被罢去,但到绍兴二年复置;并宗正寺归太常寺;太府、司农寺并归户部,到绍兴二年和三年,二寺先后被复置;并国子监、鸿胪、光禄归礼部,到绍兴三年、二十三年、二十五年又先后复置;卫尉寺归兵部,太仆寺归驾部,此后皆不复置;少府、将作、军器并归工部,此后将作、军器二监又于绍兴三年复置①。唯有御史台和谏院,仍"依祖宗法"②,不作变动。翰林学士院基本上也没有变化,唯秦桧当政时,学士院长官正除者甚少,出现缺员时,往往由他官代行其职。

高宗充分认识到学校教育对人才培养的重要性,他曾对宰执说:"学校者,人才所自出,人才须素养。太宗置三馆养天下之士,至仁庙,人才辈出为用。"秦桧回答道:"国朝崇儒重道,变故以来,士人虽陷者,往往能守节,乃教育之效也。"高宗对此深以为然,他说:"五代之季,学校不修,故无名节。今日若不兴学校,将来安得人才可用耶?"③为此,他对国子监的重建相对于其他中央机构更为重视。绍兴三年六月,即下诏于临安府置国子监,以学生随驾者三十六人为监生,置博士二员。鉴于此时宋、金战争正在进行中,当以"治戎饬备"为先务,迁都何处也尚无最后定论,故暂以临安府纪家桥一处寺院为之。绍兴十三年(1143)正月,宋、金战争停止不久,便下诏于钱塘县西岳飞故宅建国子监和太学,置博士正、录各一员,学生权以八十人为额,后来逐渐增加到二千人。不过,此时的国子监,已完全成为一个管理教育的行政机构,已没有了教学的职能,所招国子生与太学生也合而为一,再也没有单独的监生。七月,国子监(太学)建成,它与礼部贡院、秘书省这两个机构一样,"大抵皆宏伟"④。反之,其他中央机构的建筑,就显得相当简陋,反映了

---

① 《系年要录》卷二四,建炎三年四月庚申条,第491页。
② 《宋会要辑稿》职官三之五,第5册,第3074页。
③ 《宋会要辑稿》崇儒一之三六,第1册,第2747—2748页。
④ 《宋会要辑稿》职官一三之一三,第6册,第3376页。

高宗对文化、教育事业的重视。当年,应太学试的士子近六千人,超过了南宋建立以来三次参加省试的举人数。十一月,高宗所写的《六经》与《论语》《孟子》之书完成,遂应秦桧奏请,将它们刊石于国子监,同时以墨本赐各路州学。国子监和太学建成后,南宋另外两个中央官学宗学和武学也相继建成。太学、宗学和武学,时人称为"三学"。

第二节　高宗与南宋科举

一、流寓试、类省试的兴废

历史进入南宋,由于战乱等各种原因,以及高宗对科举取士的重视,科举制度在高宗朝仍然有不少变化,并为后来各朝所因袭。

首先是发解试的变化。

建炎元年(1127)七月,高宗下诏:各地发解试解额,沿袭北宋徽宗宣和五年(1123)之旧。但是,承平时期所确定的解额,与南宋初年的形势已不相适应。一方面,由于金兵南侵和游寇横行,中原沦陷州郡和受到游寇侵扰地区的民众,凡稍有条件者,皆蜂拥南逃,从而在中国历史上掀起了一次次大规模的移民浪潮。造成北方州县皆空,而南方却出现"西北流寓之人遍满"①的局面。

沿边州郡人口逃散,使参加发解试的士人大为减少,发解名额却并未因此减少。绍兴元年(1131)六月,据礼部奏称,在上一年乡试中,如"各依元额解发",有些州郡发解试的录取比例竟高达25%到40%,远远高于以往一二百人取一人的状况。②

---

① 〔宋〕庄绰:《鸡肋编》卷上,中华书局1983年点校本,第36页。
② 《宋会要辑稿》选举一六之三,第9册,第5564页载:建炎四年发解试,建康府应举士人24人,合格者10人;太平州(安徽当涂)应举士人19人,合格10人;广德军(安徽广德)应举士人21人,合格5人,可解比例之高,为有宋一代所仅见。高宗遂下诏:"各取一名,其余多解人数,并行驳放。"

另一方面,大批士人来到南方以后,因为失去了必须在原籍发解这一基本条件,不能参加流寓地区的发解试。有鉴于此,建炎四年五月,高宗应都官员外郎侯延庆奏请,下诏设置流寓试,具体办法为:

> 京畿、京东、京西、河北、陕西、淮南路士人,许于流寓所在州军,各召本贯或本路及邻路文官两员,结除名罪保识,每员所保不得过二人。仍批书印纸,听附本州军进士试,别为号,以终场二十人解一名,余分或不及二十人处,亦解一名。不及五人,附邻州试。①

于是在南宋的诸多发解试中,开始有了流寓试的设置。它既是对流离失所士人的照顾,也有利于与金、伪齐争夺人才,具有一定的积极意义。

"绍兴和议"签订以后,宋、金之间大规模的战争停息,北方移民大幅度减少,流寓问题已趋缓和。加上中原流寓士人虽须文官委保其身份,但假冒者仍然难以杜绝,实行起来有一定难度。绍兴二十六年(1156),朝廷发布敕令:凡"烟爨满七年,许用户贯"②,即允许流寓之人就地入籍。同时将各州郡流寓试的解额并入土著,"率百人解一人"③,大致上已与当地发解试的录取比例相接近,并正式宣布废除流寓试。

所谓类省试,也是宋、金战争的产物。

靖康元年(1126),为大比之年,是年秋天,金人虽然再次发动南侵,但北方尚未沦陷地区的发解试仍如期进行。按照规定,次年即靖康二年春天,解试取中者将赴京城参加省试,结果发生了"靖康之变",钦宗自身难保,当然无暇顾及省试,故而只能延期举行。南宋建立后,高宗为搜罗人才,笼络士心,同时表明两宋政权的连续性和正统性,决定恢复开科取士。不过,在兵荒马乱、"道梗难赴"的情况下,要全国举人于来年春天往高宗驻跸地的扬州赴试,实困难重重。为此,高宗于当年十二月初一日下诏诸路转运司,要各

---

① 《宋会要辑稿》选举一六之二,第 9 册,第 5564 页。
② 《宋会要辑稿》选举四之四一,第 9 册,第 5339 页。
③ [宋]罗愿:《新安志》卷八《叙进士题名》,中华书局 1990 年《宋元方志丛刊》本,第 7713 页。

路举人在治所参加省试,称类省试。建炎二年(1128)春、夏间,陆续举行了第一次类省试。

类省试虽方便了各路举人,但问题也随之暴露出来,主要表现在两个方面:一是各路考官水平高低不一,许多官员难以胜任考校工作。对此,绍兴元年六月,高宗根据臣僚奏请,"诏执政大臣,于诸路漕宪或帅守中择词学之臣总其事"。于是诏两浙路差提刑施垧、福建路差安抚使程迈、江东路差安抚使吕颐浩、江西路差安抚使朱胜非、荆湖东西路差转运判官孙绥、广南东路差安抚使赵存诚、广南西路差转运判官王次翁等出任当地类省试的主试官①。他们中的多数人皆为一时人选,足见高宗对类省试的重视程度。

二是类省试分散于各地,缺乏中央的有效监督,徇私舞弊十分严重,士人多诉其不公。如果说第一个问题尚比较容易解决,那么在天高皇帝远的地方实行类省试,要防止徇私舞弊的发生就成了难题。

绍兴三年十月,南宋统治集团在临安府已初步站稳了脚跟,"盗贼屏息,道路已通",于是有臣僚建言停罢类省试。高宗接受此建议,"诏今后省试并赴行在"②。至此,各地类省试皆罢。翌年六月,应官员奏请,认为四川道远,举人赴临安府参加省试实在不便,高宗下诏恢复了那里的类省试,并延续至南宋末年。

二、高宗对科举取士的重视

科举制度为北宋选拔了大批人才,这一点给高宗留下了深刻的印象,因此即使在国初兵荒马乱、道路不通的岁月,也念念不忘科举取士。据史籍记载:

> 高宗、孝宗在御,每三年大比下诏。先一日,奉诏露天默默祷曰:"朝廷用人别无他路,止有科举,愿天生几个好人来辅助国家。"及进殿

---

① 《宋会要辑稿》选举四之二三至二四,第9册,第5329页。
② 《系年要录》卷六九,绍兴三年十月戊申条,第1175页。

试策题、临轩唱名,必三日前精祷于天。所以绍兴、淳熙文人才士彬彬在朝。此二祖祈天之效如此。①

高宗对科举取士的重视,主要表现在以下两个方面。

首先,大力鼓励士人读书应举。

在经济上,凡是太学生和获得发解试资格的读书人,免除他们的丁役负担②。川、陕等远方举人赴临安府参加省试,往来"给驿券"③,即由国家提供饮食和住宿。这与唐代举人在前往长安应试途中,远方寒士时有冻馁而死的情况形成了鲜明对照。尽管当时国家经济还十分困难,官学生员仍享有免费住宿和提供廪食的待遇。在法律地位上,北宋时,得解和免解举人犯公罪者可听赎罚,至高宗朝,即使犯赃私罪者亦听赎罚。甚至只要在州县学读过书的士人,在犯罪时,大多可以从轻发落④。由此,激发了更多的读书人学习文化知识,走上科举入仕之路,从而推动了南宋文化的兴旺发达。

其次,改革不合理的科举条制。

北宋建立后,承袭五代时之制,进士科分三场进行:第一场试诗赋、杂文各一首;第二场试策五道;第三场帖《论语》十帖,对《春秋》或《礼记》墨义十条。殿试一场,试诗、赋各一首。此后又有几次变化。熙宁四年(1071),王安石改革科举,废明经、诸科,独行进士科;废诗赋、帖经、墨义,改试经义,省试分四场举行:第一场试本经义一道;第二场试兼经并大义十道;第三场试论一首;第四场试策三道。殿试改为试策一道。此后,随着变法派和保守派轮流上台执政,试艺内容出现了诗赋和经义的不断变化。最后只能将进士科分为诗赋进士和经义进士两科,但主要仍以经义取士,对史书则不予

① [宋]张端义:《贵耳集》卷下,大象出版社2013年《全宋笔记》本,第6册,第334页。

② 《系年要录》卷六四,绍兴三年四月甲午条,第1122页。

③ 《系年要录》卷一七七,绍兴二十七年五月乙亥条,第3096页。

④ 《庆元条法事类》卷七六《当赎门·名例敕》。社会科学文献出版社2018年点校本,第817页。另参见[宋]《名公书判清明集》卷一一《引试》、《士人充揽户》、《士人以诡嘱受罪》,中华书局1987年点校本,第402—405页。

重视。

绍兴元年(1131)十二月,高宗针对以经义取士的做法,提出了批评,他说:

> 经术、词赋取士各有说。神宗皇帝尊崇经术,方时承平,王安石之说得行,盖以经明道,谓非尧舜之道不敢陈于王前。朕观古今治乱,多在史书,以经义登科者,类不通史。①

在历史上,虽有"《六经》皆史"之说,但此中之"史",乃指先王旧典,与先秦以后的历史大不相同,所以仅学《四书》、《五经》,很少能从中获取生动的与现实有着直接联系的历史经验和教训。故高宗对以经术取士的做法,提出了批评,认为通经的人,大多不懂历史,可谓切中要害。这里特别要指出的是,其批评对象居然还涉及神宗,实在难能可贵。

绍兴七年八月,高宗对专以文词取士的主张,也提出了批评,他说:

> 文学、政事,自是两科。诗、赋止是文词,策、论则须通知古今,所贵于学者修身、齐家、治国以平天下。专取文词,亦复何用?②

高宗认为,最有用的还是策、论,因为只有通古今治乱的人,才能写好策、论,从中可以选拔出能够修身、齐家、治国、平天下的人才。

以上高宗对经义和文词在科举取士中局限性的认识,可谓至理名言,实为唐宋以降帝王所不及。

在科举考试中,将经义、诗赋和策、论并重,在策、论中应该包含史书的内容,在当时历史条件下,是最好的试艺内容,对于人才的选拔不无意义。

此外,自北宋真宗朝以来,殿试前十名,由内侍先将试卷呈皇帝,由皇帝

---

① 《宋会要辑稿》选举四之二四,第9册,第5329页。
② 《系年要录》卷一一三,绍兴七年八月戊申条,第1896页。

定出前后名次,特别是进士前三名(俗称状元、榜眼、探花)。高宗以为:"取士当务至公,岂容以己意升降? 自今勿先进卷。"①这一做法虽有违"祖宗之法",但也值得肯定。绍兴十七年六月,高宗针对建炎以来,举人程文多剽袭他人文字的弊病,下诏"举人程文。或纯用本朝人文集数百言,或作歌颂及佛书全句"者,"皆不考"②。由于程文内容比较务实,考取的进士避免了学究型人物,这也是高宗和孝宗两朝多出能吏的一个重要原因。

三、高宗与殿试策

殿试在宫殿内举行,是科举考试中的第三级也是最后一级考试。奏名进士在殿试中虽然基本上不再被黜落,但它关系到所取进士甲第的高低和授官的大小,以及入仕后升迁的快慢,所以也不能等闲视之。北宋自"熙宁变法"后,不管经义和诗赋之争进行得如何激烈,殿试试策一道的规定,却始终没有变化。

殿试策,又称廷试策、御试策,它一般由翰林学士等文学侍从拟定,然后呈送皇帝认可。殿试策题的拟定,有一个基本原则,就是"关治乱,系安危用之",而不及"典籍名数及细碎经义"③。换言之,只看士子观察和解决现实问题的能力,不求士子学问之博洽。故策题内容都是先述帝王意向所求,然后询问政事得失,治道何如,军民利害,教化成败等问题。依据惯例,殿试策策题之末,一定会有类似"子大夫其悉意以陈,朕将亲览焉"、"其以朕之未闻而切于时者言之,朕将亲览焉"云云等语;士子于对策末尾,多以"臣昧死,臣谨对"、"冒犯天威,罪在不赦,惟陛下留神。臣谨对"云云作为结束。这种一问一答式的文字,宛如帝王与士子间的政治互动,乍一看,意义可谓不同凡响。但是,实际上往往流于形式,绝大多数帝王并不会真的去"亲览"殿试策。可是,对于高宗而言,却是个例外,他不仅亲自阅读殿试策,而且多将敢于直言极谏的策文,置于高等。

---

① 《宋史》卷一五六《选举二》,第3626页。
② 《系年要录》卷一五六,绍兴十七年六月戊申条,第2683页。
③ 《长编》卷一六七,皇祐元年八月甲申条,第4012页。

绍兴二年(1132)三月,殿试前夕,高宗提醒御考官道:"朕此举将以作成人才,为异日之用。若其言鲠亮切直,他日必端方不回之士。自崇宁以来,恶人敢言,士气不作,流弊至今,不可不革。"因手诏谕考官:"直言者置之高等,尤诌佞者居下列。"①时张九成为第一人,凌景夏为第二人,宰臣吕颐浩奏称:"景夏词实胜九成,请更置第一。"高宗不从。他说:"士人初进,便须别其忠佞。九成上自朕躬,下至百执事,言之无所畏避。"②乃擢置首选。对于张九成对策中"无所畏避"的言辞,《宋史》本传有所记载,大意谓:

> 祸乱之作,天所以开圣人也。愿陛下以刚大为心,无以忧惊自沮。臣观金人有必亡之势,中国有必兴之理……前世中兴之主,大抵以刚德为尚,去谗、节欲、远佞、防奸,皆中兴之本也。今间巷之人皆知有父兄妻子之乐,陛下贵为天子,冬不得温,夏不得清,昏无所定,晨无所省,感时遇物,悽惋于心,可不思所以还二圣之车乎?

又言:

> 阉寺闻名,国之不祥也,今此曹名字稍稍有闻,臣之所忧也,当使之安扫除之役,凡结交往来者有禁,干预政事者必诛。③

张九成的对策,直指高宗软肋——恐金、听谗、重用宦官、忘却父兄之仇,似乎都有针对性。此时的高宗,前有其父徽宗因受佞臣蔡京等"六贼"影响,遭致北宋灭亡的惨痛教训,不久前又有因重用宦官而引发"苗刘之变"的前车之鉴,迫使他对忠言逆耳之言,有所重视。

当然,高宗对殿试策的重视,并非只此一次,如绍兴二十七年殿试,高宗御笔宣示殿试官曰:"对策有中指陈时事,鲠亮切直者,并置上列,无失忠说,

① 《皇宋中兴两朝圣政辑校》卷一一《高宗皇帝十一》,绍兴二年三月甲寅条,第336页。
② 《宋会要辑稿》选举八之三,第9册,第5410页。
③ 《宋史》卷三七四《张九成传》,第11577—11578页。

无尚谄谀,用称朕取士之意。"数日后,又对宰臣道:"今次策士,考校官编排处极详密。内有犯讳、杂犯之人,亦令且与考校。并戒励有司,抑谄谀,进忠亮,盖以临轩策士,正欲闻切直之言也。"殿试揭榜后,宰相沈该对高宗道:"两日唱名,上劳圣躬。"高宗回答说:"今次魁选,文武皆得人。朕乐于得士,虽临轩终日,不觉倦也。"①可见高宗对进士殿试自编排到唱名的十余天时间里,一直都十分关注。

那么,这次殿试有哪些策文引起高宗的注意呢?据高宗自谓:"昨览进士试卷,其间极有切直者。如论理财,则欲省修造,朕虽无崇台榭之事,然喜其言直。至论销金铺翠,朕累年禁止,尚未尽革,自此当立法,必禁之。去年交趾献翠毛五百尾,朕未尝用,当焚于通衢。"②

此次殿试,乡先生出身的乐清(今属浙江)人王十朋,被高宗拔擢为进士第一人(俗称状元)。他的策文所以受到高宗赞许,究其原因恐怕有二:一是在他洋洋洒洒九千字的对策中,除了以《五经》作为指导思想以外,援引自汉唐至北宋的历史掌故,几占全文的一半,符合高宗希望经士既通经又通史的要求。二是策文直指朝政,比较尖锐,也符合高宗"欲闻切直之言"的要求。详定官原定他为第九名,高宗览之,作"御批"谓:"经学淹通,议论醇正,可作第一人。"③由此可见,高宗对相当多的殿试策(不能说全部),确实做到了"亲览",并能够吸取其中的有用之言,没有像以往的帝王那样只是走过场而已。

正因为高宗对科举取士特别留意,所以在他在位的十一次科举中,搜罗了不少有真才实学的人才,别的姑且不论,就以十一个进士第一人来说,就不乏著名的理学家、文学家和政治家。其中尤以张九成(1092—1159)、汪应辰(1118—1176)、张孝祥(1132—1170)、王十朋(1132—1170)、梁克家(1127—1187)五人最为有名,都称得上是南宋的一代名臣。

---

① 《宋会要辑稿》选举八之四三,第9册,第5431页。
② 《系年要录》卷一七六,绍兴二十七年三月丙戌条,第3087—3088页。
③ [宋]王十朋:《王十朋全集·文集》卷一《廷试策》,上海古籍出版社1998年点校本,第573—590页。

第十章 民以食为天:高宗与南宋农业

农业生产是封建国家财赋的主要来源,如何恢复农村经济成为摆在南宋政府面前的一个重要课题。高宗对于农业生产的重要性有比较深刻的认识,为此采取了一系列恢复和发展农业生产的措施。在广大农民的辛勤劳动下,一定程度上医治了长期战争带来的创伤,推动了南宋农业生产的发展。

在此期间,高宗为减轻农民的赋税负担,也采取了不少措施,特别是推行经界法,对公平征发赋役具有重大意义。在以往,包括笔者在内的许多南宋史研究者,对《宋史》所谓"自桧再相,密谕诸路暗增民税七八,故民力重困,饿死者众"①的记载,理解为在秦桧当政的绍兴中期,赋税不仅不减反增,人民生活更加痛苦。但是,从现在所能够查到的史料来看,却是不实之词,这种说法应该予以推翻。

第一节 高宗的重农思想和农民负担的减轻

一、"农者,天下之大本"——高宗的重农思想

长期的战争,给南宋社会经济尤其是农业生产造成了极大的破坏。直

---

① 《宋史》卷一七四《食货上二》,第4216页。

到绍兴十年十一月,仍有臣僚以为:"诸路州县兵火残蹂,遗民十无七八,比年岁有复归,视平日已田不能垦辟。"①各地陆续传来因赋税繁重,生活艰辛,百姓冻饿而死的惨状。摆在高宗面前的南宋社会,呈现出一副衰败不堪的景象。高宗从现实和历史的经验教训中知道,发展农业生产可谓至关重要。一次,有人向他上书陈农田利害,高宗即道:"农者,天下之大本,可即施行。"②

高宗对"民富"与"国富"的关系尚有正确的认识。一次,他对户部尚书张澄说:"宁于国计有损,不可有害于民。若富藏于民,犹国外府。不然,贫民为盗,常赋且将失之。此有若所谓'百姓足,君孰与不足'者也。"③但是,要百姓足,首先必须让他们能够吃饱饭,否则都是空话。为此,他教导辅臣说:"食者,民之天,百姓岂可缺食!"④又针对地方官不关心农事,劝农职责流于形式的现状,批评道:"农者,天下之本。守令有劝农之名,而无劝农之实,徒为文具,何益于事!"⑤

高宗的这种重农思想,既贯彻于他的施政中,也体现在他个人的具体行动上。绍兴五年三月,临安府久雨不止,大臣孟庾、沈与求等深以为忧,他们告诉高宗:"以天气久寒,蚕损甚众。"高宗对他们说:"朕见令禁中养蚕,使知稼穑艰难。祖宗时,于延香阁两壁画农家养蚕、织绢甚详,元符间因改山水。"⑥高宗生于元符(1098—1100)后,他不可能看到元符前延香阁的壁画,当听前人传说而来。足见他早年就对蚕织有所关注,所以尽管此时宋、金战争尚未停息,已命人在宫中养蚕。高宗不仅在宫中养蚕,也种稻。绍兴六年六月初一日,高宗对宰相赵鼎说:"朕于宫中亲种一方稻,数日雨既沾足,昨日令人验之,顿长四寸半,真可喜也。"⑦绍兴七年四月初二日,张浚告诉高

---

① 《宋会要辑稿》食货六三之一一二,第 13 册,第 7671 页。
② 《系年要录》卷一六一,绍兴二十年三月戊戌条,第 2764 页。
③ 《系年要录》卷一五一,绍兴十四年三月庚申条,第 2572 页。
④ 《宋会要辑稿》食货三之六,第 10 册,第 6011 页。
⑤ 《宋会要辑稿》食货一之三八,第 10 册,第 5969 页。
⑥ 《系年要录》卷八七,绍兴五年三月甲午条,第 1487 页。
⑦ 《系年要录》卷一〇一,绍兴六年六月甲午条,第 1719 页。

宗:"雨既沾足,又即晴霁,庶于蚕麦不妨。"高宗说:"朕宫中亦养蚕两箔许,欲知民间蚕熟与否。"又说:"朕闻祖宗时,禁中有打麦殿,今后圃有水,朕亦令人引水灌畦种稻。不惟务农重谷,示王政所先,亦欲知稼穑之艰难尔。"①由于种庄稼需要水,所以他十分关心各地雨水的多少,经常向臣僚询问当地的旱涝情况。他认为:"田中雨过多,犹可车水决堰,尽人力料理。若旱则更无可擘画。"②绍兴十七年六月,听秦桧说江南各地"雨已沾足"。高宗为此感到高兴,他说:"此时多雨,陂塘有所潴蓄,秋或旱干,可备灌溉。农夫有丰稔之望,甚可喜也。"③如果不关心农事的帝王,绝不可能会有如此认识。

农业是国民经济的基础,中国历代统治者几乎都懂得这个道理,提倡重农,宋代也不例外,却很少有帝王能亲事亲为者。北宋建立不久,宋太祖虽给诸州长吏下诏:"朕以农为政本,食乃民天,必务穑以劝分,庶家给而人足。"④但这类诏书,大都是官样文章,毫无新意,不会以自己的实际行动去真正关心农业生产。高宗却不然,他的种稻、养蚕,虽然只具象征意义,但认为可以"知农桑之候"⑤,表明他始终将农业生产挂在心头。

绍兴中,有临安府于潜县令楼璹,"笃意民事,慨念农夫、蚕妇之作苦,究访始末,为耕织二图"。耕则自浸种到入仓共二十一图,织自浴蚕到机杼剪帛共二十四图。每图皆系以五言律诗一首,每首八句。"纤悉备具,如在郊野,目击田家"。某次赐对,楼璹将"耕织图"进呈高宗,高宗观后十分赞许,他当即命翰林待诏重摹多卷,将其中的一卷由皇后吴氏在每段文字下题字,"宣示后宫"⑥,让大家懂得稼穑之艰辛。同时将"耕织图"分赐地方州县官,要求他们用以指导农业生产。高宗又将楼璹的姓名书于屏风间,注意对他

---

①　《系年要录》卷一一〇,绍兴七年四月癸巳条,第 1844 页。

②　《系年要录》卷一〇二,绍兴六年六月丁巳条,第 1725 页。

③　《系年要录》卷一五六,绍兴十七年六月丙申条,第 2682 页。

④　《宋会要辑稿》食货一之一五,第 10 册,第 5945 页。

⑤　参见《系年要录》卷一〇二,绍兴六年六月丁酉条记事,第 1719 页;卷一一八,绍兴八年三月丙午条,第 1915 页。

⑥　[宋]楼钥:《攻媿集》卷七六《跋扬州伯父耕织图》,影印文渊阁《四库全书》本,第 1153 册,第 238 页;[宋]程珌:《洺水集》卷二《缴进耕织图札子》,影印文渊阁《四库全书》本,第 1171 册,第 249 页。

的任用。此后,楼璹历官至朝议大夫。与此相应的尚有一事,也值得一提:绍兴十二年二月,高宗对人言:"朕闻民间乏牛,皆以人耕田,其劳可悯。朕令画以人耕田之象,置于左右,庶不忘耕稼之艰难。"①

"耕织图"始自南宋,对当代和后世影响颇为巨大,元、明、清三代帝王也模仿高宗的做法,绘制"耕织图"颁布后宫和地方官。如在元代,"天下守令皆以劝农系衔,郡县大门两壁,皆画耕织图"②。清康熙帝更是亲制"耕织图"诗,"咏农人胼胝之劳,织女机丝之瘁。周详往复,田家作苦,了然在目"。③

高宗为向百姓宣传重农思想,"首推农事之本",应臣僚奏请,于绍兴十六年(1146)正月二十二日,在临安府举行北宋以来废止多年帝王亲耕籍田的仪式,他对近臣表示:"力本务农,出于诚心。"帝王籍田,本来只需"三推",可是高宗"遂至五、至七、至九,凡三奏请乃止"④。并表示:"耕为农民之劝,朕岂惮劳?"⑤高宗所以如此卖力,无非是为了给臣民做一个重视农业生产的榜样,所谓"为天下先","以风示于四方,庶几力穑服田"⑥。关于这次籍田的地址,史书上有两种不同的记载:一种是《咸淳临安志》所载,以为"在嘉会门外南四里,玉津园之南",亦即今天杭州江干区的乌龟山上。同时,又认为南宋的郊丘(帝王行郊礼之所,明清称天坛),也"在嘉会门外南四里,玉津园之南"⑦。一种是《西湖游览志》所载,以为在"天龙寺下,中阜规圆,环以沟塍,作八卦状。俗称'九宫八卦田',至今不紊"⑧,也就是在玉皇山南麓,今天的八卦田遗址。按理说,《咸淳临安志》是当代人记当代事,其可靠性要胜于二百七十余年以后由田汝成撰成的《西湖游览志》。但是,

---

① 《系年要录》卷一四四,绍兴十二年二月丙戌条,第2441页。
② 《续文献通考》卷一《田赋考》,中华书局1986年据《万有文库》本影印本,第2780页。
③ 《钦定授时通考·凡例》,影印文渊阁《四库全书》本,第732册,第14页。
④ 《咸淳临安志》卷四〇《亲耕籍田》,杭州出版社2009年《宋元方志集成》本,第2册,第791页。
⑤ 《系年要录》卷一五五,绍兴十六年正月甲午条,第2649页。
⑥ 《咸淳临安志》卷三《行在所录·籍田先农坛》,第4册,第3378页。
⑦ 《咸淳临安志》卷三《行在所录·郊丘》,第4册,第3372页。
⑧ 《西湖游览志》卷六《南山胜迹》,第52页。

郊丘(即郊坛)为祭天之所,必须筑于高处,籍田为农耕之地,一定在平地而不在山上。若言两者同在一个地方,既不合礼仪,也不符合逻辑。对此,笔者曾经作过一番考证,认为田汝成所说比较可信,限于篇幅,不再详述。

二、恢复和发展农业生产的措施

高宗自立国之日起,就开始着手恢复和发展农业生产,只是限于当时战争环境,所以规模不大,措施也不够得力。绍兴十三年四月,两浙转运副使张叔献等上疏,乞依元祐古迹,于华亭(上海松江)置闸,以捍咸潮。高宗当即表示:"今边事初息,当以民事为急,民事当以农为先。朕观汉文帝诏书,多为农而下,以农者天下之本,置闸其利久远,不可惮一时之劳也。""乃令叔献措置"[1]。综观高宗一朝,为恢复和发展农业生产,主要采取了以下措施。

第一,命地方官加强劝农。

中国古代自西汉起,劝农成为地方州县官的一个基本职责。每到春耕前夕,他们就要颁发一篇《劝农文》,劝导农民勤奋耕作。这一做法,历代皆有因袭,这可能也寓有"思想教育领先"的意思。但是,这种教育到了后来大多流于形式。绍兴十五年闰十一月十三日,司农寺主簿宋敦朴向高宗上奏：

> 州县守令,民之师帅,虽有劝农之名,而因循旷废。望令州县守令以来春耕藉之后,亲出郊外,召近郊父老,劳以饮酒,谕以天子亲耕劝率之诚,俾四方万里之外,晓然知陛下之德意。仍乞申戒每岁之春,常修举劝农职事。如或奉承弗虔,因而搔扰,仰监司按劾,以示惩诫焉。

此奏颇合高宗心意,他立即表示:"可依所奏,以风四方。"[2]于是,在南

---

① 《系年要录》卷一四八,绍兴十三年四月庚辰条,第 2524 页。

② 《宋会要辑稿》食货一之三八,第 10 册,第 5969 页。

宋掀起了地方官发布《劝农文》的高潮,其数量之多,成为历代之最。此举也深得后人赞许,如明朝大臣宋濂即谓:"宋高宗既即位江南,乃下劝农之诏,郡国翕然。"①

虽然南宋部分《劝农文》的内容,仍摆脱不了千篇一律、徒为文具的弊病,但也有不少恪尽职守的州县官,他们所颁布的《劝农文》,能够结合当地实际,情意恳切,内容具体,谆谆以劝,甚至一年春秋两劝。其内容不仅要求农夫不失时机地进行播种,有的还介绍种子类别和耕作技术。在这方面,南宋末年著名思想家、经学家、史学家和能吏黄震(1213—1280)可作为其中的代表。度宗咸淳七年(1271)二月,黄震知抚州,当年颁《中秋劝种麦文》,八年春天颁《春劝农文》,秋天颁《中秋劝种麦文》,咸淳九年春天颁《春劝农文》。不久,黄震官满赴他任。现转载他所撰的咸淳八年《中秋劝种麦文》于下,以见一斑:

> 太守去岁特特劝尔农种麦,尔农何故尚多不种?或谓田主以种麦乃佃户之利,恐迟了种禾,非主家之利,所以不容尔种。不知主佃相依,当养根本。佃户夏间先收得麦,则秋间有本,不至欠租,亦是主家之利。况收麦在四月,种禾在五月初,不因麦迟了种禾。纵使田主不欲多种,抚州无限山坡高地,又因何不种?今年本州禁盦红曲,既无红曲,须用面麹,明年麦必直钱,此正是尔农种麦之一机。太守故不敢惮烦,特特再劝。明年太守官满,不复在此劝尔种麦矣。若又不种,将来万一天时不测,肚饥无可接挤,莫教思量太守之言。太守劝尔至再,其情切矣,幸尔速种,毋或失时。②

第二,保护耕牛,减免耕牛税。

---

① [明]宋濂:《宋文宪集》卷一三《题织图卷后》,影印文渊阁《四库全书》本,第1223册,第647页。

② [宋]黄震:《黄震文集》卷七八《咸淳八年中秋劝种麦文》,浙江大学出版社2013年点校整理本,第7册,第2223页。

　　"靖康之乱"以后，南宋广大地区遭到战争的严重破坏，人口逃散，土地大片荒芜。两淮地区不用说，就是昔日十分富裕的两浙、江南东西路，也不能幸免。长江南岸以及太湖周围，兵火之后，民间荒废田土甚多，"沿江两岸沙田、圩田顷亩不可胜计，例多荒闲"①，由此可见一斑。要开垦如此多的荒地，耕牛显得尤为重要。可是民间耕牛在累经兵火以后，多数地方已宰杀殆尽，这就严重影响到农耕。建炎元年五月初一日，也就是南宋建立的当天，高宗即下赦文谓："人户置买耕牛，权免税一年。"②以此鼓励大家多养耕牛。此后，又多次下诏，免除买耕牛税。建炎四年（1130）五月，高宗从温州返回越州不久，为了保护耕牛，下诏严禁屠杀耕牛，甚至颁布了"军民杀耕牛者抵死"③的法令。凡老牛、病牛不得不屠宰者，必须经过"耆保验实申官"④方可。

　　这里附带说一下，高宗以为耕牛需要保护，马匹用在军事上，同样也需严加保护。绍兴三年六月，高宗对宰相吕颐浩说："马政不可缓，然须择人而任之。杀马之禁，尤当严切。"吕颐浩等人道："杀马之罪与牛等，顾民间未知之。"高宗表示："可令有司举行，犯者必捕之，则奸可戢矣。"⑤因此，在整个南宋，很少见到有非法屠宰耕牛和马匹的现象发生。高宗及朝中官员，也基本上不食牛肉。绍兴二十一年十月，高宗幸清河郡王张俊府第，供进御筵，从菜谱中可见，山珍海味毕呈，猪、羊、鸡、兔、鹌、鱼、虾、蟹、鳝、螺、蛤等皆备，唯独不见牛肉上桌。宫中寿宴的菜肴，虽然也十分丰盛，同样不见牛肉⑥。足见以高宗为首的统治者，对于保护耕牛，尚能做到身体力行，以为表率，并非仅

---

　　①　《宋会要辑稿》食货一之七，第 10 册，第 5988 页。

　　②　《宋会要辑稿》食货六三之一九七，第 13 册，第 7717 页。不过，据《系年要录》卷一七五，绍兴二十六年闰十月己酉条记载："（官员向伯奋奏）：'宰杀耕牛，旧法罪止徒，今皆配广南，立法太重。乞依旧法。'上曰：'祖宗旧制，轻重适中，皆当遵守。'"据此，不知原"杀耕牛者抵死"的条文，已于何时改变？

　　③　《系年要录》卷三三，建炎四年五月甲子条，第 671 页。

　　④　《宋会要辑稿》食货六三之二〇二，第 13 册，第 7720 页。

　　⑤　《宋会要辑稿》兵二一之八，第 15 册，第 9053 页。

　　⑥　参见［宋］周密《武林旧事》卷九《高宗幸张府节次略》，西湖书社 1981 年标点本，第 139—144 页；［宋］吴自牧：《梦粱录》卷三《宰执亲王南班百官入内上寿赐宴》，浙江人民出版社 1980 年标点本，第 16—19 页。

对百姓而言。

高宗还应臣僚之请,命诸路转运司询访早年曾使用于河北路的踏犁制作方法,"令诸路转运取索以闻"①,使踏犁在南方也得以推广,在一定程度上缓解了缺少耕牛的困难。

第三,招抚流民归业,广泛实施营田和招集流民垦荒复业。

南宋初年,在受战争影响的地区,出现了大量逃绝之田和众多逃散的百姓。高宗即位初年,已经认识到恢复农村生产,对于稳定政权的意义,认为此乃"中兴基业"。为此命有司招抚流民归业,他说:"招集流离,使各安田亩,最为今日急务。"②主要形式有两种:一是实行土地相对集中的营田。二是鼓励以一家一户为单位,分散垦荒种地。

营田是屯田的一种,但它与军屯有较大区别:一是成员身份不同。军屯为军队屯田,士兵边防守,边耕种。营田为百姓屯田,也称民屯,招抚流民耕种荒地和官田,免除他们的徭役和科配。二是管理模式不同。军屯为士兵集体耕种,营田多数是将逃田和荒地分配给每家每户耕种。三是收获到的劳动成果分配不同。军屯全归国家或军队所有,营田则根据是否由国家提供种子、农具和耕牛等情况,以确定国家和民户的分配比例。

南宋建立后,虽继续实施军屯,但士兵忙于作战或防秋,一时无暇顾及农耕,因而军屯甚少,特别注重营田。绍兴元年,解潜为荆南镇抚使,就以他所管辖的五个州绝户及抛荒官田,实行营田,"渡江后营田盖始于此"③。此举获得高宗的积极支持,立即命扩大营田范围,并制订了一系列实施营田的规定。

绍兴六年(1136),高宗对辅臣道:"前日三大帅属官陈桷等引对,朕谕以朝廷赡养大兵之久,国用既竭,民力以困,切须专意措置屯田,此亦自古已成之效。况军事亦须先立家计,若有机会,方图进取。"时司农少卿、提领江淮等路营田公事樊宾负责江淮等路营田,具体做法各地根据情况有所不同。

---

① 《宋会要辑稿》食货六三之一九七,第 13 册,第 7717 页。
② 《宋会要辑稿》食货二之一三,第 10 册,第 5995 页。
③ 《宋史》卷一七六《食货上四》,第 4271 页。

其一为将州县系官闲田及无主荒田拘籍,每五顷为一庄,召客户五家相保为一甲共种,推一人为甲头。每庄官给耕牛五头,另给种子、农具,每户别给菜田十亩,又贷本钱七十贯,分两年偿还,不取利息,收获物官府与客户中分。客户仍免诸般差役科配①。各地通过营田,取得了显著成绩,绍兴六年,仅江、淮营田,就收到"本谷三千万斛有奇"。②

为了加强对各地营田的领导,从绍兴六年起,以诸路宣抚制置大使并兼营田大使,宣抚副使、招讨安抚使,并兼营田使。这一规定,终南宋之世没有变化,可见营田的重要性。

除营田外,高宗还采取"蠲租税"、"免耕牛税"、"借贷种子"等措施,鼓励一家一户流民分散垦耕荒地。绍兴二年(1132)三月,诏令招诱受金兵蹂躏特别严重的淮东八个州郡,开荒种地,人户佃田,并免二年税租。"将来合行催纳之岁,可止据当年已种顷亩,计数征纳。其后逐岁添展垦辟到田亩,亦据实数添纳。"同时,命榷货务出钱五万贯,"充淮东人户借贷,收买牛具"。绍兴三年十一月,江南东西路宣谕刘大中奏称:因江南累经兵火,田多荒闲,有人户原因税重,或曾经典卖田产手续不齐等原因,遂至抛荒,逃移在外。今若令依旧来税额输纳,全不减损,便无人愿佃,使赋税愈见失陷。高宗遂下诏:"令江南东、西路转运司自今降指挥到日,将应未佃闲田依立定三等租课,召人请佃,候满三年,即依元税额送纳。所有闲田元地主积欠租税,即不得于佃人名下催理……"在其他荒地众多的地方,也采取了类似的政策。在南宋政府的招诱下,大批荒地获得开垦和种植,仅四川一地,绍兴十五年有官员奏称:"诸州共垦田二千六百五十余顷,夏秋输租米一十四万一千余石,饷所屯将兵,罢民和籴,为利可谓博矣。"③

此外,随着大量北方移民的涌入,在劳动力比较充裕、土地比较紧张的山区和半山区开辟梯田,在沿海围海造田,在太湖、鉴湖等流域建设圩田,并

---

① 《宋会要辑稿》食货二之一五,第 10 册,第 5997—5998 页。
② 《朝野杂记》甲集卷一六《营田》,第 349 页。按《宋史》卷一七六《食货上四》第 4272 页所载,作"收谷三十万石有奇",未知孰是。
③ 《宋史》卷一七六《食货上四》,第 4274 页。

实行稻麦并种,一岁两熟,从而使南宋的粮食产量获得了显著提高。

第四,兴修水利,防御旱涝灾害。

高宗以为:"水旱尧、汤所不能免,惟有以备之,则民免流亡之患。"①又说:"朕平时无妄费,内库所积,正欲备水旱耳。本是民间钱,却为民间用,复何所惜耶。"②高宗的防备水旱灾害,一方面是实施对受水旱害百姓的赈济,另一方面是注重兴修水利,从根本上解除由水旱所带来的灾害。当时兴修水利,主要从以下几个方面着手:

一是命各地守臣,疏浚太湖、西湖、鉴湖等重要湖泊,或禁止开湖为田。浙西土地肥沃,民田众多,因为有太湖灌溉,到南宋建立之初,尚无大的灾害发生。但到绍兴二十年以后,据臣僚奏称:"濒湖之地多为军下兵卒侵据为田,擅利妨农,其害甚大。队伍既众,易于施工,累土增高,长堤弥望,名曰坝田。旱则据之以溉,而民田不沾其利;水则近泛滥,不得入于湖,而民田尽没矣。欲望委本路监司躬行究治,尽复太湖旧迹,使军民各安其职,田畴尽蒙其利。"③绍兴二十四年九月,又有臣僚向高宗提议,以为要消除太湖东北地区的水患,"望令有司相视,于农隙开决白茅浦故道,俾水势分派流畅"④。以上关于治理太湖水患的两个请求,都获得高宗的支持而得到解决。对于京城临安府来说,西湖是全城百姓的主要饮水和灌溉来源。北宋元祐五年(1090),经过苏轼的大规模疏浚,面貌曾为之一新。绍兴九年(1139),曾招置厢军二百人,管理西湖。但后来减少到只有四十余人。年深日久,西湖又水涸草生,"秽浊堙塞"。绍兴十九年七月,高宗以为:"临安西湖,民间灌溉所资,其利不细,岁久亦填淤,宜悉令修治。"⑤知临安府汤鹏举奉命措置。"遂用工开撩,及修砌六井阴窦、水口,增置斗门、闸板,量度水势,通放入井"⑥。士兵经过调拨,也凑及元额。遂使西湖恢复了原貌。鉴湖自东汉建

① 《系年要录》卷一四六,绍兴十二年七月戊午条,第2470页。
② 《系年要录》卷一八○,绍兴二十八年九月癸未条,第3171页。
③ 《系年要录》卷一六五,绍兴二十三年七月庚戌条,第2851页。
④ 《系年要录》卷一六七,绍兴二十四年九月乙丑条,第2887页。
⑤ 《系年要录》卷一六○,绍兴十九年七月辛巳条,第2744页。
⑥ 《咸淳临安志》卷三二《山川十一·西湖》,第2册,第692页。

成后,水面辽阔,四周九千顷之田深得其灌溉之利,"故山阴界内,比畔接疆,无荒废之田,无水旱之岁"①。但此后民间盗耕不断,湖面日益缩小。北宋末年,王仲嶷知越州,"遂尽籍湖田二千二百六十七顷二十五亩,以献于官。则民之盗者,不复禁戢"②。绍兴十五年七月,宰相秦桧又向高宗提出干湖为田的建议,以为如此,"岁可得米十万斛"。但遭到高宗的反对,他说:"若遇旱岁,无湖水引灌,则所损未必不过之。"③鉴湖仅存的湖面才得以保存。

二是扩大圩田建设,加固圩堤。广泛修建陂塘,以利灌溉。圩田亦称围田,是一种旱涝保收的良田,多由浅水沼泽地带或河湖淤滩上围筑而成。它的特点是水面比田面高,堤面又比湖面高,旱时可以开堤灌水,涝时则可以凿堤放水。著名的圩田除鉴湖和建康永丰圩外,有宣州(安徽宣城)的惠民、化城二圩,太平州(安徽当涂)的黄池镇福定、庭福等五十四圩、芜湖县圩、当涂会等。以上两州圩田,"岁入租课浩瀚"。绍兴元年九月,三省言:"(两州)近缘贼马蹂践,掘破圩岸,及佃户逃亡未归,荒闲甚多。""诏令逐州守臣,将缺坏圩岸疾速措置,如法修治"④。陂塘多修筑于半山区。绍兴十六年(1146),知袁州张成已言:"江西良田多占山冈,望委守令讲陂塘灌溉之利。"其后,比部员外郎李咏言,淮西高原处旧有陂塘,要求政府支给钱米,加以修浚。知江阴军蒋及祖也请浚治本军五卸沟,以泄水,修复横河支渠,以利灌溉。高宗一一可其奏,"并诏诸路常平司计之,每季以施行闻"⑤。

三是修复历史上遭到破坏和湮没的水利设施。五代时,割据长沙的马氏,在潭州东二十里,利用诸山之泉,筑堤潴水,建成了称为龟塘的水利工程,可以溉田万顷。"其后堤坏,岁旱,民皆阻饥"。绍兴七年,守臣吕颐浩"始募民修复,以广耕稼"⑥。仅仅不到一年时间,由于龟塘的修复加上雨水充足,取得了巨大成绩,出现了"初至之日,斗米一贯五六百文,人民阻饥,老

---

① 《嘉泰会稽志》卷一三《镜湖》,第6941页。
② [宋]庄绰:《鸡肋编》卷中,中华书局1983年点校本,第57页。
③ 《系年要录》卷一五四,绍兴十五年七月壬子条,第2626页。
④ 《宋会要辑稿》食货七之四〇,第10册,第6136页。
⑤ 《宋史》卷一七三《食货上一》,第4183页。
⑥ 《宋史》卷一七三《食货上一》,第4183页。

稚转徙,饿殍相望,贼徒充斥"到"今则新米每斗四百文,仓米每斗三百文,诸处盗贼招捕几尽,一路宁息"①的局面。眉州(四川眉山)通济堰,修筑于东汉末年,曾灌溉周围三十四万亩土地,是四川地区十分重要的水利工程。但到南宋初年,该堰已经废坏,"陇亩弥望,尽为荒野"。绍兴十五年,守臣勾龙庭实从政府贷钱六万缗,"躬相其役,更从江中创造,横截大江二百八十余丈,与下流小筒堰一百十有九。于是前日荒野,尽为沃壤"。②

此外,高宗对兴修水利成绩卓著的官员多有奖励,凡是地方官为兴修水利需要的经费,几乎都能得到他的批准,也有利于各地水利事业的发展。

正因为如此,南宋的水利事业,在历史上颇受好评,《宋史·食货志》以为:"南渡后水田之利,富于中原,故水利大兴。"③实际上,南宋的水利,不仅比同时代的中原地区为好,也为后来元、明、清三代所不及。这一成绩的取得,与高宗对水利事业的重视有一定关系。

三、实施"经界法",均平赋役负担

宋代赋役繁重,广大农民除负担作为正税的二税以外,还要负担各项苛捐杂税和差徭。赋役的征发,主要按照田亩,其次按照丁口多少而定。宋代不立田制,土地买卖盛行,转换加速,故有所谓"贫富无定势,田宅无定主,有钱则买,无钱则卖"、"富儿更替做"④、"庄田置后频易主"⑤等说法。在土地转换过程中,不法官僚和豪强地主往往倚仗权势,通过诡名子户、隐瞒不报、寄产等各种手段来少报或不报田产,以逃避赋税,或转嫁赋役到贫苦农民头上,造成"天下税赋不均,豪富、形势者田多而税少,贫弱地薄而税重。由是富者益富,贫者益贫"⑥。北宋在熙宁变法时,曾经推行过方田均税法,目的

---

① [宋]吕颐浩:《吕颐浩集》卷三《乞宫观札子》,浙江古籍出版社 2012 年点校本,第 36 页。
② 《系年要录》卷一五四,绍兴十五年十二月末条,第 2646 页。
③ 《宋史》卷一七三《食货上一》,第 4182 页。
④ [宋]袁采:《袁氏世范》卷下《富家置产当存仁心》、《兼并用术非悠久计》,天津古籍出版社 1995 年注释本,第 162、165 页。
⑤ [宋]刘克庄:《后村先生大全集》卷一《故宅》,四川大学出版社 2008 年点校本,第 24 页。
⑥ 《宋会要辑稿》食货一之一八,第 10 册,第 5947 页。

就是为了清丈田亩，均定田税，防止赋税失漏。但在保守派的猛烈反对下，方田均税法最后不了了之。

"靖康之变"，金兵南侵，各地战乱频繁，造成人群逃散，版籍混乱，有力者趁机侵占民田，土地登记更加严重不实。可是，地方政府仍然按照原来的版籍征收二税，摊派差徭。绍兴十二年（1142）十一月，左司员外郎李椿年上疏指出，经界不正害处甚多，有力者冒田、侵田，使国家赋税流失；无力者产去税存，造成终身穷困。为此他提出推行经界的建议。具体内容有七个方面：一是在转运使下设置"措置经界所"，作为办理经界的机构。二是在经界前，为防止受人扇摇，造成民情不安，事前张榜晓谕经界目的在于均平赋役，为民除害，更不增添税额。三是以都为实施经界的单位，无论官户、民户都要依式造"砧基簿"。砧基簿上书写户主姓名、田地面积、四至、丘段、土地来源（典买或祖产），并附地形图。四是砧基簿及地形图造毕，由都耆邻保召集田主、佃客逐丘计亩角并押字，保正长于图的四至押字，并申结罪状，上报经界所，经界所即差官按图勘验，打量核实，如有不实不尽，重行勘断。五是砧基簿经勘查属实后，即付人户永为执照。以后田产交易，买卖双方各执砧基簿及田契到县批凿（过户），否则不承认为交易行为。六是人户田产如不上砧基簿者，虽有契书文约，查出没官。七是每县各乡除各存砧基簿一本外，再造三本，一本存县，一本纳州，一本纳转运司①。他又举例说："平江岁入昔七十万有奇，今按籍虽三十九万斛，然实入才二十万耳。询之土人，皆欺隐也。望考按核实，自平江始，然后施之天下，则经界正而仁政行矣。"

李椿年的奏议，受到高宗的重视和肯定，他说："椿年之论，颇有条理。"宰相秦桧"言其说简易可行"。参知政事程克俊也以为，推行经界"乃公私之利"②。于是以李椿年为两浙路转运副使，措置那里的经界。

李椿年是一个务实而善于理财的官员，在这之前，他在理财方面已

---

① 《宋会要辑稿》食货七〇之一二四至一二六，第11册，第8170—8172页。
② 《宋史》卷一七三《食货上一》，第4172页。

取得不少成绩,这次推行经界,不仅部署周密,还率先示范,"先从他家田上量起",对此,后来朱熹也夸奖他道:"今之辅弼,能有此心否?"①但是,经界实行起来却是阻力重重,每个环节稍一疏忽,都可能出现错误,从而成为某些人攻击和反对经界的借口。如果没有朝廷的坚决支持,可谓寸步难行。绍兴十三年初,经李椿年奏劾,左朝议大夫提举洪州玉隆观胡思、左朝散郎直显谟阁徐林以"广为谤讪,必欲沮经界之政"而被"勒停"(革职)②。"以民田不上税簿者没官,税簿不谨书者罪官吏。时量田不实者,罪至流、徒"。后经人指出,"椿年为之轻刑,省费甚众"。③

在两浙路的经界稍有眉目后,十四年八月,高宗将李椿年擢为权户部侍郎,仍治经界,并成立户部经界所,开始在全国范围内推行经界。是年底,李椿年以忧去官。次年正月,高宗命权户部侍郎王鈇措置两浙经界,并说:"经界之法细,民多以为便。"继续对经界表示肯定。

王鈇以简化手续,缩短经界时间为由,改变了李椿年造砧基簿、地形图和打量勘查的办法,令民户十家为一甲,自报田亩及应纳之数,如不实,许人告发。由于经界省去了这几个最重要的环节,进度虽然加快,却为不法者勾结乡司通同舞弊打开了方便之门,实质上是使经界变得有名无实。十六年二月,王鈇生病出知湖州,又除右司员外郎李朝正权户部侍郎,措置经界。十七年正月,李椿年免丧还朝,这时全国经界远未完成,即使两浙路的经界,在七十九县中也只完成了四十个县。为了不使经界半途而废,李椿年经朝廷同意后,恢复了以前的做法,并派遣官员分赴各地督促、检查,纠正经界中的不法行为。

绍兴十九年(1149)三月,高宗下令,对那些阻挠经界的地方官"可令措置经界官觉察奏劾"。他又对秦桧道:"正经界、均税赋,极为便民。推行之初,臣僚有肆异议,图沮坏者。暨平江均税毕,纷纷之议始息。"秦桧说:"当

---

① 《朱子语类》卷一三二《中兴至今日人物》下,第3176页。
② 《系年要录》卷一四八,绍兴十三年四月庚辰条,第2388页。
③ 《宋史》卷一七三《食货上一》,第4172页。

时献议,欲使逐户自陈,岂无失实?"高宗又说:"李椿年通晓次第,中间以忧去,他官领之,便有失当处。"①再次肯定李椿年的经界,似乎推行经界法非他莫属。

可是,正当经界法顺利推行之际,仅仅过了半年多时间,当年十一月,李椿年就以"阴交赵鼎……游旧将之门,倾危朝廷""私结将帅,曲庇家乡"②等罪名被罢了官。他所以获罪,有两个方面的原因:一是秦桧死党、殿中侍御史曹筠对他的陷害。因为原宰相赵鼎,乃是秦桧死敌,曹筠为讨好秦桧,所以要罗织罪名,打击与赵鼎关系密切的官员。二是经界触犯了不法官僚和地主豪强的利益,遭到了他们的疯狂反对和破坏,他们制造谣言,假借民意,矛头直指李椿年。正如后来奉命前往四川地区负责经界扫尾的潼川府转运判官王之望,在返回行在后对高宗所言:

> 臣前在东南日,闻蜀中经界,大为民害,豪富为奸,例获轻减,贫弱受弊,多致逃移。上户利之,而下户皆不愿。自入本路境,百姓多遮道投牒,乞行经界,与峡外所闻不同。诘其所以愿行之意,则曰人户诡名,寄隐产业,有田者无户,有户者无田。差某等充户长,催驱税赋,率皆代纳,以此破家者甚众。若用经界,则户名有归,此弊可绝……乃知蜀中经界,不论贫富,大抵税增者愿罢,税减者愿行,皆出一己之私。而形势户之不愿者为多,盖诡名挟户,非下户所为。蜀人之至东南者,皆士大夫,不然则公吏与富民尔。其贫乏之徒,固不能远适,虽至峡外亦无缘与士大夫接。故不愿者之说独闻,其愿行者,东南不得而知也。③

王之望反映的情况非常有代表性,也发人深省:即普通百姓很难将自己的意见传到最高统治者的耳边,有权势之人才能假借"民意",做到这一点。所谓"民意",实有真假之分。由于高宗听到的是假"民意",所以失去了对李椿

---

① 《系年要录》卷一五九,绍兴十九年三月戊申条、己酉条,第2734页。
② 《系年要录》卷一六〇,绍兴十九年十一月辛丑条,第2753页。
③ 《系年要录》卷一七四,绍兴二十六年九月末条,第3050—3051页。

年的信任。

绍兴二十年(1150)正月,宋廷命户部尽快"结绝"已经界地方的未了事宜,未经界处,限转运使和当地守臣于一季内完成。接着又下令,如果州县官再敢迁延经界,在规定期限内不能完成,长吏都要罢官。同时,撤回以前派往各地的干办官和覆实官。这一切表明,高宗已决心于当年夏天匆匆结束经界。

这次经界,难度之大,阻力之深,实不难想象。但在高宗的支持下,历时八年,在全国大部分地区陆续得到完成,虽然不是最完美,但还是获得了积极的成果。它是南宋政治、经济生活中的一件大事,为有宋立国近二百年来所未有,具有里程碑式的意义。"诸路田税,由此始均"①。既有利于农业生产的恢复和发展,增加国家的财政收入,也有利于缓和社会矛盾。后来朱熹不无感叹地说:"窃见经界一事,最为民间莫大之利,其绍兴中已推行处,至今(光宗绍熙中)图籍有尚存者,则其田税犹可稽考。贫富得实,诉讼不繁,公私之间两得其利。独此泉、漳、汀州,不曾推行。细民业去产存,其苦固不胜言。而州县坐失常赋,日朘月削,其势亦将何所底止?"②从正反两个方面,证明了经界的必要性和重大意义。

第二节　减轻农民的赋税和借贷负担

绍兴七年六月,皇叔、同知大宗正司赵士儇劝高宗"留意恤民"。高宗回答道:"朕以干戈未息,不免时取于民,如月桩之类,欲罢未可。一旦得遂休兵,凡取于民者,当悉除之。"稍后,他又对辅臣道:

> 朕尝语赵鼎,宣和以前宰辅非其人,费用无节,诛求无艺,四海之民

---

① 《朝野杂记》甲集卷五《经界法》,第124页。
② 《朱熹集》卷一九《条奏经界状》,第780页。

困于科敛,不得安业。朕嗣位以来,思与之休息,又以边事未靖,军费之资取办诸路者尚多,斯民之灾如此,倘他日兵寝,朕当一切蠲罢,虽租赋之常,亦除一二年。朕之此心,天地鬼神实照临之。①

那么,休兵以后,高宗是否实现了其诺言呢? 现在看来,在许多方面并没有完全兑现。就以月桩钱为例,它始行于绍兴二年,完全是一种"横赋于民"的苛捐杂税,"大为东南之患"。绍兴十七年,高宗命各地郡守将宽剩钱拨充月桩钱,并减少月桩钱的征收,次年,又命秦桧"要当尽罢"。但终高宗一朝,"月桩卒不能罢"②。至于言"一旦得遂休兵,凡取于民者,当悉除之",更是一句空话,可以说,战前的各种苛捐杂税,在战后皆被保留,只是税额有所减轻而已。难怪《建炎以来系年要录》等南宋重要典籍,对"朕之此心,天地鬼神实照临之"一语,不敢着半点笔墨了。

不过,从整体来看,高宗对减轻农民赋役负担,还是做了不少工作。

早在南宋建立之初,尽管军费负担十分沉重,高宗已经考虑到蠲免民间赋税的问题。如建炎元年(1127)五月初一日的登极赦文中,就说:"应因战守及差使被贼杀虏者,特予免本家二年支移、折变。应诸路人户见欠税租并倚阁、展阁税赋及缘纳钱物,并予除放。"此后至绍兴十一年,因兵火、灾害等各种原因而下诏在局部地区放免或倚阁税赋的次数虽然不少,但大都是零星的,非系统性的。有些地方,一面宣称减免,一面却在增加。即使下诏减免,一些地方政府为完成税额的上交任务,拒不执行。为此,高宗不得不下诏,"将州县已蠲放赋税文簿尽行焚毁","实惠及民","示民不疑也"③,但效果并不大。

"绍兴和议"以后,随着军费减省,农业生产发展,高宗虽然没有完全履行昔日的承诺,蠲免赋税的频率也与战前大致相仿,但力度和范围却有所加强。如绍兴十四年二月诏:"江、浙等路绍兴八年以前拖欠未起应干诸色钱

① 《宋史全文》卷二〇上,绍兴七年六月己酉条,第1499页。
② 《朝野杂记》甲集卷一五《月桩钱》,第322—323页。
③ 《宋会要辑稿》食货六三之一至八,第13册,第7593—7601页。

物等……可特予蠲放,仍日下销簿落籍。"①当年,"浙中艰食",高宗下令,"不收米税,故江西客贩俱来,所全活者不可胜计"②。十六年六月,"诏安丰军今年合发大礼银、绢,特予蠲免"。又下诏"滁州合发上供钱物、斛斗,并依楚州已得指挥,再展免一年"。是年七月,再下诏蠲免"建康府民户所欠官钱六万余贯"③。二十六年九月,高宗下诏放免当年全国丁钱及丁绢二十四万匹④。二十九年三月,高宗听说江西出现盗贼,他对辅臣说:"轻徭薄赋,所以息盗。岁之水旱,所不能免,倘不宽恤而惟务课督,岂使民不为盗之意哉?"于是下诏诸路州县:绍兴二十七年以前积欠官钱三百九十七万余缗,"悉除之"。九月又下诏,诸路四等以下户去年未纳岁赋,两浙、江东西去年水灾赈贷物料,及浙东、江西民田为螟螣损稻者,"其租税皆蠲之"⑤。据《宋会要辑稿》食货所载统计,自绍兴十二年至三十二年,各种减免赋税的诏令多达九十余次⑥,虽然多数只是零星或在局部地区实施,但同时增加税额的情况,却并未发现。

绍兴年间,高宗蠲免赋税有两点值得注意:一是蠲免对象,主要是针对四等以下贫弱户。这一"息盗"之术,确实也收到了一定成效。绍兴二十九年二月,南宋发觉金人有南侵意图,便罢去了泗州榷场以外的所有榷场。引起"南北之商弃物而逃,困于道路,无所得食,渐至抄掠"。高宗对那些"作乱"之人,"非惟不杀,且给之裹粮,使各归业,不久遂定"⑦。二是凡诏令之所出,则尽可能加以兑现。绍兴十四年六月,高宗对大臣说:"浙东、福建被水灾处,可令监司躬往,悉力赈济,务使实惠及民,毋为文具。"⑧绍兴十五年八月,知和州刘将乞展免本州夏税一年。

---

①　《宋会要辑稿》食货六三之九,第13册,第7602页。

②　《系年要录》卷一五四,绍兴十五年八月丙戌条,第2630页。

③　《宋会要辑稿》食货六三之一〇,第13册,第7603页。

④　《系年要录》卷一七四,绍兴二十六年八月己丑条,第3042页。

⑤　《宋史》卷一七四《食货上二》,第4216—4217页;《系年要录》卷一八三,绍兴二十九年九月丙申条,第3246页。

⑥　《宋会要辑稿》食货六三之八至二〇,第13册,第7601—7615页。

⑦　《系年要录》卷一八四,绍兴三十年二月丁丑条,第3277页。

⑧　《系年要录》卷一五一,绍兴十四年六月乙未条,第2584页。

高宗对秦桧等人道:"朕常谓言事与行事不同,若行事,便有实利及人,如此等事也。"①用今天的话说,就是政府要给百姓办实事,不能光说不做。

南宋政府虽时有蠲减赋税的举措,但地方官往往阳奉阴违,抵制不办,高宗对此甚为不悦,他说:"盖州县官吏并缘为奸,不恤百姓。朕今日所以休兵讲好者,正以为民耳。若州县不知恤民,殊失朕本意。"②因此,他不得不多次下诏各地,要求地方政府切实执行,申明"官吏尚敢拘催,重置宪典,仍许越诉奏",或"令学士院降诏戒饬"。绍兴二十二年,有臣僚以为,为防止地方守令不认真执行减免赋税的诏令,建议有司编集南宋建立以来的各种宽免诏令,颁赐各地,以行监督。高宗从其所请,该诏令集于二十五年九月编成,共二百卷,号《绍兴宽恤诏令》③。这一做法,也为南宋后来诸帝所承袭。

但是,政治的腐败,官吏的贪渎,往往使朝廷的良法美意在执行中大打折扣,甚至成为具文。绍兴二十六年,就在《宽恤诏令》颁布的第二年,官员鲁冲在《上书论郡邑之弊》中就尖锐地指出:"今之为令者,苟以宽恤为意,而拙于催科,旋踵以不职罢;能迎合上司,惨刻聚敛,则以称职闻。是使为令者惴惴惟财赋是念,朝不谋夕,亦何暇为陛下奉行《宽恤诏书》、承流宣化者哉?"④因此,高宗多次下令蠲免赋税的实际效果如何,还得作具体分析。

在封建社会里,从经济层面上来说,农民头上有着两把刀:一把是政府的沉重赋税负担,另一把是民间的高利贷盘剥。南宋前期,高利贷十分严重。至迟在绍兴二十三年夏天,温州布衣万春上书,"乞将民间有利债负,还息未还息,及本未及本者,并与除放。庶几少抑豪右兼并之权,而伸贫民不平之气"。高宗闻奏,认为:"若止偿本,则上户不肯放债,反为细民之害,可令仔细措置。"他的这番考虑,应该说符合情理。是年七月,高宗经与户部官员议论后,遂下诏:"民间所欠私债还利过本者,并与依条除放。"⑤就是说,

① 《宋会要辑稿》食货六三之一○,第 13 册,第 7603 页。
② 《宋会要辑稿》食货九之五至六,第 10 册,第 6177 页。
③ 《朝野杂记》甲集卷四《绍兴淳熙庆元宽恤诏令》,第 112 页。
④ 《宋史》卷一七四《食货上二》,第 4216 页。
⑤ 《系年要录》卷一六五,绍兴二十三年七月己丑条,第 2849 页。

如果欠债人还贷之息,合计已超过本金,那么借贷者可不再付息,只要归还本金即可。后来南宋政府将这一规定写入了法律①。这项措施,既抑制了兼并之家对农民的过分盘剥,同时在保障他们基本利益的基础上,也使穷人容易借到钱,具有一定的积极意义,故深受后人赞扬,认为"此最得公正之道"。②

---

① [宋]谢深甫监修:《庆元条法事类》卷八〇《出举债负·关市令》载:"诸以财物出举者,每月取利不得过肆厘。积日虽多,不得过壹倍。即元借米谷者,只还本色,每岁取钱利,不得过五分(谓每斗不得过五升之类)仍不得准折价钱。"黑龙江人民出版社 2002 年点校本,第 903 页。
② [明]陆深:《俨山外集》卷四《河汾燕闲录》下,文渊阁影印《四库全书》本,第 885 册,第 32 页。

第十一章 高宗与海上"丝绸之路"

中国自秦汉以降，就有先民为移民求生、经商贸易、通使往来、求传佛法等目的，从海上前往南洋乃至世界各地，这条海道，实为今人所称海上"丝绸之路"之滥觞。但是，由于海路险恶，加上造船技术落后，航海知识贫乏，对航道情况、四季风向、潮水流向、各地港口、物产，甚至沿途气候变化、各国的风土人情等，都缺乏了解，所以航行中事故频发，险象环生。大家最熟悉的例子是唐朝的鉴真和尚去日本，经过十二年，五次东渡都遭到失败，到第六次才得以成功。他第五次东渡日本时，竟被吹到了海南岛，真是南辕北辙，眼睛也被海上的热风熏瞎。因此，当时的海外贸易，主要通过西北方的陆路进行。从中国输往海外各国的物品有丝绸、陶瓷器、铁器、茶叶、缗钱等，但以丝绸为大宗，故后人称这条陆上商路为"丝绸之路"。实际上，"丝绸之路"，并不是一条单纯的商路，它对中西文化的交流也起到了重要作用，言其为"商路"云者，只是一般的说法而已。

到了唐代，随着国家版图的扩大，陆上"丝绸之路"日渐兴盛，并分为两个走向：一条是从长安出发，经过河西走廊，沿着天山南北麓，越过葱岭，到达中亚、西亚，直到非洲东海岸和地中海沿岸。另一条是从长安出发，经成都、西藏等崎岖不平的山路，进入印度。前一条则是主要通道。

进入北宋，陆上"丝绸之路"因为受到西夏、吐蕃、辽朝阻扼，来往十分不畅。《宋史·大食传》载："先是，（大食国）其入贡路繇沙洲，涉夏国，抵秦州。乾兴初，（西夏）赵德明请道其国中，不许。至天圣元年来贡，恐为西人钞略,乃诏自今取海路繇广州至京师。"①加之北宋改从中原出发西进,商路更远,时间更长,运输量又不大,经济效益远不及海上"丝绸之路"。因此,这条陆上商路基本上已经中断。

南宋建立以后,北方沦陷,加之大理国(937—1253)建立,陆上"丝绸之路"完全被切断。在这种"背海立国"的形势下,南宋的对外贸易和文化交流只有依靠海路。两宋之交社会经济的发展,高宗对海外贸易的重视,有力地促进了海上"丝绸之路"的正式形成。

第一节　南宋海外贸易兴盛的客观原因

南宋海外贸易所以兴盛,虽有被迫的一方面,但从客观上来说,也存在着不少有利因素,主要有以下几个方面。

首先,中国经济发展的需要。

众所周知,中国古代的经济重心,自唐安史之乱以后,已逐步开始向南方转移。五代十国时期,北方战乱频繁,又不时遭到契丹的侵扰,社会经济破坏严重,南方则相对比较安定,经济重心南移加速。北宋时,南北经济虽然都获得了发展,但总的来说,政治中心和军事重心在北方,经济重心已进一步向南方转移。故北宋后期人有"国家根本,仰给东南"②之说。进入南宋,不仅农业生产大幅度领先于北方,手工业生产除矿冶等个别部门以外,无论是陶瓷业、纺织业、制茶业、造纸业和印刷业都远超北方。生产力的发展,促进了商品经济的繁荣,这就为海外贸易提供了丰富的商品来源。尤其是陶瓷业,从浙江到广东的东南沿海,以及江西、湖南等内陆地区,瓷窑遍布,甚至行在临安,也建有修内司和郊坛下两座官窑。南宋所生产的陶瓷器,已经供过于求,且最宜船运。1987 年在广东阳江海域发现的南海一号

---

①　《宋史》卷四九〇《外国六·大食传》,第 14121 页。
②　《宋史》卷三三七《范镇传附从孙祖禹》,第 10796 页。

沉船,是南宋初年一艘航行到海外的商船,里面所装运的货物,基本上都是瓷器,就是一个明证。故后人又称这条海上"丝绸之路"为"陶瓷之路"。另一方面,南宋的贵族、官僚、富商和地主需要从海外进口珍宝(金银、象牙、犀角、珊瑚、玳瑁、翠羽、玛瑙、琉璃)、香料、药材等物品以供享用。既然陆上贸易已完全断绝,那么就更加依赖于海上贸易。

其次,国际间商贸格局的变化。

早期的阿拉伯国家,分散落后,经济也不发达。公元七世纪初,阿拉伯半岛在伊斯兰旗帜下实现了统一,哈里发帝国(唐宋时称为"大食")通过扩张,建立起了横跨亚、非、欧三大洲的大帝国。穆罕默德原是商人出身,故"大食"帝国从立国之日起,便有重商的传统。随着这个新兴帝国的疆域扩大、人口膨胀和经济增长,再加上其地理位置处于波斯湾、地中海和印度洋的交汇处,所以阿拉伯商人的海上贸易异常活跃。可谓"四方辐辏,万物丰贱"[1],无远弗届。他们在东向航行的过程中,接触到相对富裕的宋朝,也有前往中国进行贸易的强烈愿望。

第三,造船业和航海技术的进步。

北宋后期至南宋绍兴年间,中国的造船业,无论是吨位、数量、技术和种类,在世界上皆名列前茅。徽宗宣和六年(1124),高丽入贡,宋廷遣给事中路允迪为报聘使、徐兢以奉议郎为国信使、提辖人船礼物官。徐兢后来撰有《宣和奉使高丽图经》一书,详细记载了这次出使的经过和在高丽的见闻,其中对他们的两只座船有如下一段描述:

> 一曰鼎新利涉怀远康济神舟,二曰循流安逸通济神舟。巍如山岳,浮动波上。锦帆鹢首,屈服蛟螭,所以晖赫皇华,震慑海外,超冠今古。是宜丽人迎诏之日,倾国耸观而欢呼嘉叹也。

---

① 〔宋〕乐史:《太平寰宇记》卷一八六《四夷十五·大食国》,影印文渊阁《四库全书》本,第470册,第772页。

北宋使团所坐的这两条神舟究竟有多大？从外表来看,被形容为"巍如山岳",可以想象出它们大到了何等惊人的程度。接着,徐兢又对两船大小、内部结构和使用指南浮针的情况,作了具体记载,他说:

> 旧例,每因朝廷遣使,先期委福建、两浙监司,顾募客舟,复令明州装饰,略如神舟。具体而微,其长十余丈,深三丈,阔二丈五尺,可载二千斛粟。其制皆以全木巨枋挽迭而成,上平如衡,下侧如刃,贵其可以破浪而行也。其中分为三处:前一仓不安艎板,惟于底安灶与水柜,正当两樯之间也,其下即兵甲宿棚。其次一仓,装作四室。又其后一仓,谓之庵屋,高及丈余,四壁施窗户,如房屋之制,上施栏楯,朱绘华焕,而用帘幕增饰,使者官属各以阶序分居之。

> 舟行过蓬莱山之后,水深碧色如玻璃,浪势益大……是夜,洋中不可住维,视星斗前迈。若晦冥,则用指南浮针,以揆南北。①

以上记载,首先告诉我们该条被顾募客舟的大小和载重量。宋代的一丈,相当于今天的三点一六八米,若以十五丈计,船的长度有四十七点五二米,宽度为四点七五米,船身高达九点五米。以载重量论,宋代的一斛(即一石)米,约为三百斤,二千斛就是六十万斤,亦即三百吨。其次是产地。既然朝廷命福建、两浙监司顾募,由明州装饰,那么商船的生产地必然在福建和两浙。尽管两年后发生了"靖康之变",北方沦陷,但对南方造船业的打击并不大。再从结构来看,它分前后三仓,分别作为士兵和官员宿舍,以及安放灶与水柜。有些商舟,甚至还可以在上面酿酒、养猪。即使在今天,也称得上是一条很大的商船。再从造船技术来看,能以"全木巨枋挽迭而成"的船体,肯定异常坚固,它可以经得起巨浪的拍击。"上平如衡,下侧如刃",不仅可以使商船破浪前行,还增加了船只在航行中的稳定性,这种构造,迄今没有

---

① ［宋］徐兢:《宣和奉使高丽图经》卷三四《海道一·神舟·客舟·半洋焦》,影印文渊阁《四库全书》本,第593册,第891—895页。

变化。船在航行时如果遇到黑夜或阴天,便可利用指南浮针辨别方向。大约到南宋高宗朝后期,指南浮针又为有刻度的罗盘针所代替,指示方向更为精确。

生活于北宋后期的朱彧,曾随父游宦开封、莱、润、广州等地,撰有《萍洲可谈》一书。书中对北宋末年的造船技术和航海经验也多有记载,其谓:

> 海舶大者数百人,小者百余人……舶船深阔各数十丈,商人分占贮货,人得数尺许,下以贮物,夜卧其上。货多陶器,大小相套,无少隙地。海中不畏风涛,唯惧靠阁,谓之"凑浅",则不复可脱……舟师识地理,夜则观星,昼则观日,阴晦观指南针,或以十丈绳钩,取海底泥嗅之,便知所至海。

商船在海上航行,依靠风为动力。据该书记载,当时人们已完全掌握了季节风的规律,并巧妙地利用"使三面风"的技术,只要不是逆风,都能让海舟前行:

> 舶船去以十一月、十二月,就北风;来以五月、六月,就南风。船方正若一木斛,非风不能动。其樯植定而帆侧挂,以一头就樯柱如门扇……海中不唯使顺风,开岸、就岸风皆可使,唯风逆则倒退尔,谓之"使三面风"。逆风尚可用矴石不行。①

南宋绍兴年间继承和发展了北宋后期造船业和航海技术的成就,为海外贸易的兴盛提供了必要条件。

第四,市舶司的设置,为国家增加了财政收入,并对出入商船进行了有序管理。

唐玄宗开元中(713—741),以外商东来,南海有市舶之利,遂置市舶司

---

① [宋]朱彧:《萍洲可谈》卷二,上海古籍出版社1989年点校本,第26页。

于广州。进入北宋,海上贸易日渐重要,增加了杭州、明州(浙江宁波)、秀州(华亭县,即上海松江)、泉州、密州(山东诸城)五地的市舶司。南宋建立后,虽失去了密州市舶司,但又增加了新的市舶司及下设机构市舶务。乾道二年(1166)前,南宋统置三个市舶司:福建市舶司(泉州)、两浙市舶司(杭州)、广南市舶司(广州)。在两浙市舶司下,又设杭州务、明州务、温州务、江阴务和华亭务。

市舶司的主要职责为:招徕蕃舶,迎送外商;检查出港船舶,颁发出港许可证;检查入港商船,对进口物品实施抽解、博买、保管和解送。其某些职能,类似今日的海关。所谓抽解,就是根据不同货物,征收一定比例的货物,作为进口税。所谓博买,就是在抽解后,对某些商品实行政府垄断收购,不允许民间私自买卖。市舶司的这一系列规定,保障了海外贸易的有序进行、政府的财政收入和商人的合法利益。

第二节　海上"丝绸之路"的正式形成

进入南宋,虽然开展海外贸易的客观条件进一步具备,但是否能够具体加以应用,还得看统治者的态度。开始,高宗对海外贸易的重要性尚缺乏正确认识。建炎元年(1127)六月,他应李纲奏请,片面地吸取徽宗朝统治者大量进口奢侈品,造成腐化亡国的历史教训,以"市舶多以无用之物,枉费国用,取悦权近"为由,将两浙、福建市舶司归并于转运司,并撤销了广南市舶司。二年五月,尚书省言:"归并以来,土人不便,亏失数多。"高宗立即下诏"依旧复置"①。四年正月,高宗在金兵的追击下,逃往温州,财政告乏。急命福建市舶司"悉载所储金帛、见钱,自海道赴行在"②,以济燃眉之急。他由此知道市舶司对国家财政的重要性,于是"复置广司"③,并在温州、江阴

---

① 《宋会要辑稿》职官四四之一一至一二,第7册,第4209页。
② 《系年要录》卷三一,建炎四年正月丙辰条,第620页。
③ 《文献通考》卷六二《职官考十六·提举市舶》,第563页。

军先后增置市舶机构。后来考虑到行在的安全,绍兴二年,将两浙提举市舶移至秀州华亭县(上海松江),港口功能则移至乍浦港(在浙江平湖)。自此以后,高宗对海外贸易日渐重视,下诏福建市舶司等,"务要招徕蕃商,课额增羡"。①

绍兴七年(1137)闰十月,高宗说:"市舶之利最厚,若措置合宜,所得动以百万计,岂不胜取之于民!朕所以留意于此,庶几可以少宽民力尔。"②为了保证市舶司的正常运作,更好地"招徕远人",推进海上"丝绸之路"的健康发展,高宗结合北宋旧例,陆续采取了以下一系列措施。

一是消灭海盗,扫清海路。绍兴五年四月,宝文阁直学士连南夫上疏论海寇之患,他说:"国家每岁市舶之入数百万,今风信已顺,而舶船不来。闻有乘黄屋而称侯王者,臣恐未易招也。愿明下信令,委州县措置团结濒海居民,五百人结为一社,不及三百人以下,附近社。推材勇物力人为社首,其次为副社首。备坐圣旨,给帖差捕。"于是高宗下诏"福建、广东帅臣措置团结濒海居民为社,擒捕海贼"③。经过一二年后,沿海海盗基本肃清,海道得到通畅。

二是热情招徕蕃客。南宋各个港口都设有接待蕃客的驿站,如广州有怀远驿,泉州有来远驿,明州有乐宾馆等。外国海舶到港,所在市舶机构必派官员迎接,备轿子或马匹将蕃商送至官驿,并出官钱举行盛大宴会,配以妓乐,欢迎他们到来,蕃商归国时,也如此欢送。建炎二年(1128)七月,应臣僚奏请,为减省冗费,罢去市舶司每年给蕃商、水手等人的燕犒。广南提举市舶司以为,这样做"无以招怀远人,有违祖宗故事,欲乞依旧犒设"④。高宗依其奏。绍兴十四年(1144)九月,提举福建路市舶楼璹言:"臣昨任广南市舶司,每年于十月内依例支破官钱三百贯文排办筵宴,系本司提举官同守臣犒设诸国蕃商等。今来福建市舶司每年止量支钱委市舶监官备办宴设,

① 《系年要录》卷五八,绍兴二年九月庚辰条,第1038页。
② 《宋会要辑稿》职官四四之二○,第7册,第4213—4214页。
③ 《系年要录》卷八八,绍兴五年四月戊午条,第1515—1516页。
④ 《宋会要辑稿》职官四四之一五,第7册,第4210页。

委是礼意与广南不同。欲乞依广南市舶司体例,每年于遣发蕃舶之际,宴设诸国蕃商,以示朝廷招徕远人之意。"①诏依所奏,同意按广南市舶司的规格办理。

三是对遭遇海难的外商和外国船舶,进行抚恤和救助。

据有关学者研究,南宋官方对海难的救助形式,主要是收容安置,供给口粮,待有便舟、顺风时将他们遣返本国。如绍兴四年(1134),"高丽罗州岛人光金与其徒十余人,泛海诣泉州,风折其樯,泊泰、楚州境上"。高宗闻奏,下诏:"付沿海制置使郭仲荀养赡,伺便舟还之。"②又据绍兴间士人周辉说:"辉顷在泰州,偶倭国一舟飘泊在境上,一行凡三二十人,至郡馆谷之……后朝旨令津置至明州,趁便风以归。"③此外,根据前朝立法,保护遇难人员的货物财产和船舶,不允许地方官借机籍没侵吞或纵人盗取。资助或借贷遇难人员,免除其抽解等。④

四是保护蕃商的合法权益和财产安全,以取得蕃商信赖。高宗针对市舶官员冒充商人,依仗权势强买、贱买舶货的不法行为,于绍兴五年(1135)闰二月下诏:"市舶务监官并见任官,诡名买市舶司及强买客旅舶货者,以违制论,仍不以赦降原减,许人告,赏钱一百贯。"⑤十六年九月,宰执向高宗进呈三佛齐国王给市舶官员的信,"言近年商贩乳香颇有亏损"。高宗以为:"市舶之利颇助国用,宜循旧法以招徕远人,阜通货贿。"于是降提举福建路常平茶事袁复一一官,因为就在袁复一"以前任广南市舶,亏损蕃商物价,故有是命"。南宋三市舶原来对龙脑、沉香、丁香、白豆蔻四色香料,抽解十分之一,绍兴十四年,提高到十分之四,"蕃商陈诉抽解太重",无利可图。绍兴十七年十一月,高宗诏三市舶司:"并依旧抽解一分。"⑥高宗重视保护外商利益,增加了外商来南宋贸易的积极性。

---

① 《宋会要辑稿》职官四四之二四,第7册,第4216页。
② 《系年要录》卷七八,绍兴四年七月辛未条,第1317页。
③ 《清波杂志校注》卷四《倭国》,第174页。
④ 参见黄纯艳《宋代的海难与海难救助》,载《云南社会科学》2016年第2期。
⑤ 《宋会要辑稿》职官四四之一九,第7册,第4213页。
⑥ 《宋会要辑稿》职官四四之二四至二五,第7册,第4216页

五是鼓励蕃商往来南宋贸易。绍兴六年八月,福建市舶司言:大食国蕃客蒲啰辛"所贩乳香直三十万缗,理宜优异推恩"。于是高宗下诏,"特补承信郎,仍赐公服、履笏"①。十二月,又有福建路提举市舶上疏,以蕃舶纲首蔡景芳"招诱贩到(蕃商)物货,自建炎元年至绍兴四年,收净利钱九十八万余贯,乞推恩"。高宗为此下诏,"特与补承信郎"②。七年(1137)闰十月,知广州连南夫奏:"市舶司全藉蕃商往来货易,而大商蒲亚里者既至广州,有右武大夫曾纳利其财,以妹嫁之,亚里因留不归。"于是高宗下诏:"委南夫劝诱亚里归国,往来干运蕃货。"③

六是加强对市舶司的管理。宋代主管市舶的官员有一个演变过程,自北宋初年到元丰三年(1080),实行的是"州郡兼领"制,即由州郡长官兼任市舶使。元丰三年到崇宁初年(1102)为"漕臣兼领"制,即改为由转运使兼任市舶司长官。到南宋,则演变为"专置提举"制④,即由朝廷直接任命提举市舶使。专置提举以后,市舶司直接对朝廷负责,不再受转运司和州郡的干扰,所得市舶之利,作为政府常赋以外的收入,直供中央,以防止流失。高宗还为此下诏:"诸路市舶司钱物,今后并不许诸司官划刷。如违,以徒二年科罪。"⑤绍兴三十一年八月,后宫刘婉仪倚仗高宗对她的宠爱,派人到广州告诉蕃商蒲琚,要他"献名珠、香药,而以承信郎告偿之"。提举市舶林孝泽以"非奉朝旨,执不行,且言于朝"。高宗为此下诏:"毋献。"⑥在这里,应该说高宗还是作出了遵守法度的榜样。

七是重视对提举市舶司官员的任命,严惩贪污官员。高宗深知,市舶司是一个油水充足的机构,那里的官员极易贪赃犯法,从而破坏海外贸易。绍兴十年(1140)四月,高宗道:"广南市舶,利入甚厚。提举官宜得人而久任,庶蕃商肯来,动得百十万缗,皆宽民力也。"是年闰六月,广南权提举市舶使

①　《系年要录》卷一〇四,绍兴六年八月戊午条,第 1755 页。
②　《宋会要辑稿》职官四四之一九,第 7 册,第 4213 页。
③　《宋会要辑稿》职官四四之二〇,第 7 册,第 4214 页。
④　参见《文献通考》卷六二《职官考十六·提举市舶》,第 563 页。
⑤　《宋会要辑稿》职官四四之一三,第 7 册,第 4210 页。
⑥　《系年要录》卷一九二,绍兴三十一年八月丙辰条,第 3435 页。

晁公迈以贪利为大食进奉使满亚里所讼,高宗知道后,立即下诏,"命监察御史祝师龙、大理寺丞王师心往广州劾治"①。二十一年闰四月,高宗又说:"提举市舶官委寄非轻,若用非其人,则措置失当,海商不至矣。"时直显谟阁、知抚州李庄被除为提举福建市舶,高宗要他"赴阙禀议,然后之任"②。通过当面考察,以示慎重。二十七年二月,又有右朝散大夫张子华,昔日任广南市舶使时,贪赃不法,后来事发,由大理寺鞫治。诏"除名、勒停,送万安军编管,仍籍没家财"③。绍兴年间朝廷对市舶官员的违法活动打击虽然相对比较严厉,但在这一最容易孳生犯罪活动的经济领域里,要想彻底根治这一顽疾,难度确实很大。高宗朝以后,市舶官员的贪污腐败有愈演愈烈之势,这也为后人留下了深刻的教训。

绍兴年间,随着海外贸易的迅速发展,市舶收入也逐年增加。绍兴七年(1137)三舶司的收入为一百万缗,绍兴十年的收入为一百余万缗,到绍兴二十九年增加到二百万缗,几乎是北宋收入最多年份(崇宁、大观间)的二倍。④

南宋海外贸易所以能取得如此成绩,虽说与世界经济格局的变化、南宋商品经济的繁荣、海舶制造技术和航海技术水平的提高、罗盘针的应用等客观条件有重要关系,但是高宗从增加国家财政收入出发,重视海外贸易,为此采取一系列措施也是一个十分重要的原因。至此,中国古代的海上"丝绸之路"正式形成。如果不是后来元朝经济的停滞,特别是明、清两朝统治者屡屡实施"海禁",中国无疑能较早地跨入世界海洋大国的行列。

---

① 《系年要录》卷一三五,绍兴十年四月丁卯条,第2260页;闰六月癸酉条,第2291页。
② 《宋会要辑稿》职官四四之二五,第7册,第4216页。
③ 《系年要录》卷一七六,绍兴二十七年二月丁未条,第3081页。
④ 参见黄纯艳《宋代海外贸易》表3—1《两宋市舶收入表》,社会科学文献出版社2003年出版,第176页;《系年要录》卷一八三,绍兴二十九年九月壬午条,第3244页。

第十二章　高宗的学术倾向
对南宋政治的影响

北宋后期,王安石的新学成为一门显学,他所撰的《三经新义》从太学到州县学是必读的教材,也是科举考试的标准答案,一根硕大无比的考试指挥棒。特别是崇宁(1102—1106)、大观(1107—1110)间,"王安石学益盛,内外校官,非《三经义》《字说》不登几案"①。士大夫中特别是朝中大臣的政治观点可能并不一致,学术思想却无不以王安石的新学为归。对变法颇有不同意见的洛学、苏学等其他学派都受到排挤和打击,他们的学术思想只能私相传授。

但是,随着蔡京集团垮台和北宋灭亡,南宋初年的学术思想发生了巨大变化:一是人们追究北宋灭亡的原因,直指打着变法旗号的蔡京集团的腐朽统治,进而归咎到王安石及其学术(变法)思想;二是早年新党分子也曾经参预了对隆祐太后孟氏的迫害,高宗对新党分子及其学术思想必然要加以排斥。这便使蔡京集团的覆灭成为必然,也使王安石的变法活动及其学术思想遭到严厉批判和彻底否定。

学术与政治,看似两事,实际上却密不可分:政治要在思想层面上依靠学术来诠释其正确性,以巩固自己的统治地位;学术要依赖政治力量的支持去扩大其影响,从中谋取各种利益。高宗原无学术倾向,但为了政治上的需要,必然要支持旧党和洛学,从而产生了自己的学术倾向,由此又直接影响

---

① 《系年要录》卷八七,绍兴五年三月庚子条,第1449页。

到南宋初期的政治走向和用人选择。

不过,高宗虽有学术倾向,却少有门户之见,他为获取士大夫的广泛支持,也不希望将学术问题扩大化。高宗身边的大臣,虽然多以他的学术倾向好恶为旨归,但多数人从内心深处对洛学并无好感。加之当时最为迫切的问题是与金人的和战,所以绍兴前期出现的这场学术之争,尽管洛学取得了优势,王学受到了压制,却不可能造成像北宋后期那样的严重党争。

高宗在打击王安石及其学术思想的过程中,也发现洛学及其传人所存在的一些问题,特别是洛学人士与自己对金屈辱妥协的路线并不一致,因而逐渐改变了以往一边倒的学术倾向,这在客观上有利于南宋除王学以外各种学术思想的发展。

第一节　高宗的学术倾向

一、"我爱元祐"

钦宗即位以后,宋徽宗二十五年的腐朽统治随之土崩瓦解,同时受到打击的还有新党和王氏新学,以及他们所奉行的新法。但是由于不久即发生"靖康之变",所以对新党分子及其学术思想尚来不及进行清算,北宋就已灭亡。

南宋建立之初,面临金兵的严重威胁,人们一时无暇顾及昔日的新旧党争。至迟到建炎四年(1130)初,年迈的隆祐太后孟氏感到自己来日无多,才向高宗提出了昔日的这本陈年旧账,她说:

> 吾老矣,有所怀,为官家言之。吾逮事宣仁圣烈皇后,聪明母仪,古今未见其比。襄因奸臣诬谤,有玷圣德。建炎初,虽下诏辨明,而史录未经删定,无以传信后世,而慰在天之灵也。①

---

① 《宋史》卷四三五《儒林五·范冲传》,第12905页。

据说高宗听后"悚然",决定重修神、哲两朝实录,将已经翻了一次"烧饼"的这部实录,再翻过来。

以"元祐党人"为代表的旧党分子及其子孙和弟子,也认为他们"翻身"的日子已经来临,于是就以追究北宋灭亡的责任为突破口,对新党与王氏新学展开猛烈攻击。旧党的斗争矛头,首先指向以蔡京为首的假变法派,接着追根溯源,将王安石作为罪魁祸首。如北宋末年与"元祐党人"关系最为密切的学者之一、理学先驱邵雍之子邵伯温的门人、司勋员外郎赵鼎,他在建炎三年(1129)六月,借"久雨多寒"这一反常天气,奏称:

> 社稷不幸,乃有王安石者用事于熙宁之间,以一己之私,拂中外之意,巧增缘饰,肆为纷更,祖宗之法,扫地殆尽。于是天下始多事,而生民病矣……复有蔡京者,崛起于崇宁之初,窃尧舜孝悌之说,托绍述熙、丰之名,毕力一心,祖述安石。以安石之政,敷演枝蔓,浩然无涯,至于不可限极而后已。兵连祸结,四夷交侵,二圣北辕,朝廷南渡。则安石辟国之谋,而蔡京祖述渎武之患也……故凡今日之患,始于安石,成于蔡京,自余童贯、王黼辈曾何足道。今贯、黼已诛,而安石未贬,犹得配享庙廷;蔡京未族,而子孙饱食安坐,臣谓时政阙失无大于此者。其欲收人心、召和气,乌可得哉?故于陛下播越之中,示此阴沴之戒,天之警悟,不啻谆谆之告。冀陛下知其所自,痛惩而亟革之也。①

绍兴元年(1131)九月,洛学传人胡安国弟子、右司谏韩璜言:"今日祸首,实自王安石变新法始。"②四年八月初一日,高宗召见宗正少卿兼直史馆范冲,命他重修神、哲两朝实录。范冲乃曾参与修撰《资治通鉴》和《神宗实录》、在哲宗朝深受新党迫害的元祐大臣范祖禹(1041—1089)之子,他也趁

---

① 《历代名臣奏议》卷一八二,赵鼎奏议,第2392—2393页。
② 《系年要录》卷四七,绍兴元年九月甲寅条,第871页。

这个机会,对王安石进行攻击,上疏谓:"王安石自任己见,非毁前人,尽变祖宗法度,上误神宗皇帝。天下之乱,实兆于安石,此皆非神祖之意。"高宗充分肯定范冲之言,他说:"极是,朕最爱元祐。"这里的所谓"最爱元祐"者,就是要恢复"元祐之治",包括废除新法,重用元祐党人及其子弟、门人,以洛学代替王学等。

高宗的"我爱元祐",意味着今后南宋的统治政策必然会走上恢复元祐旧制,坚持保守,反对革新的道路。

范冲感到仅在变法问题上攻击王安石,还嫌不够,又假借程颐之口,进一步对王安石进行人身攻击,故接着说:

> 昔程颐尝问臣:"安石为害天下者何事?"臣对以新法。颐曰:"不然。新法之为害未为甚,有一人能改之即已矣。安石心术不正,为害最大,盖已坏了天下人心术,将不可变。"臣初未以为然,其后乃至安石顺其利欲之心,使人迷其常性,久而不自知……此所谓坏天下人心术。

高宗听了范冲的话,立即表示:"安石至今犹封王,岂可尚存王爵?"①

不过,高宗对范冲等人的应和,主要并非学术原因,而是政治原因,目的是要为徽宗朝的腐朽统治寻找一个替罪羊,以挽救往日失去的人心。所以他稍后又说:"安石之学,杂以伯道,取商鞅富国强兵。今日之祸,人徒知蔡京、王黼之罪,而不知天下之乱,生于安石。"②从此,王学声誉大降,反王安石及其变法思想成了一股历史潮流,除秦桧当政时,人言其"阴佑王学"外,王安石的学术思想遭到彻底排斥,变法活动被完全否定,即使如著名思想家朱熹、陈亮、叶适、黄震等人,对他也没有一句正面的评价。

---

① 《系年要录》卷七九,绍兴四年八月戊寅条,第1323—1324页。
② 《系年要录》卷八七,绍兴五年三月庚子条,第1449页。

为了恢复"元祐更化"时期的政治和制度，高宗采取了一系列措施。

首先，高宗以为："王安石之罪，在行新法。"①因此正式宣布"举行仁宗法度"，接着进一步明确为"首行嘉祐之法，次举元祐之政"②。根据这一政治方针，建国伊始，即下诏"住散青苗钱"③，并陆续废除市易、保甲、免役、方田均税等法，自绍兴二年起，改变在科举中只以经义取士的做法，恢复元祐时"诗赋、经义兼收之制"。④

其次，"诏史官辨宣仁圣烈皇后诬谤"，进而以"诬谤"孟后之罪，"追贬蔡确、蔡卞、邢恕、蔡懋官"⑤。凡是追随过原变法派和蔡京、王黼的官员，一律免职。与此同时，尽行追复"元祐党人"的官职，"恩数追复未尽者，令其家自陈"。⑥

第三，贬抑王安石，并清算其学术思想。先是继靖康元年废王安石所著《字说》，从孔庙撤出他的配食坐像之后，又罢王安石配享神宗庙庭，改以司马光配享。接着，加王安石以"心术不正"之罪，削去他的王爵，并禁止举子用《三经新义》。绍兴五年三月，兵部侍郎王居正献《辩学》四十三篇，全面批判"王安石父子平昔之言不合于道者"⑦，并危言耸听地说王安石"无父无君者一二事"。高宗听后故作惊讶道："是岂不害名教！孟子所谓邪说者正谓是矣。"于是下诏禁止王学的传播。

第四，推崇程颐、程颢所倡导的洛学，先后将二程弟子和门人杨时（1053—1135）、胡安国（1074—1138）、朱震（1072—?）、胡寅（1098—1156）等召还朝廷，加以重用。早在建炎元年十二月，被认为"程学正宗"，因"程门立雪"而享誉后世的杨时，虽然已有七十五岁高龄，首先应秦桧奏请，被高

① 《系年要录》卷四六，绍兴元年八月庚午条，第 831 页。
② 《宋史》卷二五《高宗二》，第 464 页；《系年要录》卷一〇四，绍兴六年八月丙午条，第 1696 页。
③ 《宋史》卷二四《高宗一》，第 443 页。
④ 《宋会要辑稿》选举四之二一，第 9 册，第 5327 页。
⑤ 《宋史》卷二四《高宗一》，第 444 页。
⑥ 《宋史》卷二五《高宗二》，第 464 页。
⑦ 《系年要录》卷八七，绍兴五年三月庚子条，第 1449 页。

宗从一个祠官擢为试尚书工部侍郎。不久,高宗又除其为工部侍郎兼侍讲。但是不到半年,杨时即因陷入秦桧和吕颐浩争权夺利的斗争,被迫"以老疾求去","既而除龙图阁直学士、提举杭州洞霄宫"。①

上述诸儒,除胡寅外,皆为六七十岁的老者,虽几年后都致仕或去世,但对洛学之徒的参政却是一个极大的鼓励。

绍兴四年九月二十四日,朱胜非被罢去右相,三日后,高宗除枢密院事赵鼎为右相。赵鼎乃二程的忠实信徒,宗派观念极强。他上台执政,首先大量援引信奉洛学的人为官,荐举与自己关系密切的人进入台谏和政府,"分布朝列"②,在朝廷里形成了一股强大的势力。也因此闹出笑话。史言"鼎不及见颐,故有伪称伊川门人以求进者,亦蒙擢用"③。朱熹言其"好伊洛之学,又不大段理会得,故皆为人以是欺之"。④

第五,重修《神宗实录》和《哲宗实录》。北宋时,《神宗实录》修过两次,第一次为元祐年间(1086—1093)由范祖禹等保守派史官所撰,史称旧录;第二次是绍圣年间(1094—1097)重修,出自变法派官员曾布等人之手,史称新录。两部实录的最大不同在于:前者完全否定王安石及其变法运动,后者则全盘肯定王安石及其变法运动。《哲宗实录》由蔡京、蔡卞等人修于大观年间(1107—1110),其基本立场与神宗《新录》无异。绍兴六年(1136),由范冲领修的《神宗实录》成,"旧文以墨书,删去者以黄书,新修者以朱书,世号'朱墨史'"⑤。不久,《哲宗实录》也重新修成。至此,高宗通过对实录的修改,对哲宗和徽宗两朝的统治作了讳饰,对王安石和"熙宁变法"作了彻底否定。后来,由李焘、洪迈所编纂的神哲徽钦《四朝国史》中的有关内容和观点,基本上就是根据这两部《实录》而来,从而进一步影响到元人所编纂的《宋史》。

---

① 《系年要录》卷一五,建炎二年四月戊辰条,第 324 页。
② 《宋史》卷三六〇《赵鼎传》,第 11293 页。
③ 《系年要录》卷八八,绍兴五年四月末条,第 1477 页。
④ 《朱子语类》卷一三一《中兴至今日人物》上,第 3143 页。
⑤ 《宋史》卷四三五《儒林五·范冲传》,第 12906 页。

二、高宗学术倾向的变化及对社会的影响

高宗的统治特点之一是不拘泥于一时一事的决策,甚至包括自己的学术倾向和言行,认为只要有利于他统治地位的巩固,随时可以进行调整和改变。无论对金人的态度,对驻跸之地的选择,对官员的评价,对某些政策的实施,对学术思想的取舍,对宗教的举措,甚至对自己所持书法的变化等,都有所表现。这里既有他务实的考虑,更有其权术的运用。下面先就高宗对北宋后期的新法和王安石及其学术倾向的变化,作一些论述。

对以王安石为代表的变法派和以蔡京为代表的假变法派在组织上的"清算"容易,制度上的改变却要难得多。这是因为王安石所推行的新法有些确实有其合理性和可行性,或有利于均平赋税,或有利于增加国库收入,或有利于巩固统治,声言要完全将其废除,只是说说而已。

因此,"熙宁变法"中的许多内容,实际上在高宗朝并未遭到彻底废除,有些是直接被继承。如神宗熙宁三年(1070)推行常平法,以常平仓的储粮折算为本钱,以百分之二十的利率贷给农民,以抑制高利贷对农民的盘剥,到后来则成了政府放债取息的手段。建炎初,此法一度被罢废。绍兴九年(1139),又告恢复。免行法也同样如此,在靖康元年(1126)遭到罢废,但到绍兴十一年(1141),政府借口"军事未宁",又恢复征收。"时川、陕四路,岁取免行钱至五十万缗,东南又倍之",成为政府一笔不小的收入。直到绍兴二十五年,应权户部侍郎曹泳奏请,"始尽罢之"①。有些新法只是改了一个名称,实际上还在推行。如绍兴年间所推行的经界法,与王安石的方田均税法有着非常相似之处。

"熙宁变法"的主要目的是为了挽救国家财政危机和增强军事实力,也就是所谓"富国强兵"。因此,在新法中不可能没有"聚敛"的内容。南宋初年,内外战乱频繁,军费支出浩大,国家财政也就更加困难。为此势必要加强对百姓的搜括,不仅将北宋时候的一切苛捐杂税都变本加厉地继承下来,

---

① 《朝野杂记》甲集卷一五《财赋二·免行钱》,第324页。

而且还增加了月桩钱、版帐钱、僧道免丁钱、曲行钱、两川激赏钱、称提钱等赋税名目。因此,高宗的所谓废除新法,从实质上来说,在当时只是一种政治口号,并无减轻百姓负担的意思,这里面就寄寓了高宗对新法的变与不变。

对待王安石的学术思想,在当时更是出现了异常复杂的情况。其原因在于熙宁年间,王安石通过援佛入儒、援道入儒、援法和诸子百家入儒等手法,以经理世务为目的重新阐述儒家经典,建立了自己庞大的学问体系,它断断续续地统治北宋后期思想界近半个世纪。所以,除了"元祐党人"和洛学子弟、门人,如邵伯温、赵鼎、胡寅、范冲之徒内心深处对王氏新学本能地加以排斥外,南宋早期的士大夫,大都通过学习新学而踏上仕途。因此要将王安石的学说从他们的脑子中抹去,就不是那么容易。建炎初,范冲在杭州刊行《资治通鉴》,刻板即将完成,被调往别处。临行,他请两浙转运使王琼毕其工。王琼以为,"司马光为奸人,谓《通鉴》为邪说,必欲毁板,恐其流传,遽罢之"。范冲知情后,诉于朝。建炎三年八月,王琼遭到罢官夺职的处分①。建炎四年六月某日,高宗对大臣道:"今士大夫知史学者几人?此皆王安石以经义设科之弊。"经史本为一家,高宗在这里显然说了外行话。右相范宗尹听后虽然不敢直接进行反驳,却婉转地为王安石辩解道:"安石学术本不至是,由蔡京兄弟以绍述之说,敷衍枝蔓,浸失其意,然自非卓然特立之士,鲜不为误者。"高宗可能也知道自己失言,只得表示"深以为然"②。不少人即使在当时的高压态势下,仍然公开要求"行安石法度"③。甚至有举子"上书乞用王安石《三经新义》"④。直到绍兴四年,"犹有说安石是者"。对此,高宗不无感叹地对身边的官员说:"不知人情何故直至如此。"⑤不难看出王氏新学影响之大,这对高宗思想的变化,应该也有所触动。

① 《皇宋中兴两朝圣政辑校》卷五《高宗皇帝五》,建炎三年八月癸亥条,第175页。

② 《系年要录》卷三四,建炎四年六月己亥条,第691页。

③ 《系年要录》卷七九,绍兴四年八月戊寅条,第1290页。

④ 《系年要录》卷一四五,绍兴十二年六月癸未条,第2333页。

⑤ 《皇宋中兴两朝圣政辑校》卷一五《高宗皇帝十五》,绍兴四年八月戊寅条,第474页。

在用人问题上,随着洛学之士不断登上政治舞台,高宗对他们中许多人的表现也不尽满意,从而逐渐失去了对这些人的信任。绍兴二年(1132)十二月,高宗对身边的大臣道:"元祐臣僚子弟,多不逮前人,亦一时迁谪,道路失教。"①三年五月,高宗又道:"元祐之人虽贤,其子孙亦不必偏用,余人亦不可偏废,惟贤则用之。"②后来,高宗对范冲所修的《哲宗实录》也不满意,认为其中论事有偏颇,他说:"祖宗时,不委当时迁谪官修史,恐有谤言,以欺后世也。"③历史事实证明,此言确有一定道理。俗语说:"不识庐山真面目,只缘身在此山中。"大凡深陷朋党之争的人,他们不可能对党派之争有一个公正的立场和是非。

由于以上几个方面的原因,高宗的学术倾向再次发生了变化,开始改变过去想以洛学一统思想的做法。绍兴五年六月,高宗下诏:"省试举人程文,许用古今诸儒之说,并自出己意。文理优长,并为合格,令试院榜示。"④这里所说的"诸儒",是否也包括了王氏新学,虽然没有明言,但在科举考试中否定二程的一家之言,当具有一定意义。

当时士大夫中虽然没有人敢公开为王氏新学作辩护,但看到高宗对洛学态度的变化,就不顾左相赵鼎对洛学的庇护,开始将矛头直指二程及其他洛学之徒。绍兴六年十二月,左司谏陈公辅上疏言:

> 朝廷所尚,士大夫因之……自熙丰以后,王安石之学著为定论,自成一家,使人同己。蔡京因之,挟绍述之说,于是士大夫靡靡党同,而风俗坏矣。仰惟陛下天资聪明,圣学高妙,将以痛革积弊,变天下党同之俗,甚盛举也。然在朝廷之臣,不能上体圣明,又复辄以私意取程颐之说,谓之伊川学,相率而从之。是以趋时竞进,饰诈沽名之徒,翕然胥效,倡为大言……臣谓使颐尚在,能了国家事乎? 取颐之学,令学者师

① 《皇宋中兴两朝圣政辑校》卷一二《高宗皇帝十二》,绍兴二年十二月甲辰条,第389页。
② 《系年要录》卷六五,绍兴三年五月戊寅条,第1138页。
③ 《系年要录》卷一六二,绍兴二十一年二月丁未条,第2785页。
④ 《系年要录》卷九〇,绍兴五年六月甲子条,第1552页。

焉,非独营私植党,复有党同之弊……伏望圣慈,特加睿断,察群臣中有
为此学,相师成风,鼓扇士类者,皆屏绝之……学者但能参考众说,研穷
至理,各以己之所长而折中焉。惟不背圣人之意,则道术自明,性理自
得……毋执一说,遂成雷同。

陈公辅此疏说得比较巧妙,他在表面上对王学、洛学各打五十大板,实
际上要"屏绝"的却是洛学。他提出"各以己之所长而折中焉"的主张,也为
王学争得了一席之地。高宗见到奏议,命右相张浚批旨:"士大夫之学,宜以
孔孟为师,庶几言行相称,可济时用。览臣僚所奏,深用怃然。可布告中外,
使知朕意。"①意谓学术要尊重孔孟的原意,不可对伊川之学(即程学)有所
偏爱。

不久,吏部侍郎吕祉几乎以陈公辅同样的理由,上疏高宗,揭露当时学
术界的不良风气,其中谓:

臣窃详程颐之学,大抵宗子思《中庸》篇以为入德之要。《中庸》
曰:"君子之中庸时中。"程颐之所得也。近世小人,见靖康以来,其学稍
传,其徒杨时辈骤跻要近,名动一时,意欲歆慕之。遂变巾易服,更相汲
引,以列于朝,则曰:"此伊川之学也。"其恶直丑正,欲挤排之,则又为之
说曰:"此王氏之学,非吾徒也。"号为伊川之学者,类非有守之士。考其
素行,盖小人之所不为。

为此,他请求高宗"将前日圣旨指挥,连臣僚所论,出榜诸路州县学舍,使学
者皆知旧学,而不为近世小人之所习,以补治化。"高宗批旨"从之"②。此
时,秦桧尚未主政,后来有人将绍兴年间的"禁伊川学"始于秦桧,这并不符
合事实。

---

① 《系年要录》卷一〇七,绍兴六年十二月己未条,第 1807—1808 页。
② 《系年要录》卷一〇八,绍兴七年正月乙酉条,第 1821 页。

绍兴十四年(1144)三月,高宗对秦桧道:"王安石、程颐之学各有所长,学者当取其所长,不执于一偏,乃为善学。"①明显地改变了以往的学术倾向。绍兴十五年四月,高宗下敕文谓:"勘会数十年来,学者党同伐异,今当崇雅黜浮,抑其专门。"②这里的所谓"专门",实指洛学而言,后人攻击理学为"专门之学",最早的出处应该在这里。高宗的这些话,与他早年全面肯定洛学的态度,有着天壤之别。秦桧为相后,为了执行对金屈辱妥协的路线,排斥追随赵鼎的官员,在高宗的支持下,继续奉行打击伊川之学。绍兴二十六年(1156)六月十五日,秘书省正字叶谦亨言:

> 向者朝论专尚程颐之学,士有立说稍异者,皆不在选。前日大臣则阴佑王安石,稍涉程学者,至一切摈弃。程、王之学,时有所长,皆有所短,取其合于孔孟者,去其不合于孔孟者,皆可以为学矣,又何拘乎?愿诏有司,精择而博取,不拘以一家之说,而求至当之论。

这里的所谓"向者",主要是指建炎二年(1128)、绍兴二年(1132)、五年这三次科举考试而言。从绍兴五年六月到六年,高宗几次下诏,要求考官"许用古今诸儒之说"以后,场屋中一边倒的学术评判已有所改变。此后数年,王氏新学虽然没有得到平反,但实际上已经通行于场屋,反之,洛学却遭到严重打击。南宋在学术上产生如此重大变化,原因是多方面的,一是党争的原因。既然以前赵鼎主洛学反王学,那么秦桧对洛学及洛学之人,必然要进行压制。二是为贯彻高宗的意图。因为从绍兴八年起,宋、金议和在秦桧的主导下,正在紧锣密鼓地进行,此时反对与金媾和的大都是洛学人士,赵鼎集团就是其中的代表。"绍兴和议"签订以后,这些人仍然坚持自己的抗金立场。为此,高宗就要从学术思想上限制他们通过科举进入官僚队伍。此外,秦桧早年以学习王学进身,所以内心深处对王学存有好感,应该说也

---

① 《系年要录》卷一五一,绍兴十四年三月癸酉条,第2431页。
② 《系年要录》卷一五三,绍兴十五年四月丁亥条,第2616页。

是一个原因。

秦桧死后,高宗除了继续肯定秦桧与金人的媾和活动外,对秦桧的各种所作所为,皆推得与自己毫无关系。他为了拉拢崇奉洛学的官员,以表明自己对各种学术观点不偏不倚的立场,所以对上述叶谦亨的奏议表示同感,宣谕曰:"赵鼎主程颐,秦桧尚王安石,诚为偏曲。卿所言极是。"①遂可其奏。将学术倾向偏颇的责任,全部推到了他人身上。

但是,此后上台的宰执大臣,有些甚至还是原来秦桧集团中人,为了表明在思想上与秦桧划清界线,一反秦桧当政时期的做法,在科举取士中又开始崇奉洛学,排斥王学,崇奉理学的官员人数因此大增,加之以前深受王学影响的士大夫已经大批离世,这样便为孝宗朝理学的最终形成奠定了学术和队伍两个方面的基础。王安石继续被否定,其学术思想再次遭到封杀。

高宗在建炎、绍兴年间对旧党与新党、变法与反变法、王学与洛学前后态度的变与不变,对当时的学术思想虽然都有重大影响,但与北宋哲宗和徽宗两朝相比,并没有造成严重的党争,也没有禁绝诸儒之说,这对理宗朝以前南宋学术思想的繁荣不无意义。至于后来王安石之学的继续被否定,主要责任在理学家及其追随者身上,与高宗的关系并不大。

---

① 《宋会要辑稿》选举四之三〇,第 9 册,第 5332—5333 页。

第十三章　高宗对佛教的认识及抑制措施

　　自吴越国时期起,中国江南地区的佛教以杭州地区为最盛,因而有"东南佛国"之称。进入南宋,杭州成了都城,人们经历"靖康之变"的巨大灾难以后,更有一种生死无常的感觉,为追求精神上的寄托,求得神佛的保佑,不仅一般百姓,就是文武大臣也信仰佛教成风。他们或争相修建寺院,或奏请朝廷赐予度牒,增加僧尼人数。那些随驾南渡的僧尼和西北流寓之人,也趁局势混乱之际,到处修建寺院。从建炎初到"绍兴和议"签订前夕的十五年间,仅临安府城内外就新建寺院四十二所①,比整个北宋时期修建的还要多。不过,北宋末年受到徽宗高度推崇的道教,却随着北宋的灭亡而风光不再,道士人数只有僧尼人数的二十分之一②,道观数量也远比寺院为少。

　　高宗的宗教思想也与他对待其他学术思想一样,一切以"实用"为原则,前后并不一致。靖康年间,金兵大举南下,他二次奉命出使金营,在河北停留期间,为了获取军民的拥戴,便以宋真宗制造"天书下降"和母亲韦氏宣称自己有"四圣"保佑等神道设教的手法,以表明自己是一个上天眷顾的"真命天子"。如宣传崔府君祠内"泥马渡康王"的神话,编造"夜来梦皇帝(钦

---

　　①　[宋]潜说友:《咸淳临安志》卷七六《寺观二·寺院》至卷八一《寺观七·寺院》所载,杭州出版社 2009 年《宋元方志集成》本,第 3 册,第 1233—1332 页。

　　②　绍兴二十七年,高宗对人言:"昨权礼部侍郎贺允中上殿,朕问即今僧道之数,允中言有僧二十万,道士才万人。"载《系年要录》卷一七七,绍兴二十七年八月辛亥条。第 3108—3109 页。

宗)脱所御袍赐吾,吾解旧衣而服所赐"①的梦境等,皆为其类。此后证明,他对佛、道在内的所有宗教,不仅不信,反而认为其有害,因而采取各种措施,特别是通过停止发放度牒这一釜底抽薪之法加以抑制。

第一节　高宗对佛教的认识

南宋建立之初,在金人不断南侵的形势下,高宗自顾不暇,若要提出反对佛、道的思想,不仅不是时候,而且很可能会引起信教百姓的不满。所以他只能借某些场合,委婉地向群臣表明自己的态度和立场。同时,大力支持官员抑制宗教迷信的建议。

绍兴四年(1134)三月,抚州(今属江西)有一百姓,上贡白银木一根,上面刻有千手观音像一尊,"极精工"。宰相朱胜非进呈高宗,高宗借机发表了一番议论,以为:"朕平日未尝佞佛,然亦不敢加訾。顾饰像设以祈福,乃流俗之事,非朕心也。"②高宗认为信仰佛教以祈福乃是"流俗之事",自己并不佞佛,从而与佛教划清了界线。他自谓对佛教"不敢加訾",除了限于当时的历史背景以外,宋人还有一种议论,认为周世宗所以享年不永,最后失去后周政权,与他的灭佛举措有关。因此,高宗不愿于此时对佛教作出激烈反对,而给人们留下口实。

绍兴十一年十二月,"绍兴和议"签订后,国家渐趋安定,高宗也站稳了脚跟,于是他对佛教的批评开始公开化,作为第一步,就是以儒学抵制佛学,他说:

> 三代之世,士大夫尽心礼法,鲜有异端之惑。自汉明帝金人之梦,佛法流入中国,士大夫靡然从之。其上者惑于清静之说,而下者惑于祸

---

① 〔宋〕熊克:《皇朝中兴纪事本末》卷一,靖康元年闰十一月己酉条,北京图书馆出版社2005年据清抄本影印本,第20页。

② 《系年要录》卷七四,绍兴四年三月戊午条,第1254页。

福之报。殊不知《六经》广大,靡不周尽……佛氏清静之说,果有以胜之乎?至若"积善之家,必有余庆;积不善之家,必有余殃"。与夫"作善降之百祥,作不善降之百殃"者,即佛氏祸福之报也。士大夫不师《六经》而尽心佛说,殊为可笑。①

高宗首先将佛教指为从国外流入中国的"异端",认为它所宣扬的"清静"、"祸福"之说,在《六经》中早有明确的论述,并非其新创。他批评某些士大夫不信《六经》而信佛说,"殊为可笑"。在南宋,士大夫是社会风俗和信仰的引领者,高宗借儒家学说,对士大夫的信佛提出批评,无疑给佛教的发展浇了一盆冷水。

绍兴二十六年二月,高宗针对某些官员"以鬻度牒为利,亦以延人主寿"这些冠冕堂皇的理由,不断请求增加僧尼人数,终于将佛教的危害性和自己所以反对佛教的原因,全盘说了出来:

> 朕谓人主但当事合天心,而仁及生民,自然享国长久。如高齐、萧梁奉佛皆无益也。僧徒不耕而食,不蚕而衣,无父子、君臣之礼。以死生祸福恐无知之民,竭民财以兴建塔庙,蠹民伤教,莫此为甚,岂宜广也。②

高宗不仅不佞佛,也不崇道。他在宫内建有一个让自己安心读书的场所,取名"损斋"。绍兴二十八年十月,他对近臣解释建"损斋"的原因,就是为了进行自我修养,但这种修养与道教的修养完全是两回事,他说:

> 朕之好道,非世俗之所谓道也。世俗修身炼形以求飞升不死,若果能飞升,则秦始皇、汉武帝当得之矣。若果能长生,则始皇、武帝至今存

---

① 《系年要录》卷一四三,绍兴十一年十二月丙寅条,第2419页。
② 《系年要录》卷一七一,绍兴二十六年二月甲午条,第2988页。

可也。朕惟治道贵清净,苟侈心一生,虽欲自抑,有不能已者。故所好惟在恬淡寡欲,清心省事。所谓为道日损,损之又损,以至于无期。与一世之民同跻仁寿,如斯而已。①

高宗言自己"好道"之道,乃是一种清心寡欲的自我修养,与世俗所追求的"白日升天"、"长生不老",完全是两回事。他以好神仙术的秦始皇和汉武帝为例,证明修身炼形并不能使人永生。他对真宗狂热地信仰天书下凡的行为,也含蓄地提出了批评,认为:"如天书降,殆难考验。但朝廷内外得人,四民安业,则为上瑞。"②实际上是否定了"天书"的存在。如果说,高宗事事处处都以祖宗为法,但在包括对道教在内的宗教信仰上,却并非如此,这也是他的一个优点。由此影响所及,南宋的道教远不及北宋的兴盛,道观的规模一般都不大,道士、道观都不多,所以对社会的危害性也要小得多。

第二节　抑制佛教的措施

高宗对佛教的态度,大致可分为前后两个时期:建炎元年(1127)到绍兴十一年(1141)的十五年间是前期。主要以自身的引导和对信佛官员的批评教育为主。"绍兴和议"签订以后,到他"禅位"的绍兴三十二年是后期,在公开揭露佛教危害性的同时,开始采取具体措施,以抑制佛教的发展。归纳起来,大致有这样几个方面。

一是不信祥瑞,正确应对"天变"。

所谓祥瑞,是指所谓由天意表达出来的吉祥征兆,如"禾生双穗"、"地出甘泉"之类。这种所谓的祥瑞,早年被看作是"天人感应"的结果,与佛教

---

① 《中兴小纪》卷三八,绍兴二十八年十月庚寅条,第 460 页。
② 《系年要录》卷八九,绍兴五年五月庚寅条,第 1535 页。

并无关系。但是，当佛教传入中国以后，它往往成为宗教迷信的一个组成部分。按照惯例，如果哪里出现了祥瑞，官民就会向帝王申奏，以迎合帝王的骄奢之心，就此会引伸出许多求神拜佛的活动。对于这种真假难辨、形形色色的祥瑞，高宗多次表示自己并不相信。绍兴元年（1131）七月，大将刘光世以枯秸生穗为祥瑞，向高宗奏上。高宗道："岁丰人不乏食，朝得贤辅佐，军中有十万铁骑，乃可为瑞，此外不足信。朕在潜邸时，梁间有芝草，府官皆欲上闻，朕手自碎之，不欲主此奇怪事。"①绍兴十三年正月，安吉百姓谈某上书高宗，言本地去秋有圆瓜并蒂，合而为一。认为"此实为皇帝孝治天下"的祥瑞。高宗闻奏，不仅拒绝接受他的上书，还下诏："自今有似此投献者，皆却之。"②此后，又多次下诏各地，不要再申奏祥瑞之事。可是，仍有一些地方官不时申奏，高宗便对他们采取断然措施，结果"类多贬秩罢官"③。直到绍兴二十六年四月，高宗还说：

比年四方奏祥瑞，皆饰空文，取悦一时。如信州林机奏秦桧父祠堂生芝草，其佞尤甚。莲之双头，处处有之，亦何足为瑞？麟凤，瑞之大者，然非上有明君，下有贤臣，麟凤之生，亦何所取？朕以谓，惟年谷丰登可以为瑞，得真贤实能可以为宝。若汉武作《芝房宝鼎之歌》奏之郊庙，非为不美，然何益于事？可降指挥，今后不得奏祥瑞。④

高宗也不信类似河图、洛书一类所载祥瑞之事，认为："此兴讹之渐，不可长也。前代往往喜闻图谶，朕所不取。"⑤

彗星见，日有食，大雨雷电、地震等的发生，本是一种自然现象，可是古

---

① 《系年要录》卷四六，绍兴元年七月乙未条，第844页。
② 《系年要录》卷一四八，绍兴十三年正月丁未条，第2512页。
③ 《系年要录》卷一七〇，绍兴二十五年十二月丙申条，双行小注引《中兴圣政》所载，第2960页。
④ 《系年要录》卷一七二，绍兴二十六年四月甲午条，第3004页。
⑤ 《系年要录》卷一四八，绍兴十三年二月癸亥条，第2515页。

人同对祥瑞一样,将其视为"天变",也就是上天对帝王的一种警示。一旦出现这类现象,就会引起帝王的恐惧,于是或罢相以答天变,或避殿减膳以应天咎,或下诏求直言以虚应故事,却并不关心如何去防灾和救灾。对于此类"天变",高宗大多能等闲视之,以办实事加以应对。如绍兴元年二月十五日,"日中黑子消",右相范宗尹等人上疏以为,帝王"当避殿减膳","臣等辅政无状,义当罢免"。高宗回答道:"日为太阳,人主之象,岂关卿等? 惟在君臣同心,行安民利物实事,庶几天变不至为灾也。"①绍兴二十八年三月,本当出现日食,因阴云而不见,"宰臣欲称贺,诏止之"。三十一年正月,日食,"太史奏,当交不亏。诏勿贺"。不久,又大雨雪,大臣汪辙、陈俊卿纷纷以阴阳变异说事,要高宗有所表示,高宗的应对之法是:"诏出内府缗钱予贫民,辅郡命常平赈给诸路,委监司决狱。"②

高宗这种反对祥瑞和正确应对"天变"的行为,多少淡化了人们对佛教的信仰。

二是不与僧人交往。

帝王与僧、道交往,在历史上不乏其例,即使如武人出身的宋太祖,也不例外。有一个故事,说到赞宁和尚(919—1001)与太祖的事。赞宁是吴越至北宋前期的一位高僧,"知书,有口辩"。他出家于杭州祥符寺,后被钱镠任命为两浙僧统。宋初,征入汴京为僧录。一日,太祖往开宝寺烧香,问赞宁自己对佛是拜还是不拜? 赞宁奏曰:"不拜。"问其何故? 对曰:"见在佛不拜过去佛。"这一巧妙回答非常符合太祖心意,"遂以为定制"③。实际上,帝王与僧人的交往,各有所图:就帝王而言,无非是为了得到僧人的吹捧,以表明自己的神圣和威严;就僧人来说,可以借与帝王的交往以抬高自己的地位,扩大佛教和寺院在民间的影响。

高宗为了不使僧人借助与自己的关系从中渔利,所以尽量不与他们往来。绍兴十年,一个名叫清了的温州僧人对其徒言,高宗昔日避难温州

---

① 《系年要录》卷四二,绍兴元年二月壬午条,第788—789 页。

② 《类编中兴大事记讲义》卷一三《彗星见诏求直言日食风雷雨雪久雨》,第648—649 页。

③ [宋]欧阳修:《归田录》卷一,中华书局1981 年点校本,第1 页。

时,"尝赐之以诗"。消息传来,高宗对宰执道:"朕不识清了,岂有赐诗之理? 可令温州体究。恐四方传播,谓朕好佛。朕于释、老之书,未尝留意,盖无益于治道。"①高宗这番话的主要意思是说,佛教与道教都无益于"治道",所以他并不喜欢。因为不喜欢佛、道,也就不愿意与僧人和道士交往。

三是减少宗教活动,限止寺院的建造和赐额。

作为帝王,高宗当然不可能不参加表示孝道的祭祀活动和传统宗教礼仪,如三年一次的郊祀或明堂大礼,谒景灵宫、万寿宫、飨太庙等。但除此以外,凡宣扬和印刻佛、道经典,求神拜佛,祈禳炼丹之事,基本上不予理会,群臣对此也从未有过訾议。

从绍兴十二年起,高宗对寺院和道观的建造也限制日严。史载,生母韦氏十分信仰道教,她随身始终携带着"四圣"图,以作为自己的护身符。所谓"四圣"者,指紫微北极大帝下面的天蓬、天猷、翊圣、真武四将。韦太后认为,自己所以能够平安归来,登上皇太后宝座,全仗"四圣"保佑,因此迫切想建立一座四圣观。她知道修建寺院、道观,恐怕得不到高宗的支持,故私自命大宦官张去为去建造。不料此事被宰相秦桧发现,"问所以然。退以堂帖呼张去为。张窘甚,泣告太后"。秦桧又将太后命人修建道观的事告诉高宗。高宗知道后,立即下令停止营建,将原址改作都亭驿。四年后,高宗大概念及母子之情,方同意以孤山的一处建筑作为殿宇,但一直都很"简陋"。②

据《咸淳临安志》记载,从绍兴十二年到三十二年的二十一年间,在临安府城内外仅增加了六所寺院,其中功德寺(院)三所,香火院一所,坟寺二所,皆为祭祀死去的母后、爱妃、大将之用,规模不大,僧尼也少。至于全国的情况,由于缺乏统计数字,迄今已无从查考。

历代以来,帝王通过赐额以表明对寺院的重视和认可,寺院有了赐额,

① 《系年要录》卷一三四,绍兴十年正月癸卯条,第2148—2149页。
② [宋]张端义:《贵耳集》卷上,大象出版社2013年点校本,第285页。

不仅可以取得合法身份,还有利于扩大在民间的影响。高宗深谙此中道理,所以除了绍兴三十一年十一月,应臣僚奏请,以不久前完颜亮南侵所以不能渡过大江,系"水府阴佑"的原因,同意地方政府请求,在建康府择地建庙,"赐额曰'佑德'"①,以及对上述六所为自己首肯并具有祭祀性质的寺院赐额以外,对其他寺院则一律不予赐额。

四是停止降赐和鬻卖度牒。

在唐宋时期,要成为一个国家承认的出家僧尼,不仅要举行剃度仪式,而且必须持有祠部颁布的凭证,这种凭证称为度牒。有度牒的僧尼,方可享受免除差徭等优待。度牒分两种形式分发:少部分是帝王直接降赐给某些需要度牒的大臣和寺院;多数度牒则由朝廷分发给各个州郡鬻卖,收入归地方政府用作养兵、行政、工程、救灾等用,或充作市舶、和籴等机构的本钱。度牒的价格不菲,在绍兴二年(1132)时,每道"为钱百二十千"②,若按当时的米价,大约可以购买二三十石左右,它与会子、银绢一样,在一定程度上起到了某种"流通货币"的作用。

因此,有官员向高宗提议,如果更多地出卖度牒,既可满足寺院的需要,也可缓解财政困难,甚至还可为帝王"延福",是一举数得之事,应该多加发放,但高宗不为所动。建炎、绍兴间,宣抚处置使张浚奉命经略川陕,他为了解决当地军费不足的问题,大量增加苛捐杂税,同时"印造绫纸度牒,鬻之川、陕、京西",高宗获知这个消息后,立即下诏"住罢"。③

随着宋、金战争的停息,国家财政状况有所好转,开始停止发放度牒。作为第一步,不再降赐度牒。绍兴十二年(1142)五月,"临安府乞度牒修观音殿,上不与,特给钱五千缗",开启不向寺院和大臣降赐度牒的先河。次年正月,高宗与秦桧商量后,又正式下诏停止度牒的鬻卖,"诸路已降未卖者,拘收缴尚书省"④。后来,他对近臣解释实行这一措施的原因道:"朕观人主

---

① 《系年要录》卷一九四,绍兴三十一年十一月甲午条,第3512页。
② 《系年要录》卷六〇,绍兴二年十一月壬午条,第1069页。
③ 《系年要录》卷四六,绍兴元年七月庚子条,第845页。
④ 《系年要录》卷一四八,绍兴十三年正月癸卯条,第2511页。

欲消除释、老二教,或毁其像,或废其徒,皆不适中,往往而炽。今不放度牒,可以渐消,而吾道胜矣。"①

高宗对停止发放度牒的举措执行得十分坚决,任何寺院都无例外。如位于会稽县上皇村的泰宁寺,乃隆祐皇太后孟氏的坟寺,绍兴二年(1132)曾规定,每年给予度牒二道,此时也停止降赐②。吴越王在后晋天福八年(943)所建的寿星院,是一座历史悠久的寺院,苏轼通判杭州时,曾多次前往那里游玩,还留有几首诗。此后,寺院凭仗这段历史,每年都能获得朝廷降赐度牒的优待。绍兴十三年六月,寺院再次向三省提出,乞按以往规定,拨给度牒。三省决定不下,上奏高宗,高宗以为既然有了规定,就要一体遵行,"且休放行"。③

朝廷停止发放度牒后,许多寺院非常不满,它们便采取各种方法进行抵制,或"辄自披剃"④,或"冒名披剃,谓之反魂"⑤。对此,高宗皆一一下诏严禁。于是,寺院又鼓动当朝大臣,直接向高宗奏请恢复度牒的鬻卖。高宗为此给士大夫们算了一笔帐,指出僧人太盛的危害性。其谓:

> 朕观昔人有恶释氏者,欲非毁其教,绝灭其徒;有喜释氏者,即崇尚其教,信奉其徒,二者皆不得其中。朕于释氏,但不使其大盛耳。献言之人有欲多卖度牒以资国用者,朕以为不然。一度牒所得不过一二百千,而一人为僧,则一夫不耕,其所失岂止一度牒之利?若住拨放,十数年之后,其徒当自少矣。⑥

绍兴二十七年八月,高宗得悉某些地方官还在偷偷地鬻卖剩余的度牒,以充经费,遂下诏严禁,同时,再次向群臣解释所以不鬻卖度牒的原因:

---

① 《系年要录》卷一四五,绍兴十二年五月丙午条,第 2457 页。
② 《宋会要辑稿》道释一之三六至三七,第 16 册,第 9993 页。
③ 《宋会要辑稿》道释一之三四,第 16 册,第 9991 页。
④ 《系年要录》卷一六〇,绍兴十九年七月壬午条,第 2744 页。
⑤ 《系年要录》卷一六八,绍兴二十五年二月乙未条,第 2904 页。
⑥ 《宋会要辑稿》道释一之三四,第 16 册,第 9991 页。

前日贺允中上殿,朕问即今僧、道之数。允中言道士止有万人,僧有二十万。朕见士大夫奉佛,其间议论多有及度牒者。朕谓目今田莱多荒,不耕而食者犹有二十万人。若更给卖度牒,是驱农为僧。且一夫受田百亩,一夫为僧,即百亩之田不耕矣。佛法自东汉明帝时流入中国,前代以来,非不禁绝,然终不可废也。朕亦非有意绝之,所以不给度牒者,正恐僧徒多则不耕者众耳。①

高宗承认佛教"终不可废",但必须限止僧人的数量,故停止鬻卖度牒,实质上就是政府与寺院为争夺劳动力而采取的一项措施。

绍兴三十一年二月,南宋政府在停发度牒近二十年之后,才应中书奏请,重新开始度牒的鬻卖。同时,将每道度牒的价格,升至"五百千"②,这样的高价,明显有着限制鬻买度牒的意图。

高宗通过这种"不鬻度牒,暗消其弊",也就是釜底抽薪之法,有力地制止了寺院和僧尼的增长,这对于减少劳动力的流失,减轻百姓负担,加强社会治安等方面,无疑都有积极意义。另外,由于久不度僧,常有寺院因没有僧人而倒闭,出现绝产。于是高宗便下令户部,"拨以赡学"③,对发展学校教育也不无裨益,这可以说是一个具有积极意义的副产品。此外,还应该指出一点,由于高宗所采取的措施比较温和,不像以前"三武灭佛"那样,焚烧经书、捣毁佛像、强迫僧尼还俗,完全不顾一般百姓的宗教信仰,从而引起社会的动荡不安。高宗这种抑佛措施,确实值得肯定。

---

① 《宋会要辑稿》道释一之三四至三五,第 16 册,第 9991—9992 页。
② 《系年要录》卷一八八,绍兴三十一年二月乙丑条,第 3368 页。
③ [宋]刘时举:《续宋编年资治通鉴》卷六,中华书局 2014 年点校本,第 129 页。

第十四章　高宗的勤学与勤政

高宗二十一岁即位，五十六岁"内禅"，三十六年间，历尽艰辛，终于将一个风雨漂摇、内忧外患极为深重的国家稳定下来，为今后一百余年的国祚打下了基础。这些都是不争的事实。秦、汉以降，一个新的封建王朝的建立，创建者只有储备了雄厚的政治资本和军事实力，并获得大批名臣良将的辅佐，才能取得最后成功。否则，必将以失败告终。汉之刘邦、唐之李渊父子、宋之赵匡胤等就是成功的范例；秦末之项羽，隋末之窦建德、李密，明末之韩林儿、陈友谅等，则是失败的典型。可是，从深宫高墙出来的赵构，除了一个帝王血统以外，既无人望，也无统治经验，虽然他后来得到不少文臣武将的拥戴，但以武将论，除韩世忠、岳飞、刘锜、吴玠兄弟以外，跋扈而不用命者不少，畏葸不前者更多。军队虽然很多，但来源混杂，山头林立，内部矛盾重重，正如后来叶适所言：

> 自靖康破坏，维扬仓卒，海道艰难，杭、越草创，天下远者命令不通，近者横溃莫制。国家无明具之威信以驱使强悍，而诸将自夸雄豪，刘光世、张俊、吴玠兄弟、韩世忠、岳飞，各以成军雄视海内。其玩寇养尊，无若刘光世；其任数避事，无若张俊。当是时也，廪稍惟其所赋，功勋惟其所奏，将校之禄多于兵卒之数，朝廷以转运使主馈饷，随意诛剥，无复顾惜，志意盛满，仇疾互生，而上下同以为患矣。[1]

---

[1]　[宋]叶适：《叶适集·水心别集》卷一二《四屯驻大军》，中华书局1961年点校本，第783页。

　　再以文臣论,虽有一二报国之臣,却力不从心,如李纲、宗泽辈。也有志大才疏,成事不足,败事有余之臣,如张浚辈;更有胆小怯懦、只知退却南逃之臣,如汪伯彦、黄潜善辈。特别是在大敌当前的形势下,许多大臣不是和衷共济,共同辅政,而是争权夺利,勾心斗角。在这样的环境下,高宗所以能使南宋政权走向稳定,除了民心之所向和岳家军等英勇战斗以外,与他的勤学和勤政当有很大关系。

　　绍兴和议以后,高宗坚守宋、金和议,打击一切反对和议的人,究其原因,固然与"恐金病"有关,但实力不济,时机尚未成熟,也是一个重要原因。

第一节　勤于学习:万几之下亦不废学

　　高宗为皇子时,虽养成了潜心学习的习惯,但学的仅是书法等技艺,与政事基本无关。因而自应天府登基后,便不耻下问,日夜召见大臣,询问统治之术。同时,开始了对儒家经典和历史知识的学习。建炎元年(1127)十二月,高宗到达扬州不久,有御史中丞王宾向他提出恢复经筵的建议。不几天,高宗召见大儒杨时,要他谈谈当前政事以何为先的问题,杨时认为:"自古圣贤之君,未有不以讲学为先务者。"虽然在当时的形势下,杨时等人的建议看似有点迂阔,但是高宗却深以为然,为此下诏:

　　　　朕朝夕延见大臣,咨访庶务,群臣进对,随时尽言。退阅四方奏牍,少空则批览载籍,鉴观前古,独于讲学,久未遑暇。念虽羽檄交驰,巡行未定,亦不可废。其以侍从四员充讲读官,万几之暇,就内殿讲读。①

　　宋代帝王,一般都注重自身的文学修养和对统治经验的学习,自真宗朝起,多以翰林学士、翰林侍讲和侍从等学术造诣较高的官员充讲读官,给帝王

---

　　① 《系年要录》卷一一,建炎元年十二月丙辰条,第255页。

讲解儒家经典,人称经筵。真宗曾以经筵官二员递宿学士院,以备顾问,宋代后来的帝王,对此也多有仿效。自仁宗朝起,又增设品位较低的崇政殿说书一职。进入南宋,经筵官队伍进一步扩大,绍兴十二年春,万俟卨以中丞、罗汝楫以谏议始兼侍读。自后每除谏官,必兼经筵。此外,还经常特诏宰执大臣听讲。高宗所以要增加经筵官的人数和扩大听讲队伍,目的就是要让更多的官员学习儒家经典,并经常通过经筵,与群臣探讨政事。大儒程颐认为:"天下重任,惟宰相与经筵。天下治乱系宰相,君德成就责经筵。由此言之,安得不以为重。"①足见经筵对帝王的修养和提高治理国家的能力影响极大。

经筵官讲读的内容,有除儒家经典(以《春秋》《尚书》《论语》《孟子》为主)外,还有各朝历史(南宋以《资治通鉴》为主)、祖宗教导(自仁宗朝起,以《三朝宝训》为主)和故事(以历史上的统治经验和教训为主),同时备顾问应对。经筵时间,按惯例,除假、故(特殊情况)、旦(初一日)、望(十五日)以外,双日开讲。经筵在一年中又分春讲和秋讲两个时期:春讲自三月中旬至端午,秋讲自八月上旬至十一月冬至。两宋之交,因为战乱的原因,经筵一度停罢。至时,经筵在南宋始告恢复。

高宗十分重视经筵。建炎二年(1128)四月七日,端午即将来临,他问宰执:"(朕)政事之余,与卿等款语,知学先王之道为有益。方且夙夜孜孜于经史,今若讲筵暂辍,则朕诵读既多,有疑无质,徒费日力。此事合如何?"黄潜善等奏:"讲筵原如圣意勿罢"②。于是下诏讲读官,端午以后继续开讲,从而打破了端午以后罢春讲的传统。不过,大约从绍兴和议以后,又恢复了春秋二讲的旧例。③

高宗除通过经筵学习外,也十分重视自学,早年曾自谓:"朕居宫中,自有日课,早阅章疏,午后读《春秋》、《史记》,夜读《尚书》,率以二鼓(按21—23时)罢。尤好《左氏春秋》,每二十四日而读一过。"④到了后期,正如上文

---

① 《长编》卷三七三,元祐元年三月辛巳条,第9031页。
② 《宋会要辑稿》崇儒七之一,第5册,第2885页。
③ 参见《宋会要辑稿》崇儒七之五记事,第5册,第2887页。
④ 《朝野杂记》甲集卷一《高宗圣学》,第31—32页。

所言,他还专门在宫中建了一个名为"损斋"的读书场所,"屏去声色玩好,置经史古书,朝夕燕坐于此。尝作记以自警"①。高宗这种"恬淡寡欲,清心省事",不仅有利于对国家的治理,也揭开了他在历尽沧桑以后,仍能获得如此长寿的一个原因。

高宗认为,不能为读书而读书,必须领会书中的精神实质,并切实做到联系实际,学以致用。他自言:"朕每读书,未尝苟,必思圣人所以立言之意。"又说:"读书不适用,则不若愚人犹无过,读书不适用,为患更甚。"他还说:"朕于宫中无嗜好,惟好观书,考古人行事,以施于政。凡学必自得乃可用,第与古人点姓名,何所益也?"②故高宗不读无用之书,读书后一定要与实际结合起来,去解决现实问题。

一个人如果只有学而不会问,那么他对所学知识不可能理解得很深,也不会将所学知识恰到好处地用在实践上。高宗既勤于学,也勤于问。绍兴八年(1138)五月某日,他问大儒、经筵官尹焞(1071—1142):"纣亦是君,孟子何故谓之一夫?"尹焞答:"此非孟子之言。"高宗追问:"谁言?"答曰:"此武王誓师之辞也:独夫纣,洪惟作威。"高宗又问:"君视臣如土芥,是臣亦便可视君如寇仇?"尹焞道:"此亦非孟子之言。"高宗再问:"谁言?"答曰:"此三代之民言也:抚我则后,虐我则仇。"③高宗听了尹焞的解释,表示满意。

历史上确有一些统治者,如明太祖朱元璋之类,他们虽要臣民遵循孔孟之教,但自己对孟子的许多言论只作字面上的理解,不知道其中的精神实质,因此并不认同,特别是如"君之视臣如草芥,则臣视君如寇仇""闻诛一夫纣矣,未闻弑君也"等语,因为触犯了作为帝王的尊严,对此心中甚是不爽。加上"亚圣"孟子,地位远在"至圣"孔子之下,因而对孟子的某些言语,多持抵触情绪。建炎初,高宗对《孟子》一书虽已发生了兴趣,"日温阅五

---

① 《中兴小纪》卷三八,绍兴二十八年十月庚寅条,第 460 页。

② 《系年要录》卷一四六,绍兴十二年八月丁卯条,第 2473 页;卷一四四,绍兴十二年正月癸卯条,第 2433 页。

③ [宋]尹焞:《和靖集》卷五《师说上》,影印文渊阁《四库全书》本,第 1136 册,第 36 页。

卷",并将有些文字,"信手多书于屏"。但是,这种兴趣只是"爱其文词简明知要"①而已,对其中的内容,并不完全理解。这次经过与尹焞的问答,加深了对帝王与百姓关系的认识,使他产生了一定的民本思想。

高宗不仅自己勤于问学,对臣子也有这种要求。他以为:"士大夫不可不学,惟学故能考前世兴衰治乱,以为龟鉴,则事无过举,而政皆适当矣。朕在宫中,未尝一日废也。"②

高宗勤于学习,熟读历史和"祖宗之法",对于洞察政事的能力和应对之策,确实有很大帮助。如对北宋哲宗朝以来的党争,开始并不明其底细,声称"我爱元祐",公开偏袒元祐党人,差一点重蹈哲宗、徽宗因支持朋党,造成政治混乱的覆辙。但在认真学习历史之后,他就及时调整政策,提出停止新旧党争。他一方面肯定了王安石的部分学术思想,另一方面制止了元祐子弟继续进行翻案的企图。绍兴七年(1137)七月,徽猷阁待制邵博上其父伯温所著《辩诬》三卷,高宗认为:"事之纷纷,止缘一邢恕尔。数十年来,士大夫攻讦,几分为国?几分为民?皆缘私意,托公以遂其事。宣仁之谤今已明,纷纷之议可止矣。"③一针见血地揭开了新旧党争的虚伪性和实质,从而使北宋后期的新旧党争至此宣告结束。高宗一朝所以没有朋党之争,与他能够通过学习,正确接受历史教训有一定关系。此外,如在前面已经提到的抑制佛教势力发展,重视农业生产,收兵权和下面将要论述的善于纳谏,生活比较俭朴,对民生比较关心等,据他自己所言,大多是吸取了历史上的经验和教训的结果。

当然,高宗通过经筵,还学到了历代帝王所惯用的纵横捭阖、异论相搅、恩威并举、收买民心、剿抚并用、居安思危、开源节流、注意纳谏等统治手法和权术。这些"帝王之术",虽有利于稳定其统治,但对百姓的福祉会造成怎样的影响?就不可能一言以蔽之了。

有人对经常出尔反尔、扮演不同嘴脸的高宗表示厌恶,认为他是一个

---

① 《宋会要辑稿》崇儒六之一三,第 5 册,第 2869 页。
② 《系年要录》卷一四五,绍兴十二年五月甲辰条,第 2456 页。
③ 《中兴小纪》卷二二,绍兴七年七月壬申条,第 264—265 页。

"多面派",此言乍听似有一定道理。但试问,在历史上,凡是一个成功的帝王,从勾践的"卑辞厚礼",汉高祖的"高鸟尽,良弓藏;敌国破,谋臣亡",宋太祖的"陈桥兵变",宋太宗的"金匮之盟",哪一个不是善于运用权术的"多面派"?否则他们怎能夺取政权和巩固政权?被宋高宗一眼看出"从谏多出矫伪"①的唐太宗,不仅自己惯于玩弄权术,而且还将它传给了自己的儿子。曾被唐太宗图画凌烟阁二十四功臣之一的李世勣,曾为李唐王朝的建立立下了汗马功劳。当其患病时,唐太宗甚至剪下自己的须发为之和药治病,致使李世勣感动得"顿首出血泣谢"。君臣关系之"好",不免令人动容。可是对于这样一位有功之臣,唐太宗在晚年时,却对太子李治作了令人意想不到的政治交代,他说:

> 李世勣才智有余,然汝与之无恩,恐不能怀服。我今黜之,若其即行,俟我死,汝于后用为仆射,新任之;若徘徊顾望,当杀之耳。②

唐太宗的这一席话,透出了阵阵杀气,彻底暴露了他为维护李唐政权而表现出来虚伪、凶残的真面目,可以说是帝王玩弄权术的一个典型。宋高宗的言行虽然也常有相悖,但与唐太宗相比,还是大为逊色。在这里,我们并不是要借此肯定高宗出尔反尔的权术,而是说,凡属封建帝王,人人都要玩弄权术,才不至于丢失政权,不玩弄权术也做不成"大事"。既然如此,就没有必要对他作出不同于一般帝王的要求。

第二节　勤政:凡事必熟思而后行

绍兴十一年(1141)十月,高宗对秦桧等宰执说:"凡事必熟思而后行。

---

① 《系年要录》卷一四六,绍兴十二年八月甲戌条,第2476页。按点校本此处之点校有误,当作:"唐太宗不敢望汉文帝,其从谏多出矫伪。"

② [宋]司马光:《资治通鉴》卷一九七,贞观十七年四月丁亥条,中华书局1956年点校本,第6197页;卷一九九,贞观二十三年四月乙亥条,第6266—6267页。

朕今三十五岁,而发大半白,盖劳心之所致也。"①

三十五岁的高宗头发已经大半白,是否是遗传的原因,当然并无查考的必要,但是他的勤政可能是其中的原因之一。高宗即位以后,除了勤于读书以外,也养成了勤于政事的习惯。建炎二年四月,他驻跸扬州时,就告诉身边的辅臣:"朕每退朝,押班以下奏事,亦正衣冠,再坐而听,未尝与之款昵。又性不喜与妇人久处,多坐殿旁小阁,笔砚外不设长物,静思军国大事,或阅章疏。宫人有来奏事者,亦出阁子外处分,毕而后入。每日如是。"②这与高宗在绍兴十一年十月所说"凡事必熟思而后行"的理政风格是一致的。

绍兴元年(1131)三月,据高宗自言,他每日五更初(约清晨三点多)就起床,"尽览诸处奏报"。待天将亮,"所览略尽,乃出视朝"。③

南宋初年,不仅内外军情紧张,而且财政状况、社会治理也很不乐观,政事之繁复,犹如一团乱麻。可是由于尚书省六部缺少能吏,事无大小,一时不能决,便向高宗一推了之。绍兴四年(1134)五月,高宗为此对右相朱胜非抱怨道:"朝廷所以多事者,以六曹不任责,每事取决耳。自今宜专责长贰,毋得循习苟且。卿等当进退人材,修明法度,助朕图恢复之计。繁文末节,非所以委付大臣者。"④事务丛脞,压得高宗有点受不了。

如果说,处于军情紧张时候,他这样起早摸黑地勤于政事,并不令人奇怪。那么,到绍兴六年三月,南宋政权已初步站稳脚跟,情况又是如何? 是月十八日,高宗没有视朝,过了两天,赵鼎等大臣同问原因,他回答道:"前夜已觉目痛,偶探报丛集,又新令范冲校陆贽《奏议》,有两卷未曾看过,三更方看彻。比晓,目遂肿痛,不能出。"⑤换言之,由于高宗通宵达旦地看东西,一时患上了眼疾,故辍朝一日。

高宗看了各地送来的奏章、探报后,往往要下"御札"回复,或下旨指挥。

---

① 《系年要录》卷一四二,绍兴十一年十月庚寅条,第2407页。
② 《系年要录》卷一五,建炎二年四月乙丑条,第321—322页。
③ 《系年要录》卷四三,绍兴元年三月甲辰条,第800页。
④ 《系年要录》卷七六,绍兴四年五月壬申条,第1289页。
⑤ 《系年要录》卷九九,绍兴六年三月丙戌条,第1682页。

特别是在宋、金战争期间，每天给各地将领的"御札"更多，仅收集在《金佗粹编》中给岳飞的"御札"就多达七十六件，给经常在其身边的心腹将领杨沂中及其子的"御札"，据不完全统计也有三十九件之多①，给其他将领和官员的"御札"，加起来更是多得不计其数，这中间所花去的精力和时间，当十分可观。由于建炎和绍兴前期，为处理军政大事，每天高宗都要五更起床，长此以往，便养成了他终生早起的生活习惯。②

高宗所以如此勤政，常常将唐太宗君臣的共同认识"创业难，守业更难"作为自己的座右铭。他认为"创业、中兴事殊，祖宗创业固难，中兴亦不易。中兴必顾祖宗已行法度如何，坏者欲振，坠者欲举。然天不假易，朕敢不勉之！"③就是说，创业可以己意行之，"中兴"则还需考虑到祖宗成法，故更难。总之，他的勤学和勤政，无不为了巩固自己的政权。

值得注意的是，高宗不仅勤政，而且也注重办事效率。南宋建立之初，官员并无休假日。绍兴元年正月十六日，高宗始"许百司每旬休沐"。宰执为此上奏提出不同意见，高宗以为，每十天休务一天并不会废事，如果在一个月中能办好十件事，"虽二十日休务，何害？若无所施设，虽穷朝夕何补也？"④其言有一定道理。

第三节　待彼有衅，以图恢复

关于高宗对南宋政治和经济方面的治理，本书前面已有所述，下面拟就被人们长期忽略的他在抗金战争中的另一方面表现，作些论述。

高宗患有"恐金病"，这是不争的事实，特别是在早期，金人以他为目标，

---

① ［明］杨士奇：《东里集》续集卷二二《宋高宗御札后》，影印文渊阁《四库全书》本，第1238册，第657页。
② 《周必大集校证》卷一七二《思陵录》上，载孝宗言高宗晚年的身体情况时说："太上极善将摄……晡时即入寝阁，更无一事，五更便起，天下大幸。"第2615页。
③ 《中兴纪要》卷一三，绍兴二年十一月辛未条，第169页。
④ 《系年要录》卷四一，绍兴元年正月丙辰条，第779页。

几次大举进攻,南宋军队尚未形成战斗力,身边又缺乏得力的大臣辅佐,所以除了逃跑就是求和,"恐金病"也越来越严重。但是,随着战争的深入进行,抗金力量的壮大、抗金经验的积累,以及对金人认识的加深,高宗逐渐懂得了和不忘战的道理,甚至希望有朝一日能收复中原失地。

绍兴九年(1139)四月十九日,高宗对大臣道:

> 韩世忠欲献一骏马,朕令留以备用。世忠曰:"今和议已定,岂复有战陈事?"朕曰:"不然。虏虽讲和,战守之备,何可必弛? 朕方复置茶马司,若更得西马数万匹,分拨诸将,乘此闲暇,广武备以戒不虞,足以待强敌矣。和议岂足深恃乎?"①

"绍兴和议"签订后,高宗吸取了第一次宋、金和议被金人悍然撕毁的教训,告诉秦桧道:"和议已成,军备尤不可弛。宜于沿江筑堡驻兵,令军中自为营田,则敛不及民而军食常足,可以久也。"②高宗喜弹琴,他甚至还亲自将琴作成盾样,自言"以示不忘武备之意"③。由此可见,以往人们多以为高宗在"绍兴和议"以后,从此高枕无忧,忘却战备,这并不完全符合事实。

若言高宗怀有恢复中原的想法,许多人就更加不会认同。一般以为,高宗在位期间,与秦桧一起严厉镇压反对和议的官员,是他苟且偷安、不思恢复的具体表现,哪里谈得上有恢复中原之志? 但是,在历史上,我们确实找不到一个甘于做偏安之主,不思恢复故土的君主。某些帝王所以不敢贸然发动战争,多半自忖力量不济。有些帝王虽然发动了战争,因为军事力量弱小,往往以失败告终,如蜀汉的刘备、东晋的司马睿等。高宗在位期间,所以坚守和议,不敢与金人再战,深患"恐金病"固然是一个原因。但是,他熟读历史,比较懂得用兵之道,在估计敌我双方力量对比之后,认为时机并不成熟,也是一个重要原因。因此,言其生性懦弱,持重有余,进取不足,才是一

---

① 《系年要录》卷一二七,绍兴九年四月戊辰条,第2156页。
② 《系年要录》卷一四三,绍兴十一年十二月乙丑条,第2419页。
③ 《系年要录》卷一四八,绍兴十三年二月己巳条,第2516页。

个比较正确的评价。

何言高宗也怀有恢复中原之志？高宗将临安府称作"行在所"，而不称它为都城；将在绍兴的帝后墓葬称作"攒宫"，即陵寝暂时安放之所，都寄寓了他有朝一日想要恢复中原的意图。论者或言，这只不过是自欺欺人的做法，不足以表明他的真实思想。那么，事实到底如何呢？绍兴十一年五月十五日，高宗对身边的宰执说：

> 士大夫言恢复者皆虚辞，非实用也。用兵自有次第，朕比遣二枢使按阅军马，措置战守，盖按阅于先，则兵皆可战。兵既可战，则能守矣。待彼有衅，然后可进讨以图恢复，此用兵之序也。①

高宗认为，要收复中原失地，首先要整顿好军队，使其有了战斗力，等待时机，当金朝内部有隙可乘时，"然后可进讨以图恢复"。这种情况，在历史上确实不乏先例。汉之破匈奴，唐之败突厥，就是"待彼有衅"的结果。不过，论者又言，此话是他不敢北伐中原的饰词，不可凭信。

事实上，高宗为恢复中原，至少为了防止金人的再次侵犯，还是做了不少工作，并非都是空话。

一是养殖军马。

高宗深知，在宋、金战争中，马匹的作用至关重要，金兵在战场上的优势，除了士兵勇敢就是有众多强壮的战马，能够纵横驰骋。南宋立国后，北方的军马来源断绝，广马和川马成了南宋军马的主要来源，每年到这些地方购买的马匹多达数千至万余匹。川马数量虽多，但"例皆低下瘦瘠"②，加之路途遥远，输送不便，所以主要还得以广马为主。但是，广马的个子也不高，作为战马，仍有其弱点，何况两广距前线也远，一路北上，需配置牵马士兵、兽医、押纲官和准备大批饲料，颇费人力、物力。马匹经

---

① 《系年要录》卷一四〇，绍兴十一年五月壬子条，第2372页。
② 《宋会要辑稿》兵二三之二，第15册，第9089页。

过长途跋涉,损失也不小。为此,高宗决定自己试验养马。绍兴十三年(1143)五月初一日,高宗对大臣道:"人言南方不宜牧马,昨朕自创行,虽所养不多,方二三年,已得驹数百。此后不患不蕃。与自川广市来,病不堪乘,而沿路所费不少,计之一匹自省数百千。"①养马与养蚕不同,毕竟不是一件小事,何况二三年间,马驹繁殖到数百匹之多,已经形成了一定规模。虽然,饲养这么多马驹,不可能由他自己亲为,但多少反映了他为了节省国家财政开支,特别是一旦有了充足的战马,"足以待强敌"的思想。

二是重视兵器制造。

绍兴十年(1140)六月二十四日,高宗对大臣道:"朕躬履艰难,久于兵事,至于器械,亦精思熟讲。昨造大镞箭,诸军皆谓头太重,不可及远。又造锐首小枪,初亦为以未然。其后用以破敌,始服其精利。今刘锜军于顺昌城下,破敌正用此枪也。"②十三年十二月,金朝使节来临安,有司拟以弓矢作为礼品相赠。高宗以其制作不精,命人取出内库所造弓矢赐之。次日,高宗告诉大臣:"此朕自指教,虽军中人亦未必能之。赐予使人,不惟观美,兼器械之良,亦可使远人知所畏服。"③一次,高宗诏有司造克敌弓,弓乃韩世忠所献。他命殿前司阅习,并下诏:"能贯甲逾三石弓,施二十矢者,进秩一等。"他对宰执道:"此弓最为强劲,虽被重甲,亦须洞彻。若得万人习熟,何可当也?"其后殿帅杨存中在克敌弓的基础上,再加改进,造出了使用更加灵巧、更加精密的弓箭,取名"马黄弩"④。正由于高宗重视对兵器的制造,所以到绍兴中,"累年所造军器,内库已如山积"⑤。此外,还不包括诸州郡所制造的大量兵器。

三是扩大军队人数,不忘对禁军的教阅。

---

① 《系年要录》卷一四九,绍兴十三年五月庚申条,第2532页。

② 《系年要录》卷一三六,绍兴十年六月丁卯条,第2289页。

③ 《系年要录》卷一五〇,绍兴十三年十二月癸卯条,第2561页。

④ [明]丘浚:《大学衍义补》卷一二二《治国平天下之要·器械之利下》,影印文渊阁《四库全书》本,第713册,第433页。

⑤ 《系年要录》卷一七一,绍兴二十六年二月甲戌条,第2981页。

高宗以为,诸军招兵,皆为南人,"恐西北寖损,数年之后,始见其弊。兼诸路军器物料,近多不到,方闲暇时,尤宜整治"①。绍兴十四年(1144)五月,下诏四川宣抚司,在陕甘地区的阶(甘肃武都东)、成(甘肃成县)、西和(甘肃西和西)、凤州(陕西凤县东北)募兵赴行在,以加强东南地区的军力部署。据有关史料记载,在绍兴十二年(1142),南宋有军队二十一万四千余人;二十三年,增加到二十五万四千余人;到三十年,再增加至三十一万八千余人②。十八年间,军队人数增加了约三分之一多。与此同时,高宗也不忘对禁军的训练,绍兴二十三年七月,高宗自谓:"三衙诸军教阅不废,故武艺皆精。"③由上可知,尽管当时处于和平环境,高宗还是采取一些措施,以满足战备之需。

四是正确认识南兵的作用。

南宋与金人作战,败多胜少,当时人就将原因之一,归结为南方士兵不会打仗。绍兴七年三月,时任浙东制置大使的赵鼎就有"懦怯南兵,不足为用"④的思想。可是,高宗却并不认同。早在绍兴五年五月,高宗就指出:"朕自知南兵可用。向有五百人,皆平江人,在张俊军中,往往率先犯阵。其不可用者,但未教习耳。"⑤七年十月又说:"人犹马也,人之有力,马之能行,皆不在躯干之大小。故兵无南北,顾所以用之如何耳。自春秋之时,申公巫臣通吴于上国,遂霸诸侯。项羽以江东子弟八千,横行天下。以至周瑜之败曹操,谢玄之破符坚,皆南兵也。"⑥高宗从历史和现实两个方面,证明南兵只要经过教习,就可以用的看法,应该是正确的。

但在战争时,高宗的言行往往不能一致,特别是在紧急关头,他的怯懦本性就经常暴露。绍兴三十一年(1161)十月初一日,完颜亮南侵的消息传来,高宗立即下诏:"今天亡北虏,使自送死。朕提兵百万,收复中原。"⑦又

---

① 《系年要录》卷一五一,绍兴十四年五月丙辰条,第 2579 页。

② 《宋史》卷一九三《兵七》,第 4821 页。

③ 《系年要录》卷一五六,绍兴二十三年七月甲申条,第 2686 页。

④ 《系年要录》一〇九,绍兴七年二月丁丑条,第 1838 页。

⑤ 《系年要录》卷八九,绍兴五年五月乙酉条,第 1528—1529 页。

⑥ 《系年要录》卷一一五,绍兴七年十月辛亥条,第 1932 页。

⑦ 《宋会要辑稿》兵九之一二,第 14 册,第 8783 页。

表示要进行亲征。同时,企图联合远在中亚的西辽,共同灭金。可是当金兵铁骑蜂拥而至,即将进抵长江北岸时,高宗的"恐金病"再次发作,仍同以前一样,不敢跨出临安府一步。十一月二十七日,完颜亮被其身边的将领杀害,接着金兵开始北还,南宋军队趁机展开反击。至此,高宗才于十二月初十日离开临安府,姗姗北上。直到次年正月初五日,方抵建康府。他在这里住了一个月,见金兵已经远去,又返回临安。这次所谓的"亲征",再次暴露了高宗既想抗金,又害怕金人的矛盾心理。不过,在群臣的建议下,高宗随即停止了"绍兴和议"的履行,同时拒绝从部分已经收复的州县撤军,比以往死守"绍兴和议"条款,不敢有丝毫改动,有了一点进步。

绍兴三十二年六月十一日,高宗"禅位"孝宗。早年的孝宗,怀有收复北方失地的远大志向,所以即位后立即采取一系列措施,以图实现这一愿望。他迅速任用了一批坚持抗金的官员,特别是将张浚由建康府召回,除魏国公、枢密使,让他主持抗金事宜。为了振奋抗金士气,七月十三日下诏:"追复岳飞元官,以礼改葬,访求其后,特予录用。"实际上是公开为岳飞平了反。可是,岳飞的冤狱,是当年高宗一手办成的"铁案",这道诏书与孝宗在不久前刚刚颁布另一道诏书所言:"朕惟太上皇帝临御三纪,法令典章,粲然备具。其议设官裒集建炎、绍兴以来所下诏旨,条列以闻。朕当与卿等恪意奉承,以对扬慈训。"①意思完全相悖。如果没有获得此时作为太上皇帝的高宗首肯,他绝不敢这样做。隆兴元年(1163)五月,孝宗发动了对金朝的战争,这样的大事,必然也是在高宗的默许甚至支持下进行的。因此,高宗虽然怯懦,患有严重的"恐金病",但他的内心深处,不是说没有恢复中原的意向,只是不想冒险,幻想等待着某一天有机可乘。

不过,这次孝宗北伐的失败,是否证明郎瑛、钱大昕等人所言,在高宗朝南宋要想收复中原失地的时机,确实尚未成熟,高宗在位时期不敢贸然撕毁"绍兴和议","待彼有衅,以图恢复"的方针,有其一定的道理? 对于这个问题,见仁见智,恐怕还有讨论的余地。

① 《系年要录》附录一《中兴圣章》,绍兴三十二年六月丁亥条,第3638页;七月戊申条,第3641页。

第十五章　高宗的纳谏与节俭

　　人非圣贤,孰能无过? 高宗作为一个封建帝王,握有至高无上的权力,他口含天宪,一言九鼎,四周又布满了拍马逢迎之辈。根据"为尊者讳"的原则,他的许多缺点和错误多被当时的大臣隐瞒或美化。对此,他也有比较清醒的认识。故在高宗"内禅"前夕,对身边的大臣们说出了心里话:"朕在位失德甚多,更赖卿等掩覆。"[1]

　　但是,纵观高宗一生,他的许多错误尚能得到纠正,对于十分尖锐的意见,也尚能容忍。从总体而言,特别与大多数帝王相比较,言其善于纳谏,恐怕也并不会过。一个统治者的纳谏气度如何,既关系到生民休戚,更涉及政权的生死存亡[2],历史上的教训很多。因此,高宗朝的政治相对稳定,与高宗的善于纳谏有着一定关系。

　　再从俭朴而言,高宗的表现显得有些矛盾:一方面,他对大臣特别是母后和宗室的赏赐,对一些皇家祭祀活动的排场,可以说极为奢侈。但另一方面,他在位时的个人享受,却十分节俭,对宫殿和山陵的修建,也颇有节制。对于这种矛盾的现象,原因何在? 非常值得研究。以往,在学术界,包括笔者在内,多将目光集中在高宗前一方面的表现上,一般都对他作出"生活腐朽"的结论,这样的认识实有失偏颇。

---

　　① 《周必大集校证》卷一六三《杂著述一·亲征录》,第2459页。
　　② 北宋大臣吕公著言于英宗:"自古人君,纳谏则兴,拒谏则亡,兴亡之机,不可不审。"载《长编》卷二〇七,治平三年正月壬午条,第5038—5039页。

第一节　高宗的纳谏

一、广开言路

一个帝王是否善于纳谏,一是要看他对批评的态度,是文过饰非、拒绝接受,甚至等待秋后算账,还是能够接受臣下谏言,即使有所出入,也能容忍? 因为广开言路,才是做到善于纳谏的第一步,否则一切无从谈起。二是要看他是否能真正改正缺点和错误。如果只有纳谏之名,而无改正之实,与拒谏并无两样。对于这两个方面,高宗做得都还不错。下面先以前者言之。

高宗听取文武百官、士民章奏和各种谏言,有多个渠道。

一是通过登闻鼓院和登闻检院获得。唐时,于阙门外悬登闻鼓,许人鸣冤。同时置匦院,可将冤状投进。宋初,立登闻鼓于阙门之前,置鼓司,先以宦官后以朝臣主管。后改匦院为登闻检院,隶谏议大夫,改鼓司为登闻鼓院,隶司谏、正言。凡文武百官及士民章奏表疏,事关朝政得失、公私利害、军情机密、诉述冤情、请求恩赏等,都可以向登闻鼓院进状,如受阻抑,可再向登闻检院递进。知鼓、检院获得奏状后,再根据奏状的轻重缓急,进呈皇帝。绍兴年间,检院、鼓院、粮料院、审计院、官告院、进奏院谓之"六院",以京官、知县有政绩者出任,也有自郡守除者。"六院弥重,为察官之储"[1]。高宗对鼓、检两院的重视,加上他的勤政,每天都能将各种章奏看毕,所掌握的情况就比较全面。

二是通过官员转对获得。朝官在一般情况下,要定期向高宗陈献个人对国事的看法,甚至对他本人的批评,谓之转对。高宗经常鼓励官员们要多提意见。如绍兴五年(1135)五月初八日,高宗对吏部员外郎周秘道:"自今臣僚转对,甚有所补,由此擢用者亦多。纵有不当,亦不欲责罚,恐人不敢论事。"[2]九

---

① 《宋史》卷一六一《职官一》,第 3782 页。
② 《系年要录》卷八九,绍兴元年五月庚辰条,第 1524 页。

月二十一日,国子监祭酒张戒上书高宗,文字多达一万八千言,内容涉及到宗社大计和军国重事。他告诉高宗,担心自己论事既多,"必有不合圣心处"。高宗道:"朕览天下章奏不如此,朝廷初无拒谏之意。人臣进言,其可行者行之,其不可行者置之,朕未尝加罪。"张戒又言:"诚如圣谕。人臣进言,若皆合圣心,即是陛下所已知者,又何用言为?"高宗道:"不惟已知、已施行不须言,若人臣进言必欲合人主之意,即是观望。"以上这番君臣对话,既是张戒要求高宗多方面听取臣僚的意见,也是高宗表示自己有纳谏的思想准备。

三天后,高宗对宰相赵鼎等大臣说,我认真地读了张戒所上书,"其间固有过当。然其忧国爱君之心,诚有可嘉。戒自言:'恐忤圣意,惟陛下容之。'方患朕之过失不得自闻,民之疾苦不得上达。大开言路,以防壅蔽,岂罪言者?朕意自欲赏之"①。高宗为了鼓励官员进谏,即使对一些自认为"过当"的言论,也给予奖励,这多少可以减少臣僚在进谏中"逆龙鳞"的后顾之忧。

不过,高宗反对有人在上书中说一些迎合自己的话。绍兴十一年(1141)五月二十四日,布衣虞宰献《乐曲诗》,对高宗竭尽歌功颂德之能事,高宗对此颇为反感,以为:"士大夫所进文字,朕详览熟思,盖欲知民之利病,政之臧否,朕躬之失耳。若溢美之言,实不欲闻,可令还之。""乃诏检、鼓院,自今献无益之言,不干政体者,勿受"②。

三是通过官员返京述职获得。

宋朝官员任满返京,需要向皇帝汇报自己在任内的情况和见闻。因为这些官员来自四面八方,有利于皇帝了解一路、一州的情况。如前面所载,建炎四年(1130)冬到绍兴元年(1131)春,江西安抚大使朱胜非奉命宣抚江西、湖南、湖北三路,回朝后对高宗上奏那里经过兵火以后的情况;绍兴七年(1137)五月,四川都转运使李迨,向高宗言及当地极端严重的赋税负担,认为如果继续增加军费,必然会引起社会严重动荡;绍兴二十六年(1156)九

---

① 《系年要录》卷九三,绍兴五年九月壬辰条,第 1598 页;乙未条,第 1598—1599 页。

② 《系年要录》卷九三,绍兴五年九月壬辰条,第 1598 页;卷一四〇,绍兴十一年五月辛酉条,第 2373 页。

月,潼川府转运判官王之望回到行在后,向高宗报告四川各地的经界情况,如此等等,皆为述职中的内容。

此外,高宗还通过经筵、三年一次的进士殿试对策以及四方奏报中获得各种消息和对朝廷及自己的批评。

二、善于纳谏

高宗较好地继承了北宋以来"君主与士大夫共治天下"的传统,除了坚持对金和议,不允许别人有半点反对意见以外,他在决定一件重大政事的时候,总要多方面征求宰执大臣的意见,对士大夫提出的谏言,即使有时比较尖锐,尚能容忍和接受,这方面的例子,可以说不在少数。

第一件事是对太学生陈东、乡贡进士欧阳澈被杀的处置。

前面说到,南宋建立之初,高宗任抗战派大臣李纲为右相兼御营使,但仅仅只有七十五天,便罢去了他的相位。建炎元年(1127)八月,太学生陈东、抚州进士欧阳澈为此上书高宗,掀起了一场规模浩大的学生和市民运动。高宗随即用黄潜善议,下诏斩两人于南京(河南商丘)。这一残暴行为,遭到许多官员的反对,尚书右丞许翰说:"吾与东皆争李相者,今东戮都市,吾在庙堂可乎?"①乃力求罢官而去。建炎三年二月,高宗自知杀害陈东、欧阳澈不得人心,遂下诏为两人平反赠官,"令所居州县存恤其家"。他对身边的大臣道:"始罪东等,出于仓卒,终是以言责人,朕甚悔之。今方降诏求言,当令中外皆知此意。"绍兴四年(1134)十月,高宗再次表示:"朕初即位,昧于治体,听用非人,(将布衣陈东、欧阳澈置于极典),至今痛恨之。虽已赠官推恩,犹未足以称朕悔过之意。"于是下诏,对两人"并加赠朝奉郎、秘阁修撰,更与恩泽二资,赐官田十顷"②。在历史上,国家一旦出现重大事件,帝王有时会下"罪已诏"表示自责,但基本上都是一些装模作样的官样文章,并无实质性的内容。而高宗对陈东、欧阳澈的被杀,却能

---

① 《系年要录》卷八,建炎元年八月丙戌条,第213页。
② 《系年要录》卷二〇,建炎三年二月乙亥条,第420页;卷八一,绍兴四年十月壬寅条,第1374页。

放下帝王架子,一再公开承认错误,并努力加以补救,这种情况在历史上也比较少见。

高宗此举,影响巨大,在客观上起到了鼓励以太学、宗学、武学为主的"三学"生员参与政治的热情。"国有大事,谠论间发。言侍从之所不敢言,攻台谏之所不敢攻"。这种情况一直延续到南宋末年。致使太学有"有发头陀寺,无官御史台"①之称。这与极端专制主义统治下的明、清两朝,严禁太学生参与政治活动相比,形成了鲜明的对照。

第二件事是对胡寅上疏的处置。

建炎三年(1129)闰八月,胡安国养子、湖湘学派的奠基人之一、起居郎(从六品)胡寅(1098—1156)上万言书,其中谓:

> 昨陛下以亲王介弟受渊圣皇帝之命,出师河北。二帝既迁,则当纠合义师,北向迎请,而据膺翊戴,亟居尊位,遥上徽号,建立太子,不复归觐宫阙,展省陵寝。斩戮直臣,以杜言路。南巡淮海,偷安岁月。敌兵深入陕右,远破京西,漫不治军,略无扞御。盗贼横溃,莫之谁何……为今之策,愿陛下一切反前失而已。则必下诏曰:"继绍大统,出于臣庶之谄而不悟其非;巡守东南,出于侥幸之心而不虞其祸。经涉变故,仅免危亡,盖上天警戒于眇躬,俾大宋不失于旧物。金人以无厌之求,喋血中华,蚕食并吞,扶立僭伪,以乱易治,俾臣作君。朕义不戴天,志思雪耻。父兄旅泊,陵庙荒残,罪乃在予,无所逃责。"以此号召四海,耸动人心,不敢爱身,决意讲武……②

胡寅在上书中,公开指责高宗不当在"靖康之变"中为自己谋取帝位,并将金人南侵、扬州溃败、苗刘兵变等一系列责任全部归罪于高宗,要高宗下诏,公开承认自己的错误。言辞之激烈,可谓逆耳之极,如果换在别的朝代,

---

① 《鹤林玉露》丙编卷二《无官御史》,第271页。
② [宋]胡寅:《斐然集》卷一六《上皇帝万言书》,中华书局1993年点校本,第336—337页。

将被杀无疑。可是高宗对他仅仅罢官了事。到绍兴三年(1133)十一月，胡寅被除为直龙图阁(正七品)、知永州，终官至中书舍人(正四品)，对他的仕途几乎很少影响。对此，南宋学者罗大经深有感慨地认为："然唐肃宗即位，何尝有一人敢言其非？今致堂(胡寅之号)能言之，而高宗能受之，已为盛德事矣。"①

如果说，以上两事因为发生于立足未稳的南宋初期，所以高宗对有关人事的处置尚有所顾忌，那么到了中后期，情况又会怎样？也略举两事，以窥见一斑。

第一件事是对《鹁鸽诗》及有关作者的处置。

绍兴议和以后，国家渐见太平，高宗闲来无事，在凤凰山皇宫养了一群鹁鸽以为消遣。消息传出，便有太学生作《鹁鸽诗》进行讽喻，其诗云：

> 万鸽盘旋绕帝都，暮收朝放费工夫。
> 何如养取南来雁，沙漠能传二圣书。

养鸽，对于宋代普通百姓而言，是极为普通之事，但那位太学生认为高宗就不能养，因为你不能只顾自己享乐，忘记恢复中原、迎回徽钦二帝的重任。于是后人便将《鹁鸽诗》作为高宗"荒淫无道"、"玩物丧志"的一个证据。据史书记载，高宗见到那首《鹁鸽诗》后，不仅从此再不放养鹁鸽，而且还"召见士人，即命补官"②，以奖励他的直言。

第二件事是对御医王继先的处置。

王继先医术高明，做高宗御医达三十余年之久，还为其母韦氏治好眼疾，是高宗须臾也离不开的佞臣。但是由于他依仗权势，作恶多端，所以朝中官员仍然毫无顾虑地一次次对他进行弹劾。绍兴三十一年(1161)八月，高宗被迫将他放逐，"令福州居住，子孙并勒停"。从而铲除了南宋政治肌体

---

① 《鹤林玉露》丙编卷三《建炎登极》，第284页。
② 《西湖游览志余》卷二《帝王都会》，第8页。

上的一颗毒瘤。

此外,对深受高宗信任的宦官,只要他们敢为非作歹,一经谏官弹劾,也有多名被劾去。如入内东头供奉官、直睿思殿郑弼,包庇"从者击伤篙师",贬秩二等;内侍省押班赵辙,强占民居,"与在外宫观";心腹内侍、内侍省副都知张去为,"阴沮用兵之议,且陈退避之策",并"取御马院西兵二百人,髡其顶发"①,以恐吓都人,被奏罢致仕等,皆为其类。因此,整个高宗朝,宦官势力明显地受到了抑制。

在高宗朝,还出现了官员因拍马逢迎过当而遭到贬黜的事。建炎三年五月,中书舍人张愨入见,说高宗自即位以来,"无纤毫之失"。高宗听了很不高兴,他当即对大臣道:"自古人君不患无过,患不能改过耳。愨谄谀如此,岂可置之从班?""乃落职、宫观。"②这应该看作是高宗鼓励官员进谏的一个举措。

分析高宗所以对言官和士大夫的谏言持一种宽容的态度,并对自己的错误和过失有所改正,原因有多个方面。

一是与不轻易诛杀士大夫和谏官这一"祖宗之法"有关。建炎元年(1127)七月,徽宗自燕山密遣阁门宣赞舍人曹勋从金方归来,传达徽宗对他的嘱咐:"艺祖有约,藏于太庙,誓不诛大臣、言官,违者不祥。故七祖相袭,未尝辄易。每念靖康年中,诛罚为甚,今日之祸虽不止此,然要当知而戒焉。"③这样,既鼓励了言官和士大夫的上书言事,使他们减少后顾之忧,也迫使高宗重视来自各个方面的谏言,从而形成良性循环。

二是与谏官享有"许风闻言事"的权力有关。赵宋统治者允许台谏官监察和弹劾宰相以下的所有官员,并将言事多少,作为考核台谏官政绩的一项重要内容。为重视台谏官的作用,朝廷给他们以许多特权:第一,"许风闻言

---

① 《系年要录》卷七五,绍兴四年四月丁酉条,第1272页;卷一五六,绍兴十七年正月丁亥条,第2673页;卷一九〇,绍兴三十一年五月甲午条,第3393页;卷一九三,绍兴三十一年十月戊辰条,第3480页。

② 《皇宋中兴两朝圣政辑校》卷五《高宗皇帝五》,建炎三年五月甲申条,第161页。

③ [宋]曹勋:《松隐集》卷二六《札子·前十事》,影印文渊阁《四库全书》本,第1129册,第483页。

事者,不问其言所从来,又不责言之必实。若他人言不实,即得诬告及上书诈不实之罪,谏官、御史则虽失实亦不加罪"①。第二,因监察和谏议而得罪了皇帝和权臣,很少加以处罚,即使偶遭贬谪,一般都能重获升迁。正由于此,台谏官即便只是"九品青衫",一经皇帝亲擢,"即权重宰相"②,对官员的弹劾和对帝王的谏言,就较少顾忌。一旦高宗拒谏,甚至恼羞成怒,反而会提高他们的声望。在这种情况下,也迫使高宗接受谏言,以换取"善于纳谏"的美名。

三是认识到言官和士大夫所提谏言,有利于巩固自己的统治。高宗与一般目光短浅的帝王不同,他认为言官皆是自己亲自拔擢的忠臣廉吏,士大夫则见识深远,言词多有可采。两者所提谏言,并不怀有个人私利,即使与事实不符,也是情况不明所致,并无恶意。相反,那些贪官污吏、拍马逢迎的官员,本身心虚,岂敢去"逆龙鳞"? 这也是他善于纳谏的一个重要原因。

南宋后来的帝王,对于臣下谏言,大都采取包容的态度(是否能够改正错误,当另作别论),应该说高宗在其中开了一个好头。此外,允许士大夫说话,在客观上也有利于南宋学术思想的活跃和文化的繁荣。

第二节　高宗的节俭

一、减少营造兴作,不搞游燕等活动

建炎三年(1139)八月,高宗对辅臣道:"用兵与营造,最费国用,深可戒也。"③绍兴二十五年(1155)十一月,高宗再次告诫近臣:"自古帝王多事土木台观,游燕田猎,朕皆不好,正恐有害吾民。如敷出许多锦帛,决致科扰,岂可不禁? 朕深居九重,百姓愁叹之苦,朕安得知乎?"④

---

① 《长编》卷二一〇,熙宁三年四月午壬条,第5106页。
② [宋]黄震:《黄震全集·逸编·本朝》,浙江大学出版社2013年点校整理本,第3303页。
③ 《皇宋中兴两朝圣政辑校》卷五《高宗皇帝五》,建炎三年八月丙寅条,第176页。
④ 《系年要录》卷一七〇,绍兴二十五年十一月戊午条,第2941页。

因此,高宗在位时对宫殿和各个机构的建筑管控甚严。绍兴元年(1131)秋天,高宗决定从绍兴移跸临安,为修建皇宫,命宦官杨公弼和知临安府徐康国共同负责此项工程。徐康国提出需新建房屋一百间,杨公弼提出需新建三百间。尚书省将两人的方案呈送高宗。高宗同意徐康国的方案,对杨公弼作了严厉训斥。他还下诏规定:"(房屋)不得华饰,只令草创,仅蔽风雨足矣。"①由于大内房屋建造得极其简朴,故一百间房屋仅仅用了一个多月时间就全部竣工。建屋期间,有人提出可以借住附近的僧寺,高宗认为僧众募钱建寺也不容易,没有听取,只让部分人员暂时留驻绍兴府。

绍兴前期,可以称得上大殿的只有一座,也极为简陋,"见群臣、省政事,则谓之后殿,食后引公事则谓之内殿,双日讲读于斯,则谓之讲殿"。后来这座一殿多用的大殿,因为栋梁朽蚀,有倒塌的危险,只得以毗邻的射殿权充。而射殿"极卑陋,茅屋才三楹,侍臣行列,巾裹触栋宇"②,可谓寒碜至极。时值多春雨,皇宫道路不及整修,泥泞难行,早朝的官员走路需要十分小心。

宋、金和议以后,南宋的财政状况有了好转,高宗开始在凤凰山陆续建造宫殿,但数量并不多。作为正殿,只有崇政、垂拱两殿,其他"如紫宸、文德、集英、大庆、讲武,惟随时所御,则易其名。紫宸殿,遇朔受朝则御焉;文德殿,降赦则御焉;集英殿,临轩策士则御焉;大庆殿,行册礼则御焉;讲武殿,阅武则御焉。其实垂拱、崇政二殿,权更其号而已。二殿虽曰大殿,其修广仅如大郡之设厅。淳熙再修,止循其旧"。后来退位的帝后寝宫,有重华、慈福、寿慈、寿康四宫,重寿、宁福二殿,也与上述正殿一样,"随时异额,实德寿一宫"。这种做法,在历史上简直成了一种"创举"。在高宗的影响下,后来的南宋帝王虽然也建了不少宫殿,但规格都很一般,如孝宗所建的延和殿,是他日常最喜爱的听政之所,"其制尤卑,陛阶一级,小如常人所居而已"。③

---

① 《咸淳临安志》卷一《行在所录·大内》,第 4 册,第 3358 页。
② 《系年要录》卷六八,绍兴三年九月丙辰条,第 1145 页;《朝野杂记》甲集卷二《今大内》,第77 页。
③ 《宋史》卷八五《地理一》,第 2105 页;《宋史》卷一五四《舆服六》,第 3598 页。

建康府虽建有行宫,但高宗手诏负责该项工程的官员,"第令具体而微,毋困民力"。并对身边的大臣道:"但令如州治足矣。若止一殿,虽用数万缗亦未为过,必事事相称,则土木之侈,伤财害民,何所不至?"①这种防微杜渐的思想,对于帝王而言,也难能可贵。元代史臣对比了北宋和南宋的宫殿建筑,以为:"汴宋之制,侈而不可以训。中兴,服御惟务简省,宫殿尤朴。"②是为确论。至于新建的一些宫观和官廨,除太庙和景灵宫外,规模都不大,而且大多数利用旧的建筑物改建而成。如枢密院,"在和宁门北,(以)旧显宁寺"改建③。太学、国子监,"即钱塘县西岳飞宅造"。大宗正司,以"魏惠宪王府旧址为之"④。此外,南宋政府为了扩大或建筑宫殿,难免要拆迁民居,从而影响到百姓利益。对此,高宗也有所考虑,不是一拆了之。绍兴十四年(1144)二月,为建筑皇太后韦氏外第时,有部分居民需要迁徙。高宗命临安府"倍支般挈之费,仍对拨官屋居之,毋令失所"⑤。此后,"倍支般挈之费"成了南宋政府的惯例。

中国古代帝王陵园,自东周以降都是一个庞大的建筑工程,秦朝的阿房宫固不待言,汉、唐的帝王陵园也是极尽高大雄伟之能事。据"汉氏之法","人君在位,三分天下贡赋,以一分入山陵","高坟厚垄,珍物毕备",由此可见工程的庞大和随葬品数量之丰富。在汉朝,帝王"即位之初,便营陵墓,近者十余岁,远者五十年,方始成就"⑥。唐朝帝王陵园大都也是如此,在生前已经动工,动用民力皆在数十万人以上,历时几十年乃至上百年才得以筑成,为此几乎耗尽了国家财力。特别是太宗陵园——昭陵,周长六十公里,占地面积达二百平方公里,有的地宫深至一百尺,随葬品非常丰富。昭陵从贞观十年(936)首建,持续到开元二十九年(742),历时一百零八年才完全建成。

①　《系年要录》卷五五,绍兴二年六月己亥条,第997页。

②　《宋史》卷一五四《舆服六》,第3598页。

③　《咸淳临安志》卷四《行在所录·枢密院》,第4册,第3379页。

④　《咸淳临安志》卷八《行在所录·国子监》,第4册,第3427页。同卷《行在所录·大宗正司》,第4册,第3428页。

⑤　《系年要录》卷一五一,绍兴十四年二月甲午条,第2570页。

⑥　[后晋]刘昫等:《旧唐书》一七二《虞世南传》,中华书局1975年点校本,第2568—2569页。

唐高宗与武则天的合葬墓——乾陵,规模也是空前,陵园周围就达四十公里。位于河南巩义的北宋八陵,整个陵区面积虽远逊于唐朝,但也有一百五十六平方公里①。高宗则一反前代帝王的做法,对自己身后的安排,要求做得尽量简朴。这方面与他的丧葬理念有一定关系。绍兴九年(1139)六月,高宗对秦桧道:"山陵事,务从俭约,金玉之物,断不以一毫置其中。前世厚葬之害,可以鉴矣。"②后来高宗的陵墓也安葬在会稽县上皇山,规格同样不高,虽言"权攒",最主要的原因还是为了节省人力和财力。由于高宗的"率先垂范",后来陆续建成的南宋其他五个帝王墓陵,大致都相仿。"宋六陵"全部面积只有二点二五平方公里。高宗陵园建成时,山陵使、右相周必大就有"陵域相望,地势殊迫"③之叹。此后尤然。据笔者实地考察,各陵间距,最远的不超过一公里,有的竟近在咫尺间,故只能取一个"权攒"的称号,聊以自慰。由于南宋六陵皆为薄土浅葬,历经七八百年以后,地上遗存已荡然无存。地下遗物,据浙江省考古研究所专家近年来的考古发掘,除了发现部分陵墓的夯土台基、磉墩、石板及散落的砖瓦构件以外,也基本无存。造成这种现象的原因,除了南宋灭亡后,遭到元僧杨连真伽的大规模盗掘和后来的各种破坏以外,陵墓建筑本来就比较简单也是一个重要原因。对此,本书后面还将说到。

历代帝王或为显示自己的权势和尊严,或为政治上和宗教上的某种目的,或完全是为了游山玩水,总要离开京城,到外地"巡行"。于是成千上万的官员、士兵都要蜂拥跟随而行。他们所到之处,犹如蝗虫般吃空州县,甚至破坏道路和桥梁。回跸后,又有滥赏。扰民之烈,费用之巨,非同一般。可是,南宋却是一个例外,这与高宗开了一个好头不无关系。南宋正式定都临安后,除绍兴三十一年高宗因金完颜亮南侵之故,离开临安府前往建康府"亲征",历时一个月外,没有离开过临安府一步。甚至普通百姓经常去游玩的西湖,因害怕扰民而很少去。影响所及,后来的帝王也与高宗一样,没有人离开过临安府到外地"巡行"。

---

① 参见陈朝云:《南北宋陵》第二章《北宋陵的营建》,中国青年出版社 2004 年出版,第 3 页。
② 《系年要录》卷一二九,绍兴九年六月乙卯条,第 2173 页。
③ 《周必大集校证》卷一七三《思陵录》下,第 2675 页。

汉唐至北宋,国家每遇大庆,或帝王生辰、正旦、上元,总要"大宴群臣",规模大,次数频繁,费用惊人。以北宋为例,据《文献通考》记载:

> 御赐宴之仪。宋朝常以春秋之季月及诞圣节,择日大宴群臣于广德殿,有司预于殿庭设山楼排场,为群仙队仗,六蕃进贡九龙五凤之状。司天鸡唱楼于侧,殿上陈锦绣帏帘,垂香球,设银香炉于楯内,藉以文茵,御设茶酒器于殿东北楯间,群官醆斝于殿下幕屋。分设宰相、使相、三师、三公、参知政事、东宫、三师、仆射、学士大夫、中丞、三少、尚书、常侍、宾客……宰相、使相坐以绣墩,参知政事以下用二蒲墩花球,军都指挥以上用一蒲墩。自朵楼而下,皆绯张毡条席。殿下器:上以金,余以银……宰相升殿进酒,各就坐,酒九行。每上举酒,群臣立侍,次宰相,次百官举酒……更衣赐花有差。宴讫,舞蹈拜谢而出。①

太祖兄弟嗜酒如命,他们还经常以郊祀、籍田、上元观灯、节度使赴镇,乃至观稼、校猎、游幸所至等各种名目宴请群臣。一次太宗在宴会上频频向群臣劝酒,他说:"天下无事,良辰宴会,无辞尽醉。""饮讫,以虚爵示群臣,凡觞数行。"②难怪在宋代的祖宗"家法"中,就没有"不酗酒"一条。可是高宗则不然,在他在位期间,人们看不到其有"大宴群臣"的记载,这也为南宋后来诸帝作出了榜样。

高宗在位时减少营造兴作,不搞游燕活动,对节省民力,与昔日徽宗朝大肆糜费国帑,搞"丰亨豫大"建筑,造成生民重困相比,不啻有天渊之别。这对减轻国家财政负担无疑有着积极意义。

二、衣食住行,自奉甚俭

高宗自谓:"朕在宫中,服食器用,惟务节俭,不敢分毫妄费。常戒左右

---

① ［宋］马端临:《文献通考》卷一〇七《王礼二》,中华书局 2011 年点校本,第 3272 页。
② 《宋会要辑稿》礼四五之三,第 3 册,第 1713 页。

曰：'此中视钱物不知艰难，民虽一钱亦不易出。周公作《无逸》，戒成王惟在知小民之艰难。'朕不敢忘也。"①高宗在位时生活上的节俭，确实有其值得称道之处。

先以衣着而言。绍兴二年（1132）二月，高宗一次外出，看到一家制衣作坊招牌上题有"供御绣服"字样，问之，乃十年前从汴京迁来铺户所使用的旧招牌，于是便下令毁撤此牌，不准再用。他说："不知者将谓旧习未除。朕所服者多缯素，岂复有绮绣也。"②绍兴七年十一月，有人向他反映嗣濮王仲湜生活奢侈，"卧榻亦滴粉销金等为饰"。高宗自言："顷在藩邸，犹用黑漆床。渡江以来，止用白木，上施蒲荐，素黄罗褥，素黄罗被三条而已。睡后岂复知有华好也。"③他这话应该是可信的。

高宗在吃食方面也相当节俭。北宋旧制，御膳日进一百二十品，钦宗减少为四十品。高宗即位后，"又加裁省，其后早晚共止一羊，不过数品而已"④。绍兴二年（1132）闰四月，吕颐浩告诉他，今年防秋，当用兵江淮之间，若车驾出巡，路上的供应可能会发生问题。高宗道："朕自艰难以来，奉身至约。昔为元帅，与士卒同甘苦。一日在道绝粮，朕亦终日不食。今居禁中，虽太官上食，间食彘肉一味。若在道路，虽无肉食，庸何伤乎？"⑤四年十二月，高宗道："韩世忠近以鲟鱼鲊来进，朕戒之曰：'朕艰难之际，不厌菲食。卿当立功报朕。至于进贡口味，非爱君之实也。'已却之矣。"⑥七年二月，他道："朕常日不甚御肉，多食蔬菜。近日颇杂以豆腐为羹，亦可食也。水陆之珍，并陈于前，不过一饱，何所复求？过杀生命，诚为不仁，朕实不忍。"⑦这种情况，至其晚年依旧不变，三十二年三月，他对宰相道："宫中平时服食器用，无非俭素，如彘肩、豆腐，间以供膳；器皿之属，亦无棱道，今御厨所用是

---

① 《系年要录》卷一四五，绍兴十二年四月辛巳条，第2452页。

② 《系年要录》卷五一，绍兴二年二月己卯条，第906页。

③ 《系年要录》卷一一七，绍兴七年十一月丙辰条，第1957—1958页。

④ ［宋］朱胜非：《闲居录》，引自《中兴小纪》卷一八，绍兴五年三月条，第225页。

⑤ 《系年要录》卷五三，绍兴二年闰四月壬子条，第974页。

⑥ 《系年要录》卷八三，绍兴四年十二月辛卯条，第1401页。

⑦ 《系年要录》卷一〇九，绍兴七年二月甲辰条，第1766页。

也。"右相朱倬听罢,建议将高宗的这种简朴生活记入国史、实录,"为后世法"。左相陈康伯也以为:"此盛德事,外间有未知者,岂可不书?"①更有甚者,高宗每次进膳,必置二副筷。用一副筷分别将自己喜欢的食物置于一个碗里,然后再从这个碗里取食,"食之必尽"。遇到盛饭太多,就用另一副筷,将多余的饭减去,然后再食。吴后问他这样做的原因,高宗回答道:"不欲以残食与宫人食也。"②

在历史上,耍鹰犬游畋、斗鸡走狗,以及追求宝货玩物的君主可谓比比皆是,如唐玄宗嗜好斗鸡,专门设立"护鸡坊",挑选"六军小儿五百人,使驯拢教饲"。一个年龄只有十三岁绰号"神鸡童"的贾昌,竟被封为"五百小儿长"③,备极荣华富贵。唐太宗、宋太祖,对飞鹰皆爱不释手,不时架在臂上把玩。高宗则不然。建炎元年(1127)十二月初二日,他为此下诏:"朕侧身寅畏,与二三大臣宵旰图治,罔贵奇玩,罔好畋游,罔昵近习使干政事,罔有邪封、墨敕以滥名器……访闻小人为奸,或诈欺请托,鬻爵是谋;或臂鹰走犬,畋猎是习。乃诳百姓,辄谓御前之物,朕之好恶何以昭示外人? 何以格于上帝? 虑近习余风未殄,朕不遑宁。仰三省、枢密院榜谕戒约,言官觉察弹奏。敢有违者,重置于法。并许人告,赏钱一千贯。内畋猎之人辄称御前鹰犬者,根治得实,配沙门岛。"④绍兴十三年,左迪功郎何侗撰《中兴龟鉴》,其中对高宗不喜宝货玩物的情况,作有集中记载,言其:

> 宝器异物,即命碎之,内府珠玉,即命投之,螺钿什物,悉皆销毁,幄帟文绣,一切屏去。销金、铺翠则有禁,龟筒、玳瑁则有禁,真珠、文犀则有禁。广州贡珠则罢,交趾献羽则罢,川蜀锦绣则又罢……上谓宰相曰:"损数十万缗,易无用珠玉,曷若惜财以养战士。"吾君之俭何如也。⑤

① 《系年要录》卷一九八,绍兴三十二年三月壬戌条,第3351—3352页。
② 《西湖游览志余》卷二《帝王都会》,第9页。
③ [宋]李昉:《太平广记》卷四八五《东城父老传》,中华书局2020年点校本,第3992—3993页。
④ 《宋会要辑稿》刑法二之九八,第14册,第8335页。
⑤ 转引自《皇宋中兴两朝圣政辑校》卷七《高宗皇帝七》,建炎四年三月己酉条小注,第224—225页。

又据朱胜非《秀水闲居录》载,绍兴前期,高宗的后宫并不多:"中宫未还,妃嫔有名位者,才二三人。其余宫监,并有职掌者,通不及百人。虽大禹之勤俭,不是过也。"①到他中晚年,受其宠爱的妃嫔,有姓名可考者,只有刘贵妃、刘婉仪两人,但对两人并未太过于放纵。其中刘贵妃"恃宠骄侈。尝因盛夏以水晶饰脚踏",招致高宗不满,刘婉仪因与王继先相往来,干预朝政,高宗便"托以他过废之"。②

三、却"羡余",拒贡献

"羡余"就是某些地方官为了向皇帝献殷勤,将搜括到的民脂民膏,以"羡余"的名义,直接孝敬皇帝,作为他的"私房钱"。

这里所谓的"贡献",主要有两种形式:一种是某些文武官员,以公私款项,购买稀罕之物,进贡皇帝,以行讨好。另一种是地方各州郡每年定期向帝王进贡当地所产的土产、方物,谓之"土贡"。

一般昏庸、腐朽的帝王,只要是臣僚送上来的财物,不管以何种名义,皆会照单全收,并且多多益善。可是高宗却不然。绍兴十三年(1148)八月,川陕宣抚副使郑刚中以当地"羡余"的黄金万两,向高宗献上,高宗对秦桧道:"顷年张浚尝献千五百镒(按一镒为二十两),是时有余财。卿可谕刚中,不必循旧,有余则进。若率于民,则不可也。"③另有一些地方官或在返京述职,或派遣专人直接向他献上金银财宝。对此,高宗一般都不接受。绍兴前期,茶马司官员经常用买马的钱,"以易玩好",进奉高宗。高宗道:"(是)举山泽之利而投之无用之地尔。"命左右"自今有来献者,皆却之"④。绍兴三十二年三月,一位大将觐见高宗,"以鞍马、宝货为献"。高宗以为,"惟马不可阙,余皆却之"。他对近臣解释道:"盖虑以进奉为名,公肆掊克,有害军政耳。"⑤道出

---

① 转引自《中兴小纪》卷一八,绍兴五年三月乙酉条,第225页。
② 《宋史》卷二四三《后妃下·刘贵妃传》《后妃下·刘婉仪传》,第8650页。
③ 《系年要录》卷一四九,绍兴十三年八月戊戌条,第2544页。
④ 《系年要录》卷七四,绍兴四年三月戊午条,第1223页。
⑤ 《系年要录》卷一九八,绍兴三十二年三月壬戌条,第3351页。

了所以却"贡献"的原因。

在中国古代,各地每年都要向最高统治者进贡土产和方物,甚至还有专门的《土贡录》,表明种类和数量。地方官则借土贡为名,趁机大肆搜括,使百姓不堪重负。高宗即位后,各地的土贡或被取消,或遭削减。以福州的特产荔枝为例,荔枝干:大中祥符二年(1009)岁贡六万颗,以后续有增加,到宣和时(1119—1124)增加到十四万三千四百颗。荔枝煎:大中祥符二年岁贡一百三十瓶、丁香荔枝煎三十瓶。圆荔枝:崇宁四年(1105)岁贡十万颗,以后续有增加,宣和中增至二十一万零六百颗。以上三项,至建炎三年(1129)皆罢。另有一种生荔枝,"绍兴初始贡,至二十四年因罢贡温州柑,亦令不得供进"①。二十五年十二月,安丰军进咸鲊、白鱼。高宗特下御笔谓:"朕不欲以口腹劳人,可下本军,自今免进。"次日,高宗又道:"温州柑桔、福建荔,去年皆令罢进,独蝛鲊、淮白,皆祖宗岁进之物,朕恐劳百姓,所以再降指挥住罢。"②

其他诸路"土贡",后来也大都被陆续罢去。这种情况,在以往历史上恐不多见。

四、高宗节俭的原因及其局限性

以上可知,高宗作为一个最高统治者,其节俭程度,在许多方面确实远超一般帝王。下面,我们不妨来探讨造成这一情况的原因何在?

一是深刻地吸取了北宋灭亡的历史教训。

"殷鉴不远,在夏后氏之世"。作为亲身经历了"靖康之难"的高宗来说,始终没有忘记这一惨绝人寰的奇耻大辱。绍兴四年(1134)十二月,高宗对宰相赵鼎道:"祖宗创业艰难,未尝不以躬俭为天下先。盖俭则不妄费,不妄费则征求寡而民心悦,此所以得天下也……宣和以来,世习承平之久,奢侈极矣,驯致祸乱,可不戒哉?"③某日,高宗与吴皇后来到离皇宫不远处的

---

① ［宋］梁克家:《淳熙三山志》卷三九《土俗类一·土贡》,中华书局1990年《宋元方志丛刊》本,第8242页。
② 《系年要录》卷一七〇,绍兴二十五年十二月己卯条,第2950页。
③ 《系年要录》卷八三,绍兴四年十二月乙亥条,第1395页。

东园游玩,当俩人进入一个园门时,竟"相视而泣,连称'相似、相似'"。此后,他每游东园,必定避开此门。"左右疑与故京宫苑有适似者,故重为之感伤"①。足见北宋灭亡一直成为高宗的心头之痛,注意节俭,就是为了不致重蹈覆辙。

二是军费支出浩繁,国家财政困难。

高宗前期,政府为了支持对金和伪齐的战争,极大地增加了对百姓的各种苛捐杂税,正如高宗自己所言,可称"费用无节,诛求无艺",罄其所有用于军事上,仍然捉襟见肘。绍兴和议以后,战争停止,军费仍占支出的十之八。此时,由于蠲罢了部分税收,各项建设花费亦多,财政状况也只略有改善而已。对此,本书在前面已有所述。

三是以身作则,以改变奢靡的社会风气。

绍兴八年(1138)二月,高宗与张俊论边事毕,告诫张俊道:"卿在此,无与民争利,勿兴土木之功……此事非难,但艰难之际,一切从俭,庶几少纾民力。朕为人主,虽以金玉为饰,亦无不可,若如此,非特一时士大夫之论不以为然,后世以朕为何如人主也?"②高宗屡次下诏严禁妇女以"销金翠羽"(简称"金翠")为服饰。他学习仁宗之法,首先从宫内做起,五年(1135)十二月,高宗对大臣道:"金翠为妇人服饰,不惟靡货害物,而侈靡之习实关风化。已戒中外及下令,不许入宫门,今无一人犯者。尚恐士民之家未能尽革,宜申严禁,仍定销金及采捕金翠罪赏格。"③七年十二月,高宗对赵鼎道:"朝廷法令备具,往往不能奉行。如销金、铺翠,立法甚严,禁中有犯,罚俸三月,无一人敢犯者。而闻士民之家,尚有服用,如铺翠一事,非特长奢靡之风,而残害物命,不知其数,朕甚矜之。俟军务少休,当更申严。且行下广南、福建,禁采捕者。"④十年三月,高宗对秦桧等言:"累禁销金、铺翠。朕性淡薄,服用朴素,故宫中无敢逾者。但闻富家大室,犹有以

① 《四朝闻见录》乙集卷二《宪圣拥立》,第69页。
② 《系年要录》卷一一八,绍兴八年二月壬戌条,第1976—1977页。
③ 《宋史》卷一五三《舆服五》,第3579页。
④ 《系年要录》卷一一七,绍兴七年十二月庚申条,第1960页。

金翠为饰，不惟费财害物，亦非所以厚风俗。""乃诏临安榜谕，限三日毁弃，违者重坐之。"①绍兴九年三月，为迎接韦太后从金朝归来，高宗告诉辅臣秦桧等道："太后归，一行从物务从简朴，如器等涂金可也。朕自即位，服食器用未尝妄费，卿等所知。"②二十七年三月，再诏："自今宫人以销金、铺翠为服饰者，令会通门讥察，犯人追赏钱千缗，经手转入皇院子等，并从徒二年科罪。"二十八年十月，高宗又以为："比年侈靡成风，如婚祭之类，至有用金玉器者，此亦不可不戒。"③不过，服饰、习俗之类，一旦成为风尚，实很难禁绝。尽管高宗为改变奢靡的社会风气，在宫内作出了榜样，但在民间收效依然甚微。

四是士大夫进谏的作用。

宋朝君主提倡"与士大夫共治天下"④，高宗又比较能够纳谏，因此在一定程度上有利于抑制他生活上的腐朽性。如绍兴五年（1135）闰二月某日，宰相赵鼎进宫奏事，见有人从外面移竹入宫。他奏事毕，"亟往视之，方兴工于隙地"。赵鼎问谁主其事？有人回答是入内高品黄彦节。赵鼎立即将黄彦节叫到身边，责之曰："顷岁艮岳花石之扰，皆出汝曹，今将复蹈前辙耶？"勒令他立下军令状，即日起罢役。翌日，赵鼎入对，言及此事，高宗道："前日偶见禁中有空地，因令植竹数十竿。非欲以为苑囿。然卿能防微杜渐如此，可谓尽忠尔。后傥有似此等事，勿惮，以警朕之不逮也。"⑤七年正月，徽宗病死朔漠的消息传来，高宗为之服丧，宫内椅子皆换成白色。有官员入见，问："此檀香椅子耶？"张婕好在一旁笑道："禁中用胭脂、皂荚多，相公已有语，更敢用檀香作椅子耶？"⑥时赵鼎为左相，张浚为右相，足见宰相管事已经深入后宫，高宗行事不得不有所顾忌。

---

① 《系年要录》卷一三五，绍兴十年五月丁丑条，第2262页。
② 《宋会要辑稿》后妃二之六，第1册，第278页。
③ 《中兴小纪》卷三八，绍兴二十八年十月庚寅条，第460页。
④ 参见拙著《论宋代士大夫的"共治"意识》，载《国际社会科学杂志》第37卷第3期，中国社会科学杂志社2020年9月出版。
⑤ 《系年要录》卷八六，绍兴五年闰二月丁未条，第1453页；《挥麈余话》卷一《赵元镇责黄彦节》，第211页。
⑥ 《老学庵笔记》卷一，第1页。

高宗的个人生活虽然相当节俭,对佛道两教也有比较正确的认识,但是也存在着一定的局限性。主要表现在两个方面。

第一,不惜花费巨款,兴建用来祭祀祖先和天帝的寺观、庙宇。

绍兴十三年(1143)建成,用来安放并祭祀自太祖、太宗以来祖宗神御(画像或塑像)的景灵宫,设内侍七人、道士十人、吏卒二百七十六人,每年用于祭祀的羊达二百四十口。此后又经二次增筑,范围更加扩大。十七年建成,作为奉皇帝本命星官的万寿观,设内侍二人、道士十一人、吏卒一百五十五人。该观道士岁费缗钱七百九十二贯,米一百二十斛。次年建成的太一宫,是祭祀天帝(北极星)之宫,共有六个大殿,一百七十楹房屋,每年供道士的口粮达五百斛之多①。至于太庙的内侍、道士、吏卒就更多,建筑更宏伟,每年为参拜、祭祀所费的钱物之巨,更在以上寺观、庙宇之上。

第二,赏赐无度。

以赐给柔福帝姬一人的钱论,在她返回南宋的十二年间,共达四十七万九千缗②。给韦太后的钱财物就更多:"俸钱月一万贯,冬、年、寒食、生辰各二万贯,生辰加绢一万匹,春、冬、端午绢各三千匹,冬加绵五千两,绫罗各一千匹。"③并建慈宁宫以居之。韦太后乃一介老妇,根本不需要这么多财物。娘家人中,只有其弟韦渊一人,此时已官至平乐郡王(从一品),可谓既富且贵。这是否是高宗为她提供给金人的"密赐"所需?令人遐想。高宗赐予其他宗室、外戚的财物,也不在少数,兹不赘述。

如果说,太庙、景灵宫、万寿观和太一宫,作为国家的祭祀场所,从北宋建立以来,已有如此排场,高宗不得不因袭而为之,似乎尚有一解,但对后宫和宗室如此滥赏,以及"内禅"后开始享受豪华生活,并"颇属意玩好"④,就反映了他作为一个封建帝王的局限性。不过,应该实事求是地说,即使有这般花费,其奢侈程度也远不能与一般帝王的大规模兴作相比较。

---

① 《朝野杂记》甲集卷二《今景灵宫》,第 77 页;《万寿观》,第 79 页。
② 《鹤林玉露》乙编卷五《柔福帝姬》,第 206 页。
③ 《宋会要辑稿》后妃二之八,第 1 册,第 281 页。
④ [宋]岳珂:《桯史》卷四《寿星通犀带》,中华书局 1981 年点校本,第 40 页。

第十六章　关心民生，珍惜生命

高宗受后人诟病的地方虽然不少，但他在位的三十六年间，为使南宋国家能长治久安，不使统治集团内部的矛盾尖锐化，为政尚称宽厚，他虽然支持秦桧对抗战派大臣及与之有牵连的人进行迫害，但还是有一个底线，即不轻易杀大臣（岳飞父子和张宪除外）。即使对于张孝纯、李邺等投降金人的子弟，依然给予任用，也显示了他的宽容。高宗说："中原陷没，致士大夫不幸污于僭逆，皆朕之过。朕备尝艰难，不忘恢复。盖欲拯之涂炭，咸与惟新，要使人人知朕此意。"①此话虽然说得过于漂亮，但不是全为虚语。因此，高宗在位期间，对百姓特别是都下民生，尚称关心，无论是振粜饥民、医药救助，或是恢复公共墓地、关怀鳏寡孤独，都足有可以肯定之处。他所提出的要"兼爱南北之民"。恐怕是秦汉以来历代统治者从未有人提出过的远见卓识，值得引起人们的重视。高宗这种对生命的关爱，是否是性格使然，抑或隐藏着某种权术，尚值得作进一步研究。

第一节　高宗对民生的关心

一、对饥民的振粜和救助

建炎、绍兴之际，金兵入侵，游寇蹂躏，生产遭到极大破坏，江浙湖广各

---

① 《中兴小纪》卷一七，绍兴四年十一月戊辰条，第217页。

地,不时发生严重饥馑。面对这种状况,南宋政府尽管财政极度困难,自顾不暇,但还是设法振粜饥民。采取的措施多种多样:一是"发常平义仓,或济,或粜,或贷"。一是"以爵赏诱富人相与补助"。绍兴元年(1131)高宗下诏,出粟济粜者赏各有差:"粜及三千石以上与守阙进义校尉,一万五千石以上与进义校尉。"一是下诏"拨上供米振之"。一是"诏闭粜者断遣"。一是鼓励富民劝分。一是奖励地方官行荒政有成绩者。①

尔后,又降低对因遭到水旱灾害而行振济的条件。绍兴二十八年(1158)夏,"浙东西田苗损于风水,诏出常平米赈粜,更令以义仓赈济。在法,水旱检放及七分以上者济之。诏:自今及五分处,即拨义仓米赈济"。②

高宗为了防范出现民变,对于贫民的求助一直比较重视。绍兴三年九月,高宗下诏:"凡遇水旱灾异,监司、郡守即具奏毋隐。"③六年正月,高宗以雪寒,想到贫民于此时生活一定更加困难,便"命有司赈之"。翌日,他对宰相张浚道:"朕居燠室,尚觉寒,细民甚可念。若湖南、江西旱灾去处,亦宜早措置赈济民既困穷,则老弱转于沟壑,强悍者流为盗贼。朕为民父母,岂得不忧。"对此,他仍然放心不下,对近臣道:

> 岁饥,民多流殍,朕心恻然。官为发廪以赈给之,则民受实惠。苟为不然,虽诏令数下,恐徒文具耳。宜申饬有司,多方措置米斛。江东西、湖南北、福建、浙东路,令逐路监司行下旱伤州县,恪意遵行。如奉行有方,别无流亡,当行旌赏。如流亡稍众,或聚而为盗,即重行窜责。并令帅臣、监司比较优劣,保明来上,取旨赏罚。④

绍兴三十一年四月,以久雨伤蚕、麦,盗贼间发,高宗"命侍从、台谏条上弭灾除盗之策。出天申节银十万两,加充户部籴本"⑤,以行赈济。

---

① 《宋史》卷一七八《食货上六》,第 4340 页。
② 《文献通考》卷二六《国用四·赈恤》,第 255 页。
③ 《宋史》卷二七《高宗四》,第 506 页。
④ 《系年要录》卷九七,绍兴六年正月辛未条,第 1647 页;甲午条,第 1656—1657 页。
⑤ 《宋史》卷三二《高宗九》,第 600 页。按南宋定高宗生日为天申节。届时,各州郡要向高宗贡献生日礼金。

应当说，高宗对民生的关心并非一时一事，即使他"内禅"之后，也是如此。如孝宗淳熙八年(1181)正月元日，他与孝宗在宫中饮酒，正值大雪纷飞，孝宗道："今年正欠些雪，可谓及时。"高宗立即接下话题："雪却甚好，但恐长安有贫者。"孝宗道："已令有司比去年倍数支散矣。"高宗也马上命身边的提举官于本宫中支取官会，"照朝廷数目发下临安府，支散贫民一次"。①

在高宗的影响下，南宋政府对都下灾民的赈济更是值得一提。"凡遇寒、遇暑、遇雨、遇火、遇赦及祈祷即位，生辰上尊号，生皇太子，晏驾大祥之类，临安之民暨三衙诸军，时有振恤及放商税、公私房赁"②。宋末元初著名学者周密，曾长期生活在临安府，目睹了这一臻于完善的救助措施，深受感动，以致发出了"民生何其幸与"③的感叹。

二、对民众的医药救助

绍兴六年(1136)正月，宋、金战争尚未停息，高宗应权户部侍郎王俣之请，在临安府置行在"熟药所"，"给卖熟药"，分东西南北四所。十八年闰八月，改熟药所为"太平惠民局"④，其中一所称"太平惠民和剂局"，以制造药物为主。"太平惠民局"统一收购药材，制造药物，以保证药材质量和平抑药价。绍兴二十一年二月，下诏各州设置"惠民和剂局"。和剂局既是药局，又配有医生，形成了一套较为完整的医药体系。高宗同时下令，"州县药散民，仍命毋多取利"。即使对于关押在监狱里的囚犯，高宗也要求大理寺及州县等执法单位"支官钱，合药以疗病"。从绍兴二十一年起，规定所支官钱为：大理寺京府节镇一百缗，各州六十缗，三衙各五十缗，大县三十缗，小县二十缗。在民间有疫情时，则免费施药。高宗还应臣僚奏请，"虑四远药方差误"，"以监本方书印给"⑤，推动

---

①　《武林旧事》卷七《乾淳奉亲》，第123页。

②　《宋史》卷一七八《食货上六》，第4341页。

③　《武林旧事》卷六《骄民》，第96页。

④　《系年要录》卷九七，绍兴六年正月壬申条，第1647页；《咸淳临安志》卷九《行在所录·监当诸局》，杭州出版社2009年《宋元浙江方志集成》本，第1册，第381页；[宋]谢维新：《古今合璧事类备要》后集卷五〇《监太平惠民局》，影印文渊阁《四库全书》本，第940册，第173页。

⑤　《系年要录》卷一六二，绍兴二十一年十二月癸未条，第2805页。

了医药知识的普及。绍兴十六年六月,天气炎热,临安府疫病流行,高宗派遣翰林医官四员,巡行城内外各地,"诊视居民,合用药于和剂局应副","至秋乃止"①。这一做法,后来成为制度,一直实行到南宋末年。在高宗的影响下,以后各朝都比较重视对临安府百姓的医药救助。理宗淳祐八年(1248)五月,朝廷命临安府建立"施药局",此局既制药,又看病,"随症畀药,日以为常"。淳祐十年二月,朝廷又给施药局十万文钱作为经费,"令多方措置,以赏罚课督医者,月以其数上闻"。有些百姓即使不去就诊,只要向施药局诉说自己的病症,"亦畀之药"。据说实施这一制度以后,"民蒙更生,不知其几"②,几可视同当代的全民医保。不过,这仅仅局限于都城临安地区,地方就不会有如此好的医疗条件。

绍兴二十五年(1155)十月,高宗还将自己所获医治感冒发热的知识,写成饬文,命临安府"出榜晓示百姓"。其文谓:

> 访闻今岁患时气人,皆缘谬医例用发汗性热等药,及有素不习医、不识脉症,但图目前之利,妄施汤药,致死者甚众,深可悯怜。据医书所论,凡初得病,患头痛、身热、恶风、肢节痛者,皆须发汗,缘即今地土、气令不同,宜服疏涤邪毒如小柴胡汤等药,得大便快利,其病立愈。③

笔者向有关中医师请教,回答说:小柴胡汤确实可以用来治疗感冒发热等症状,效果良好。帝王亲自向都下百姓传授医药知识,这在历史上恐怕还是第一次。

---

① 《系年要录》卷一七九,绍兴二十八年六月丙申条,第 2972 页。按卷一五五,绍兴十六年六月己未条载,暑天为临安府城内外百姓治病之事,绍兴十六年已经开始,未知孰是。

② 《咸淳临安志》卷八八《恤民》,杭州出版社 2009 年《宋元浙江方志集成》本,第 4 册,第 4174 页。

③ 《咸淳临安志》卷四〇《戒饬民间医药》,杭州出版社 2009 年《宋元浙江方志集成》本,第 4 册,第 3723 页。

三、恢复漏泽园制度

漏泽园是安葬没有葬身之地的贫民百姓和各种无主骸骨的公共墓地，又称义冢。北宋徽宗崇宁三年(1104)，始建于开封府，其后因为财政困难而中辍。绍兴十四年(1144)四月，高宗下诏，命钱塘、仁和两县恢复这项制度，"选僧二名主管，月给常平钱五贯、米一石，葬及二百人者，申朝廷，赐紫衣"，以加奖励。接着，又下诏全国州郡，要求普遍设立漏泽园。后来钱塘、仁和二县管辖的漏泽园，增加到十二处之多。①

四、对鳏寡孤独和患疾病百姓的救助

北宋元符年间(1098—1100)，哲宗在提举成都府路常平事姚孳的提议下，诏命在全国范围内设置居养院、安济坊等救济机构②。居养院，又称养济院，是安置鳏寡孤独及无依乞丐的机构，安济坊是收养和医治患病贫民的机构。然而行至徽宗朝后期，也因财政困难而罢废。

绍兴二年(1132)，高宗移跸临安后，尽管国事艰难，还是下诏临安府"置养济院"。绍兴十三年十月，又下诏置安济坊，"自十一月一日起，支常平钱米，止(至)次年二月终。每名日支米一升，钱十文，小儿半之"。又于临安府"中、东、西就两僧寺，官给薪米，爨熟以食贫丐之人，每寺日支三石"③。在居养时间上，自绍兴二十九年起，"又屡降指挥，展半月或再展"④，此后逐渐形成制度。对于这种救济，高宗给予很高的评价，一次他对秦桧说："此事所济甚大，苦寒之时，贫者遂得以活也。"时在藩邸的普安郡王

---

① 《咸淳临安志》卷八八《恤民》，杭州出版社2009年《宋元浙江方志集成》本，第4册，第4175页。

② ［宋］罗浚：《宝庆四明志》卷八《郡志八·叙人上·姚孳》，中华书局1990年《宋元方志丛刊》本，第5084页。

③ 《大学衍义补》卷一五《治国平天下之要·固邦本悯民之穷》，影印文渊阁《四库全书》本，第712册，第224—225页。

④ 《咸淳临安志》卷八八《恤民》，杭州出版社2009年《宋元浙江方志集成》本，第4册，第4174页。

（孝宗），"每遇天寒雨雪淹久，都下居民有甚贫而无所得食者，必命辍俸米以赈之，岁以为常"。①

养济院、安济坊的设置，不仅在南宋许多地方得到推广，甚至影响到了邻国。金熙宗皇统元年（1141，南宋绍兴十一年），金统治下的陕西地区大旱，"饥死者十七八，以（傅）慎微为京兆、鄜延、环庆三路经济使，许以便宜。慎微募民入粟，得二十余万石。立养济院，饲饿者，全活甚众"。②

漏泽院、居养院、安济坊的设置，在南宋有关方志中虽然多有记载，周到和完善程度，根据当地经济情况，当然会有所不同。作为首善之区的临安府及京畿地区的百姓，享受到的待遇肯定比其他地方要好一些。因此，对高宗朝的政府求助，实难作出统一评价。

第二节　从珍惜生命到"兼爱南北之民"

一、高宗对生命的珍惜

高宗虽然冤杀过岳飞等人，却不是一个残暴的统治者。他禁止捕猎鸟兽，更珍惜人的生命，反对滥杀无辜，对此史书也多有记载。

唐、宋富贵人家的妇女，有以鸟类彩色羽毛作为服饰、头冠的爱好和习俗，因此需要捕杀大量翠鸟，取其羽毛，高宗屡次下诏禁止，并表示待战争停息后，将禁止在福建、广南等地捕捉鸟类。对此，本书在前面已有所述。

绍兴二十年（1150）二月，高宗遵循太祖、太宗两朝禁止在春天捕杀鸟类的传统，正式向全国下诏，"禁民春月捕鸟兽"，"犯者杖八十"③。由此可见，高宗不仅禁止在鸟类繁殖时期捕杀鸟类，也禁止在这个时期捕杀一切鸟兽。这道禁令实行起来难度很大，必将成为具文，但从保护野生动物的角度来

---

①　《系年要录》卷一六二，绍兴二十一年十月癸未条，第2803页。

②　《金史》卷一二八《傅慎微传》，第2763页。

③　《宋史》卷三〇《高宗七》，第571页；《宋史全文》卷二一下，绍兴二十年二月庚戌条，第1740页。

看,还是具有一定意义。

史言高宗:"性仁柔,其于用法,每从宽厚,罪有过贷,而未尝过杀。"此说并非空穴来风,具体表现在以下几个方面。

首先,加强法制建设。

在宋朝,作为原则性的法规有《刑统》,随时损益则有编敕。南宋建立之初,执法多据吏胥省记,从中常有舞文玩法的情况发生。绍兴元年(1131),国家虽立足未稳,高宗已命人修订编敕,名为《绍兴敕令格式》,条款多达七百零六卷,后来便成了历朝续修新编敕的依据。

其次,减轻对盗窃罪的量刑。

宋朝建立后,一直以绢匹来计赃罪。北宋末年,以一千三百文为一匹,窃盗至二贯者徒一年。绍兴二年(1132),随着绢价的增长,改作以二千文为一匹,盗至三贯者徒一年。三年,复诏以三千文为一匹,"窃盗及凡以钱定罪,递增五分",从而使犯盗窃罪者的量刑有所减轻。

第三,规范狱具。

高宗要各地州县官依式样检查和纠正枷、笞、杖的重量和必须注意的事项。如枷,须以干木为之,轻重、长短刻识其上;笞、杖不得留有桩节,亦不得在上面有钉饰及加筋胶之类,"仍用官给火印。暑月,每五日一洗濯枷杻,刑寺轮官一员,躬亲监视"。十二年,御史台检查钱塘、仁和两县狱具,发现钱塘大杖,一多五钱半;仁和枷,一多一斤,一轻半斤。"诏县官各降一官"①。这些看似小事,但对犯人来说,却是一件大事,它多少可以减轻一些皮肉之苦。

第四,"以人为本",改善犯人和证人的待遇。

南宋以前,禁囚如无人送饭,往往饿死狱中;作为犯罪的证人,在传唤中也毫无生活保障。绍兴十三年(1143),高宗下诏:"禁囚无供饭者,临安日支钱二十文,外路十五文。"十六年,又诏:"诸鞫狱追到干证人,无罪遣还者,每程给米一升半,钱十五文。"二十一年,再诏:"官支病囚药物钱。"②

---

① 《宋史》卷二〇〇《刑法二》,第4991—4992页。
② 《宋史》卷二〇〇《刑法二》,第4993页。

第五,纠正"狱空"中存在的弊病。

宋朝有"狱空"一说,即诸州郡特别是大理寺监狱因及时审判、处理犯人,所以在狱中没有一个犯人被滞留关押,谓之"狱空"。凡遇"狱空",大理寺和州郡官员就会得到朝廷嘉奖。但是这种所谓"狱空"的奏请,往往不实。正如绍兴十九(1149)年三月高宗对秦桧所言:"闻诸郡奏狱空,例皆以禁囚于县狱,或厢界寄藏,此风不可滋长。自今有奏狱空者,当令监司验实,如有妄诞,即行按治,仍命御史台察之。若不惩戒,则奏甘露、芝草之类,崇虚饰诞,无所不至矣。"①表明他深刻地认识到"狱空"所存在的弊病。有鉴于此,绍兴三十一年五月,他借大理寺奏称"狱空"之际,针对宋代"吏强官弱","民无所措",百姓不免会有含冤受屈的情况,要大臣们"宜思革此弊"。②

第六,不任酷吏,减少死刑。

绍兴三年十月,吏部员外郎刘大中奉使江南回,迁左司谏。高宗因思"大中奉使,颇多兴狱。今使为谏官,恐四方观望",乃改除秘书少监,并随即下诏:"用刑惨酷责降之人,勿堂除及亲民,止与远小监当差遣。"建炎、绍兴年间,民变蜂起,李成等游寇横行,南宋政府派遣韩世忠、张俊、岳飞等军队进行镇压,俘虏甚众。建炎四年(1130)十二月,同知枢密院事李回向高宗进呈诸路"盗贼"数,高宗问李回,你拟如何处置这些人犯?李回道:"臣意欲治数渠魁,当少戢。"高宗深以为然,他说:"卿意甚善。皆吾赤子,岂可一一杀之?第治李成辈三两人可矣。"③

第七,对于民变和兵变,主要通过招抚手段以行平息,反对滥杀无辜。

绍兴四年(1134)三月,杨幺领导的荆湖地区农民起义进入低潮,高宗告诉大臣:"皆朕赤子,何事于杀?"④是年七月,建昌兵变被平定的消息传来,高宗以为,官军一旦入城,难免玉石俱焚,因而"愀然不乐"地说:"斯民无

---

① 《系年要录》卷一五九,绍兴十九年三月丙申条,第2732页。
② 《系年要录》卷一九〇,绍兴三十一年五月甲申条,第3387页。
③ 《系年要录》卷四〇,建炎四年十二月丙戌条,第768页。
④ 《系年要录》卷七四,绍兴四年三月丙辰条,第1254页。

辜，遽遭此祸，其令有司优恤之。"①当时，只要是小规模的民变或兵变，基本上都是通过招抚的手段加以平定，至使当时民间流传着"仕途捷径无过贼，上将奇谋只是招；欲得官，杀人放火受招安"②的俚语。

此外，高宗在处理与少数民族的关系时，一直采取慎重的态度。

南宋外患严重，迫切需要一个安定的后方。加之当时的士大夫有一个共同的认识，即认为："凡边境安，则中国安。"③因此，高宗对少数民族的处理上，也比较慎重。他反对某些官员提出通过军事行动或利诱之法，将原属于羁縻州的"蛮地"改为由朝廷直属的"省地"的建议。主张尊重少数民族的风俗习惯和意愿，或顺其自然，或"以蛮治蛮"，力求与少数民族人民友好相处。绍兴六年（1136）七月，翰林学士朱震乞废靖州（羁縻州）为县（省地）。遭到高宗拒绝，他说："前朝开拓边境，似此等处，尤为无益。"又说："朝廷拓地，譬如私家买田，傥无所获，徒费钱本，得之何用？当时首议之臣深可罪也。"④绍兴十四年三月，秦桧等大臣在商量出任瑶人聚居地武冈军（湖南武冈）守臣的人选时，高宗告诫他们："瑶人当安不可扰，烟瘴之地，遣兵讨伐，视他处尤难，不可不慎。"⑤对广南西路静江府（广西桂林）一带的壮族，也采取同样的政策。所以在高宗统治的数十年间，除平定武冈军杨再兴的叛乱以外，没有产生过与少数民族的战争。受此影响，终南宋之世，境内各民族之间基本上做到了和谐相处。

高宗朝所实行的这些人性化政策和措施，使广大含冤受屈而被投入监狱的民众，在处境上有所改善，使生活在边疆地区的少数民族得以安宁，使尖锐复杂的社会矛盾有所化解，这些都应该予以肯定。

不过，刑政松弛再加上频繁的恩赦，也带来了某些副作用：它使一些罪大恶极之徒借机摆脱法律的制裁，继续为非作歹。自绍兴七年（1137）起，凡

---

① 《系年要录》卷七八，绍兴四年七月乙亥条，第1318页。
② ［宋］庄绰：《鸡肋编》中，中华书局1983年点校本，第67页。
③ 司马光语，见《长编》卷三七四，元祐元年四月辛卯条，第9064页。
④ 《系年要录》卷一〇三，绍兴六年七月己卯条，第1737页。
⑤ 《系年要录》卷一五一，绍兴十四年三月癸丑条，第2572页。

是赃吏,皆可"贷死,籍其赀"①,也无需刺配。赃吏得此恩贷,更是有恃无恐。南宋中后期吏治日趋腐败,就与高宗朝开始刑政日益松弛有一定关系。

二、"兼爱南北之民"

在南宋士大夫中,存在着一个共识,认为:"金人于我有不共戴天之仇。""靖康之难"必报。也就是说:不将金朝灭亡,誓不罢休。持此观点的人,见于史书记载,可称比比皆是。可是,高宗并不这样认为,他说自己"兼爱南北之民",也就是既爱南方民众,也爱北方民众。但这样便产生了以下三个问题:一是高宗所"兼爱"的北方民众,具体指哪些人?二是当时士大夫对高宗的这个"兼爱"说持何种态度,是赞成还是反对?三是高宗的"兼爱"说只是一种策略,抑或出自内心?目的又是什么?

对于第一个问题,我们且听高宗自言。绍兴五年(1135)正月,入侵淮南的金军与伪齐军被南宋军队打退,大批伪齐士兵向南宋投降。在辅臣进呈曲赦淮南事目时,高宗道:

> 敌虽退遁,然南北之民皆吾赤子,当示兼爱并容之意。②

绍兴六年(1136)十二月,刘光世、岳飞等南宋军队再次大败伪齐军后,将所俘虏的大批士兵"并行处斩"。高宗为此告诫刘光世、岳飞,要他们"毋或贪杀",其诏曰:

> 国家以叛逆不道,狂狡乱常,遂至行师,本非得已。并用威怀之略,不专诛伐之图。盖念中原之民,皆吾赤子,迫于暴虐之故,来犯王师,自非交锋,何忍轻戮?庶几广列圣好生之德,开皇天悔祸之衷。卿其明体朕怀,深戒将士,务恢远驭,不专尚威。凡有俘擒,悉加存抚。

---

① 《朝野杂记》甲集卷六《建炎至嘉泰申严赃吏之禁》,第147页。
② 《系年要录》卷八四,绍兴五年正月戊午条,第1415页。

将使戴商之旧,益坚思汉之心。蚤致中兴,是为伟绩。毋或贪杀,负朕训言。①

这里的"戴商",出自《尚书·汤誓》,意谓汤行仁政,故更受民众爱戴,这与后面的"思汉"意义略同。十一年三月,柘皋之战结束,宰臣向他介绍战场情况是:"战地横尸十余里,臭不堪行。"高宗听了,面呈悲色,伤心地说:

> 南北之民,皆吾赤子,驱冒锋镝,使就死地,朕不忍闻之。乃诏户部给钱,使葬其尸,仍作水陆道场,以慰其魂魄。②

六天后,秦桧告诉高宗,近报韩世忠、张俊等军队已接近濠州,岳飞军也已渡江去会,全歼金兵指日可待。高宗道:

> 首祸者惟兀术,戒诸将无务多杀,谋取兀术可也。澶渊之役,挞览既死,真宗诏诸将按兵纵契丹,勿邀其归路,此朕家法也。朕兼爱南北之民,岂忍以多杀为意乎?③

以上可知,高宗"兼爱"的北方民众,既指金朝与伪齐统治下的汉人,也指女真人甚至契丹人。

那么,南宋士大夫对高宗对待北方民众的这个态度,作如何评价呢?对此,大儒朱熹的评论最具代表性。他于宁宗初立之际,站在理学家的立场上,对高宗的"兼爱"说,作了十分严厉的批判,其谓:

> 今释怨而讲和,非屈己也,乃逆理也。己可屈也,理可逆乎?逆理之祸,将使三纲沦,九法斁。子焉而不知有父臣焉,而不知有君。人心

---

① 《系年要录》卷一〇七,绍兴六年十二月己亥条,第1797页。
② 《中兴小纪》卷二九,绍兴十一年三月乙巳条,第344页。
③ 《系年要录》卷一三九,绍兴十一年三月庚戌条,第2357页。

僻违而天地闭塞,夷狄愈盛而禽兽愈繁,是乃举南北之民而弃之,岂爱之之谓哉?且不曰爱其君父,而曰兼爱南北之民,其于轻重之伦,缓急之序,亦可谓舛矣。夫子为政以正名为先,盖名不正,则言不顺,事不成,而民无所措其手足。今乃欲舍复仇之名,而以讲好为观衅缓师之计,盖不惟使上下离心,中外解体,缓急之间无以应敌。而吾之君臣上下,所为夙兴夜寐以修自治之政者,亦将因循隳弛而不复振矣。①

朱熹从君臣父子的伦理观出发,坚持"君父"重于"民众"的陈腐观念,全盘否定高宗"兼爱南北之民"的主张。朱熹认为,高宗所以这样说,只是一种策略,即"以讲好为观衅缓师之计"。这种做法,将使"上下离心",从而造成极为严重的后果。

那么,高宗提出"兼爱南北之民",是否并非他的真实思想,仅仅是一种"缓师之计"呢?不妨通过对高宗具体言行的分析,加以辨别。

应当承认,高宗"兼爱"的北方之民,包括一般的女真和伪齐士兵,并非完全是一种策略,主要还是对他们深受战争之苦的怜悯和同情。绍兴六年,南宋在战争中俘获了大批伪齐士兵,侍御史周秘向高宗提议遣返这些士兵。高宗欣然赞同,他说:"秘此意甚善。朕方痛念西北之民皆吾赤子,进为王师所戮,退为刘麟所残,不幸如此。今当给与钱米,然后遣之使归。"②完颜亮被杀后,金军退师,有人提出趁机追杀,但是遭到高宗反对,他说:"大酋既已诛夷,余皆南北之民,驱迫而来,彼复何罪?今即日袭逐,可使只轮不返,然多杀何为?"当时,在淮西尚有三万金兵滞留和州(安徽和县)。宰相陈康伯等依旨,撰招安旗榜,"不惟诸国之人,虽女真亦一概与补官"。高宗以为:"彼虽夷狄,亦人也。比引见所招捉到金人,朕亦悉贷死。盖首恶止完颜亮一人耳。若概杀之,朕不忍为也。"③

---

① 《朱熹集》卷一三《垂拱奏札二》,第 509 页。
② 《系年要录》卷一〇六,绍兴六年十月乙卯条,1782 页。
③ [宋]刘时举:《续宋编年资治通鉴》卷七,绍兴三十一年十二月条,中华书局 2014 年点校本,第 161—162 页。

高宗反对战争,因为战争要死人,但对于侵略成性,主动挑起战争的女真军事贵族宗弼、完颜亮等人,却认为不可饶恕,这应该是他的一贯思想。绍兴七年十月,高宗道:"用兵则不免害及良民,止当诛其首恶,余悉纵之,乃善。"①十一年春天,淮西之战激烈进行,高宗道:"首祸者惟兀术,戒诸将无务多杀,惟取兀术可也。"②

高宗前后所言,反映了他一贯以来的思想,即不杀败退之敌,尤其是俘虏,诛其首恶即可。并将此看成为"朕之家法"。从而有力地驳斥了朱熹所谓高宗"兼爱南北之民",是一种"观衅缓师之计"的说法。

高宗"兼爱南北之民"的最终目的,并不限于不杀人或少杀人,而是争取持久的和平。绍兴十二年三月,高宗对大臣道:

> 朕兼爱南北之民,屈己讲和,非怯于用兵也。若敌国交恶,天下受弊,朕实念之。令通好休兵,其利溥矣。士大夫狃于偏见,以讲和为弱,以用兵为强,非通论也。③

绍兴十九年四月,高宗又道:

> 本朝真宗与契丹通和百余年,民不知兵。神宗虽讲武练兵,实未尝用。朕自始至今,惟以和好为念。盖兼爱南北之民,以柔道御之也。④

绍兴三十一年底,完颜亮被杀死,南侵失败。次年正月,金兵陆续开始北返,高宗告诉宰相陈康伯等大臣道:

> 朕料此事,终归于和。卿等欲首议名分,而土地次之,盖卿等事朕,

---

①　《系年要录》卷一一五,绍兴七年十月癸卯条,第1931页。
②　《系年要录》卷一三九,绍兴十一年三月庚戌条,第2357页。
③　《系年要录》卷一四四,绍兴十二年三月辛亥条,第2445—2446页。
④　《系年要录》卷一五九,绍兴十九年四月戊辰条,第2737页。

不得不如此言。在朕所见,当以土地、人民为上。若名分,则非所先也。
何者? 若得复旧疆,则陵寝在其中,使两国生灵不残于兵革,此岂细事?
至如以小事大,朕所不耻。①

综合以上高宗之言,可以知道他在处理民族和南北之民关系上的两手:
一是他所以要"屈己讲和","以小事大",并非害怕打仗,而是为了不使"天
下受弊"。用今天的话说,就是"用个人尊严换取和平",使"两国生灵不残
于兵革"。二是"以柔道御之",即希望通过民族之间的和解,争取民心,避
免再次爆发战争。这里的所谓"柔道",实寄寓了"化干戈为玉帛"的意思。
如果前者可以被看作是一种掩盖他"恐金病"的饰词,那么后者,从他的一系
列表现来看,则不应该怀疑其初衷。

在今天看来,处理历史上的民族关系及民族国家之间的关系时,还得遵
循"和为贵"的原则,骨肉相残,互相杀戮,绝非好事,使用武力,应为迫不得
已。至于国家的统一,虽为头等大事,一刻也不容缓,但一是要做到仁至义
尽,二是要等待时机。一旦条件成熟,容易水到渠成。古代众多少数民族的
内附和吴越国的纳土归宋,甚至金朝的灭亡,皆为明证。

---

① 《系年要录》卷一九六,绍兴三十二年正月壬辰条,第 3552—3553 页。

第十七章 "天纵其能，无不造妙"
——高宗的书法艺术

　　两宋科举，试卷实行封弥、誊录，铨试时又取消了唐时对书法的要求，读书人无论是参加科举考试或铨试入仕，书法好坏基本上已不再重要。由于缺少了这根考试指挥棒，宋代书法艺术的总体水平就比不上唐代。因此，唐代著名的书法家比宋代为多，这是事实。但是，在"重文抑武"这一基本国策的指导下，宋代习文之人却比唐代要多得多。首先从帝王而言，爱好书画已经形成为一种传统，正如宋高宗在《翰墨志》中所言："一祖八宗，皆喜翰墨。"①特别是其父徽宗，虽然是一个亡国之君，但书法水平之高，称得上是历代帝王中的第一人。在最高统治者的影响下，一般士大夫在仕宦之余，"游于学"者甚众，中间也不乏出现一些如苏、黄、米、蔡那样的书法名家。加之宋代学校教学大发展，形成了一支庞大的知识分子队伍，也为书法艺术奠定了更为广泛的群众基础，②此为唐代所远不能及。

　　进入南宋，书法环境一如北宋，在诸多帝王中又以高宗最有造诣。清人顾复说："南宋诸帝无不能书，皆取法于德寿（高宗）。"③明代学者陶宗仪认为高宗书法"善真行草书，天纵其能，无不造妙"④，评价之高，可以想见。

---

　　①　[宋]赵构：《翰墨志》，收入大象出版社2018年《全宋笔记》本，第9编，第二册，第89页。

　　②　参见邹锦良《南宋士人"好书"风尚探析——以周必大为例》，载《国际社会科学杂志》2016年第33—3期。

　　③　[清]顾复：《平生壮观》卷三《宁宗》，上海古籍出版社1995年《续修四库全书》本，第1065册，第263页。

　　④　[明]陶宗仪：《书史会要》卷六《都钱塘》，影印文渊阁《四库全书》本，第814册，第743页。

近代以来,人们对两宋书法的研究,如果以帝王个人论,主要对象当属徽宗无疑,对高宗则显得比较冷清。但是,近二十年来,随着南宋历史和文化日益受人重视,研究高宗书法的论著也随之增加,并取得了不俗的成绩①。不过这些研究基本上是纯艺术的,即就书法而论书法,很少有人注意到高宗的书法艺术与当时政治的关系。

实际上,高宗终生研习书法,不仅是一种个人爱好,还有一定的政治含义,这与徽宗的玩物丧志不可同日而语。此外,对于高宗研习书法艺术的历程和书法特点,也尚有进一步深入探讨的余地。

第一节　高宗研习书法的历程和书法特点

一、高宗研习书法的历程

高宗在做皇子时,在父亲徽宗的影响下,当然也不排除有某种遗传基因,就喜爱书法。绍兴二十九年(1159)七月,他对右相汤思退道:"朕自少时留心翰墨,至今不倦,然迄不能臻妙。"②后来又说:"顷自束发,即喜揽笔作字,虽屡易典刑,而心所嗜者,固有在矣。凡五十年间,非大利害相妨,未始一日舍书法。"③此处所说的五十年,当从他登基的那一年算起,至孝宗淳熙三年(1176),正是他七十岁时所说的话。实际上,他从幼年时候起,就开始研习书法,其对书法用力之勤,比之父亲徽宗,可以说有过之而无不及。正如学者方爱龙所说:"赵构对书法有着一种超乎常情的'偏爱',书法已经成为赵构生活的重要组成内容。也正是书法给他带来了一种超乎

---

① 参见曹宝麟《中国书法史·宋辽金卷》,江苏教育出版社 1999 年出版;方爱龙:《南宋书法史》,上海古籍出版社 2008 年出版;彭克清:《宋高宗书学研究》,山东大学 2008 年硕士论文;方爱龙:《宋高宗赵构和南宋帝王后妃的书法》,载《书法》2013 年第 1 期;吴一凡:《宋高宗书学审美初探》,载《美与时代》2016 年第 3 期;姚冯翀:《从南宋太学石经看宋高宗书法的取法——兼及石经书法的影响》,载《中国书法》2019 年第 12 期等。

② 《系年要录》卷一八三,绍兴二十九年七月乙巳条,第 3235 页。

③ 《翰墨志》,收入大象出版社 2018 年《全宋笔记》本,第 9 编,第二册,第 88 页。

寻常的自信力量,以至于每逢朝政大事,他几乎都要用书法来表达自己的意见和心情。"①

高宗的性格特点是柔软、守旧和多变,这里所谓的多变,当然不会摆脱守旧的范围。他的这个特点,在书法艺术上也有充分反映,即取法前人多,自己创新少。如南宋著名书法家杨万里(1127—1206)以为:"我高宗初作黄字,天下翕然学黄字;后作米字,天下翕然学米字;最后作孙过庭字,故我孝宗与今上皆作孙字。"②南宋学者楼钥(1137—1213)以为:"高宗皇帝自履大位,时当艰难,无他嗜好,惟以翰墨自娱。始为黄庭坚书,改用米芾,动皆逼真。至绍兴初,专仿二王,不待心慕手追之勤,而得其笔意,楷法益妙。"③南宋末年学者王应麟(1223—1296)则说:"高宗皇帝……自飞龙之初,颇喜黄庭坚体格,后又采米芾,已而皆置不用,颛意羲、献父子。手追心慕,曾不数年,直与之齐驱并辔。"④

上述三人,在叙述高宗书法的变化历程上,无论是书法类型和时间都有所出入。实际上,高宗在《翰墨志》里就开宗明义地诉说了自己研学书法的概况,他说:"余自魏晋以来至六朝笔法,无不临摹,或萧散,或枯瘦,或遒劲而不回,或秀异而特立。众体皆备于笔下,意简犹存于取舍。"从他流传于后世的众多书法作品来看,可以知道他的书法,除取法于张芝、黄庭坚、二王、米芾外,对隋之智永、唐之虞世南、褚遂良、孙过庭、张旭、五代的杨凝式等,都有所涉及。

若言高宗书法风格的变化,当是一个逐渐演变的过程,不可能是一种突变。也不是一个时期只研习一种书法,如绍兴九年六月,秦桧向高宗请求将"所赐御书真草《孝经》刻之金石,以传示后世"。高宗表示:"朕宫中无事,因学草圣,遂以赐卿,岂足传后?"⑤说明他此时也在学习草圣张芝的书法。

---

① 方爱龙:《南宋书法史》,上海古籍出版社 2008 年出版,第 10 页。

② [宋]杨万里撰,辛更儒笺校:《杨万里集笺校》卷一一四《诗话》,中华书局 2007 年笺校本,第 8 册,第 4367—4368 页。

③ [宋]楼钥:《攻媿集》卷六九《题跋·御书中庸篇》,影印文渊阁《四库全书》本,第 1153 册,第 152 页。

④ [宋]王应麟:《玉海》卷三四《绍兴书大成殿榜》,广陵书社 2007 年据清光绪九年《浙江书局本》影印本,第 2 册,第 644 页。

⑤ 《宋史全文》卷二〇下《宋高宗十二》绍兴九年六月辛酉条,第 1586 页。

因而,若以为高宗书法在不同时期侧重面有所不同,那是事实;如果将其划分成截然不同的几个阶段,则并不符合事实。

在高宗书法的研习历程中,如果从侧重面来看,大致可以分为这样五个时期。

第一个时期——自幼年到即位(1127)。这时候高宗的书法主要取法于父亲徽宗,可能还旁及张(芝)、二王、米(芾)诸大家。对此,高宗绍兴初年赐宋唐卿的序跋上也有道及:“昔余学太上皇帝字,倏忽数岁。瞻望銮舆,尚留沙漠,泫然久之。”①今天收藏于台北故宫博物院的《高宗手敕》,上面钤盖有“书诏之宝”的印玺,书体风格有着明显的瘦金体特征,这份赵构登基之初的书作,就是他早年模仿徽宗书法的明证。可是,南宋人很少提及此事,这中间恐怕有两方面的原因:一方面是后人评论高宗书法,多从其称帝时开始。另一方面是徽宗的名声不佳,如果言高宗书法曾取法其父亲,会有投鼠忌器之嫌。

第二个时期——从即位以后到绍兴五年(1135)前后。这时候高宗的书法主要取法于北宋著名书法家黄庭坚。

黄庭坚(1045—1105),英宗治平四年(1067)由进士入仕,自号山谷道人,世称黄山谷。年轻时曾游学于苏轼门下,为“苏门四学士”之一。他一生官职不高,终官吏部员外郎(从六品)、知太平州,但在文学上的造诣却很深,特别是他的书法,独树一帜,自成一家,苏轼称其为“山谷”体。黄庭坚的书法对徽宗有一定影响,尤其是“瘦金体”,多有模仿。两宋之交人、蔡京季子蔡絛的《铁围山丛谈》,记载徽宗少年时代的学习情况:“国朝诸王弟多嗜富贵,独祐陵在藩时玩好不凡,所事者惟笔研、丹青、图史、射御而已。当绍圣、元符间,年始十六七,于是盛名圣誉,布在人间,识者已疑其当璧矣。初与王晋卿诜、宗室大年令穰往来。二人者,皆喜作文词,妙图画,而大年又善黄庭坚,故祐陵作庭坚书体,后自成一法也。”②但当徽宗即位不久,政治风向大变,北宋著名四大书法家苏(轼)、黄(庭坚)、米(芾)、蔡(襄/京)四人中,

① 转引自[元]陆友仁《研北杂志》卷下,影印文渊阁《四库全书》本,第866册,第608页。
② [宋]蔡絛:《铁围山丛谈》卷一,中华书局1983年点校本,第5—6页。

苏、黄二人皆被打成党人,他们的著作和书法都遭禁止,徽宗当然不会让少年赵构去学习黄庭坚和苏轼的书法。当时,高宗尚年幼,不知瘦金体出自黄庭坚之手也未可知。

另一位著名书法家米芾(1051—1107),也深受徽宗赏识。米芾以母侍宣仁太后(北宋英宗皇后)藩邸旧恩,历仕地方州县。后徽宗将他召为书画学博士。在赐对便殿时,米芾上其子友仁所作《楚山青晓图》,擢除礼部员外郎,出知淮阳军,不久去世。徽宗如此赏识米芾,对后来高宗转学米芾书法,当然会有一定影响。

蔡襄(1012—1067)去世较早,历史上没有留下徽宗对他书法的评价。在这里也顺便提一下,蔡京的书法艺术虽然也十分了得,但在钦宗即位以后,他就被时人目为"六贼"之一,其书法也就不为时人所待见。

随着徽宗朝的结束,反变法派再度得势,黄庭坚的书法得到开放。特别是高宗即位以后,在"我爱元祐"的政治氛围下,高宗书法本来在其父亲影响下,学过"瘦金体",现在取法黄体,也就成为很自然之事。绍兴二年(1132)六月,高宗"颁黄庭坚所书太宗御制《戒石铭》于郡县,命长吏刻之庭石,置之座右,以为晨夕之戒"①一事,可以作为当时高宗喜爱黄庭坚书法的一个有力佐证。

第三个时期——自绍兴五年(1135)前后,到"绍兴和议"达成之际(绍兴十一年稍后)。这时候高宗的书法取向逐渐侧重于米芾。

这段时期高宗的书法取向所以向米芾倾斜,可能有这样几个原因:一是前面已经说到,与"(刘)豫方使人习庭坚体,恐缓急与御笔相乱"有关。二是高宗早对米芾的书法一直心向往之②,甚至学习过,只是范本不多,不能尽其所学而已。可是,就从这个时候起,他在米芾之子米友仁(1074—1151)③的

---

① 《系年要录》卷五五,绍兴二年六月癸巳条,第995页。

② [宋]刘克庄:《后村集》卷三二《题跋·米南宫帖》条载:"光尧尤喜书画,恨不与黄太史、米南宫同时。"四川大学出版社2008年点校本,第2644—2645页。

③ 关于米友仁的生年,世无争论,他一名虎儿,小名寅哥,可以证明确实生于熙宁七年(1074)。但是对他的卒年,今人多误以为是绍兴二十三年(1153)。考之《建炎以来系年要录》卷一六二记载,米友仁实去世于绍兴二十一年正月庚子,即公元1151年正月二十八日。其误出自南宋邓椿《画继》卷三《轩冕才贤·米友仁》条的记载,谓其"后享年八十",由此推算而造成失误。

全力帮助下,获得了米芾的大量书法作品,对他取法米芾有很大帮助。关于第二个原因,据岳珂说:

> 中兴初,思陵以万几之暇,垂意笔法,始好黄庭坚书,故《戒石之铭》以颁,而方国一札遂皆似之。后复好公(米芾)书,以其子敷文阁直学士友仁侍清燕,而宸翰之体遂大变,追晋辋唐,前无合作。珂家所藏诏墨几百轴,以岁月考之良是。故绍兴间公书尽归九禁,而世罕传。①

考之李心传《建炎以来系年要录》所载,岳珂之言皆与之相合,可谓信史。米友仁能传家学,在两宋之交也是一位书法家。早在绍兴五年前后,他还在地方为官时,已部分承担起为高宗搜寻、鉴定书画,并作题跋的任务。凡属米芾真迹,皆通过他收入内府,也就是全为高宗个人所有。米友仁也因此深受高宗青睐,"眷待甚厚"②。他在北宋末年以父荫入仕后,长期未得升迁。绍兴十二年十二月,终于升任为尚书屯田员外郎(正七品)。十四年五月,就擢至权兵部侍郎(从四品),次年闰十一月再擢为敷文阁待制、提举佑神观,奉朝请③,成为高宗身边真正的"书法待诏"。这样快捷的升迁,并能进入文学侍从行列,作为一个没有进士出身的官员来说,在有宋历史上甚为罕见。岳珂自言,家藏"诏墨几百轴",皆为米芾体,当为高宗在绍兴五年前后到十一年间陆续赐与岳飞的宸翰,从而证明这一时期高宗的书法取向主要是学习米芾。这与今人所谓绍兴十一年高宗的《赐岳飞批札卷》,"已经昭示着赵构个人书法风格(转向'二王')初见端倪"④,大致相暗合。

第四个时期——"绍兴和议"以后,到"禅位"孝宗之时(1162)。这时候高宗的书法取向逐渐侧重于"二王"。随着和平局面的出现,高宗有了更多

---

① [宋]岳珂:《宝真斋法书赞》卷一九《宋名人真迹·米元章书简帖下》,影印文渊阁《四库全书》本,第813册,第787页。
② 《系年要录》卷一五四,绍兴十五年闰十一月癸未条,第2642页。
③ 《系年要录》卷一四七,绍兴十二年十二月己未条,第2505页;卷一五一,绍兴十四年五月甲寅条,第2579页;卷一五四,绍兴十五年闰十一月癸未条,第2642页。
④ 《南宋书法史》,第18页。

时间来研习书法。历经数年侧重于对米芾书法的临摹和研习以后,在怀旧、复古思想的驱使下,便追本溯源,转向对书法界最高境界钟繇、二王书法的追求。绍兴十年十一月,他与秦桧论书时说:"学书必以钟、王为法,然后出入变化,自成一家。"①在米友仁长年为他广泛搜集和加以鉴定的书法作品中,有一些"二王"遗墨的摹本,也为他取法"二王"创造了有利条件。

第五个时期——晚年进入德寿宫到去世,即从绍兴三十二年(1162)到淳熙十四年(1187)。在高宗"禅位"以后的二十五年间,由于高宗已经完全摆脱了朝政,生活过得十分轻松,使他有条件潜心于"二王"书法的研习,并旁及以前无暇顾及的各种古法帖,特别是与"二王"有关的古法帖,孙过庭就是其中最具代表性的一位。孙过庭唐朝人,擅楷书、行书,尤长于草书,他取法"二王",人称唐人草书得"二王"法者无出其右,故深受高宗钟爱,这就是杨万里言其"最后作孙过庭字"的原因。在这时期,高宗既撰有出入"二王"、所得颇深、掺入个人面目的行草书,又有对各种古法帖的临作,可谓荡漾自如,随意所适。至此,大字、行草书开始"自成一家"。有学者对收入岳珂《宝真斋书法赞》卷二、卷三《历代帝王帖·高宗皇帝御书》著录的二十四种高宗书迹作了鉴定,认为其中的十一种是临习三国吴国皇象、西晋卫恒、东晋王羲之以及其他魏晋六朝人的法帖,在这些临帖上,有的钤有"德寿"小玺,可以证明它们都是德寿宫时期所作。②

二、高宗书法艺术的特点和后人的评价

关于高宗书法艺术的特点,在上面论述其书法研习的历程中,多少有所涉及,大致可归纳为这样几个方面。

一是研习的起步早,时间长,作品多,传世摹本也不少。

通过上面所引用高宗自言,知道他从幼年起就开始学习书法,说明他与书法结缘的时间长达七十余年,这在中国古代帝王的书法研习中,绝无出其

---

① 《中兴小纪》卷二八,绍兴十年十一月戊寅条,第340页。
② 《南宋书法史》,第24页。

右者。因为研习时间长,作品必然也多。时经八百余年,真迹虽然大多湮灭,但摹本却大量存世。其中的真迹和摹本,在今天北京故宫博物院、台北故宫博物院、上海博物馆、辽宁省博物馆和日本宫内厅书陵部、美国大都会艺术博物馆等单位都有收藏。

二是取法古帖多而全,集真行草体于一身,可称书法的集大成者,并初步建立起了自己的书法理论。

乾道七年(1171),高宗赐孝宗御书《真草行书》十卷,孝宗为此撰《光尧太上皇帝真行草书跋》,其云:

> 乾道辛卯春,被赐真行草书总十卷。臣下拜瞻玩,心目开明。窃惟书法自东汉迄于晋、唐,代有名家,然莫不祖述钟、张,宪章羲、献,而各得一偏,未有超轶拔乎其萃者。恭惟光尧寿圣宪天体道太上皇帝,高蹈羲皇之上,游戏翰墨之间,初若无意,而笔力所到,自得之妙,集乎大成。如春云行空,千状万态,远视前古,有不足述。因知天纵之能,心与神会,非众庶曲学之所可及也。帝王余事,犹能至此,顾不休哉!①

孝宗所言,意谓以往的书法家,或取法楷书鼻祖钟繇,或取法草书之祖张芝、或取法书圣王羲之、王献之父子,虽然都成了一方面的大家,但未能超过所学之人。而真正能集各种书法于大成,成就"远视前古"者,则非高宗莫属。孝宗之言,虽有夸大其父书法成就的成分,但也不是空穴来风,毫无根据。人们赞扬高宗的书法,言其楷书端庄,行书纯正,草书飘逸,皆有可观。从学习古法帖而论,笔法纯正,用笔通透,颇得魏晋神韵。他根据自己多年的书法实践,有一套比较成熟的书法理论,如云:"士于书法,必先学真书,以八法俱备,不相附丽。至侧字亦可正读,不渝本体,盖篆隶之遗风。若楷法既到,肄业行草,自然臻妙。"②可谓至论。又言:"学书惟视笔法精神。朕得王献

---

① 《咸淳临安志》卷七《行在所录·秘书省》,杭州出版社 2009 年《宋元浙江方志集成》本,第354 页。

② [元]盛熙明:《法书考》卷七《临摹》,影印文渊阁《四库全书》本,第 814 册,第 529 页。

之《洛神赋》六行,置之几间,日阅数十过,觉于书有所得。""学书必以钟、王为法,然后出入变化。"①皆为至论。其他有关书法理论,在《翰墨志》中多有论及,此处不赘引。高宗取得的这些书法成就,既与他家学渊源,兴趣爱好,勤奋研习有关,也与他作为一个帝王,具备了各方面的良好条件有关。

三是取法虽多,"自成一家"少,功力偶有所不足。

高宗书法虽然出入从东汉到北宋的历代书法名家,从中有所变换,加入了一些新的元素,但是始终没有建立起自己完整的书法体系,骨力和点画,有时也显不足。因此,在中国古代历史上,若以帝王论,他无疑可名列三甲之内,以整个书法界论,尚进不了最著名的书法家行列。

四是书法内容极为广泛。

高宗一生,除书写儒家经典以外(详见后述),据并不完全的统计,还先后写了《通鉴》《郭子仪传》《赵充国传》《光武纪》《车攻诗》《羊祜传》《裴度传》《大成殿榜》《兰亭集序》《天章寺书》《秘阁右文殿书》《玉册》《宣圣殿榜》,以及大量书札、诗词、题扇、坐右屏,甚至还有诏书②。用力之勤,可以想见。

五是书法内容、写作目的,部分具有政治含义。

对于这一点,本书将在后面再作论述。

南宋人对高宗书法的评价,正如前面所述,是一边倒的歌颂和赞美,当然并不意外。到元明以后,高宗虽然早已失去了帝王光环,人们对他在政治上的表现也多有讥议,但对其书法艺术的评价却依然很高。除上引顾复和陶宗仪的评价外,明人朱谋垔《画史会要》以为:"(高宗)书画皆妙作。人物、山水、竹石,自有天成之趣。"③明人张丑以为:"思陵锐意学书,多历年所,故其书楷法清逸,行草浑成,无不臻妙。"④另一位明代学者李东阳在《跋

---

① 《书史会要》卷六《都钱塘》,文渊阁《四库全书》本,第814册,第743页。
② 《玉海》卷三四《圣文·御书》,第643—646页。
③ [明]朱谋垔:《画史会要》卷三《南宋》,影印文渊阁《四库全书》本,第816册,第484页。
④ [明]张丑:《清河书画舫》卷一○上《南宋高宗》,影印文渊阁《四库全书》本,第817册,第380页。

宋高宗御书养生论后》中说："右嵇康《养生论》一卷,真草相间,用智永《千文》体,后有德寿御书印。德寿,宋高宗宫名……孝宗受禅,始尊高宗为太上皇,退处德寿。又十四年,年八十(一)而崩于是宫。此书盖倦勤时笔,计其年,当过耳顺,而楮墨精密乃如此,岂真有得于养生之说故欤?"①

　　近年,学者方爱龙对高宗书法有如下一段评价,显得更为公允和全面,足供学界参考,他说:

　　　　赵构作为中国历史上书法造诣较高的几位帝王之一,在艺术上显示出了较高的才华。他不仅习书勤勉,所作丰硕,而且技法纯熟,形成了相对稳定的个人风貌。虽然就整个中国书法史而言,赵构还难称为一代大家,而在南宋时代的一百五十余年中,他还是堪称传统技法全面的实力派代表人物,并有着开启南宋书坛风气之功。在书法创作、理论两方面对南宋一代以及后世产生了不容忽视的影响。②

第二节　高宗书法的政治含义和他的《御书石经》

一、高宗书法的政治含义

　　《四库》馆臣指责高宗:"当卧薪尝胆之时,不能以修练戎韬为自强之计,尚耽心笔札,效太平治世之风,可谓舍本而营末。"③意为当时的高宗,应该将全部精力投身于抗金事业上,不应该沉溺于书法。这实际上是对高宗研习书法的误解。要知道高宗是一个聪明人,也是一个善于接受历史教训的人,他的热衷书法,固然有个人爱好的方面,但不可能像其父亲那样玩物丧志,为爱书法而玩书法,而是在爱好书法的同时,经常借助于书法艺术,作

---

①　[明]李东阳:《怀麓堂集》卷七四《跋宋高宗御书〈养生论〉后》,影印文渊阁《四库全书》本,第1250册,第780页。

②　《南宋书法史》,第9—10页。

③　《四库全书总目》卷一一二《翰墨志》条,第955页。

为旌表和笼络臣僚的工具,并从中宣扬忠君爱国的思想,当然也不乏自我夸耀的成分。只有到了德寿宫时期,他不在其位,不谋其政,书法研习才逐渐失去了政治色彩。

南宋继承北宋旧制,皇帝诏令分外制和内制两种,内容大都与官员的除授有关。外制是对一般官员的除授和封赠的诏令。内制为对宰执大臣的拜罢,立后建储,庆寿,加尊号,行大礼,宣赦宥等国家大事的诏令。上述两种诏令,虽然文字对偶工仗,典故迭见,用词得体,体现了皇帝的意旨,但既非御书,更非御笔,都是借帝王之口的官样文章。可是,出自皇帝亲书,直接送达内外官员、前方将领,被时人尊称为宸翰或御笔、御书的敕令、手札、指挥、批文、诗文等,无论是内容、形式和作用,与一般的诏令却颇多区别。

在历史上,御笔之称虽首见于北魏,但直到隋、唐时仍很少有言御笔者。在明代,虽名御笔,但常由他人代笔①。御书则有两种含义:一指皇帝所收藏之书②,一指帝王亲书,但多有"御书待诏"为其重抄。造成上述情况的原因,多少与帝王懒政,或书法差,不愿自惭形秽有关。

进入以文立国的宋朝,太祖、太宗率先垂范,书法多有可观,御笔、御书也随之大量增加。特别是高宗,他既勤于政事,又颇多心机,从而成为将书法与政治相结合运用到极致的一位帝王。对于这一点,在他统治的前期表现得尤为突出。

首先,以亲札指挥战争,恩威并用,对将领极尽笼络之能事。

南宋初期,宋军事机构遭到彻底破坏,虽然建炎元年(1127)五月就建立起了御营司,"以总齐军中之政",以宰执出任御营司副。但是作为宰相的李纲,抗金虽然坚决,军事才能却平平,又受到黄潜善、汪伯彦的牵制,根本发挥不了作用。黄、汪则以保护高宗南逃为己任,谈不上如何去指挥战争。初

---

① 明世宗自言:"朕有御笔悉亲书。"足见明代皇帝的御笔,代笔者甚多。参见《四库全书总目》存目五六《谕对录》条,第503页。

② [唐]魏徵:《隋书》卷四九《牛弘传》载:"今御书单本,合一万五千余卷,部帙之间,仍有残缺,比梁之旧目止有其半。"中华书局1973年点校本,第1299页。《长编》卷五六,景德元年三月丁酉条载:"直秘阁黄夷简等上校勘新写御书凡二万四千一百六十二卷,校勘官六人赐缯帛有差。"第1232页。

出茅庐的高宗,不懂军事也可想而知。因此。南宋各路军队,互不相节制,处于各自为战的状态。建炎四年六月,虽恢复了枢密院旧制,以取代御营司,但它最初也没有多大权威,直属的军队,不过神武军和神武副军而已。当时,高宗虽然已经有御札给有关将领,但内容无非都是要他们务必阻挡金兵南下,而提不出战略和战术上的要求。

绍兴四年(1134)到五年,南宋逐渐形成了以刘光世、韩世忠、张俊、岳飞、吴玠为首的五支大军,并实施分区防守,南宋的抗金力量开始形成规模。经过多年的抗金战争,高宗也积累了一定的军事经验。当时的迫切任务,是如何从全局出发,统一部署诸军的作战计划,从中也可以显示自己的军事才力。于是,高宗给诸将的御札越来越多。绍兴四年春,朝廷命岳家军进兵中原,收复被伪齐占领的一些州郡。是年三月十四日,他给岳飞下达了第一个御札:

> 敕岳飞:矧卿忠义之心,通于神明,故兵不犯令,民不厌兵,可无愧于古人矣。今朝廷从卿所请,已降画一,令卿收复襄阳数郡。惟是服者舍之,拒者伐之,追奔之际,慎无出李横所守旧界,却致引惹,有误大计,虽立奇功,必加尔罚。务在遵禀号令而已。收复之后,安辑百姓,随宜措画,使可守御。不致班师之后,复有疏虞,始可回军,依旧屯驻。朕当重置赏典,以旌尔功。故兹笔喻,无慢我言。①

高宗在御札中,首先对岳飞进行了一番猛烈的夸奖,接着便对此次用兵收复州郡的界线和收复后如何处置,作了明确规定。最后表示:违反命令者有罚,遵守号令者有赏,以显示朝廷权威。

类似御札,既有给岳飞,也有给其他将领。如绍兴四年(1134)九月,高宗得知金和伪齐联军大举渡淮,形势十分危急。遂于十月初四日,以御札赐淮东宣抚使韩世忠,要他率所部自镇江渡江北上抵御,略曰:"今敌气正锐,

---

① 《鄂国金佗稡编续编校注》卷一《高宗宸翰》上,第1页。

又皆小舟轻捷,可以横江径渡浙西,趋行朝无数舍之远,朕甚忧之。建康诸渡,旧为敌冲,万一透漏,存亡所系。朕虽不德,无以君国子民,而祖宗德泽犹在人心,所宜深念累世涵养之恩,永垂千载忠谊之烈。"①六年十月,藕塘之战前夕,高宗亲札刘光世部将王德,"谕令竭力协济事功,以副平日眷待之意"②。十年(1140)五月,金朝败盟,六月初六日,高宗闻金军将发动对四川地区的进攻,立即亲札川陕宣抚使胡世将,"令率厉将士,保捍关隘,有能建立奇效,卓然出众,虽王爵节钺,亦所不吝"。十八日,川陕宣抚司奏捷至,高宗又以亲札赐胡世将:"石壁去河池不及十程,料北敌有窥川之意,卿须明远斥堠,勉励将士,要是虑常在敌先。仙人关虽险,切不可因循,纵敌稍近也。"③

以上众多亲札、御书,在军事上所起到的作用,确实超过了宰执大臣和枢密使的指挥功能。

二是以亲札、御书,大肆表彰和培养将领们对自己的忠诚。

建炎三年(1129)五月,苗刘兵变被平定,韩世忠献俘行在,高宗为表彰他"救驾"之功,"亲书'忠勇韩世忠'五字于白旗以赐"④。建炎四年八月,高宗手写《唐书·郭子仪传》给韩世忠,但是"世忠不亲文墨",于是高宗命身边大臣"呼诸将读示之"⑤。《郭子仪传》的主要内容,无非是写他在平定"安史之乱"中居功不骄,对唐肃宗、代宗的忠心和听话而已。

绍兴三年,岳飞在贺州(今属广西)境内大败游寇曹成,高宗将他召至行在,令系金带上殿,"赐御札于旗,曰'精忠岳飞',令行师必建之"⑥。对事事听命的杨沂中,赐名为存中,赞扬他"唯命东西,忠无与二,朕之郭子仪也"⑦。

---

① 《系年要录》卷八一,绍兴四年十月己卯条,第 1358 页。
② 《系年要录》卷一〇六,绍兴六年十月甲辰条,第 1778 页。
③ 《系年要录》卷一三六,绍兴十年六月己酉条,第 2283 页;辛酉条,第 2286 页。
④ 《会编》卷二一八,绍兴二十一年八月四日条,第 1572 页。
⑤ 《系年要录》卷三六,建炎四年八月丁丑条,第 708 页。
⑥ [宋]朱熹、李幼武编:《宋名臣言行录》别集下卷八,岳飞条,影印文渊阁《四库全书》本,第 449 册,第 594 页。
⑦ 《宋史》卷三六七《杨存中传》,第 11438 页。

绍兴三十一年,将领李宝率战船偷袭金完颜亮在山东的水师,获得大胜,高宗闻讯,下诏奖谕,"书'忠勇李宝'四字,表其旗帜"①。如此等等,不一而足。在表彰将帅时,高宗都要突出一个"忠"字,行师时,必以绣有"忠"字的旗帜为前导,足见其用心之所在。受到高宗御书的除韩世忠、岳飞、杨沂中和李宝等将领以外,还有张俊、刘光世、吴玠、刘锜、王德等人,其中内容,无一不是要他们"献忠诚"。而这一点,也不是官样的诏令和指挥能够做到的。

三是通过亲札、御书,玩弄政治权术。

亲札、御书都赐予文武官员个人,内容不予公开,因此高宗可以根据自己的需要,加入一些夸张性和挑拨性的话,或并不具有约束力的承诺。如建炎三年冬,宗弼率军攻临安,高宗自海上逃温州。临行,他命张俊留明州拒敌,赐亲札道:"朕非卿,则倡义谁先;卿舍朕,则前功俱废。宜戮力共扦敌兵,一战成功,当封王爵。"②将推戴自己登上帝位的功劳归功于张俊,并以王爵为诱饵,声言万一抗击金兵失败,一切将化为乌有,以此勉励张俊奋勇杀敌。

绍兴四年三月二十一日,高宗对出师中原不久的岳飞,下了一道御札:"敕岳飞:具省出师奏,以卿智勇,必遂克敌,更在竭力,致身早见平定。近刘光世乞行措置荆襄,朕已命卿,岂易前制?但令光世严整步骑,以为卿援,缓急动息可行,关报也。亦当令卿将佐等知,庶可益壮军心,鼓勇士气,所向无前,孰能御哉!"③这道御札的内容,对于岳飞来说毫无关系,高宗所以要告诉他,无非是说:我不同意刘光世进军中原与你争功的请求,只让他的军队作为你的声援。其讨好岳飞之意可谓跃然纸上。

四是通过御书诗文,赐文人士大夫和新及第进士,既具各种政治目的,也显示自己的书法才能。

在两宋,从太宗朝起,有以御制诗赐新及第进士,有以御书儒家经典篇章和诗文赐近臣,有以作御制诗命从臣属和以进的传统,而做得最多的当非

---

① 《宋史》卷三七〇《李宝传》,第 11501 页。
② 《宋史》卷三六九《张俊传》,第 11471 页。
③ 《鄂国金佗稡编续编校注》卷一《高宗宸翰》上,第 2 页。

高宗莫属。获得御书的有李纲、吕颐浩、赵鼎、张浚、秦桧、汤思退、陈康伯、史浩、周必大、周麟之等大臣,以及后宫妃嫔和宗室、近侍等,他所以这样做,表面上是为了"鼓动士类,为一代操觚之盛"①,实际上具有旌表、教化、劝勉、训诫和市恩等多种政治含义。仅举两例:一是对张浚。建炎三年(1129)七月到绍兴二年(1132)十二月的四年间,张浚经略关陕遭到严重挫折,四年二月应召返回临安府后,遭到众多官员的弹劾,言其:"五年于外,误国非一……近有旨召还,罢宣抚职事。为浚者义当疾驰赴阙,以待罪斥,而乃偃蹇自若,徘徊乡里,累月不行。已而尽掠公私之财,选锐兵自卫出蜀……浚以私意作威,如曲端、赵哲之良将,皆不得其死。轻失五路,坐困四川,无分毫之功,有丘山之过,虽膏斧钺,未足以谢宗庙。"②高宗也以为:"张浚短于知人,所用多浮薄妄作。"③张浚抵达临安后,入见高宗,高宗将自己早已写好的"《周易》否、泰卦赐浚"④。古人以"否泰如天地",好坏悬殊,实寓要张浚懂得指挥军事,善于知人善任,切勿刚愎自用,否则就会得出截然不同结果的道理。可惜张浚从根本上就没有领会高宗的意图,反而以为弹劾者出自朋党之论,故后来仍不免多次尝到失败的苦果,客观上给南宋的抗金事业带来了很大损失。二是对秦桧。秦桧一生获得高宗御书甚多,基本上都是表彰他力主和议之功。绍兴九年(1139)六月,高宗赐秦桧御书真草《孝经》一卷。当时正值宋、金第一次和议处于紧锣密鼓声中,面对反对和议的巨大声浪,他认为自己所以不惜屈己求和,是因为"两宫万里,一别九年,觊迎銮辂之还,期遂庭闱之奉"。他给秦桧的这卷《孝经》,就是要他"以道德忠孝化成天下,而追帝王之极治者也"⑤的高度去看待和议,增强议和的信心。

从绍兴五年(1135)起,高宗对新及第进士也赐御书,因为每榜进士人数多达数百人,不可能一一亲书,所以皆通过御书石刻拓本赐予。是年九月,

---

① 《翰墨志》,收入大象出版社2018年《全宋笔记》本,第9编,第二册,第89页。

② 《会编》卷一五七,绍兴四年二月十五日条,第1138—1139页。

③ 《中兴小纪》卷一〇,绍兴元年正月癸卯条,第122页。

④ 《系年要录》卷九四,绍兴五年十月庚戌条,第1605页。

⑤ 《系年要录》卷一二九,绍兴九年六月辛酉条双行小注,第2175页。

赐汪应辰以下御书石刻《礼记·中庸》;十三年,赐陈诚之以下《尚书·周官》;十八年,赐王佐以下《礼记·儒行》;二十一年,赐赵达以下《礼记·大学》;二十四年,赐张孝祥以下《尚书·皋陶谟》;二十七年,赐王十朋以下《礼记·学记》;三十年,赐梁克家以下《礼记·经解》。①

高宗以御书的形式,抄录儒家经典或古人篇章给有关文武大臣,从中寄托自己的思想和对受赐官员的期望,可以说开历代帝王风气之先。这种做法,也为后世的一些统治者所仿效。

高宗晚年住进德寿宫成为太上皇帝以后,依然笔耕不辍。他抄写了大量《千字文》《孝经》《洛神赋》和《苏武诗》等文字,不时分赐前来朝见的宰执大臣。此时,他书法的政治色彩虽然逐渐褪去,但仍然怀有增进与臣僚感情上的联系,多方表明自己的存在,以及炫耀自己书法水平的目的。

此外,高宗还应秦桧请求,命人将御书儒家经典镌刻成石碑,这样既可借此为自己树碑立传,又宣扬了孔孟之道,培养士大夫和一般知识分子忠君爱国的思想,真可谓一箭双雕,从而形成了被后世所称的《高宗御书石经》。

二、高宗的《御书石经》

中国古代最著名的石经,有东汉熹平四年(175)在洛阳开刻的《熹平石经》、曹魏正始二年(241)在洛阳开刻的《正始石经》和唐太和七年(833)在长安开刻,到开成二年(837)完工的《开成石经》。其中,《熹平石经》为四十六碑,《正始石经》为二十八碑,两碑因为年代久远,已基本毁坏不存,偶有石经残石出土而已。只有《开成石经》有一百十四碑,每碑石两面刻字,至今仍完好地保存在西安碑林,有着巨大的文献价值和文物价值。

古人所以要刻石经,不外乎三个目的:一是作为经文范本,二是作为书法范本,三是学习和宣扬儒家思想。撰写经文的人,都是书法家和学者。只有南宋石经是一个例外,它主要是由最高统治者宋高宗撰写而成,所以格外

---

① 《玉海》卷三四《绍兴书儒行大学皋陶谟学记经解等篇赐进士》,第646页。

引人注目。

据历史记载,自绍兴以来,高宗本着"学写字不如便写经书,不惟可以学字,又得经书不忘"①的想法,用小楷和行书抄写了多种儒家经典。绍兴十三年(1143)二月,高宗将御书《左氏春秋》及《史记列传》宣示群臣,以试探大家的反应,获得了一片称颂之声。六月,再出御书《周易》,九月,又出御书《尚书》终篇。十一月,秦桧提议,"请刊石于国子监,仍颁墨本赐诸路州学"②。高宗欣然同意。秦桧便自告奋勇,为高宗御书写了跋文,此举不仅获得进一步吹嘘高宗的机会,也使自己的名字得以刊刻在高宗之后,可谓一举两得。十四年正月,高宗出御书《尚书》全帙,十月出御书《毛诗》。十六年五月,出御书《春秋左传》。后来,又出《论语》《孟子》,都与以前一样,先宣示于秘书省,馆职作诗以进,然后"皆刊石立于太学首善阁及大成殿后三礼堂之廊庑"③。全部石经,计有《书》《周易》《尚书》《毛诗》《春秋左传》全帙,又节《礼记》中的《中庸》《儒行》《大学》《经解》《学记》五篇,草《论语》《孟子》,"悉送成均,卷末皆刊桧跋语"④,最终形成《高宗御书石经》,并不断被人作为书法范本拓印。明正德十二年(1517),学者文徵明曾得到一部《高宗御书石经》拓印残本,计"百叶,约万有五千言"。他为该书作跋文中说:"此书楷法端重,结构浑成,正思陵之笔。但所书惟《易》《春秋左传》,又皆不全,视全本百分之一耳。"⑤

不过,这部石经有一部分文字出自皇后吴氏之手。吴氏入宫后,一直陪伴在高宗身边,历时六十年之久。她学习高宗书法,二者极为相似,据李心

---

① [宋]王应麟:《玉海》卷四三《绍兴御书石经》,广陵书局 2007 年据清光绪九年浙江书局本影印本,第 816 页。

② 《系年要录》卷一五〇,绍兴十三年十一月丁卯条,第 2557 页。

③ 《玉海》卷四三《绍兴御书石经》,第 816 页。

④ [宋]曾宏父:《石刻补叙》卷上《绍兴御书石经》,影印文渊阁《四库全书》本,第 682 册,第 38 页。

⑤ [明]文徵明:《甫田集》卷二二《跋宋高宗石经残本》,影印文渊阁《四库全书》本,第 1273 册,第 159—160 页。

传言："高宗御书《六经》，尝以赐国子监及石本于诸州庠。上亲御翰墨稍倦，即命宪圣续书，至今皆莫能及。"①

绍兴二十六年十二月，又将北宋画家李公麟（1049—1106）所画孔子及其72弟子像刻于石碑，同样放置于太学内。高宗在每个人的画像下面都写了赞语，后有秦桧题记，其云："孔圣以儒道设教，弟子皆无邪杂背违于儒道者。今缙绅之习或未纯乎儒术，顾驰狙诈权谲之说，以侥幸于功利。"②碑成之日前一年，秦桧已经去世，但高宗仍然命人刻他所撰题记于石碑，足见他对秦桧感情之深。

明宣宗宣德初（1426），御史吴讷巡按两浙时，见到碑刻秦桧题记，遂坏秦桧其碑，因刻石记其事，谓："观石刻，见桧之记尚与图赞并存，因命磨去其文，使邪诐之说，奸秽之名，不得厕于圣贤图像之后"云云，被吴讷磨去的不仅只有这篇题记，也磨去了部分秦桧附于经文后的跋文。

淳熙四年（1177），孝宗命知府赵磻老建阁，于太学题曰"光尧石经之阁"，置石其下。

《高宗御书石经》的创建，距今已有八百七十八年的历史，南宋灭亡后又经过多次搬迁，今天所存大约只是它的一大部分，原貌也有所变化。综合后人多种记载，大致情况如下：宋亡，南宋太学成为元杭州路肃政廉访司治所。西域僧、江南释教都总统杨琏真伽取碑石在凤凰山皇宫故址垒塔，廉访经历申屠致远力持不可，然已"仅存其半矣"③。南宋太学改为西湖书院，又改为仁和县学。明宣德元年（1426），石经置大成殿后及两庑。天顺四年（1457），移至城隅贡院的仁和县学。正德十三年（1518），巡按御史宋廷佐搜寻到一些被丢弃在外面的石经，并将全部石经移至杭州府学棂星门两边，在上面盖了周廊。崇祯末年，周廊塌坏，石经被嵌入壁中。清初，学者朱彝尊曾对嵌入壁中的石经进行过统计，计有：

---

① 《建炎杂记》甲集卷一《高宗御书石经》，影印文渊阁《四库全书》本，第608册，第242页。今本《系年要录》不收。

② ［明］陆容：《菽园杂记》卷一二，影印文渊阁《四库全书》本，第1041册，第344页。

③ 据［清］杭世骏：《石经考异》卷下，影印文渊阁《四库全书》本，第684册，第788页。

左壁,《易》二碑,《书》六碑,《诗》十二碑,《礼记》惟《中庸》一碑,《论语》七碑,《孟子》十一碑;右壁,《春秋左传》四十八碑。共八十七碑。东壁南,有理宗御制序四碑,当时臣僚如洪迈等记跋皆遗失,不可复问矣。①

通过对当前所存石经的实地考察,其中《周易》《诗经》《尚书》《春秋左传》《礼记》是楷书书写,《论语》《孟子》则是行书书写。

在人为和自然的破坏下,今天的《高宗御书石经》,已从原来的"总数约一百三十一石"②减少到八十五石(碑),部分石经字迹也已模糊不清。龟趺螭均已不存。直到1949年以后,这些残存的石经终于得到妥善保护,现被陈列在杭州碑林(杭州孔庙,即原杭州府学旧址)内,供人瞻仰。

《高宗御书石经》尽管损失巨大,但在南宋文物极端缺乏的今天,它仍然是我们研究南宋文化和宋高宗及其书法的重要历史文物,可以说弥足珍贵。

---

① [清]朱彝尊:《经义考》卷二九〇《宋太学御书石经》,影印文渊阁《四库全书》本,第680册,第719页。

② 参见杜正贤主编《杭州孔庙》,西泠印社出版社2008年出版,第22—23页。

第十八章　完颜亮南侵的失败和高宗"内禅"

　　"绍兴和议"签订以后,南宋享受到了二十年和平安定的局面,经济、文化获得比较迅速的恢复和发展。宋、金之间交聘制度的确立和榷场贸易的开展,也促进了相互间的友好往来。不过,综观金朝立国以后女真贵族对两宋的入侵,总是随着汉化的加深、国力的增强而步步加深。第一步是从北宋末年到绍兴十年宋、金第一次和议之时,大致以侵占黄河以北两河之地为目的,而在河南、山东、陕西之地,先后建立起伪楚、伪齐作为缓冲,甚至一度欲将其归还南宋。第二步是通过"绍兴和议"的签订,将领土扩大到淮河、秦岭以北。第三步则发生在二十年以后。金熙宗皇统九年(1149,南宋绍兴十九年)十二月,女真贵族完颜亮通过宫廷政变夺取了政权,逐渐滋长了消灭南宋、"混一海内"的野心。他在经过一系列精心准备以后,于绍兴三十一年(1161)夏天发动了大规模南侵。但是,仅仅过了几个月,由于完颜亮没有解决好金统治集团内部的一系列矛盾,招致被杀而使南侵失败,南宋政权再次转危为安。

　　高宗早年失去了子嗣,为此不得不将宗室子养在宫内,以便在今后需要的时候成为储君。绍兴三十二年,高宗五十六岁,从年龄和健康两个方面而论,他尚无让出帝位的必要,可是却主动"内禅"给了养子赵昚(孝宗),其原因何在? 这一在历史上颇为罕见的举动,对南宋政治又有何影响? 这些问题,似都有必要加以深入探讨。

第一节　南宋、金朝间的和平交往

一、宋、金交聘制度的确立

高宗害怕金人是一个方面，但不可否认，他对周边民族国家的存在，也有一个比较正确的认识。高宗以为："外国之与中国，如阴阳消长，岂能偏废？若可剿除，汉、唐之君行之久矣。"①他间接说明，宋、金之间的长期存在是合理的，南宋没有必要再次发动对金朝的战争。不过，现实的情况是金强宋弱，南宋不得不以屈辱的方式与金人议和，求得共存。那么，和议以后该怎么办？是养精蓄锐，壮大实力，准备再战，以恢复中原为最终目的？还是以此为契机，忍辱负重，实行双方的和平共处？高宗自忖既然打不过金人，就只能选择后者。所以，他在宋、金第一次和议签订前夕，就对近臣说："朕受祖宗二百年基业，为臣民推戴已逾十年，岂肯受其封册？兼画疆之后，两国各自守境，每事不相关涉。惟正旦、生辰遣使之外，非时不许往来，朕计已定。"②但后来的事实是，"受其封册"这样有失身份的事，也不得不接受。因此，人们将高宗的这一举动，视为"软弱无能"，似乎不是没有道理。

但是，如果再问，一旦后来南宋强大，或凭借外部力量，终于打败甚至灭亡了金朝，对南宋国家乃至中华民族，是否一定是一件好事？宋理宗端平元年（1234）正月，南宋与蒙古联军，共同灭亡了金朝。对南宋而言，可以说是一报"靖康之耻"，大快人心之事，可是结果却是：随着宋、金之间和平局面的结束，南宋不仅没有收复中原，反而开始了旷日持久的与蒙古的战争，最后直接导致了南宋的灭亡。

于是后人又纷纷指责南宋，不应该发动灭亡金朝的战争。历史的发展，似乎又在肯定高宗"和平共处"的政策。

---

① 《系年要录》卷一二一，绍兴八年八月甲子条，第2034页。
② 《系年要录》卷一二四，绍兴八年十二月戊午条，第2090页。

"绍兴和议"签订以后,双方根据协议,开始了政治上和经济上的和平交往。在政治上,实行交聘制度。交聘,是古代的一种外交用语,为邦交、聘问之意。具体而言,是指各诸侯国之间或邻国之间在和平时期相互交往的一套固定礼仪。

南宋建立之初,由于宋、金处于战争状态,所以相互间不存在交聘关系。南宋方面虽以通问使、祈请使、告请使、致书使等名义陆续出使金朝,以图解决两国间存在的问题,但部分使节并不至金朝国都而只到金大将军营;其间,金朝方面只派出两次使节赴南宋:第一次是金太宗天辅十一年(1133,南宋绍兴三年),金左副元帅宗翰遣李永寿、王翊随韩肖胄等到临安府。第二次是金熙宗天眷元年(1138,南宋绍兴八年),遣张通古等为"诏谕江南使"到临安府。这两次金使到后,皆傲慢无礼,完全不将南宋政权放在眼里。李永寿是"徒多端须求,矫诈无诚意"①。张通古在面见高宗时,拒绝北面而立以称臣节,并以"索马欲北归"相威胁。南宋无奈,只得设东、西位,张通古东面,高宗西面,"受诏拜起,皆如仪"②。由此可见,当时虽有使节往来,并不存在友好交聘的问题,高宗于此屡遭屈辱。

"绍兴和议"签订以后,从表面上看,南宋对金朝称臣,"世世子孙、谨守臣节",双方结成了宗主国和封建国的关系。但是实际上,南宋仍然是一个主权独立的国家,"册封"为臣,徒具形式而已。基本上实现了高宗所谓"非时不许往来"的既定方针。两国由此正式确立了交聘制度。其中主要内容,除了南宋每年必须向金朝交纳巨额岁币以外,双方在正旦(农历正月初一日)和皇帝生日,要派遣外交使节向对方表示祝贺。所派使节,前者称"正旦使",后者称"生辰使"。双方皇帝或皇太后去世,也要遣使告知对方,称"告哀使"。对方得到这一消息后,随即要派出使节前往彼国奠祭和吊慰,称"吊祭使"。受吊祭的一方,又要遣使往对方答谢,称"报谢使"。皇帝或皇太后去世的一方,还要将帝、后生前的部分遗留物赠送给对方,派出的使节称"遗

---

① 《系年要录》卷一四六,绍兴十二年八月己丑条双行小注,第2480页。
② 《金史》卷八三《张通古传》,第1860页。

留使"。双方新皇帝即位,也要遣使告知对方,称"告登位使"。一方得到消息后,随即要派遣使节到对方表示祝贺,称"贺登位使"。

上述各种使节,皆按规定以往,冠以"国信"之名,意为代表国家所派遣的使节,并且都需要直接前往对方朝廷。此外,双方如有临时需要协商之事而派出的使节,则根据事由另取其名,如"通问使""报问使""报谢使""审议使""祈请使"等,这些使节统称"泛使"。

双方派出的使节,皆有正、副之分。南宋由文臣充正使,官职多为六部侍郎借六部尚书或翰林学士;武臣充副使,官职多为某州观察使或知阁门事借某军节度使。使、副之下又分上、中、下三节人从,有通事(翻译)、医官、书状官(文书)、工匠、负责运送礼物之人及护卫士兵等。当然,根据需要,有时也可能派遣一些刺探情报的人员混入其中,合计约有五十至一百余人。秦桧擅权期间,这些使节多是与秦桧关系比较密切的人,秦桧利用他们控制对金交往,并假借金人之口来美化自己,以巩固相位。

按照惯例,使节到了金朝,在递交国书之后,还会参加金方举办的"宴射",即在宴饮时,与南宋正使比试箭术。为此南宋政府在确定使节人选时,多选择善于射箭的文臣充任,使比试成绩能超过对方,或不至于太差。如绍兴三十年(1160)十月,礼部郎官虞允文(1110—1174)作为贺正旦使使金,"与馆伴宾射,一发破的,众惊异之"①,为南宋争得了面子。

双方使节在出使时,还要带去大批礼物给对方,如绍兴十三年(1143)十二月,金遣完颜晔等来贺明年正旦,"以金酒器六事(注碗一、盏四、盘一)、绫罗纱縠三百段,马六匹[为礼]。自是,正旦率如此例,使命往复不绝,岁遗物数亦无增损"②。金贺南宋皇帝生辰的礼物,则有"生辰珠一袋,金带一条,衣七对,箱一,各色绫罗五百段,马十四"。南宋贺金朝皇帝生辰、正旦的礼物,"皆遗金茶器千两,银酒器万两,锦缯绮千匹"。金朝给南宋的"遗留物"不见史籍记载,估计不会很多。南宋则不然,绍兴二十九年九月,韦太后

① 《宋史》卷三八三《虞允文传》,第11791页。
② 《系年要录》卷一五〇,绍兴十三年十二月己酉条,第2420页;《朝野杂记》甲集卷三《北敌礼物》,第96页。同时补入文渊阁《四库全书》本在本条中的相关内容。

死,十一月,南宋遣参知政事贺允中为"遗留使"赴金,根据死者生前的遗愿,送去了大量的"遗留物",就是最为典型的一例。

南宋除国信礼物外,使节、人从私人也带去不少物品,称"私觌"。"私觌"的用途,除少量用于行贿以外,多数是用来贸易以牟利①。正因为如此,所以有时"私觌"的数量竟多于国信之礼。

正旦日,金使在馆伴使陪同下,上紫宸殿朝见高宗,高宗在紫宸殿赐宴金使,"文臣权侍郎已上,武臣刺史已上赴坐。自后正旦赐宴仿此"。绍兴十四年五月,金朝第一次派遣贺生宸使赴临安,"合照旧例,北使贺生辰圣节使副随宰臣紫宸殿上寿,进寿酒毕,皇帝、宰臣以下同使副酒三行,教坊作乐,三节人从不赴。既而三节人从有请,乞随班上寿,诏许之,仍赐酒食"。②

金使在贺正旦、生辰或行其他交聘活动时,需向高宗递交国书,其仪式大致为:"金使每入见,捧书升殿,跪进。上起立受书,以授内侍。金使道其主语,问上起居,上复问其主毕,乃坐。"这一礼节,与北宋澶渊之盟以后,契丹使节见北宋皇帝相比,除没有"北使跪奏"和增加了"上起立受书"二事,使南宋皇帝的地位有所下降外,高宗认为"大体皆正,其他小节不足较"③,应是事实。

金使朝见皇帝毕,在临安府逗留数日,由馆伴使陪同,游览湖山或观潮,南宋则不断赐以酒果、沉香等礼品。金使告辞时,再赐宴相送,回赠金朝皇帝大量珍贵礼物并报书,同时再密赐金使金银等礼物。最后由接送伴使礼送使节出境。

二、宋、金间的榷场贸易

"绍兴和议"签订以后,宋、金之间经济上的交往,主要是恢复和开辟榷

---

① ［宋］赵升:《朝野类要》卷一:"私觌,俗谓之打博,盖以三节人从各以物货互易也。"中华书局 2007 年点校本,第 36 页。

② 《宋史》卷一一九《礼二十二》,第 2811 页。

③ 《系年要录》卷一五〇,绍兴十三年十二月己酉条,第 2420 页。并参见《宋史》卷一一二《礼二十二》所载景德澶渊会盟之后,契丹国信使副元正、圣节朝见之礼,第 2804—2806 页。

场贸易。

宋朝建立后,与相邻各国,主要是辽和西夏,在边境上的固定场所进行互市贸易,人称该场所为榷场,故当时也称互市贸易为榷场贸易。南宋建立后,宋、金双方虽然都有开展榷场贸易的愿望,但受战争影响,一直未能实现。绍兴九年(1139)二月,京城副留守郭仲荀向高宗要兵和粮,高宗对他说:

> 朕今日和议,盖欲消兵,使百姓安业。留司岂用多兵? 但得二三千人弹压内寇足矣。至如钱粮,亦只据所入课利养赡官兵。他日置榷场,不患无钱。岂可虚内而事外邪? 朕见前朝开边,如陕西、燕山,曾不得尺帛斗粟,而府藏已耗竭矣,此可为戒。①

说明早在宋、金和议以前,高宗已有与金开展榷场贸易以增加国家财政收入的打算,并对所谓的"开边"行动表示不齿,他这种要化干戈为玉帛的思想还是应该予以肯定。

绍兴十二年五月,南宋升枣阳盱眙县为军,以军器监主簿沈该直秘阁知军事,在那里首先措置榷场。而后,又陆续置榷场于光州(河南潢川)、枣阳(今属湖北)、安丰军(在安徽寿县西南)花厌镇等地。金朝也在密(山东诸城)、寿(安徽寿县)、颖(安徽阜阳)、蔡(河南汝南)、泗、唐(河南唐河)、邓(河南邓县)、秦(甘肃天水)、巩(甘肃陇西)、洮州(甘肃临洮)、凤翔府(陕西凤翔)等地设置榷场。由于宋、金之间不久前尚为敌国,故两国对这种互市贸易控制甚严,以泗州榷场为例,其法为:

> 商人赍百千以下者,十人为保,留其货之半在场,以其半赴泗州榷场博易,俟得北物,复易其半以往。大商悉拘之,以待北(价)[贾]之来。两边商人各处一廊,以货呈主管官牙人往来评议,毋得相见。每交

---

① 《系年要录》卷一二六,绍兴九年二月癸丑条,第2131页。

易千钱,各收五厘息钱入官。

此后,"凡枣阳诸场皆以盱眙为准"①。金朝对榷场贸易的控制也十分严厉,据《金史·食货五》载:"榷场,与敌国互市之所也。皆设场官,严厉禁,广屋宇以通二国之货。岁之所获,亦大有助于经用焉。"

为防止白银和铜钱外流,宋、金双方都禁止以银子和铜钱作为货币进行贸易,因而榷场贸易基本上属于以货易货。南宋向金输出的货物,以茶、粮食、丝织品、果品、香料等为主;金朝向南宋输出的货物,以食盐、皮革、珠玉、人参等为主。两国政府通过榷场贸易所获得的税收十分巨大,仅以泗州榷场为例,金朝于大定年间(1161—1189),每年税收达五万三千四百六十余贯,承安元年(1196)增加到十万七千八百九十余贯。南宋在泗州榷场每年所得税收也达四千三百余贯②。以上只是双方政府的收入,民间私相贸易的情况更是十分盛行,仅以牛为例,每年从南宋郑庄一地私渡至金的就达七八万头,严重地影响了南宋政府的税收,使官员王淮有"所收税钱固无几矣"③之叹。在文化上,金朝通过榷场和私渡,获得宋人的不少典籍,南宋也从金方获得国内失传的书籍。如司马光所著《易说》一书,流传至南宋初期已非全本,后来朱熹看到的全本,即为与北方互市所得的版本④,就是一例。榷场贸易,从表面上看,纯粹是一种经济关系,实际上却与政治上的互信分不开。

为了保障榷场贸易中商人的合法利益,他从"官中买物,往往不即支还价钱,故人惮与官交易"的弊端中推测,认为榷场贸易中很可能也会有类似情况发生,为此高宗累诏严禁。如绍兴十二年(1142)九月,下诏道:"福建官买茶送榷场,仍戒有司,实时支价钱。"⑤

① 《系年要录》卷一四五,绍兴十二年五月乙巳条,第2456—2457页;《朝野杂记》甲集卷二○《榷场》,第471页。
② 《金史》卷五○《食货五》,第1114—1115页。按:由于史籍对泗州榷场在此以前的税收缺载,此处姑以大定、承安间的每年税收额为例。
③ 《系年要录》卷一八六,绍兴三十年九月壬午条,第3314页。
④ 《朱熹集》卷八一《书张氏所刻潜虚图后》,第4177页。
⑤ 《中兴小纪》卷三○,绍兴十二年九月乙巳条,第264页。

南宋与金朝的榷场贸易,也和交聘一样,到绍兴三十年(1161)年初,随着宋、金形势的紧张,被全部关闭,原在榷场进行贸易的南北商人纷纷弃物而逃,他们被"困于道路,无所得食,渐至抄掠"。是时,有官员劝高宗"严责州县捕之"。高宗不仅不捕不杀,"且给之裹粮,使各归业,不久遂定"。①

孝宗乾道元年(1165),随着战争的停止,宋、金之间的榷场贸易和交聘制度又告恢复。从中可以看出,宋、金两国虽然有过十分激烈的战争时期,但是在广大人民的迫切要求和双方最高统治者的关心下,彼此间的和平交往还是占了主流。

第二节　完颜亮南侵及其失败

一、完颜亮即位以后的宋、金形势

金熙宗皇统元年(1141,南宋绍兴十一年)五月,金太师、领三省事、梁宋国王完颜宗干去世。八年十月,太师、领三省事、都元帅、越国王完颜宗弼也病死。至此,金朝初年最富于侵略性的女真军事贵族集团基本上退出了历史舞台。据说宗弼临终前留下遗言,大意谓:南宋军势强盛,宜益加和好。俟十余年后,南军衰老,然后可为寇江之计②。宗弼之言,既为维持一定时期的宋、金和好定下了基调,也为金朝再次大规模入侵南宋留下了伏笔。

宋、金和议以后的金朝,随着女真社会封建化的加速和对外战争的停止,统治集团内部争权夺利的斗争日趋激烈。宗弼死后,朝中贵族相互残杀,人人自危。皇统九年十二月,宗干次子、平章政事完颜亮(1122—1161)通过宫廷政变,杀死庶兄金熙宗,夺取了帝位,历史上称他为海陵王。天德二年(1150,南宋绍兴二十年)四月,完颜亮为了消灭异己,防止宗族势力的再起,在统治集团内部进行了大清洗,先后杀死太傅、领三省事宗本,尚书左

---

① 《系年要录》卷一八四,绍兴三十年二月丁丑条,第3277页。
② 《系年要录》卷一五四,绍兴十五年十月末条,第2637页。

丞相唐古辩,判大宗正府事宗美,行台尚书省事秉德,东京留守宗懿,北京留守卞及太宗子孙七十余人,宗翰子孙三十余人、诸宗室五十余人,使宗室内部离心离德的现象更加严重。

完颜亮是一个颇具野心的君主,他在早年即自称怀有三个志向:"国家大事皆自我出,一也;帅师伐国,执其君长,问罪于前,二也;得天下绝色而妻之,三也。"①他在夺取皇位后,一方面推行汉化政策,一方面加强军事准备,企图灭亡南宋,统一全国。为此,他逐渐将政治重心向南迁移,贞元元年(1153,南宋绍兴二十三年),完颜亮自上京(即会宁府,在今黑龙江阿城县白塔子)迁都燕京,号中都大兴府,改汴京为南京,中京为北京。正隆三年(1158,南宋绍兴二十八年),完颜亮营建汴京宫室,以作迁都准备。

正隆四年冬天,完颜亮派出翰林侍讲学士施宜生等为贺宋正旦使,让画工隐于使臣中间。次年春天,当他看到画工偷绘来的临安城郭和湖山景色后,欣喜异常,便在画上添绘自己策马吴山绝顶的形象,作为画屏,并题诗其上云:"自古车书一混同,南人何事费车工?提兵百万临江上,立马吴山第一峰。"②以表明自己灭亡南宋的"雄心壮志"。

早在绍兴二十七年(1157)冬,南宋太常少卿、贺金国正旦使孙道夫在出使金朝时,已经获悉金人的南侵意图,他回国后向高宗作了报告,谁知高宗被和议迷了心窍,竟回答道:"朕待之甚厚,彼以何名为兵端?"孙道夫提醒他:"兴兵岂问有名?愿陛下预为之图。"③可是高宗仍不以为然。此时万俟卨已死,汤思退升任右相,他和左相沈该听了孙道夫的报告后很不高兴,疑心孙道夫是借此欲引用张浚主持军事,于是将他贬知绵州。

绍兴二十九年春天,秘书少监沈介和国子司业黄中,先后作为贺金正旦使、贺金主生辰使返国,他们都亲眼看到金朝正在修建汴京,积极作南侵的准备。但是,沈介不敢报告,黄中则对高宗直言:"彼国治汴京,役夫万计,此

①　《金史》卷一二九《佞幸·高怀贞传》,第2789页。
②　《大金国志校证》卷一四《海陵炀王》中,第199页。按岳珂《桯史》卷八《逆亮辞怪》云:"万里车书尽混同,江南岂有别疆封?提兵百万西湖上,立马吴山第一峰。"与此略有不同。
③　《系年要录》卷一八〇,绍兴二十八年九月庚辰条,第3170页。

必欲徙居以见逼,不可不早自为计。"高宗对此仍然不以为然。九月,出使金朝的同知枢密院事王纶、副使昭信军节度使领阁门事曹勋等归来,对高宗说:"邻国恭顺和好,无他。"高宗和汤思退听后大喜,庆幸自己没有调兵遣将,进行战备,他说:"万一遂成轻举,则兵连祸结,何时而已!"①于是仍置边备于不问。六月,沈该以"贪冒"罢相并致仕。九月,汤思退升任左相,参知政事陈康伯除为右相。

尽管高宗不相信金人会南侵,但每天都传来有关金人造舟、调兵的消息。绍兴三十年正月,金贺正旦使、翰林侍讲学士施宜生抵临安,南宋出任馆伴使的吏部尚书张焘,故意借乡情去接近他。一日,他们来到天竺,张焘趁机"微问其的"。据说施宜生不忘故国之情,看旁边无人,忽然作暗语道:"今日北风甚劲。"又拿起笔连扣桌子数下,嘴上喊道:"笔来!笔来!"秘密透露了金人准备南侵的消息。

高宗虽然不相信金人会南侵,但还是心神不定,于是命同知枢密院事叶义问出使金朝,深入探听动静。五月,叶义问返国,"见敌已聚兵,有入寇意"。兵部尚书兼翰林学士杨椿以为,既然金人败盟的征兆已见,若再不作准备,将后悔莫及。于是,杨椿和陈康伯一起,向高宗提出四项防御措施:"其一,两淮诸将,各画界分,使自为守;其二,措置民社,密为寓兵之计;其三,淮东刘宝,将骄卒少,不可专用;其四,沿江州郡,增壁积粮,以为归宿之地。"②但是,汤思退对备战仍不闻不问,这就极大地激怒了主张抗金的官员,各种弹奏纷至沓来。当年十二月,高宗被迫罢去汤思退的相位。绍兴三十一年正月,起居舍人虞允文等人使金贺正旦回,将金朝即将南侵的见闻报告高宗,高宗至此才相信完颜亮确实要败盟。三月,擢坚持抗战的陈康伯为左相,以参知政事朱倬为右相,在人事上作了迎战准备。

正隆六年(1161,南宋绍兴三十一年)二月,完颜亮不顾众多官员的反对,"诏谕宰臣以伐宋事"③,并造战船于通州,积极准备南侵。五月,金朝派

---

① 《系年要录》卷一八三,绍兴二十九年九月乙酉条,第3244页。
② 《系年要录》卷一八五,绍兴三十年五月辛卯条,第3293页。
③ 《金史》卷五《海陵纪》,第110页。

出的贺生辰使龙虎卫上将军高景山和副使刑部侍郎王全,经过一路挑衅,到达临安府。王全对高宗宣读完颜亮的"圣旨"后,主要传达两件事:一是告诉天水郡公(钦宗赵桓)"风疾身故"的消息,但隐瞒了早在五年前已经去世的事实;二是金朝皇帝拟于八月初旬到南京(河南开封),南宋政府可派宰执等人前往开封祝贺迁都,并接受金帝"宣谕"。"宣谕"的内容是:今后金、宋双方各以长江为界,汉水和长江以北土地尽归金朝,户口则可还给南宋。完颜亮的"圣旨"还威胁道:如果南宋对割地要求"稍有所难",他就要在九月下旬亲率大军南下,前往江汉地区"巡猎"。

面对金人赤裸裸的威胁和挑衅,南宋朝廷上下围绕着和与战展开了激烈的辩论。御医王继先说:"边鄙本无师(事?),盖缘新进用主兵官好[作]弗靖,喜于用兵,意欲邀功耳。若斩一二人,则和议可以复固。"①高宗亲信宦官、内侍省(副)都知张去为"阴沮用兵之议,且陈退避之策"。有人还放出空气,说高宗打算逃往闽、蜀。陈康伯则坚决主张抗战,他说:"敌国败盟,天人共愤。今日之事,有进无退。"侍御史汪澈等人认为,"屈己和议"已不可能,只有加强战备才是惟一出路。太学生宋芑上书已升任知枢密院事的叶义问,要求:"斲秦桧之棺而戮其尸,贬窜其子孙,而籍其资产以助军,以正其首唱和议、欺君误国之罪。复岳飞之爵邑,而录用其子孙,以谢三军之士,以激忠义之气。"②首次提出替岳飞平反以鼓舞士气的建议。

在朝野舆论的压力下,王继先、张去为先后被劾罢。与此同时,高宗下令备战,分四路迎敌:东路以正在患病中的抗金名将刘锜为统帅,戍镇江;以建康府都统制王权为副帅,戍建康;以池州都统制李显忠戍池阳(安徽贵池)、江州都统制戚方戍九江,犄角策应,守卫两淮;中路以侍卫马军司公事成闵为统帅,以知襄阳府吴拱为副帅,守卫襄汉;西路以四川宣抚使吴璘为统帅,守卫川蜀;海路以早年在岳飞部下统领义军并屡立战功的浙西马步军副总管李宝为统帅,率海舟一百二十艘,进驻江阴(今属江苏),守卫海道。

---

① 《会编》卷二三〇,引《中兴遗史》,第1659页。
② 《系年要录》卷一九〇,绍兴三十一年五月甲午条,第3393页;乙未条,第3394页;戊戌条,第3397页。

二、完颜亮南侵

正隆六年(1161,南宋绍兴三十一年)六月二十三日,完颜亮自燕京迁都南京(河南开封)。九月,他统兵六十万,号称百万,分东路、西路、中路和海路四道南下。完颜亮又从诸军中"择其精于射者,得五千人,分作五军",号"硬军",亦称"细军",作为自己亲军,他每自夸说:"取江南,此五千人足矣。"①

东路是金人南侵的重点,由完颜亮亲率二十万主力,自汴京南下,计划渡淮过江,从陆路直取临安。

西路、中路的南宋军队,分别在四川宣抚使吴璘、侍卫马军司公事成闵、知襄阳府吴拱、侍卫马军司中军统制赵撙等将领的领导下,经过浴血奋战,皆打退了金军的进攻,并收复了一些州县。

在海路,南宋水军将领李宝和李公佐父子在弓箭手魏胜所率领的义军全力配合下,不仅收复了涟水军(江苏涟水)和海州(江苏连云港)等地,还袭击了金水军驻扎地密州(山东诸城)胶西县的陈家岛(也称唐岛,在山东青岛附近),取得了唐岛海战大捷,除金水军都统制苏保衡只身逃脱外,副都统制完颜郑家奴等六名将领被杀,几乎所有金兵和船舰被消灭,俘获敌器甲、粮食以万计,"余物众不能举者,悉焚之,火四昼夜不灭"②,从而彻底粉碎了金人从海道进攻南宋的计划。

东路金军在完颜亮亲自率领下由开封南下,绍兴三十一年十月初二日,自涡口(在安徽怀远东北,涡水入淮处)到正阳(在安徽寿县西南)一带渡过淮河,一路围庐州,另一路向东进军,经定远(今属安徽)南下,以取扬州。金兵所到之处,宋军望风而逃,如蹈无人之境。当时刘锜对两淮的部署是:自驻扬州,兼守淮东,命王权守淮西,屯驻淮河口。王权接到命令后,和妻姜哭泣告别,以犒军为名,将家中金帛装船南运,自己却赖在长江北岸的和州(安

---

① 《系年要录》卷一八八,绍兴三十一年正月末条,第3362页。
② 《宋史》卷三七○《李宝传》,第11501页。

徽和县)不走。刘锜命王权进兵寿春(安徽寿县),王权不得已,只得勉强进
驻庐州(安徽合肥),再也不肯前进。金兵渡淮,先以百骑犯清流关(在安徽
寿县北),发现宋军全无守备,遂长驱入关。此时,池州都统制李显忠在寿春
和安丰(在安徽寿县西南)之间稍作抵抗,就立刻后撤。王权闻金兵来,深夜
从庐州逃遁,退屯昭关(在安徽含山县北)。在金人骑兵的追击下,王权又于
十七日退屯和州。

初,刘锜自扬州北上至盱眙(今属江苏)指挥战斗,闻金兵入淮西,立刻
命中军统制刘汜(刘锜之侄)、左军统制员琦守盱眙,自己引兵到淮阴(今属
江苏),与准备入侵淮东的金军隔河对峙,又遣人渡淮,与金人接战。在金军
的猛烈进攻下,宋军死伤累累,被迫后退。十六日,刘锜听到王权溃逃,又接
到朝廷要他退兵备江的命令,立即从淮阴引兵归扬州。十九日,真州(江苏
仪征)陷,金兵不入城,直攻扬州。二十三日,刘锜自扬州退守瓜洲镇(在江
苏扬州南长江边),扬州守将刘泽弃城奔泰州(今属江苏),扬州遂告失守。
淮甸百姓,原以刘锜军为依靠,看到锜兵撤退,仓猝跟随南逃,颠沛流离而死
者大半。

在金兵的追击下,王权假造朝廷要他弃城守江的诏令,仓惶从和州出
逃。金兵入城,"城中糗粮器械并委于敌。敌势奔突,军民自相蹂践及争渡
溺死者,莫知其数"①。金兵继续追赶,由于南宋殿后军队的奋勇抵抗,才使
王权得以渡过长江,屯驻东采石(在安徽当涂西北、马鞍山东南的长江边)。

刘锜退守瓜洲镇(在江苏扬州南长江边)后,金兵从扬州追来,宋、金双
方为争夺瓜洲渡在皂角林发生激战,左军统制员琦率士兵英勇战斗,终于挡
住了金兵的攻势,并杀死金统军高景山,俘敌数百人。是役被南宋人誉为十
三处战功之一。但这时候刘锜已患重病,他只得让权都统制李横、统制官刘
汜带领部分宋军坚守瓜洲渡,自己率余军退回镇江。十一月初四日,金以重
兵攻瓜洲,李横率诸军迎战,在镇江督军的知枢密院事叶义问,不仅不派军
队渡江支援,反而顾自向建康府逃去。在军情紧急的关头,刘汜提本部兵先

---

① 《系年要录》卷一九三,绍兴三十一年十月辛酉条,第3473页。

遁,李横孤军不敌金兵,只得退却,统制魏俊、王方英勇战死,宋军溃散,大部向江南逃遁,金兵进抵长江北岸。

王权败归的消息传到临安,高宗大为惊恐,急召左相陈康伯和御营宿卫使杨存中(即杨沂中)等商量对策。高宗故伎重演,"欲散百官,浮海避敌",但遭到陈康伯、杨存中的坚决反对,高宗无奈,"遂定亲征之义",实际上却命内侍偷偷做着逃跑的准备。在临安的官员也个个胆颤心惊,除黄中和陈康伯的家属坚持留在城里外,其余大臣的家属都已逃匿一空。十月十九日,宋廷命知枢密院事叶义问到建康府督视江淮军马,中书舍人兼直学士院虞允文为参谋军事,又以汤思退为临安府行宫留守。虞允文临行,高宗对他说:"卿儒臣,不当遣,以卿洞达军事,勉为朕行。"虞允文当即回答道:"臣敢不尽死力。"①十一月初四日,高宗再命刚判潭州的张浚,改判建康府兼行宫留守,目的显然是为了让他代替刘锜以主持抗金。可是张浚奉命后却缓缓而行,从长沙到池阳(安徽贵池),竟然走了一个月又三天时间,直到十二月十七日,才抵达建康,此时宋、金战争早已结束,金兵退走也有半个多月。在军情如火的紧急关头,张浚的动作竟然如此迟缓,再一次暴露了这位"抗战派"大臣言行不一的毛病。

叶义问到了建康,派李显忠往东采石接管王权军马,王权虽罢,李显忠却未到,军队无人统领。根本不懂军事,甚至不知"生军"为何物的叶义问,在前线指挥防御尽闹笑话。十一月初三日,叶义问来到镇江,当他听到完颜亮已经抵达和州,正在那里打造船只,准备渡江时,十分害怕,命民夫在江边掘沙为沟,深尺许,沿沟栽木枝为鹿角数重,他告诉大家:"金人若渡江来,且以此栏障之。"民夫和士兵听了无不大笑,他们说:"枢密吃羊肉,其识见何故不及我吃糟糠村人? 一夜潮生,沙沟悉平,木枝皆流去矣。"②次日,前线传来对岸南宋军队正与进犯瓜洲渡(在江苏扬州南长江边)的金兵进行激战的消息,叶义问借口调兵,想逃回临安,但遭到部下阻拦,只得再回建康。

---

① 《系年要录》卷一九三,绍兴三十一年十月丁巳条,第3468页;庚申条,第3472页。
② 《会编》卷二三八引《遗史》,第1709页。

三、"采石之战"和完颜亮南侵的失败

绍兴三十一年十月下旬,完颜亮率军进入扬州。为了实现灭亡南宋,混一全国的雄心,他这次南下有一个非常重要的特点,就是十分注意军队的纪律,一改以往金兵烧杀掳掠的残暴行为。据史载:"敌所过皆不杀掠,或见人则善谕之,使各安业。有军人遗火焚民居草屋一间者,立斩之。乃揭榜以令过军。"①金军攻占庐州后,完颜亮在城外五里处用土墙筑"御寨"以居,一日入庐州城内烧香回,"下马唤在城内外被虏守屋百姓数十人,亲自抚恤曰:'今不令军损坏尔等,若我军坏一个南民,我却杀一个军。'每人赐银十两慰劳,令各从便归业。"在庐州四城门张榜,"召募本州逃移老小,限一月归业"。这种以"仁义之师"面貌出现的金军,对南宋百姓极具诱惑力,以前曾往诸山水寨聚结逃避的百姓,"闻此榜,日夜入庐州,与敌买卖,如同一家"②。从中可以知道,东路金兵进军所以如此顺利,也与完颜亮注意军队纪律和收买民心有一定关系。

这次完颜亮南侵,尽管在东线战场上取得了很大胜利,但内部却潜伏着严重的危机。

首先,由于完颜亮在国内大肆签军,进行野蛮的掠夺,加上政治腐败,官吏为奸,战争负担大都加在贫困百姓的头上,这就引起人民群众的普遍反对,各地起义和民变风起云涌,客观上配合了南宋的抗金战争,对完颜亮的南侵是一个很大的牵制。

其次,完颜亮依靠宫廷政变夺取帝位以后,又大肆屠杀宗亲,所以在女真贵族内部,隐藏着一股很大的反对势力,只是等待时机发作而已。他的急于迁都和南侵,也遭到相当一部分女真贵族的反对。完颜亮的滥肆诛杀,进一步加剧了金朝统治集团的内部矛盾。绍兴三十一年十月初八日,当完颜亮正在向庐州进兵途中,金东京留守完颜雍(1122—1189)在辽阳府(今属

---

① 《系年要录》卷一九三,绍兴三十一年十月辛亥条,第3463页。
② 《会编》卷二三五,绍兴三十年十月十七日条,第1687页。

辽宁)发动政变,他在不愿南下顾自逃回辽阳的两万余名女真将士的拥戴下,自立为帝,是为金世宗。金世宗下诏废黜完颜亮,黄河以北地区的金朝文武官员,都很快地归附了这位新皇帝。

完颜雍发动政变并即帝位的消息传来,既使前线金军将士感到惶惶不安,也使完颜亮处于腹背受敌的境地,所以更急于想渡过长江,尽快灭亡南宋政权,以便腾出手来对付金世宗。十一月初四日,完颜亮亲率数十万大军来到西采石(在安徽和县东南的长江边),命人在江边筑坛,以行渡江之仪并"招风"。初七日,杀白、黑马各一匹祭天,全军立盟,决定于次日渡江。

就在完颜亮祭天的当日,中书舍人、参谋军事虞允文来到东采石(在安徽当涂西北、马鞍山东南的长江边)犒军。此时宋军没有了统帅,士兵们三三二二地坐在路旁,全部不过一万八千人,马数百匹而已。对岸完颜亮亲率大军,"登高台,张黄盖,被金甲,据胡床而坐",气势十分吓人。面对这种形势,南宋"诸将已为遁计"。士兵们说:我们都是王节使(权)的骑兵,现在失去了战马,已无法作战。有人看到形势危急,劝虞允文赶紧回建康,他们说:事势都被别人搞坏,且督府交给你的任务只是犒军,而不是让你督战,何必代人任责。虞允文不听,毅然负起了抗击金军的重任。他召集统制官张振、王琪、时俊等人,先责以忠义,再出具功赏,对他们说:告诉将士:"今(李)显忠未至,而虏以来日过江。我当身先进死,与诸军戮力决一战。且朝廷出内帑金帛九百万缗,给节度、承宣、观察使告身皆在此,有功即发帑赏之,书告授之。"将士们听了,信心大增,大家表示:"今既有所主,请为舍人一战。"①于是,虞允文立即亲临前线,整顿步骑,沿江布防,派出海鳅船和战船驻中流阻击,同时组织当地民兵,让他们一起参战,再三鼓励大家要同心杀敌。

初八日上午,北风忽起,金兵在完颜亮的亲自指挥下,先出十七舟渡江而来,在南宋军民的殊死战斗下,许多敌船被撞沉,其余船只也不能出江

---

① 《系年要录》卷一九四,绍兴三十一年十一月丙子条,第3491—3492页。

口,金军大败,"死士五六百人,不死于江者,亮尽数敲杀之,怒其舟不能出江也"①。虞允文估计到金兵明天必定再来,当夜派出一支水军到上游埋伏,另一支水军截住杨林口。次日,敌船果然从杨林口出江,南宋两支水军趁机夹击,再次将他们打得大败。完颜亮想从西采石渡江的计划遭到失败,只得退回和州,接着转往扬州,准备改在瓜洲(在江苏扬州南长江边)渡江。

"采石之战"的胜利,鼓励了南宋军队的士气,金军士气开始低落。十一月十六日,完颜亮得悉李宝已由海道入胶西,焚毁其准备从海上南侵的全部战船,驻守在荆襄地区的湖北京西制置使成闵,也率军顺江而下,回援淮西,使完颜亮更加焦急不安。二十六日,他不顾众人反对,约定三日内必须渡过江去,否则将尽杀诸将。这样就极大地激化了完颜亮军事集团的内部矛盾。将领们秘密商定,认为:对岸南宋军队已有准备,如果渡江,进有性命之虑,退有敲杀之忧,与其等死,不如起事。他们趁着完颜亮已将亲兵"细军"调去攻打泰州(今属江苏),身边缺少侍卫军的时机,于二十八日凌晨二鼓发动兵变,在浙西兵马都统制完颜元宜的率领下,上万金军将士袭击了完颜亮的营帐,将他用乱箭射死。

在金朝历史上,完颜亮是一个有争议的人物,尽管他在女真贵族集团内部争权夺利的斗争中表现得十分残酷,但他的迁都汴京及在政治制度和社会经济等方面的诸多改革,对推进女真社会的发展颇多贡献。完颜亮既有文才,又有武略和抱负,他南侵宋朝的目的,是为了"混一海内",在这一点上与秦始皇、汉高祖、北魏孝文帝、前秦苻坚的行为并无两样。如果站在整个中华民族的立场上来评价完颜亮的这次军事行动,并不以成败论英雄的话,他在女真族中也算得上是一个雄才大略的人物。

三十日,金方都督府派人到镇江,致牒南宋三省、枢密院,内称:"不意正隆失德,师出无名,使两国生灵,枉被涂炭。奉新天子明诏,已行废殒。大臣将帅,方议班师赴阙。各宜戢兵,以敦旧好。"②于是金人开始从两淮撤兵。

---

① 《会编》一三八,绍兴三十一年十一月八日,引《遗史》,第 1713 页。
② 《系年要录》卷一九五,绍兴三十一年十二月己亥条,第 3524 页。

南宋采石之战的胜利,进士出身却文武双全的虞允文厥功至伟,毛泽东在研读二十四史时,对他在采石之战中的抗金表现作出了高度评价,写下了"伟哉虞公,千载一人"①的赞语。

第三节　高宗"内禅"

一、高宗对继承人的选择和培养

当高宗为康王时,已聘邢氏为妃,金人陷汴京,邢氏被俘北迁,高宗称帝以后,遥册邢氏为皇后,但她并没有为高宗留下子嗣。建炎元年(1127)六月,高宗贤妃潘氏生子赵旉,仅三岁就病死。当时高宗虽然只有二十二岁,但是按照宋朝皇室的惯例,凡是帝王婚后长期没有子嗣,就要在宫内收养一二名年幼的近亲宗室子弟,对他们悉心加以培养教育,以备万一。特别是在"帝被贼驱"和"宗室凋零无几"②的险恶形势下,收养宗室子弟更有其必要。为此,从隆祐太后到一般大臣乃至普通百姓都有这种呼声。

最早请求高宗立储的是乡贡进士李时雨,他在建炎三年(1129)七月十四日,也就是太子赵旉死后的第四天,上书高宗:"欲乞暂择宗室之贤者一人,使视皇太子事,以系属四海,增重朝廷。俟陛下皇太子长成,畀之东宫,则以一王封视皇子,亦不为嫌也。"李时雨是旧党子弟,吏部原来准备授予他将仕郎的官职。不料此奏引起高宗不悦,"诏前降给还恩泽指挥,更不施行,日下押出国门"③。李时雨的"献忠心",反而为自己惹来祸水。这不仅表明高宗对自己的生育能力仍然抱有很大希望,而且也与他尚未深入考虑到养育宗室子弟的利弊有关。

翌年六月,高宗在越州,上虞丞娄寅亮给高宗上疏道:

---

① 《毛泽东评点二十四史》,中华书局1997年出版。
② 《系年要录》卷九〇,绍兴五年六月己酉条,第1545页。
③ 《系年要录》卷二五,建炎三年七月庚寅条,第527—528页。

先正有言:"太祖舍其子而立弟,此天下之大公。"……崇宁以来,谏臣进说,独推濮王子孙以为近属,余皆谓之同姓,遂使昌陵(按:指太祖)之后,寂寥无闻,奔迸蓝缕,仅同民庶。恐祀丰于昵,仰违天监,太祖在天莫肯顾歆,是以二圣未有回銮之期,金人未有悔祸之意,中原未有息肩之日。臣愚不识忌讳,欲乞陛下于子行中遴选太祖诸孙有贤德者,视秩亲王,俾牧九州,以待皇嗣之生,退处藩服……庶几上慰在天之灵,下系人心之望。①

娄寅亮之言,虽然主要是为赵宋政权国祚的绵延而言,但也多少反映了北宋以来士大夫们对太宗以非正常手段夺取帝位,并一直由太宗一系世袭皇位的不满,现在正可借"靖康之变"的发生来为太祖一系鸣不平。据说高宗读后,大为感悟,遂产生了立太祖裔孙为皇子的念头。但高宗是一个不信神怪报应之人,这一次为何一反一年前的态度而"感悟"其说,事出蹊跷。事实恐怕并非如此简单,理由容后述。

绍兴二年(1132)五月,高宗诏集英殿修撰、知南外宗正事赵令懬访求宗室,得太祖子孙三四人,又选伯字号七岁以下者若干人,从中选出十人,入宫备选。十人中又再择取两人,一名伯浩、一名伯琮。据说"伯浩丰而泽",伯琮"清而癯",高宗初爱伯浩,但觉得尚需仔细观察,"乃令二人并立,有猫过,伯浩以足蹴之,伯琮拱立如故"。高宗道:"此儿轻易乃尔! 安能任重耶?"②于是赐伯浩白银三百两而罢之,将伯琮收入宫中,托张婕好抚养,后赐名瑗。赵瑗时年六岁,系太祖七世孙、秦王赵德芳之后、左文林郎赵子偁之子。绍兴四年五月,才人吴氏请于高宗,将秉义郎赵子彦之子、五岁的赵伯玖接入宫中,归自己抚养,数年后赐名璩。十二年正月,赵瑗被封为普安郡王。二月,已转为婉仪的张婕好去世③,于是高宗命赵瑗与赵璩并育于吴

① 《宋史》卷三九九《娄寅亮传》,第 12132 页。
② 《系年要录》卷五四,绍兴二年五月辛未条,第 982 页;《挥麈录·余话》卷一《绍兴中选择宗子》,第 211 页。
③ 《系年要录》卷一四四,绍兴十二年二月庚午条,第 2438 页。

氏。但是,到了三月,赵瑗就出阁就外第,可见吴氏基本上没有养育过赵瑗。正由于这个缘故,她对赵瑗缺乏感情,后来希望立由自己一手抚养长大的赵璩为皇子,也在意料之中。不久,吴氏进位贵妃。绍兴和议成,始得邢后死讯。绍兴十三年,高宗立吴贵妃为皇后。十五年二月,赵璩封恩平郡王。赵瑗与赵璩年龄相差三岁,授官封王早迟也都差三年,"官属礼制相等夷,号东、西府"。①

随着岁月的流逝,高宗对自己的生育能力已彻底绝望,朝廷内外众多官员也一再催促"立储"以定"根本"。但在赵瑗、赵璩两人中间究竟选择谁作为皇子,却仍然"储位未正、嫡长未辨"。这中间的重要原因在于,高宗虽然倾向于立赵瑗为皇子,但赵瑗年长,比较懂事,不为秦桧所喜。如绍兴二十四年,衡州(今属湖南)发生民变,秦桧遣殿前司将官率千人捕之,且不入奏。高宗得此消息大惊,"明日以问桧,桧谓不足烦圣虑,故不敢闻"。后来秦桧知是赵瑗所告,"忌之"②。吴皇后和韦太后也一致反对立赵瑗为皇子。韦太后所以反对,则与她和吴皇后的关系有关。据南宋人叶绍翁谓:

> 宪圣(按:指吴后)初不以色幸,自渡南以来,以至为天下母……思陵(按:指高宗)念其勤劳之久,每欲正六官之位,而属以太后(按:指高宗生母韦氏)远在沙漠,不敢举行……暨太后既旋銮驭,以向尝与宪圣均为徽宗左右,徽宗遂以宪圣赐高宗,太后恐宪圣记其微时事,故无援立意。上侍太后,拜而有请曰:"德妃吴氏,服劳滋久。外廷之议,谓其宜主中馈,更合取自姐姐(按:指韦太后)旨。"太后阳语上云:"这事由在尔。"而阴实不欲。上遂批付外廷曰:"朕奉太母之命……德妃吴氏……可立为后。"后遂开拥佑三朝之功云。③

叶绍翁乃南宋中期学者,此说与正史记载颇有出入,但他生活在距吴后去世

---

① 《宋史》卷二四六《宗室三》,第8731页。
② 《宋史》卷三三《孝宗一》,第616页。
③ 《四朝闻见录》乙集《宪圣不妒忌之行》条,第60页。

不久,且事关皇家大事,恐怕不会是道听途说。如是,韦太后所以反对立吴氏为后,是因为她与吴氏曾经都服侍过徽宗,吴氏知道自己的底细,何况高宗将徽宗身边人作为皇后,像唐高宗娶武则天一样,也不是一件很光彩之事。可是高宗偏偏违背她的意志而将吴氏立为皇后。事至如此,善于应变和权术、一直怀有心病的韦太后,立即反过来讨好吴皇后,在立谁为皇子的问题上,站到了吴后一边,对立赵瑗为皇子"意未欲"①。韦太后与吴皇后结合在一起,在后宫形成了强大的反对势力,这就是高宗虽想立赵瑗为皇子,而迟迟下不了决心的重要原因。

绍兴二十七年,高宗以进士出身、被认为才德俱佳的史浩任校书郎兼普安、恩平两王府教授,负责对两个年轻郡王的教育。一次,高宗命赵瑗、赵璩两人各写《兰亭序》五百本以进。史浩告诉他们:"君父之命不可不敬。"数日后,史浩问赵瑗,回答是正在抄写,又问赵璩,回答是没有空闲。史浩大惊,道:"郡王朝参之外,何日非暇,而至违命乎!"结果赵瑗写了七百本,而"璩卒无进"。又一次,高宗赐两王宫女各十人,史浩再提醒两人:"是皆平日供事上前者,以庶母之礼礼之,不亦善乎。"一个多月后,高宗召回宫女,"具言普安王加礼如此,恩平王无不昵之者"。高宗在反复考察两人的品行和学业以后,"益贤普安王"②,进一步主张立赵瑗为皇子。

绍兴二十五年十月秦桧病死,二十九年九月,韦太后病死,宫廷内外反对立赵瑗为皇子的阻力大为减少。自赵瑗入宫至此时,"储位未定者垂三十年,中外颇以为疑"③。次年二月,高宗遂宣布立赵瑗为皇子,更名玮,进封建王,并以史浩为建王府直讲。数日后,高宗对近臣说:"此事朕志素定,已九年矣,顾外庭未知尔。"④可知在环绕立谁为皇子的问题上,高宗与后宫确实存在着分歧,高宗虽说:"今二王之除,后意与朕合。"这实际上是一种欲盖

① 《宋史》卷三八二《张焘传》,第11761页。
② [宋]罗浚:《宝庆四明志》卷九《郡志九·叙人中·史浩》,中华书局1990年《宋元方志丛刊》本,第5095页。
③ 《宋史》卷二四六《宗室三·信王璩传》,第8731页。
④ 《系年要录》卷一八四,绍兴三十年二月戊辰条,第3275页。

弥彰的说法,后来朱熹在回答弟子关于"寿皇为王子本末"时,曾说:"当时宫中亦有龃龉,故养两人。后来皆是高宗自主张。"①说明这种分歧已经传至外庭,否则朱熹不可能说这话。与此同时,高宗授赵璩为开府仪同三司、判大宗正事,置司绍兴府,称皇侄。至此,赵瑗、赵璩两人的名位才最后确定。

高宗虽然有了皇子,但皇子与皇太子毕竟还不能划等号。前者是指高宗的儿子,后者是指高宗的继承人,也就是所谓"储君"。按照高宗原来的本意,赵玮被立为皇子以后,下一步就要立他为皇太子,这样才能名正言顺地将帝位"内禅"给他。但就在这个时候,发生了完颜亮南侵,这不仅将"立储"的时间推迟,而且差一点使建王赵玮的地位发生动摇。

在完颜亮南侵、两淮失守之际,一心想恢复中原的建王赵玮"不胜其愤",他向高宗提出愿率师为前驱以行抵抗。可是猜疑心极重的高宗却联想到唐玄宗四川避乱,太子灵武即位之事,竟心生"疑怒"。史浩深谙高宗心理,知道赵玮这一请求惹出了大祸,于是"力言太子不可将兵",并替他起草了"请卫从警跸,以共子职"的奏议。高宗览奏,便借口让赵玮"遍识诸将",同意他"扈跸如建康",从而结束了这场政治风波。

完颜亮南侵失败后,紧张局势得到缓和。绍兴三十二年二月,高宗"亲征"结束,从建康返回临安,他对身边的大臣说,因为"倦勤",决定传位建王赵玮。但鉴于昔日徽宗仓促"内禅",朝廷内外一时不明底细,引起政局混乱,有人甚至借此伪造推戴功,所以认为现在有必要事前向臣僚作个通报。左相陈康伯、中书舍人唐文若等人以为,应该缓行。"既而高宗益倦",他要陈康伯"密赞大议"。康伯以为:"今不正名,恐有臣下疑似之心。且诸将分屯江上,必使之晓,然咸知圣意。"遂草立皇太子手诏以进。

五月二十八日,高宗下诏:

　　朕以不德,躬履艰难。荷天地祖宗垂佑之休,获安大位三十有六

---

① 《朱子语类》卷一二七《孝宗朝》,第3059页。

年,忧劳万机,宵旰靡弹,属时多故,未能雍容释负,退养寿康。今边鄙粗宁,可遂始志。而皇子玮毓德允成,神器有托,朕心庶几焉。可立为皇太子,仍改名烨(稍后,改名睿)。①

但右相朱倬不赞成高宗匆匆"内禅",他对高宗说:"靖康之事,正以传位太遽,盍姑徐之。"高宗没有听取朱倬的意见,朱倬"心不自安,屡求去"②,遂罢相。

绍兴三十二年六月十日,高宗下传位诏:

> 朕宅帝位三十有六载,荷天之灵,宗朝(庙)之福,边事寖宁,国威益振,惟祖宗传绪之重,兢兢焉惧不克任,忧勤万机,弗遑暇逸。思欲释去重负,以介寿臧,蔽自朕心,亟决大计。皇太子睿贤圣仁孝,闻于天下,周知世故,久系民心。其从东宫,付以社稷,惟天所相,非朕敢私。皇太子可即皇帝位。朕称太上皇帝,退处德寿宫,皇后称太上皇后。一应军国事,并听嗣君处分。朕以澹泊为心,颐神养志,岂不乐哉……③

翌日,赵睿经过几次表面上的推辞,登上帝位,是为孝宗。当日,孝宗出祥曦殿门冒雨步行,扶着太上皇帝的轿子,一直将他送出皇宫,经过高宗的再三劝阻,才由左右将孝宗"扶掖以还"④。此时的孝宗,还遥望着高宗所乘的轿子远远地消失在雨幕之中。

高宗回头对左右道:"吾付托得人,斯无憾矣。"⑤至此,宣告了高宗一朝三十六年统治的结束。

---

① 《朝野杂记》乙集卷一《壬午内禅志》,第508—509页。
② 《宋史》卷三七二《朱倬传》,第11534页。
③ 《朝野杂记》乙集卷一《壬午内禅志》,第509—510页。
④ 《宋史》卷三三《孝宗一》,第618页。
⑤ 《系年要录》卷二〇〇,绍兴三十二年六月丙子条,第3633页。

二、高宗"内禅"的原因及其意义

高宗"内禅"孝宗的原因,自言是"老且病,久欲闲退"①。虽然从他的年龄论,已有五十六岁,大大超过了北宋一祖八宗四十七岁多一点的平均寿命。从他的健康状况论,可能当时确实有所不适(老年人的健康状况时有起伏,当属正常)。但是,若从淳熙二年(1175)九月,孝宗曾对辅臣言:"前日诣德寿宫,太上饮酒乐甚。太上年将七十,而步履饮食如壮年时。每侍太上行苑囿间,登降皆不假扶掖。"②这些话来看,当时高宗的健康状况从总体而言并不差。他移居德寿宫二十五年才去世,也是一个明证。故所谓"老且病"云云,恐系夸大之词。退一步说,即使当时高宗确实患病,也不至于要立即"禅位"。唐、宋以来诸帝,皆无因患病而"禅位"的先例。究其"内禅"孝宗的原因,以往人们多就事论事,较少加以关注,实际上其中大有文章。下面,有必要通过对高宗一生的表现进行分析,以揭示其真实原因。

一是恐金病在作祟。高宗从"靖康之乱",父兄被虏,自己几次遭金人追逐几乎被擒,尤其这次完颜亮南侵,差一点又要浮海远遁的事实中得出"教训",在金兵南下时,以帝王身份逃窜,甚为不便,为了保住自己的荣华富贵和生命安全,像其父亲徽宗那样做太上皇帝,可以自由行动,当是最佳选择。后来的事实证明,这个原因并非臆测。孝宗隆兴元年(1163),南宋军队在符离一战被金人打得大败,消息传到临安,作为太上皇帝的高宗就"日雇夫五百人立殿廷下,人日支一千足,各备担索"③,随时准备逃命。要不是他此时已经退位,逃跑岂能如此容易? 由此可以看出,患恐金病确实是他"禅位"孝宗的一个重要原因。

二是为了维护对金妥协投降路线和阻止太宗一系继承皇位的需要。高宗处事谨慎,对自己身后事多有考虑,他深知自己为偏安一隅而一味向金人屈膝求和的行径,在死后有可能遭到朝野的严厉谴责,韦太后在金方下嫁生

---

① 《宋史》卷一一〇《礼十三》,第2642页。
② 《宋史全文》卷二六上,淳熙元年九月戊子条,第1776页。
③ 《朱子语类》卷一二七《本朝一·高宗朝》,第3058页。

子的"丑闻",也将被暴露无遗。尤其是太宗一系的近亲宗室,他们早先已不满于自己匆匆登上帝位①,此后又不让徽、钦二帝一系的子孙返回南宋,更是心存怨恨。如从服制远近而论,高宗死后,帝位必由太宗后裔一系继承,这样又肯定会对自己造成不利。高宗借口为太祖继统而立孝宗,既可收到改弦更张、还太祖子孙以帝位的美名,又可阻止太宗一系的子孙登上皇位,真可谓一箭双雕。但是,以太祖子孙继位,就要打破传统惯例,势必遭到统治集团中许多人的反对,甚至产生变故。因而,只有在他生前进行"禅位",才能确保这一计划的圆满执行。

三是为了施恩孝宗的需要。高宗知道,即使将帝位传给太祖子孙,也必须选择一个感恩而易于控制的人。而孝宗从被高宗收领为养子起,到绍兴三十二年(1162)六月正式登上皇位,经历了整整三十年。此时,赵昚已经三十六岁,如果等到高宗死前再传授帝位,赵昚很可能已经是一个五六十岁的老者,这样不仅不会对高宗有感激之情,反而会有不满情绪,这对维护高宗死后的声誉就极为不利。

四是对孝宗品质的认可。应该说,高宗对继承人的选择很早就开始关注,通过多年认真、全面的考察,对定普安郡王赵玮作为自己的继承人表示满意。当时南宋朝野对赵玮的评价甚佳,言其"天资英明,豁达大度,左右未尝见有喜愠之色。趋朝就列,进止皆有常度,骑乘未尝妄视。平居服御俭约,每以经史自适"。孝宗也曾与府僚说自己:"声色之事,未尝略以经意,至于珠宝瑰异之物,心所不好,亦未尝蓄之。"此外,"骑射、翰墨皆绝人"。高宗对他也赞扬有加,尝对近臣道:"卿亦见普安乎? 近来骨相一变,非常人比也。"②后来事实证明,他对孝宗的认识,基本上没有走眼。

五是虽让帝位,仍保尊荣。高宗通过对孝宗数十年的考察,对于他的"孝心"已了无疑义,相信即使自己不在皇位,仍能发指纵、控朝政,长保

---

① 《系年要录》卷四,建炎元年四月戊辰条载:康王赵构退居济州,"济之父老请王即位于济州。幕府群僚耿南仲等会于麟嘉堂,议未定。宗室、承宣使仲综等曰:昔晋安帝蒙尘,大将军武陵王遵承制行事。今二帝北狩,王不当即位,宜衣淡黄衣称制,不改元,下书诰四方。"第105页。

② 《系年要录》卷一八四,绍兴三十年二月甲子条,第3274页。

尊荣。

六是摆脱"万机",以享受优游卒岁之乐。对于这一原因,高宗在绍兴三十六年六月初十日的传位诏中已有明白表示,以此可以恢复他因为在帝王位置上而被压抑多年的享乐生活。

此外,本书前面已经提到,曾被钦宗封为皇太子的赵谌和弟赵训,皆被金人俘掳北去。钦宗在金朝时,或许还生有其他子女。钦宗虽然已经死去,但赵谌、赵训和其他皇子可能尚存,高宗如果在生前不"内禅"孝宗,待他死后,如果金人突然将他们放回,作为近属,很有可能被群臣拥立为帝,从而造成政治混乱。高宗为防止这一情况的发生,更有必要早早进行"内禅"。

由此观之,高宗传位给孝宗,对他而言,确实是一着经过深思熟虑的好棋。至于他选择的孝宗,也确实是一位不折不扣的"儿皇帝"。故元代史臣在评论孝宗时感叹道:"然自古人君起自外藩,入继大统,而能尽宫庭之孝,未有若帝……孝宗之为'孝',其无愧焉,其无愧焉!"①

尽管高宗"内禅"有种种原因,但在位与不在位毕竟大不相同。历史上的帝王没有一个不是贪恋皇位之人,皇位死不放手乃是常态,在此之前没有见到过一个因患病而主动"禅位"的君主。至于像王莽、曹丕、司马炎、杨坚等人宣称受禅而称帝,这种"禅位"不过是一出出逼宫、篡位的闹剧,并不足道。可是,作为一个例外,高宗赵构却在他尚未甚老且身体又无大碍的情况下,主动将帝位传授给了宗室之子赵昚,绝对是前无古人的罕见之举。

高宗在对外关系上是"偷安忍耻,匿怨忘亲,卒不免于来世之诮"②,在内政上也少有建树,而在择嗣和"内禅"上,却并不含糊,且做得相当成功,在历史上留下了浓重的一笔。

高宗的主动"内禅",纵然有其个人意图,但仍然不失为是一个明智之举。这不仅使他本人深受其益,对南宋国家也有积极意义。

首先,对稳定南宋政权起到了至关重要的作用,从而有利于社会经济的

---

① 《宋史》卷三五《孝宗三》史臣赞语,第692页。
② 《宋史》卷三二《高宗九》史臣赞语,第612页。

继续发展。孝宗的继位,无论三宫或是朝野官员,都不敢有半点异议,这在以往赵宋政权非嫡长子帝位传授中可以说绝无仅有。如果不是高宗此时以太上皇帝的身份作为孝宗的后台镇慑着朝政,而仅凭所谓"遗诏"而立,在当时错综复杂的国内外形势中,南宋政权很可能会出现动荡不安的局面。别的不说,吴皇后对立孝宗为帝本来就不悦,如果高宗在生前不立孝宗,一旦突然病死,吴皇后有可能采取各种手段让赵璩登上帝位。

其次,宋朝自真宗以来,历代帝王都出自太宗一系,孝宗继位,意味着皇权转到了太祖一系,这在当时统治集团中起着一新耳目的作用,并符合南宋大多数士大夫的要求和愿望。

第三,孝宗的继位,使南宋在内政和外交政策方面有可能作出一些调整。特别在其初年,能够坚持抗金立场,任用抗战派官员,给岳飞平反,使人心、士气都得到鼓舞。

第四,孝宗的继位,在一定程度上建立了自己的政治空间,有利于改变过去类似于秦桧擅权的政治局面,这对防止大臣结党营私,进而加强皇权都起到了积极的作用。

第十九章　德寿宫内颐养天年
——高宗的晚年生活

从绍兴三十二年（1162）六月起，到孝宗淳熙十四年（1187）十月，高宗"内禅"后在德寿宫度过了他最后的二十五年，开始了另一种帝王生活。

历史上的德寿宫是一个怎样的宫殿，竟被时人与凤凰山上的皇宫并称？即称皇宫为"南内"，称德寿宫为"北内"。"南内"、"北内"之称，虽然只是臣僚和一般民众的口头用语，两者的重要性尚不能完全等同，但在高宗作为太上皇住在德寿宫的时期，它确实享有特殊的政治地位。

在高宗"内禅"期间，除隆兴元年（1163）五至六月，爆发过由孝宗和张浚领导的北伐战争，但仅仅历时一个月左右就以南宋的失败，最后签订屈辱的"隆兴和议"而告终。此后，宋、金之间再无战争发生。虽说孝宗对那次北伐的失败心中有所不甘，此后一方面依靠虞允文等人，积极进行军事准备，以图再次发动对金战争；另方面不断派遣使节赴金朝进行谈判，企图通过和平手段以收复中原失地。但是，随着虞允文的去世，军事准备并未取得成功，外交谈判更因国力所限，一无所获。所幸当时的金朝，正处于史家所谓"君臣守职，上下相安，家给人足，仓廪有余"的"小尧舜"①时期。金世宗也不是一个穷兵黩武的君主，他告诫臣下要牢守"隆兴和议"，始终没有南下的意图。这使高宗的晚年生活，在孝宗的"孝养"下，过得十分安逸和奢华，直到他生命的终点。

---

① 《金史》卷八《世宗下》史臣赞语，第204页。

高宗生活在德寿宫的时间,几乎与孝宗一朝相始终。就在高宗去世后不到一年半光景,孝宗也"内禅"太子赵惇(1147—1200),南宋历史进入到了光宗短暂统治的时期。

第一节　从宰相旧宅到德寿新宫

绍兴十五年(1145)十月,高宗以临安府望仙桥东、凤凰山大内以北的甲第一区,赐宠臣秦桧作为相府。十年后,秦桧去世,房子被收回,并一直空置在那里。绍兴三十二年六月初三日,高宗为"内禅"之需,下诏以秦桧旧第为新宫,"名曰德寿宫,命内侍张去为领之"①。到十一日,高宗入住德寿宫,前后时间仅仅过了八天。要在如此短促的时间里,对原秦桧旧宅作一番大的改造,显然没有这种可能,毋庸说修建德寿等宫殿。

高宗所以仓促地住进德寿宫,恐怕与他仓促"内禅"有关。当时德寿宫墙外还堆满了没膝的污泥。这污泥,可能是为挖掘宫内大池而产生的泥土,也可能因疏浚附近这条运河而搬上来的淤泥,长年堆积于此②。难怪时任监察御史的周必大说,在高宗入住德寿宫的次日,他与其他官员一起,跟随孝宗前往"北内"朝拜太上皇帝高宗时,适值大雨,"伞扇皆止宫门外,百官班迎,泥淖没膝,不能成列。初定仪注,皇帝率百官朝谒太上。既而诏百官免入,有旨从驾臣僚亦不入,但就宫中行家人礼"③。还有,从德寿宫的地理位置而言,离行在御街只隔一条中河,距"南内"约二千米,属于民居稠密的黄金地段,如果要扩大建筑范围,就必须征用土地,拆除大批民居,但史籍对此并无半点记载。针对德寿宫"建房廊于市?,董役者不识事体,凡门阎辄

---

① 《朝野杂记》乙集卷一《壬午内禅志》,第509页。
② [宋]张仲文《白獭髓》载:秦桧死后,开浚运河,"人夫取泥,尽堆积(于原秦桧相)府墙及门"。这可能就是德寿宫外污泥来源之一。大象出版社2017年《全宋笔记》本,第8编,第3册,第21页。
③ 《周必大集校证》卷一六三《杂著述一·亲征录》,第2460页。

题'德寿宫'字,下至委巷厕溷皆然"的状况。绍兴五年进士第一人、时任吏部尚书的汪应辰上札子进言孝宗,提出批评,认为:"陛下方以天下养,有司无状,亵慢如此,天下后世,将以陛下为薄于奉亲,而使之规规然营间架之利,为圣孝之累不小。"①按照汪应辰的意思,要将德寿宫四周的小巷子和民居全部拆除,才能显得对太上皇的孝养。但孝宗对这个拍马屁的建议非常反感,认为这是小题大做,无限上纲,所以不仅不接受,反而将他打发到地方做官。

以上可知,德寿宫虽被时人称为"北内",但它不过是一个与市民比邻而居的建筑群,四周是弯曲、狭窄的陋巷和民居,只有北面因为靠近茆山河,没有民居,所以稍有扩大,总体面积并没有比秦桧故居大很多,这应该符合高宗一贯来尽量少扰民的思想。宫内的建筑虽然不少,并且十分精致美丽,但并不雄伟和金碧辉煌,也符合他的建筑理念。

杭州市文物考古研究所在 2001 年、2005—2006 年、2010 年、2017—2020 年的四次考古发掘,大致上揭开了德寿宫的四至和地下遗层的面纱。它位于今天杭州市望江路以北,梅花碑(原茆山河)以西、西湖大道以南的范围内,面积大约十五万平方米左右。今天的德寿宫遗址,深藏在约三米深的地下,考古队已经发现了西宫墙、南宫墙和东宫墙,只有北面的界限还不太清楚。在长时间的发掘中,既没有发现一块在唐代宫殿中普遍使用的琉璃瓦和巨大的石柱、基础,也没有获得一件有较高文物价值的遗物。从中似乎也印证了对德寿宫的上述推断。我们还可打一个比喻:今天苏州的许多精美的园林,如果此后成为民宅,八百多年以后,它们也不可能留下什么东西,道理是一样的。

德寿宫既然被称为"北内",其待遇和规格当然不低。

在政治方面,孝宗下诏:"在内诸司日轮官吏赴德寿宫应奉,少有怠慢,以大不恭论。德寿宫宿卫,依皇城门及宫门法。"②另外,增置德寿宫提点干

---

① 《齐东野语》卷一《汪端明》,第 15 页。
② 《朝野杂记》乙集卷一《壬午内禅志》,第 511 页。

办等官,负责日常宫内事务。其各方面的地位和待遇,几与大内相侔。

在建筑方面,经过既有艺术才能、又有帝王权势且具备了巨大经济实力的太上皇帝,以及能力超强的内侍、提举德寿宫张去为等人二十余年的精心经营①,与往日秦桧旧居相比,面貌已焕然一新,使它成了一个美丽超群的皇家园林,人间天堂,十分适宜于高宗于此养老。

据文献记载,宫内建有德寿殿、后殿、灵芝殿、射殿、寝宫、食殿等十余座,还有不少亭、台、楼、阁和园林景观,种植了多种奇花异草。内凿大池十数亩,名大龙池,俗称小西湖,种上名贵的千叶白莲。"续竹筒数里,引西湖水注之"。其旁模仿西湖的一些景点,叠石为山,名曰冷泉亭、飞来峰、万寿山及其他一些"临安绝景"。

又据亲历其景的周必大说,宫内栽种的各色花卉和陈设,随景点而异:"宫中分四地分,随时游览。东地分香远堂(梅)、清深堂(竹)、月台、梅坡、松菊三径(菊、芙蓉、竹)、清妍(酴醿)、清新(木犀)、芙蓉冈;南地分载忻(大堂御宴处)、忻欣(古柏、太湖石)、射厅、临赋(荷花山子)、灿锦(金林檎)、至乐(池上)、半丈红(郁李子)、清旷(木犀)、泻碧(养金鱼处);西则冷泉(古梅)、文杏馆、静乐(牡丹)、浣溪(大楼子海棠);北则绛红(罗木亭)、旱船、俯翠(茅亭)、春桃、盘松。其详不可得而知也。"

上述建筑和景观,构思巧妙,布局错落有致,情趣超绝尘世,功用四季不同。"若亭榭之盛,御舟之华,则非外间可拟"。仅以常常作为太上皇帝留宴之所的香远堂来说,堂东有万岁桥,长六丈余,并用吴璘进到玉石砌成。四畔雕镂栏,栏杆全用晶莹透剔的白玉雕刻而成,莹彻可爱。桥中心有一个四面亭,用新罗白罗木盖造,与桥混然一色,极为雅洁。大凡御榻、御屏、酒器、香奁器用,并用水晶制成(既然不能用金器,就用水晶代替)。这座十二世纪出现的皇家园林,构建精致,用料考究,极富艺术性和观赏性。

主要建筑为德寿宫和聚远楼两处。德寿宫是太上皇帝后居住之处,聚

---

① 据《宋史》卷四六九《宦者四·张去为传》载:"去为(受弹劾)致仕……高宗内禅,诏落致仕,提举德寿宫……修宫有劳,又特迁安庆军承宣使。"第 13671 页。

远楼在德寿宫的北面,这是用来远眺的建筑,高宗"名之曰'聚远',而自题其额,仍大书东坡'赖有高楼能聚远,一时收拾与闲人'之诗于屏间"。作为政治家、文学家的周必大,目睹此情此景,作《端午帖子》云:"聚远楼头面面风,冷泉亭下水溶溶。人间炎热何由到,真是瑶台第一重。"①另外,当然还有供官员、内侍、宫女、杂差、歌儿舞女、乐师、警卫士兵居住的众多用房。

第二节　孝宗的"孝养"和高宗的奢华

从历史上看,像孝宗那样对待太上皇帝的孝养,确实已经达到了罕有其匹、无以复加的地步。

首先是给高宗以极大的礼遇和权力。孝宗原定每隔五日率君臣前往德寿宫朝拜,但高宗认为次数太多,不予同意,后来定为每月朔、望两次,加上初八、二十三日两次,也就是"一月四朝"。隆兴二年(1164),孝宗为了让高宗出门时的坐轿享有与"内禅"前一样的待遇,专门化巨资为他打造了一项用七宝装饰的大辇:"高五十一寸,阔二十七寸,深三十六寸。比附大辇、平辇制度为之。上施顶轮、耀叶角龙、顶龙、滴子、铎子、结穗球。下施梅红丝裙网,加缀七宝。中设香木御座,引手为转身龙,靠背为龙首,靠枨子织以红黄藤,异以长竿二,竿为螭首,金涂银饰焉"。可谓极尽豪华之能事。不过,太上皇并不喜欢,"每至大内多乘马,而间至湖上则用肩舆,盖不欲烦臣民云"。②

高宗虽然不再理朝政,但是大至与金和战,小至官吏任命,孝宗对他都言听计从,不敢有半点怠慢,即使要升迁一个本家人的官职,也不敢直降指挥,而非要"面奉德寿皇帝圣旨"③不可。再如淳熙三年(1176)八月,

---

① 《周必大集校证》卷一七四《玉堂杂记》上,第 2708—2709 页;《武林旧事》卷四《故都宫殿》,第 55 页。

② 《宋史》卷一四九《舆服一》,第 3489 页。

③ [宋]张端义:《贵耳集》卷中载:"寿皇在御,秀邸凡有差除,未尝直降指挥。于差敕内,必首称:'面奉德寿皇帝圣旨,除某人。'至今秀邸差札可考。"大象出版社 2013 年《全宋笔记》第 6 编,第 10 册,第 308—309 页。

孝宗立贵妃谢氏为后,在《立皇后谢氏制》里,就有"钦承圣父之诏音"①
云云。

至于小事,更是如此。一次,高宗要孝宗将一名因犯赃罪而被劾罢的
郡守官复原职,孝宗从宰相处得知此人罪行属实,并没有给他复职。高宗
对此很是恼火。一日,孝宗请高宗夫妇游聚景园,高宗总是不语,孝宗感到
奇怪。高宗"良久乃曰:'朕老矣,人不听我言。'孝宗益骇"。当孝宗知道
原因后,只得再谕宰相:"昨日太上圣怒,朕几无地缝可入,纵大逆谋反,也
须放他。"结果那人不仅"尽复原官"②,而且还做了大郡的郡守。在南宋,
酒是禁榷物,禁止民间私酿买卖。而德寿宫的内侍往往依仗权势,公开贩
卖私酿的御酒以牟利。一日,右正言袁孚在轮对时,"论北内有私酤,言颇
切直"。高宗"闻之震怒"。次日,孝宗陪同高宗吃饭,高宗有意"赐酒一
壶,亲书'德寿私酒'四字于上",孝宗顿感"跼蹐无所"③,不得不将袁孚
贬官。

其次是经济上,尽量满足其享乐。孝宗前期,为了准备北伐,将内外禁
军增加到四十一万八千余人。据李心传统计,仅养一个士兵的钱粮衣赐,一
年就需二百缗,总数达到八千余万缗④。对此,孝宗也无可奈何地叹息道:
"养兵费邦赋之八。"⑤在南宋诸帝中,孝宗最为节俭,有时甚至达到吝啬的
程度。一次,想吃羊肉,考虑到这样又需杀一只羊,也就作罢。可是,在这种
情况下,对太上皇的供养却毫不含糊,他曾对臣僚说:"朕安肯于此妄有所
费?所不可阙者,德寿宫合进礼物耳。"⑥为此,他命有司月供太上皇十万
缗,高宗以为养兵多费,"诏减其六万"⑦。同时,孝宗又给太上皇夫妇帛、生
辰绢、春冬端午绫罗、羊、酒等等。以淳熙三年(1176)五月二十一日天申节

---

① 《周必大集校证》卷一〇二《玉堂类稿》二,第1492页。
② 《西湖游览志余》卷二《帝王都会》,第11页。
③ 《桯史》卷八《袁孚论事》,第89页。
④ 《朝野杂记》甲集卷一八《乾道内外大军数》,第405—406页。
⑤ 《攻媿集》卷九四《周(必大)公神道碑》,影印文渊阁《四库全书》本,第1153册,第455页。
⑥ 《宋会要辑稿》后妃二之二二,第1册,第293页。
⑦ 《文献通考》卷二五二《帝系考三》,第1990页。

（高宗生辰）为例，孝宗"先十日，驾诣德寿宫进香，并进奉银五万两、绢五千匹、钱五万贯、度牒一百道"①。礼物之丰厚，令人咋舌。有时国库一时拿不出钱，诏命将犯罪官员被籍家赀充数②。宰相史浩对孝宗说："目睹陛下事亲之懿，《二典》所载，诚有不能及者。如朔望驾朝德寿宫，与夫圣节、冬至、正旦、上寿，或留侍终日，或恭请宴游。凡所以尽人子之道以天下养者，皆极其至。自宜大书于策，以为万世父子之法。"③

此时的高宗，在德寿宫内的生活已经无所顾忌，从而一反在位时的节俭，暴露出了他长期受到压抑的奢侈一面。

一是游乐。高宗在位时，宫内设有教坊，里面养着大批乐师和俳优。绍兴三十年（1160）正月，吏部尚书张焘在轮对中以为，教坊"耗费不赀"。高宗不得不下诏减"乐工数百人"④。不久，全部被大宗正丞王十朋奏罢。不料高宗进入德寿宫以后，又在里面重置教坊。"有名伶达伎，皆留充德寿宫"⑤，使教坊人数恢复到昔时。淳熙九年中秋，孝宗入宫与高宗帝后一起在香远堂饮酒、赏月。"南岸列女童五十人奏清乐，北岸芙蓉冈一带，并是教坊工，近二百人。待月初上，箫韶齐举，缥缈相应，如在霄汉"⑥。

除在德寿宫游乐外，高宗有时还在孝宗陪同下"幸游湖山"。如淳熙六年（1179）三月十六日，孝宗陪同高宗夫妇往幸聚景园，宰执大臣也一起前往。

（至聚景园）。太上、太后至会芳殿降辇，上及皇后至翠光降辇，并入幄次小歇。上邀两殿至瑶津少坐，进泛索。太上、太后并乘步辇，官

---

① 《武林旧事》卷七《乾淳奉亲》，第 117 页。
② 《宋史》卷三五《孝宗三》载："（淳熙）三年二月癸卯，提举德寿宫陈源有罪……仍籍其家赀，进纳德寿宫。"第 679 页。
③ ［宋］史浩：《鄮峰真隐漫录》卷八《车驾朝德寿宫乞以问对圣训宣付史馆札子》，影印文渊阁《四库全书》本，第 1141 册，第 602 页。
④ 《系年要录》卷一八四，绍兴三十年正月丁酉条，第 3266 页。
⑤ 《朝野类要》卷一《教坊》，第 30 页。
⑥ 《武林旧事》卷七《乾淳奉亲》，第 123 页。

里乘马遍游园中。再至瑶津西轩,入御筵。至第三盏,都管使臣刘景长供进新制《泛兰舟曲》、《破吴兴柘舞》,各赐银绢。上亲捧玉酒船上寿酒,酒满玉船,船中人物皆能举动如活。太上喜见颜色,散两宫内官酒食并承应人目子钱。遂至锦壁赏大花,三面漫坡,牡丹约千余丛,各有牙牌金字。上张碧油绢幕,又别剪好色样一千朵安顿。花架并是水晶玻璃……进酒三杯,一应随驾官人内侍,并赐两面翠叶、滴金牡丹一枝。翠叶、牡丹沉香柄,金丝御书扇各一把……又进酒两盏,至清辉少歇。至翠光,登御舟。入里湖,出断桥,又至真珠园。太上命买湖中龟鱼放生,并宣唤在湖卖买等人。内侍用小彩旗招引,各有支赐。时有卖鱼羹人宋五嫂对御,自称东京人氏,随驾到此。太上特宣上船起居,念其年老,赐金钱十文、银钱一百文、绢十匹,仍令后苑供应泛索。时从驾官丞相赵雄、枢密使王淮、参政钱良臣并在显应观西斋堂侍班,各赐酒食、翠花、扇子。至申时,御舟稍泊花光亭。至会芳,少歇。时太上已醉,官里亲扶上船,并乘轿儿还内。①

后来,临安百姓闻讯,争相前往宋五嫂小店,品尝她所做的鱼羹。从此,"宋嫂鱼羹"成了杭帮菜中的一道名菜,一直流传至今。

不过,高宗认为,在西湖游幸,影响太大,他对人说:"传语官家,备见圣孝,但频频出去,不惟费用,又且劳动多少人。本宫后园亦有几株好花,不若来日请官家过来闲看。"②故二十五年间,像这样的游幸,据史籍所载,仅仅二三次而已,还算有节制。

二是不惜化费重金,精心打造德寿宫,使它成了当时中国乃至世界上最著名的皇家园林。对此,本书在前面已经有所介绍,兹不赘述。

三是收藏并欣赏古董等玩物。岳珂在《桯史》中谓:

---

① 〔元〕陶宗仪:《说郛》卷四二《乾淳起居注》,上海古籍出版社2012年点校本,第1951页下,并据文渊阁《四库》本校改。
② 《武林旧事》卷七《乾淳奉亲》,第115页。

德寿在北内,颇属意玩好。孝宗极先意承志之道。时网罗人间以共怡颜。会将举庆典,市有北贾携通犀带一,因左珰以进于内。带十三銙,銙皆正透,有一寿星扶杖立上。得之,喜不复问价,将以为元日寿卮之侑。贾索十万缗,既成矣,傍有珰见之,从贾求金。不得,则摘之曰:"凡寿星之扶杖者,杖过于人之首,且诘曲有奇相。今杖直而短,仅至身之半,不祥物也。"亟宣视之,如言,遂却之。①

这件买卖虽因内侍索贿不成而没有成交,但孝宗愿以十万缗钱的价格购得一条通犀带作为寿礼进献,足以反映出高宗对古玩的喜爱。高宗去世后,孝宗退居重华宫,终日宴坐其间,几上惟书籍一部及笔砚楮墨而已。有内侍告诉他:"高宗皇帝留下宝器图画,陛下盍时取观?"孝宗以为:"先帝中兴,功德盛大,故宜享此。朕岂敢自比先帝?""皆锁闭不开。"②这从一个侧面反映出高宗生前所积累的古玩不少,与他早年对"宝器异物,即命碎之;内府珠玉,即命投之;螺钿什物,悉皆销毁"的态度,形成了鲜明的对照。

不过,应该指出,高宗在德寿宫的这段时间,并非整日无所事事,以游乐玩耍为能事。他的大部分时间,还是用在对书法的研习上,凡有大臣朝见,他大多以自己的书法相赠,这似乎也有必要加以指出。

第三节　太上皇高宗之死

一、高宗病死德寿宫

在宋代,一般人能活到七十岁,已经稀少,超过八十岁,那就更加难得。像高宗这样历经磨难之人,所以能如此长寿,恐怕主要有以下三个方面的原因:

---

① 《桯史》卷四《寿星通犀带》,第40页。
② 《西湖游览志余》卷二《帝王都会》,第15页。

一是十分注重医药保健。他曾对近臣说："朕于医药尝所留意，每退朝后，即令医者诊脉，才有亏处，便当治之。正如治天下国家，不敢以小害而不速去也。"①他不信道家的炼丹术，认为："药所以攻疾，疾良已则当却药。或者烹炼金石饵之，徒耗真气，非养生之道。岂惟治身，虽国亦然。"②高宗对药方颇多研究，曾为大臣、临安市民和军人士兵提供过一些药方，皆收到很好的疗效。

二是清心寡欲，除政事之外，专心于书法。左司谏陈公辅曾向高宗谏言，认为不必花费太多时间在书法上，对字画也不要太留意。高宗道："朕以谓人之常情，必有所好，或喜田猎，或嗜酒色，以至其他玩好，皆足以蛊惑性情，废时乱政，朕自以学书，贤于他好，然亦不至废事也。"③故明人李东阳以宋高宗为例，言书法能使人养生。

三是生活比较有规律，少吃荤腥，不酗酒。据经常出入德寿宫的大臣周必大说：生活在德寿宫的高宗，每天仍按以往早朝的习惯，五更起床，晚上则早早就寝，这样的作息时间，符合早起早睡的健康原则。加之他早年可能患过某种疾病，所以与其他帝王相比，较少接近女色，这些当是高宗所以能够长寿的原因。

直到淳熙十四年(1187)八月，高宗的身体仍无大碍。二十一日，是太上皇后吴氏生日。次日，孝宗对周必大说："太上极善将摄，昨坐至未时(按：13—15时)都不觉倦。近全不饮酒，坐间共饮了两盏许，食物皆如旧。晡时即入寝阁，更无一事，五更便起。天下大幸。"只是由于长期便秘，他每日尚需服牵牛丸四十粒。笔者日前向有关中医师请教，说此药虽能治疗便秘，副作用很大，只能用于一时。对此，周必大却赞扬他为"异禀如此"，孝宗也认为："他人如何可及？"足见高宗的身体一直比较强健。

可是，此时的高宗毕竟年事已高，遇到一些老年性疾病也属正常。当年九月初五日早餐时，他突患小中风。如果按今天的医药条件，绝对不可能有

---

①　《系年要录》卷一〇五，绍兴六年九月庚辰条，第1764页。
②　《系年要录》卷九六，绍兴五年十二月己酉条，第1637页。
③　《系年要录》卷一一五，绍兴七年十月丁酉条，第1925页。

性命之虞，可是在当时却成了一种重症。德寿宫医官进蝎稍汤、铁弹丸、续命汤等有活络化血、消瘀止痛功能的药物进行治疗（按：据了解，这些药物当今中医仍在使用），病情稍定。初八日，孝宗遣大内御医王泾、马希古前来医治，他们认为"太上热盛，风痰大作"，不宜进铁弹丸之类，可改服人参汤、牛黄清心丸等凉药。德寿宫医官刘确、管范等人争之不得，又不允许他们入内。可是，改服王泾所进的药物后，高宗"昼夜大便三二十次"，"泻得五脏不固"，病情反而加重。孝宗只得再命刘确等医治，"依旧进蝎稍汤"。但见已无起色，于是再由王泾等人医治，"复进牛黄清心丸等药"。十月初一日，又改服他药。接着，虽增加了熊蒙等医官十人，但"皆无所施其力矣"①。这样反复折腾了一个多月，高宗的病情越来越严重，终于回天乏力，于初八日傍晚去世。②

　　高宗死后，王泾、刘确等庸医以误进药德寿宫，造成高宗死亡，作了一定程度的行遣："泾决脊杖二，配筠州"，"刘确等四人并降两官勒停"。太上皇后吴氏此时立即向孝宗提出，对德寿宫内高宗原来的嫔妃、宫女作出处理："才人李氏、王氏二人（并放逐便），诰命并红霞帔，马二娘等四十九人宣，并令内东门司毁抹讫，交申赴枢密院。请受文历毁抹住供"③。她们都被剥夺了以前所赐的官诰和相应的服饰，停止俸禄供给，赶出德寿宫。孝宗也随即下诏："德寿宫杂费，月可减七十万缗。"④开始收紧对德寿宫经费的供给。

　　南宋政府一方面遣人向金朝告哀，另一方面对高宗的谥号和丧葬等事宜进行讨论，以作出决定。

　　淳熙十五年（1188）正月，礼官拟上太上皇赵构的庙号为"高宗"，群臣皆以为当，但皇太后吴氏认为若太上皇的庙号高宗，那么自己岂不成了武则天，所以"深不欲用"。孝宗命大臣再议，于是"世祖""世宗""光宗""尧宗"

---

① 《周必大集校证》卷一七二《思陵录》上，第 2617 页。

② 《周必大集校证》卷一七二《思陵录》上，第 2615—2618 页。

③ 《周必大集校证》卷一七二《思陵录》上，第 2618—2620 页。

④ 《周必大集校证》卷一七二《思陵录》上，第 2633 页。

"圣宗""烈宗""成宗""艺宗""大宗""诚宗""宁宗"等庙号并出,议论纷纷,莫衷一是。有关官员经过一个多月的争论后,孝宗不顾皇太后的反对,"乃令就初议"①,以"高宗"为庙号。又据宰相王淮建议,决定将此后建成的高宗山陵取名为"永思"。

随着高宗的去世和经费的大量削减,在德寿宫内供职的人员陆续被遣散。为此,孝宗内批若干罗、绫、绢、绵等物品,"充支散官吏宿直、亲从事、官兵等衣赐使用"②(请注意,这里竟没有一贯缗钱)。从上述事例中不难看出,孝宗对皇太后吴氏态度之冷淡,似可看作是孝宗对她早年反对立自己为皇太子的报复。昔日热闹异常的德寿宫,随之开始变得冷清。

不久,金朝吊祭使抵行在,带来祭奠礼"金器二百两、银器二千两、匹物四千匹、清平内制三百、罗绫纱各五百、锦一百、绖尼一百、绢二千、吊慰匹物四千匹"③。礼金之丰厚,反映了当时金朝对南宋交好的诚意。

二、高宗的安葬与孝宗的"内禅"

两宋帝王的陵墓,基本上都属集中安葬,分别在同一个区域内。北宋八陵皆安葬在距开封约一百余公里的巩县(今河南巩义)。南宋六陵则安葬在距临安约八十公里的绍兴府会稽县上皇村攒宫。宋代有一个不成文的规定:帝王生前皆不修建陵墓,即使已经活到耄耋之年的高宗也不例外,故高宗陵墓的修建时间十分仓促。这与汉、唐大多数帝王在生前早早开始为自己修建陵墓的情形有很大不同。

淳熙十四年十月初八日,高宗去世后,梓宫(灵柩)暂厝于德寿殿。于是,修筑陵墓之事便提到了日程。

孝宗根据高宗生前遗愿,下诏:

---

① 《周必大集校证》卷一七二《思陵录》上,第2652页。
② 《周必大集校证》卷一七二《思陵录》上,第2648页。
③ 《周必大集校证》卷一七二《思陵录》上,第2615—2651页。

攒宫遵遗诰,务从俭约。凡修营百费,并从内库,毋侵有司。经常
之费,诸路监司、州军府监止进慰表,其余礼并免。不得以进奉攒宫为
名,有所贡献。①

这道诏书,既符合高宗关于殡葬"务从俭约"的遗愿,也减轻了百姓为修筑陵
墓的负担,具有积极意义。于是派出户部尚书叶翥为攒宫覆案使,前往上皇
山踏逐建陵事宜。淳熙十四年十二月初四日,叶翥返回奏事,孝宗以为,"江
浙地薄,又春间水泉动","令二月后方修奉,四月发引"②。不过后来两者都
有所提前。据周必大《思陵录》记载:淳熙十五年正月初十日,"绍兴攒宫修
奉兴工",发引时间相应提早到三月十八日③。由此可见,永思陵修筑仅仅
用了两个月稍多一点的时间。作为帝王陵墓,修筑时间竟如此短促,其简朴
状况不难想象。

由于修筑时间短,建成后的永思陵,规模和形制,与传统的帝王陵墓大
相异趣。它既不起陵,也无鹊台、乳台等大型建筑,甚至没有一般帝王乃至
大臣陵墓前所竖立的石人、石马等石像生。可以说,真正称得上是一种"权
攒"。具体形制,时任山陵使的右相周必大有详细记载,今转录于下,以供研
究南宋六陵的学者参考:

上宫者,为献殿三间六椽,中间阔十丈六尺,两间各一丈二尺,其深
三丈。后为龟头三间,中间亦阔一丈六尺,两间各五尺,其深二丈四尺,
皇堂在焉。初开穴南北长三丈七尺六寸,东西阔三丈二尺,深九尺。四
壁用白石胶土五层,以石周砌为石藏子,长一丈六尺二寸,阔一丈六寸。
所用椁长一丈二尺三寸,高七尺一寸,阔五尺五寸,纳梓宫于中,覆以天
盘囊纲,乃用青石为压栏,次铺承重柏枋二十余条,次铺白毡二重,次铺
竹篾,然后用青石条掩攒讫,上用香土二寸,客土六寸,然后以方砖砌

① 《宋史》卷一二二《礼二十五》,第 2862 页。
② 《周必大集校证》卷一七二《思陵录》上,第 2634 页。
③ 《周必大集校证》卷一七二《思陵录》上,第 2643 页、2665 页。

地。其实土不及尺耳。

下宫之制,殿门三间四椽。每间阔一丈四尺,深二丈。前后殿各三间六椽,其深三丈。每间阔一丈四尺,东西两廊一十八间四椽,其深一丈六尺。每间阔一丈一尺,殿门东西皆有挟屋一间六椽,各阔一丈六尺,其深三丈。又有棂星门、神游亭、换衣厅。予与萧参及宇文尚书、洪内翰皆馆于泰宁寺,去攒约三里。①

上述记载,有几处特别需要引起注意。一是存放梓宫的皇堂深只九尺,掩攒后,离地面已"不及尺耳"。如此浅葬,恐怕与地下水位高,所以墓穴不能深挖有关。二是皇堂四周皆用石砌成,故又称"石藏子",同样也是为了适应江南多雨水的环境。三是高宗陵墓内的石藏子,"长一丈六尺二寸,阔一丈六寸",而"所用椁长一丈二尺三寸,高七尺一寸,阔五尺五寸"。换言之,梓宫外面的石椁,放入石藏子(皇堂)后,已无多少空间,也就没有了大量安置随葬品的地方。

淳熙十五年三月十八日,一支由二百十三条船只组成的出殡队伍,载着高宗灵柩,自临安出发,浩浩荡荡地横渡钱塘江、转入钱清江,沿着浙东运河东行,进入鉴湖水网,历时五天,抵达上皇山麓的攒宫。船队所经之处,除征发大批民力以应徭役外,内侍和有关官员还对地方须索百端,单是供大内人员用膳一项,"每顿破羊肉四百斤,泛索尤难应付,如田鸡动要数十斤"。为通过这支庞大的船队,沿途还拆毁了一些桥梁、堤堰、灌渠和民居。

不过,因为孝宗事先有约束,修筑永思陵"一依昭慈圣献及永祐陵制度"②,所以修筑费用尚称"俭约"。比照"宪仁园陵,用钱五十七万"③,修筑永思陵的费用大约不会超过六十万缗,如果加上各种赏赐,恐怕也不足一百万缗,虽说这也是一笔巨大的开支,但与北宋年间修筑仁宗山

---

① 《周必大集校证》卷一七三《思陵录》下,第 2667 页。
② 《周必大集校证》卷一七三《思陵录》下,第 2674、2675 页。
③ 《周必大集校证》卷一七二《思陵录》上,第 2653 页。

陵共化去钱一百五十万贯,绢二百五十万匹,银五十万两,以"助山陵及赏赉"①相比,确实还算"节俭"。

到了淳熙后期,由于南宋在军事上和外交上屡遭挫折,孝宗锐气尽失,意志消沉,转向安乐,甚至"经月不御外朝"②。淳熙十六年(1189)二月,孝宗以替太上皇服丧为由,"内禅"太子赵惇,从而开始了光宗一朝的短暂统治。孝宗自己也住进了由德寿宫改名的重华宫,将太皇太后吴氏迁到德寿宫旁边的侧殿慈福宫居住。高宗、孝宗两朝结束后,随着内忧外患的接踵而来,南宋政权开始走向衰落。

---

① 《宋会要辑稿》礼三七之九,第 3 册,第 1560 页。
② 《历代名臣奏议》卷一九五,陈俊卿奏议,第 2550 页。

余　论

　　综观高宗一生，虽然谈不上是一位中兴明主，也非有大作为之君，但除了被公认的书法艺术颇有造诣以外，在治国、理政和个人生活等方面也并非一无是处，作为一个帝王，值得肯定的地方实在也不少。

　　"靖康之变"时，作为一个不经世事的年轻皇子，就遭遇到如此严重的家国巨变。被推上皇帝宝座后，他所面对的是极为险恶的内外形势：在军事上，外有金兵南下追杀，内有游寇和民变的严重威胁。军队大半是乌合之众。以较早成军的韩世忠军队而言，到绍兴三年(1133)，虽有兵四万四千余人，"辎重病废者大半"[1]。正如吕思勉先生所说："宋朝当南渡时，并没有什么完整的军队，而且群盗如毛，境内的治安，且岌岌不可保，似乎一时间决谈不到恢复之计。"[2]在这样腹背受敌，政权不绝如丝的形势下，"帝被贼驱"已不可免，高宗的"恐金病"就在此时形成。百姓的痛苦，更是无法言状，特别是遭到战争蹂躏的地区，人们不是逃亡，就是被杀，可谓十室九空。在经济上，由于军费负担十分沉重，即使对百进行敲骨吸髓的搜括，也远远不敷需要。直到绍兴六年七月，有官员在上书中尚说："今残破州县，不耕之田，岂可胜计？流民散徙而为盗贼，盗贼招安而为官兵，官兵复仰给于县官。田野半空，赋入甚微，耕者既寡而食者愈众。上下困竭，职此由也。"[3]在这样的

---

① 《系年要录》卷六九，绍兴三年十月己亥条，第1203页。
② 吕思勉：《吕著中国通史》，华东师范大学出版社1992年出版，第44页。
③ 《系年要录》卷一〇三，绍兴六年七月末条，第1744页。

形势下,南宋要抵挡住金兵的进攻,确保江南一隅,也是困难重重。

但是,在此后的十余年间,随着高宗在政治上、军事上、经济上统治经验的日趋成熟,通过广大军民的艰苦奋斗,终于扭转了这种极为被动和危险的局面。"绍兴和议"签订以后,大规模战争得以停息,南宋进入到了和平发展时期,这对推动南方社会经济的恢复和发展,起到了很大作用。绍兴十八年(1148)闰八月,据宰相秦桧奏称:"两国通和,农民安业,垦田渐广,户部财赋粗足支用,乞免江、浙、湖南今年和籴。"①这与国初情况相比,可以说有着天壤之别。随着农民负担相应减轻,军事力量有所增强,终于使南宋政权走向稳定。可以设想,如果没有南宋的存在,让女真贵族一统天下,宋朝文明在较长时期内,就不可能获得很好的传承和发展,后世史家也难以作出"华夏民族之文化,历数千年之演进,造极于赵宋之世"②的论断。

就高宗本人而论,他在位时的勤政和节俭,对生命的重视,对民族问题的认识,以及对佛教所采取的政策,远非一般帝王可及。至于高宗的书法艺术,在中华文化史上更是留下了浓重的一笔。至其晚年,他能够主动"内禅"孝宗,对南宋国家的稳定,也不无意义。

但是,在历史上,人们根据高宗签订屈辱性的"绍兴和议"、杀害岳飞、重用秦桧等罪行,从而对他几无好评。究其原因,当有以下几个方面。

一是以义理史观评论高宗其人。

自南宋中期以降,理学史臣把持了修史权,也就是臧否人物的话语权,凡是不符合义理史观的人和事,或者对理学并无好感的人物,都遭到了他们的否定或贬抑。高宗虽一度倾向于洛学,但最后并没有落入二程宗派,甚至将理学称之为"专门之学",加以压制。他所重用的权相秦桧,又是一个被认为是"阴佑王安石而取其说,稍涉程学者,一切摈弃"③之人,这对那些包括朱熹在内门户之见极深的理学家、崇奉理学的官员和理学史臣(包括后继

---

① 《系年要录》卷一五八,绍兴十八年闰八月庚申条,第2718页。
② 陈寅恪:《金明馆丛稿二编》,生活·读书·新知三联书店2001年出版,第245页。
③ 《系年要录》卷一七三,绍兴二十六年六月乙酉条,第3018页。

者)来说,是可忍孰不可忍?他们对于高宗,限于其帝王尊严,虽不敢公开指斥,但仍然以义理史观为武器,进行含沙射影的攻击。

所谓义理史观,就是以是否符合义理、是否进入理学宗派作为评论历史人物好坏的唯一标准,从而将复杂的历史过程简单化,丰富的人物活动定型化,只问个人道德和学术观点,不顾客观原因;只看他的眼前作为,不看他对社会的长远影响。在义理史观的指导下,对同样一件事,发生在所谓"君子"与"小人"身上,是理学之士还是反理学之士,是同一门户还是不同派别,就会对他们作出截然不同的评价。如张浚和韩侂胄,都发动过北伐战争,也都以失败告终。可是,因为张浚是南宋著名理学家、朱熹挚友张栻之父,所以史书仍然对他赞扬有加,只字不提他轻举妄动、志大才疏、打击抗战派大臣李纲、抑制岳飞等缺点和错误。韩侂胄因反对理学,是制造"庆元党禁"的"元凶",反对派便以"轻启兵端"①的罪名将其杀害,并无耻地拿他的首级向金人求和。后来,理学史臣还将韩侂胄打入《奸臣传》。正如学者邓之诚先生所言:"史弥远、韩侂胄、贾似道等人,虽为南宋宰相最擅权者,但其所行事,亦善恶互见。而史书乃尽以奸臣目之,不免门户道学之见。"②是为确论。

持义理史观的人,他们所持的义理是否正确姑且不论,现在要以一厢情原的标准去评价历史人物,就不可能做到全面和公允。元代理学史臣在《高宗本纪》最后的论赞中说:"帝方偷安忍辱,匿怨亡亲,卒不免于来世之诮,悲呼!"③他们依据义理史观,仅用了这短短的二十个字,在政治上和道义上就将高宗判处了死刑,这对后世评价高宗其人,产生了巨大的负面影响。

反之,国外史学家在评论历史人物时,由于思想文化背景不同,就很少受到义理史观的影响。他们着重于考察历史人物的作为和最后结局,并不考虑是否符合义理的问题。如德国著名汉学家、专精宋史的迪特·库恩在其所著《哈佛中国史》宋代卷里,写到岳飞之死和"绍兴和议"时说:

---

① 《宋史》卷四七四《奸臣二·韩侂胄传》,第 13776 页。
② 邓之诚:《中华二千年史》,中华书局 1983 年出版,第 1054 页。
③ 《宋史》卷三二《高宗八》,第 612 页。

1141 年 4 月 27 日,宋高宗写了一封手札给岳飞,表达了他对岳飞的赞赏,并鼓励岳飞铲除奸佞。但 1141 年秋,岳飞还是以拒旨抗命和失职的罪名被抓捕入牢;1142 年 1 月,他被毒死在监狱中。聪明而务实的高宗可能把岳飞之死当作限制北方军阀们军权的一种方法。这些军阀的私人武装和高度独立的军队对政府的和谈来说是个很大的威胁。高宗可能希望重新建立重文抑武的秩序,就像太祖皇帝在宋初所做的那样。与金的和约就如同 1005 年北宋与契丹签订的"澶渊之盟",确保了之后数十年的可靠和平。①

虽然我不完全赞同迪特·库恩的某些观点,如将所有南宋抗金军队都笼统地称之为"军阀",但是他将签订"绍兴和议"与北宋时签订"澶渊之盟"的意义等量齐观,"确保了之后数十年的可靠和平",并没有给他扣上类似"卖国"、"屈膝投降"之类的帽子,考虑的显然是南宋国家的长治久安,而不是表面上的屈辱,没有因为和议有"世世子孙,谨守臣节"等违反"义理"的条款而对高宗和秦桧施以挞伐。

再如言及高宗与秦桧的关系时,日本学者小岛毅认为:

南宋后期的士大夫们把此时的和议(按指"绍兴和议")政策和责任全部推到秦桧一人身上。这样他们就可以有理由回避指责高宗软弱。后世的(中国)史书也继承了这种观点。直到今天,不论说功谈罪,总之论及这个时期的主角都是秦桧……史料告诉我们,高宗训导秦桧,说君臣上下秩序才是国家安泰的基础。秦桧专权,是因为有高宗的全面信赖才成为可能的。这个图式,就像神宗和王安石的关系一样。②

---

① ［德］迪特·库恩著,李文锋译:《儒家统治的时代:宋的转型》,《哈佛中国史》,中信出版社 2016 年出版,第 75 页。

② ［日］小岛毅著,何晓毅译:《宋朝——中国思想与宗教的奔流》,《讲谈社·中国历史》第 7 册,广西师范大学出版社 2014 年出版,第 127—128 页。

在这里,小岛对高宗与秦桧关系的论述,比喻为神宗与王安石的那种信任关系,这与我们许多学者的论述也大相异趣。小岛认为,高宗朝的许多重大事件,起主导作用的是高宗而不是秦桧。那些将责任全部推到秦桧身上的人,客观上就是受到为尊者讳这一义理史观影响的结果。

高宗作为一个封建帝王,存在着一定的历史局限性,当然毋庸置疑。以个人的品质论,他善于玩弄权术,畏金如虎,杀害民族英雄岳飞,确实令人生嫌和不齿。但为了巩固自己的统治,历史上有哪一位君主特别是开国君主,不是玩弄权术的高手? 哪一位帝王特别是开国帝王(除了宋太祖赵匡胤)没有以莫须有的罪名陷害过功臣甚至爱国将领? 即使被誉为"雄才大略"的唐太宗,也不例外。他在"玄武门之变"中令人发指的行径,凶残程度远远超过了高宗对待钦宗的态度,可是后世的理学家因为事不关己,竟然沉默不语。至于高宗的"内禅"孝宗,与唐太宗逼迫其父高祖让位相比,更是不可同日而语。可是,唐太宗却被人们树为封建帝王的楷模,而宋高宗却被鞭笞得体无完肤,这样的评论,怎能谈得上公允?

宋高宗在位期间的最大问题,当然是对金人的恐惧,患上了人们常说的"恐金病",因此签订了屈辱的"绍兴和议"。但是,作为封建帝王的赵构,毕竟也是一个普通人,凡是普通人所存在的七情六欲,他都存在。由于地位不同,遭遇不同,情况只会更加严重。正如我们在前面已经说到,一个深居宫内,没有经过风浪,更不知战争为何物的年轻帝王,在目睹了有"人如虎,马如龙。上山如猿,入水如獭。其势如泰山"①之称的女真军队时,心理上受到了极大刺激。在经历了"靖康之变",父母兄弟被掳这一空前未有的浩劫后,更加深了这种刺激。尔后,他又接连遭遇扬州大溃败和宗弼军队的追击,每次都差一点被金人所擒获。这种极为坎坷的经历,可以说历史上任何一位封建帝王都没有经历过,这当是高宗患上"恐金病"的主要原因。我们应当明白,高宗既非"英雄豪杰",更非"圣人",而是一个凡夫俗子,不要对

---

① 《会编》卷二八,靖康元年正月七日条,第209页。

他有很高的要求。近有学者认为:"降低对君主的预期,是历史学者成熟的标志。"①此话值得研究历史的人深思。因此,对于封建帝王,只要他作恶少,客观上对社会作出的贡献多,自己并不十分腐败,就应该予以肯定,这也是对所有统治者的评价标准。

二是受到泛政治化倾向的影响。

这里所谓的泛政治化倾向,如果说得冠冕堂皇一点,就是不问时代特点,不顾客观条件,为了当前政治的需要,硬是将历史与现实扯在一起,企图借助于诠释历史和历史人物,来抨击现实,或讴歌现实,以达到为现实服务的目的。如果说得直白一点,就是搞影射史学。虽然,研究历史要为现实服务,并没有错。但研究者只要如实地阐述历史,人们就可从中吸取历史的经验和教训,就真正达到了为现实服务的目的。如果牵强附会地把历史和现实混为一谈,为了某种现实的需要,进行简单的类比,就不可取。因为现实在不断地发生变化,如果对历史和历史人物,今天这样说,明天那样讲,那么就容易将历史变成一个任人打扮的小姑娘,失去人们对它的信任,反而起不到应有的借鉴和教育作用。

历史上,对高宗这种泛政治化倾向的评价,自明至清,直到近代,可以说越来越严重。在有明一代,尽管义理史学已经甚嚣尘上,但还不乏公允之论。如著名诗人,立朝五十年,官至吏部尚书、内阁首辅的李东阳(1447—1516)言及高宗时说:

史称其博学强记,继体守文,而拨乱反正、复仇雪耻为末足。②

明后期学者、南京刑部尚书王世贞(1526—1590),对高宗急欲与金人媾和,以及钦宗不能南归的原因,说了自己的看法:

———————————

① 见《宋朝简史》网易蜗牛共读吴铮强批注,2020 年 11 月 21 日。

② [明]李东阳:《怀麓堂集》卷七四《跋宋高宗御书养生论后》,影印文渊阁《四库全书》本,第1250 册,第 780 页。

> 高宗之所以信秦桧而必欲和者,非桧之术真足以动之也,谓高宗之不欲二帝归者,亦非情也。当是时政和帝(按指徽宗)殂矣,用兵不已,渊圣(按指钦宗)必不归。即归,而帝不解以一虚名居之别官耶?凡帝之所以信秦桧而必欲和者有三,而兹不与焉:一曰志足,二曰气夺,三曰中疑……凡言不欲二帝归者,皆深恶高宗而文之罪者也。①

王世贞认为,有人说高宗不让徽、钦二帝回来,并非事实。持此论者,是因为"深恶高宗而文之罪者"之故。即使钦宗能够回来,对高宗也不可能构成威胁。高宗所以要与金人议和,一是没有远图(志足)、二是犯了恐金病(气夺),三是对武人的猜疑(中疑)所致。此说言简意赅,看法有独到之处。

可是,明朝灭亡以后,一些由明入清的亡国士大夫对高宗的评价却有了很大变化,其始作俑者当为被誉为明末清初三大思想家之一的王夫之(1619—1692)。他在所撰《宋论》一书中,多处借宋朝历史发泄对清朝统治的不满,更以指桑骂槐的手法,借高宗而对屈膝称臣于清的明末士大夫进行猛烈抨击,其中之一谓:

> ……高宗忘父兄之怨,忍宗社之羞,屈膝称臣于骄虏,而无愧怍之色;虐杀功臣,遂其猜妒,而无不忍之心;倚任奸人,尽逐患难之亲臣,而无宽假之度。孱弱以偷一隅之安,幸存以享湖山之乐。湛滞残疆,耻辱不恤,如此其甚者,求一念超出于利害而不可得。由此言之,恬淡于名利之途者,其未足以与于道,不仅寻丈之间也。②

后人在论及高宗的为人时,基本上沿袭了王氏的上述观点。

到了近代,中国深受帝国主义列强欺凌,割地赔款不断,人们迫切地希望出现像岳飞那样的英雄人物,以挽救民族危亡于一旦。因此,对高宗与秦

---

① [明]王世贞:《弇州四部稿》卷一一〇《史论二十首·高宗》,影印文渊阁《四库全书》本,第1280册,第741页。

② 《宋论》卷一〇《高宗》,第200—201页。

桧以"莫须有"的罪名杀害岳飞、签订屈辱的"绍兴和议",更加深恶痛绝,感同身受。直至今天,在一些史学家的笔下,也有类似表现,这也是毋庸置疑的事实。

三是绝对化思想的影响,也就是非白即黑的观点。

有人对历史人物的评价,容易犯绝对化的毛病:认为凡是历史人物,不是好人,便是坏人;坏人不会干好事,好人不会做坏事。实际上,由于人性复杂多变,有时言行并不完全一致,其中既有真相,也有假象,即使是真相,随着时间、地点、环境、地位甚至年龄的变化,主观愿望和客观效果的不一致,其表现也不尽相同。历史是客观的,并不是主观的,应该是有一说一,有二说二。有学者以为:"历史学家写历史,不能不尊重客观史实,但对某些事件和人物,也不可能没有是非和爱憎。中国传统史学既强调奋笔直书,又强调褒善贬恶,即主观与客观融合,是不错的。"①此话如果用在写小说等艺术作品上,并没有错,这就是所谓"艺术加工"。但是用在严肃的历史研究中,将主观的东西掺杂到客观的历史中去,就容易歪曲真实的历史,误导读者正确、全面地去认识历史和历史人物。如果带着个人感情去研究历史,评价和厚薄古人,对某个正面人物的优点,锦上添花(所谓"扬善");对其缺点和错误,加以讳饰(所谓"隐恶")。反之,对某个反面人物,则抹煞其优点和成绩,夸大其缺点和错误。这些都有违客观事实,并不可取。所以,我们在阐述和评价历史人物时,应该遵循的不是"隐恶扬善",而是如东汉著名史学家班固称赞司马迁所说的那样:"其文直,其事核,不虚美,不隐恶,故谓之实录。"②

此外,还有受到民间传说和某些小说、戏剧等的影响。

总之,历史学作为一门求真求实的科学,在研究中,尤其在评论历史人物时,必须严肃认真,坚持实事求是的态度,不带个人偏见,不搞隐射史学,不人云亦云,更不能面谱化和泛政治化。必须以事实为依据,采取有功言

---

① 王曾瑜:《荒淫无道宋高宗·自序》,第3页。
② [东汉]班固:《汉书》卷六二《司马迁传》,中华书局1962年点校本,第2738页。

功,有过言过;功不抵过,过不掩功的态度,以还原历史真相。这样做,对于看惯了对历史人物评价"一边倒"的读者来说,可能会感到不适应,但由于人性的复杂性,研究者必须这样做。

那么,宋高宗在中国古代究竟是怎样一位帝王? 这是在南宋史研究中首先会遇到的问题。我们认为,尽管高宗犯有许多错误甚至罪行,但如果不以义理史观和绝对化的观点看问题,不是为了某种政治目的而有意加以贬抑,摒弃狭隘民族主义思想的影响,而能以广阔的南宋历史为背景,以衡量有无推动历史前进、在客观上是否有利于中华民族整体利益作为评判历史人物的基本标准,以功过兼论的评价原则,对他进行深入研究和全面评价。同时认识到,正是南宋的建立,才使北宋开创的宋韵文化在南方大地上获得了很好的传承和发展,使经济重心最终从北方转移到南方,从而对后世产生了深远影响。由此不难得出一个结论:高宗是一位有功有过、功大于过的人物,总体上值得肯定。

图书在版编目（CIP）数据

宋高宗新论/何忠礼著. —上海：上海古籍出
版社，2021.11
（南宋及南宋都城临安研究系列丛书. 专题研究）
ISBN 978-7-5732-0160-7

Ⅰ.①宋⋯　Ⅱ.①何⋯　Ⅲ.①宋高宗（1107—1187）
—人物研究　Ⅳ.①K827＝442

中国版本图书馆 CIP 数据核字（2021）第 236713 号

南宋及南宋都城临安研究系列丛书·专题研究

宋高宗新论　　何忠礼 著

责任编辑　陈丽娟
出版发行　上海古籍出版社
　　　　　　地址：上海市闵行区号景路 159 弄 1—5 号 A 座 5F　邮编：201101
　　　　　　（1）网址：www. guji. com. cn
　　　　　　（2）E-mail：gujil@ guji. com. cn
　　　　　　（3）易文网网址：www. ewen. co
印　　刷　上海颛辉印刷厂有限公司
开　　本　787×1092 毫米　1/16
印　　张　25.75
字　　数　370 千
版 印 次　2021 年 11 月第 1 版　2021 年 11 月第 1 次印刷
书　　号　ISBN　978-7-5732-0160-7/K·3098
定　　价　98.00 元